Knaur.

Knaur.

C. BERND SUCHER

HANDY, HANDKUSS, HÖFLICHKEIT

Das Handbuch des guten Benehmens

Knaur Taschenbuch Verlag

Besuchen Sie uns im Internet:
www.knaur.de

Aktualisierte Neuausgabe Dezember 2007

Ein Unternehmen der Droemerschen Verlagsanstalt
Th. Knaur Nachf. GmbH & Co. KG, München

Umschlaggestaltung: ZERO Werbeagentur, München
Satz: Adobe InDesign im Verlag
Druck und Bindung: Nørhaven Paperback A/S
Printed in Denmark
ISBN 978-3-426-78041-1

2 4 5 3 1

Meine Glücksformel –
eine Widmung

$6 + 3 + 7 : R \times M$

$QuE^2 + 40 + NY + X$

$=$

an^{14}

$=$

$\sqrt{A}$

$=$

Massel

Das Glück –
eine zweite Widmung für A. im Sommer 2007

»Il me vit, il m'aima; je le vis, je l'aimai!«
Pierre du Ryer

Vorwort

»Der Gegenstand dieses Buches kommt mir groß und wichtig vor, und irre ich nicht, so ist der Gedanke, in einem eignen Werke Vorschriften für den Umgang mit allen Klassen von Menschen zu geben, noch neu.«

Er war es schon nicht, als Adolph Freiherr von Knigge 1788 die Vorrede zu den ersten beiden Auflagen seines Werkes ›Über den Umgang mit Menschen‹ niederschrieb. Heute gibt es sogenannte Benimmbücher zuhauf. Und doch, so hoffe ich, ist dieses ›Handbuch des guten Benehmens‹ neu. Denn nicht um Etikette oder Vorschriften geht es, sondern um den Versuch zu erklären, wie der Umgang miteinander angenehmer werden kann. Spielregeln werden aufgestellt, die – werden sie akzeptiert – jedem Menschen Achtung und Rücksicht und Höflichkeit auferlegen und sichern.

Knigge unterschlug damals nicht nur die Literatur der griechisch-römischen Blütezeit, was entschuldbar ist. Er verschwieg auch die Schriften von Erasmus von Rotterdam, Baldassare Castiglione, Giovanni Della Casa und vieler anderer Gelehrter, die sich seit dem Mittelalter damit beschäftigten, den Umgang der Menschen zu beschreiben, zu regeln – zu verfeinern.

Die Geschichte der Zivilisation ist auch die Geschichte des Benehmens. Was die Franzosen *civilisé* nennen, heißt im deutschen Sprachraum kultiviert. Die Franzosen denken die Gesellschaft mit, die Deutschen die Kultur. Deshalb verwundert es nicht, dass die meisten deutschen Denker und Dichter auch darüber nachdachten, was Höflichkeit ist und wie das Zusammenleben erleichtert, verbessert werden könnte. Goethe widersprach seinem Eckermann energisch, als dieser darauf bestand, »offen« seiner »persönlichen Zuneigung und Abneigung Ausdruck« verleihen zu dürfen. Goethe benutzte für die Zurechtweisung einen Begriff aus der Musik und der Malerei. »Nein«, antwortete er, man müsse im Gegenteil, »selbst widerstrebend, suchen, mit den anderen zu harmonieren«.

Nicht anders argumentierten Baldassare Castiglione und Giovanni Della Casa. Dieser sieht in seinem 1558 erschienenen ›Galateo‹ die »Harmonie als Ideal«, propagiert »das rechte Maß« und fordert

»Takt«. Jener benutzt in seinem 1524 publizierten ›Buch vom Hofmann‹ immer wieder Wörter aus der Ästhetik zur Beschreibung des gesellschaftlichen Umgangs: Harmonie, Gleichmaß, Ausgewogenheit. Und verwahrt sich, den Werten der Renaissance verpflichtet und angesichts des sich entwickelnden Manierismus, gegen jede Art der *affezione,* der Affektiertheit. Sein Vorbild war die Natur, er schloss sich also dem Ideal der Künstler des Quattrocento an, für die eine weitestgehende Übereinstimmung mit der Natur Streben und Ziel war.

Wenn ich schon hier auf diesen Zusammenhang hinweise, so soll damit deutlich gemacht werden, dass ich mit dem ›Handbuch des guten Benehmens‹ Traditionen aufnehmen möchte. Nicht Regeln einer alten oder neuen Etikette werde ich aufstellen. Ganz anderes ist meine Absicht.

Wenn es stimmt, dass die Zivilisation »ein Prozess oder Teil eines Prozesses« ist, »in dem wir stehen«, wie Norbert Elias behauptet – und ich teile diese Prämisse seiner Untersuchung ›Über den Prozeß der Zivilisation‹ –, dann muss stetig überprüft werden, wo wir stehen, wo wir angelangt sind und, wichtiger noch, wohin dieser Prozess führt. Es kann also nicht darum gehen, alte Regeln in neuen Formulierungen zu wiederholen. Vielmehr muss überprüft werden, welche davon noch taugen, welche neuen erforderlich sein könnten. Und darüber hinaus muss die Regel selbst als verbindliche Vorschrift in Frage gestellt werden.

Kultiviert ist nicht derjenige, der Regeln beherrscht, sondern sie variiert, der Situation anpasst, sie – auch das ist manchmal nötig und richtig – missachtet. Ich möchte für den Umgang der Menschen zu jenem Spiel zurückkehren, das die Dialoge des Castiglioneschen ›Cortegiano‹ auszeichnet und das Zusammenleben der Elite zu Zeiten der Renaissance bestimmte, wie Johan Huizinga behauptet: »Wenn je eine bewusste und sich selbst absondernde Elite gesucht hat, das Leben in einem Stil künstlicher Vollkommenheit zu fassen, dann ist es der Kreis der Renaissance gewesen.« Mit einem wichtigen Unterschied: Mein Spiel ist ein demokratisches, ein Spiel für alle!

Nur eines gibt es dabei zu beherzigen: Es kommt immer darauf an, mit den anderen zu harmonieren. Dass Harmonie sich manchmal erst durch und nach Dissonanzen herstellen lässt, wissen wir aus der Musik. Dass Harmonie in der Malerei durch Regelverletzungen, also nicht bloß durch eine Abkehr vom Ideal des Natürlichen, sondern später durch die Hinwendung zur Abstraktion entsteht, zeigt die Geschichte der Malerei, besonders in diesem Jahrhundert. Dass Harmonie im gesellschaftlichen Umgang nicht mit Duckmäusertum, Anbiederei, Anpassung und Untertanengeist erschwindelt werden kann, lehrt uns die Geschichte. Lehren uns schon Erasmus, Della Casa und Castiglione, der im zweiten Buch seines ›Hofmann‹ bemerkt: »Ihr müsst eurem Herrn in allem gehorchen, was ihm nützlich und ehrenvoll ist, nicht aber in dem, was ihm Schaden und Schande bringt; denn wenn er euch befiehlt, eine Verräterei zu begehen, so seid ihr verpflichtet, sie nicht zu tun, sowohl euretwegen als um nicht Diener der Schande eures Herrn zu sein.« Und André Comte-Sponville hat in seinem 1995 veröffentlichten Essayband ›Petit traité des grandes vertus‹ (›Kleine Abhandlung über die großen Tugenden‹) zu Recht darauf hingewiesen, dass derjenige, der sich zu benehmen weiß und dennoch verrät, betrügt und mordet, verachtenswerter ist als der grobe Bösewicht: »Die Höflichkeit macht den Bösewicht hassenswerter, weil sie eine Erziehung bezeugt, ohne die seine Bösartigkeit irgendwie entschuldbar wäre.«

In diesem Handbuch wird zwar erklärt, wie man sich selbst und den Menschen, denen man begegnet, das Leben angenehm, möglichst aggressionsfrei und rücksichtsvoll gestalten kann, wird versucht zu beschreiben, was sich ziemt im alltäglichen Beieinandersein, selbst bei den anonymen Begegnungen in Flugzeugen, Untergrundbahnen und Bussen, werden auch Tischregeln aufgestellt. Aber immer war mir wichtiger zu erklären, warum ein Verhalten höflich ist, als für irgendeine Geste, eine Handlung oder eine Formulierung zu behaupten, dass dies die einzig mögliche, einzig erlaubte, einzig tolerable Möglichkeit sei. Bei alldem leitete mich die durchaus aufklärerische Frage: »Warum?«

Damit soll dem gerade in Deutschland weitverbreiteten Vorurteil entgegengetreten werden, gutes Benehmen sei ein Instrument der Unterdrückung und der Ausgrenzung. Höflichkeit ist ein Spiel. Es erfordert gewiss Erziehung. Erziehung zu Rücksicht, Toleranz,

Sympathie – in des Wortes ursprünglicher Bedeutung: Teilnahme, Wohlwollen, Mitfühlen, Mitleiden. Wichtiger indes ist, dass wir Varianten und Verstöße gegen bestehende, als sinnvoll erkannte Verhaltensmuster bedenken, bevor wir sie uns erlauben. Dass wir nicht dort kultiviert erscheinen wollen, wo wir es für günstig, karriereförderlich halten, wo sich Benehmen also vielleicht auszahlen könnte, und dort ungehobelt, egoistisch und aggressiv uns geben, wo wir, unsere Stellung arrogant und menschenverächtlich überschätzend, Manieren für entbehrlich erachten. Castigliones Warnung gilt: Unsere Gewohnheiten müssen so werden, »wie unsere Handlungen sind«, in denen Tugend sich zeigen sollte. Dann lässt sich im Umgang mit Menschen vielleicht die Kunst lernen, »das Wahre vom Falschen zu unterscheiden; wodurch wir das, was wirklich gut ist, und nicht das, was es fälschlich zu sein scheint, wählen«. Diese Tugend, so fährt Castiglione fort, »kann man die wahre Wissenschaft und für das menschliche Leben nützlicher als irgendeine andere nennen, weil sie die Unwissenheit benimmt, aus der alle Übel stammen«. Wer nicht gleich ans Ziel gelangt, der muss nicht verzweifeln, denn in jeder Kunst – und für Castiglione ist die Höflichkeit eine solche – »sind außer der ersten noch viele Stufen lobenswert; wer zum Gipfel strebt, bei dem wird es selten vorkommen, dass er nicht das Mittelmaß überschreitet«.
Alle bisherigen Autoren, vor allem diejenigen, die sich nach dem Zweiten Weltkrieg in Deutschland zu Wort meldeten, haben versucht, den gesellschaftlichen Umgang zu regeln, zu normieren, manchmal mit den (allerkleinlichsten) Vorschriften. Auch in diesem Handbuch fehlen Verhaltensempfehlungen nicht. Allein, sie sollen als Vorschläge verstanden werden für das Benehmen in bestimmten Situationen. Sollen »Stoff zum weiteren Nachdenken« sein, wie auch Knigge sein Werk begriff.
Nachdenken über das, was die Franzosen den *esprit de conduite* nennen, den Knigge als »die Kunst des Umgangs mit Menschen« übersetzte. Castiglione definierte gutes Benehmen gleichfalls als »eine Kunst«, die Knigge dann erklärt: Sie sei jene Fähigkeit, »die oft der schwache Kopf, ohne darauf zu studieren, viel besser erlauert als der verständige, weise, witzreiche; die Kunst, sich bemerkbar, geltend, geachtet zu machen, ohne beneidet zu werden; sich

nach den Temperamenten, Einsichten und Neigungen der Menschen zu richten, ohne falsch zu sein; sich ungezwungen in den Ton jeder Gesellschaft stimmen zu können, ohne weder Eigentümlichkeit des Charakters zu verlieren, noch sich zu niedriger Schmeichelei herabzulassen«. Zu diesem Ideal wollten alle Autoren ihre Leser führen.

Die im Mittelalter verbindlichen ›Catonis disticha de moribus‹ (›Der deutsche Cato‹) oder Tannhäusers ›Hofzucht‹, bestimmt für die ritterlich-höfische Oberschicht, schrieben detailliert vor, dass man Brot, von dem man bereits abgebissen hat, nicht wieder in die gemeinsame Schüssel tunkt, um Sauce zu nehmen. Abgeraten wird davon, während des Essens die Finger in die Ohren, Augen oder die Nase zu stecken: »In diu oren grifen niht enzimt und ougen, als etlicher tuoat, swer den unflat von der nasen nimt, so er izzet, diu driu sint niht guot.« (Aus Tannhäusers ›Hofzucht‹) Die Zuchtbücher des Mittelalters – und daran hält sich auch Erasmus von Rotterdam – beschreiben Unsitten und stellen ihnen (empfohlene) Sitten gegenüber. Bei Erasmus aber finden wir nicht nur Ermahnungen und Ex-negativo-Regeln, zum Beispiel den Hinweis, die fettigen Finger nicht abzulecken, sie lieber mit der Serviette oder notfalls am Tischtuch zu säubern; Erasmus erhebt für richtig erkannte Gewohnheiten zu Regeln. Er deckt sogar den Tisch: Rechts der Becher und das Messer, links das Brot – »A dextris sit poculum et cultellus escarius rite purgatus, ad laevam panis«. Und so halten wir es heute noch.

»Kein einzelner Mensch, auch eine so ausgeprägte Individualität wie Erasmus nicht, hat das ›Savoir-vivre‹ seiner Zeit erfunden«, schreibt Elias. Das beweisen die zur gleichen Zeit erschienenen Aufzeichnungen aus anderen Ländern Europas: die ›Disciplina clericalis‹ (›Verhaltensregeln für den Klerus‹) von Petrus Alphonsi in Spanien zum Beispiel und die fünfzig ›Curtesien‹ von Bonvicino da Riva. Mit Beginn des 16. Jahrhunderts – und bis heute – sind die Gebote und Verbote, die Einzelne einer Gesellschaft vorschreiben, deren Höflichkeitsstandard sie erkundet zu haben glauben, in ständiger Bewegung. Wodurch beim Wandel der Gesellschaften, durch den Machtverlust der Aristokratie, in Deutschland später durch die Vertreibung und Ermordung eines Großteils der

bürgerlichen Elite, verschiedene schichtenspezifische Verhaltenscodices verlorengehen oder neu entstehen.
Von dem Wandel im 16. Jahrhundert geben der ›Galateo‹ und Castigliones ›Hofmann‹ Zeugnis. Scham und Scheu nehmen zu; die Unbefangenheit – selbst im familiären Kreis – schwindet. Errichtet wird zunehmend eine größere zwischenmenschliche Distanz, die von jedem Diskretion erfordert. Der Umgang wird bestimmt von Rücksicht und Vorsicht, Norbert Elias spricht von der »Affektmauer«, die »zwischen Körper und Körper errichtet wird«.
Im 19. und 20. Jahrhundert widmen die Autoren den möglichen Verstößen gegen Diskretion und Distanz den allergrößten Raum. Ihnen ist peinlich, ja: obszön, was heute nicht nur akzeptiert, sondern verbindlich ist.
Was gutes, was schlechtes Benehmen ist, bestimmte die Elite einer Gesellschaft. Bis zum Ersten Weltkrieg vornehmlich der Adel. Danach die Haute Bourgeoisie, das Großbürgertum. Und nach dem Zweiten Weltkrieg sind es entweder wieder Adlige, die sich dieses Themas annehmen, oder Intellektuelle. Als Frau Pappritz starb, die in der Adenauer-Ära vorschrieb, was sich gehört, erlebte die Etikette ihren allmählichen Untergang. Und nach 1968 pfiff man dann ganz auf Anstand, Formen, Rücksicht. Die Selbstverwirklicher erzogen ihre Kinder alternativ, das heißt, die Kleinen und Großen durften die Sauce mit den Fingern fangen und die Cola schlürfen. Zu dieser Zeit war ich ein Teenager und meine Erziehung hoffnungslos altmodisch. Ich nahm die Erbsen und Pommes frites nicht in die Hand, weil ich den Kontakt zum Material keineswegs als lustvoll empfand und Messer und Gabel nicht als Folterinstrumente, mir das Leben schwerzumachen. Ich kannte den ›Galateo‹ damals noch nicht. Aber die Passage, in der er auf den Niedergang der guten Sitten verweist und feststellt, dass manche Menschen wohl gern wieder wie die Neandertaler lebten, hätte mir Freude gemacht, wenngleich ich wohl kaum den Mut gefunden haben würde, sie vor meinen Klassenkameraden zu zitieren: »Wenn es nach ihnen ginge, müsste es rückwärts gehen, Schritt für Schritt, bis wir wieder von Eicheln lebten.«
Die Egoisten und Alternativen bestimmten für ein Vierteljahrhundert: Alles geht, alles ist erlaubt. Erst in den Neunzigern erkannte die

nachfolgende Generation, angeführt von eher konservativen Jugendlichen, die – nicht zuletzt aus Furcht vor Aids – Liebe und Treue wieder höher schätzten als Promiskuität, die die Kultur entdeckten und nicht nur an der Andenmusik im Dritte-Welt-Laden Spaß hatten, dass die absolute Freiheit im Umgang miteinander bar jeder Höflichkeit ist. Zu ihnen gesellten sich die aufstrebenden, gutgekleideten Yuppies. Sie alle haben gewiss nicht Theodor W. Adornos ›Minima Moralia‹ gelesen. Sie sind also meist ohne Lektüre darauf aufmerksam geworden, dass das Vergnügen, jene Grenzen zu überschreiten, die wir uns über Jahrhunderte durch Vernunft und Moral selbst gesteckt haben, nur ein kurzzeitiges ist. Haben erkannt, dass die Rückkehr zu Anstand und Höflichkeit, Rücksicht und Toleranz – zu Formen – eine Gesellschaft davor schützt, in eine Unzivilisiertheit, eine Unkultiviertheit zurückzufallen, die schon als überwunden galt. Adorno warnte bereits 1970: »Hinter dem pseudodemokratischen Abbau von Formelwesen, altmodischer Höflichkeit, nutzloser und nicht einmal zu Unrecht als Geschwätz verdächtigter Konversation, hinter der anscheinenden Erhellung und Durchsichtigkeit der menschlichen Beziehungen, die nichts Urdefiniertes mehr zulässt, meldet die nackte Rohheit sich an.«
Ende der achtziger Jahre gab es sie wieder: die Benimmbücher. Verfasst oft von jenen Parvenüs, die glaubten, die richtig benutzte Austerngabel mache aus einem Mann einen Gentleman, der Handschuh zum Cocktailkleid aus der Frau eine Dame. Diese Publikationen lieferten Verhaltensmuster, die den Lesern dazu verhelfen sollten, mit Manieren zu bluffen.
Einen Bluff ganz besonderer Art empfahl übrigens Dr. Walther von Kamptz-Borken seinen Lesern schon nach dem Krieg. In der dritten Auflage seines »gesellschaftlichen Ratgebers für alle Lebenslagen«, 1956 unter dem Titel ›Der gute Ton von heute‹ erschienen, bietet er im Anhang nicht bloß »Wissenswertes« über den menschlichen Organismus, die »innere Körperhygiene«, »ein wenig Geschichte«, »ein wenig Musikalisches«, »ein wenig Technisches« und die Schachregeln, sondern einen Zitatenschatz in deutscher, lateinischer, französischer, englischer und italienischer Sprache. Jeweils das Original, die Übersetzung und die Lautschrift: »aprä nuh lö delühj« – Nach uns die Sintflut.

Mit den Ton- und Taktführern der achtziger und neunziger Jahre wurde nicht nur dem Schnelleren, dem Dreisteren, dem Clevereren, dem Frecheren gesellschaftlicher Erfolg versprochen, sondern auch dem Richtig-Gekleideten-richtig-Speisenden-richtig-Schreibenden. Erfolg in einer Gesellschaft der Angeber, der zu Wohlverhalten Dressierten. Diese Bücher bedienten das Vorurteil vom guten Benehmen: Sie grenzten aus.

Und zeigten mir, dass es Zeit war, den Umgang der Menschen zu reflektieren. So, wie Erasmus zu spiegeln, was schlecht ist – und zu beschreiben, was besser wäre. Zu überlegen, wie weit der Prozess der Zivilisation, der Kultivierung schon auf dem Rückzug ist. Dieses ›Handbuch des guten Benehmens‹ ist eine Standortbestimmung und ein Wegweiser in die Zukunft, in der Benehmen nicht mehr nur als Beherrschung von Manieren gelten wird, vielmehr als Kunst, mit anderen Menschen harmonisch und taktvoll zu kommunizieren. Angesichts der sozialen Spannungen, die die Gesellschaften in Europa verunsichern, vielleicht gar erschüttern werden, ist es wichtig, dass Freund und Feind trotz unterschiedlicher Meinungen im Umgang miteinander es nie fehlen lassen an Toleranz, Rücksicht, Höflichkeit.

Mein Aufsatz ›Der Parvenü‹, in diesem Buch vollständig abgedruckt, erschien am 24. Juni 1994 in der ›Süddeutschen Zeitung‹. Margit Ketterle, die bei der Herausgabe meines zweibändigen Theaterlexikons klug und umsichtig mir zur Seite stand, fragte am selben Tag, ob ich nicht Lust hätte, ein »Benimmbuch« zu schreiben. Der Gedanke faszinierte mich. Sofort. Endlich einmal kein Buch über Schauspieler, Regisseure, Theater. Während der Arbeit an dem vorliegenden Band bemerkten wir beide, dass das kommende Jahrhundert weder die alten Regeln im forschen Ton der neunziger Jahre braucht noch eine neue Etikette. Vielmehr bedarf es einer Besinnung auf Tugenden, ohne die das richtige Benehmen nur Maske ist. Das gute Benehmen aber hat ein Gesicht, eine Seele, ein Herz. Und deshalb ist das gute manchmal das falsche Benehmen. Aber das schlechte immer schlecht.

Ich hätte mich an diese Publikation nicht gewagt, ohne fest davon überzeugt zu sein, dass meine Eltern mich schon als Kind gelehrt haben, das gute vom schlechten Verhalten zu unterscheiden. Mag sein, dass sie mich getriezt, mich gefordert, manche mir lustvoll erscheinende Bosheit, manchen Spleen, manche Rauferei und einige Intrigen verboten und mich bei Tisch zu oft gemaßregelt haben. Heute indes bin ich ihnen dankbar für ihre Erziehung, die Harmonie, Takt und Rücksicht als oberste Prinzipien etablierte. In meinem Leben und in meinem Beruf. Als Kritiker ist man versucht, bei Enttäuschungen besonders boshaft zu reagieren, besonders scharf. Ich habe mir diese Eindeutigkeit im Urteil nie erspart und nie verboten, aber – wenngleich nicht immer erfolgreich, ich weiß – darauf geachtet, nie zu verletzen, Künstler in ihrer Persönlichkeit nicht zu demütigen.

Warum gerade ich dieses Buch geschrieben habe, ist also damit erklärt. Eines sei aber für all jene, die sich weiter wundern, warum ausgerechnet ein Theaterkritiker über Benehmen schreibt, hinzugefügt: Gerade auf der Bühne erleben wir, wie Menschen miteinander umgehen; sehen, wie sie miteinander umgehen könnten. Die Bühne ist eine moralische, eine aufklärerische Anstalt. Dieses Buch hat dasselbe Ziel. Und dass unter den vielen Autoren, die sich seit Jahrhunderten mit diesem Thema beschäftigen und mit ihren Werken Beiträge zur Kulturgeschichte geliefert haben, so viele Philosophen waren und auch ein Theaterkritiker, nämlich Carl Herloßsohn, der 1834 ein zehnbändiges ›Damen-Conversations-Lexikon‹ herausgegeben hat und 1842 (zusammen mit Robert Blum und Hermann Marggraf) ein ›Theaterlexikon‹, machte mir zu Beginn meiner Arbeit Mut.

Ich danke allen, die mir geholfen haben: Margit Ketterle und Ingrid Bade, die als Lektorin für die Frauen und die Political correctness stritt. Inge Kühl und Ursel Paal, die nicht nur Korrektur lasen, sondern während der Arbeit sich immer wieder neugierig die jüngst entstandenen Artikel vorlesen ließen. Und allen Freunden, die, bei Empfängen und Essen, hinterlistige Fragen stellten zum guten Benehmen: also Peter Prinz zu Hohenlohe-Oehringen und seiner Frau Uschi, Sabine und Dieter Rojahn, Thomas Hörner und meinen Kollegen in der Feuilletonredaktion der ›Süddeutschen Zeitung‹.

Vor allen aber Wolfgang A. Rehmann, der die Arbeit mit ironischen und frechen, ermunternden und höchst förderlichen Bemerkungen unterstützte. Und meine Forschungsreisen und -auftritte in Restaurants, Hotelhallen, Theatern und Bars mitmachte und ertrug. Mitübte, jenem Ideal nahe zu kommen, das Giovanni Della Casa, auf Ciceros ›De officiis‹ (›Von den Pflichten‹) zurückgehend, Knigge vorausnehmend, so beschrieb: »Personen von gutem Benehmen müssen also beim Gehen und Stehen, beim Sitzen, bei jeder Handlung, bei jeder Haltung, bei Kleidern, beim Reden, beim Schweigen, beim Ausruhen und bei der Arbeit das richtige Maß einhalten.«

München, im Oktober 1996 C. Bernd Sucher

Vorwort zur überarbeiteten zweiten Ausgabe

Vor elf Jahren erschien mein ›Handbuch des guten Benehmens‹ zum ersten Mal. Damals – so denke ich heute – wäre mir der Gedanke an eine Überarbeitung absurd erschienen, weil ich kein Regelwerk vorlegte, sondern mir Gedanken machte, wie Höflichkeit Freude in das Zusammenleben bringen könnte, Ruhe in das hektische Treiben am Arbeitsplatz, Gelassenheit in die öffentlichen Räume. Höflichkeit hat keinen anderen Sinn als anderen und sich selber das Leben angenehm zu gestalten, aggressionslos. Gewiss sind auch im 21. Jahrhundert die wesentlichen Überlegungen weiterhin gültig. Keine Höflichkeit ist denkbar ohne Toleranz, ohne Rücksicht, ohne Diskretion, ohne gegenseitigen Respekt. Allein, es ist erstaunlich, was sich alles im Kleinen, im alltäglichen Umgang verändert hat seit 1996.

Wer sendet schon noch Faxe? – allein Anwälte und Menschen, die Computer, Blackberries, Notebooks hassen und nicht daran denken, E-Mails, also elektronische Briefe, zu verfassen. Statt zu telefonieren, schreibt man einander eine SMS (short message service) oder man chattet. Briefe, handgeschrieben womöglich, sind etwas arg Altmodisches, selbst private Korrespondenzen werden heute meist per E-Mail erledigt. Und das bedeutet leider auch, dass im 21. Jahrhundert gedruckte Ausgaben von Briefwechseln die absolute Seltenheit sein werden. Denn nicht allein die jungen Autoren verkehren miteinander per SMS und E-Mail, selbst bedeutende Menschen um die sechzig nutzen diese Möglichkeiten. Und dass sogar die flapsigste aller Kommunikationsmöglichkeiten, eben die SMS, inzwischen taugt, Liebe zu flüstern oder Liebe aufzukündigen, wir wissen es. Kein Mensch trifft sich mehr an einem Imbissstand oder gar an einer Würstchenbude (außer in Wien und Berlin!), man verabredet sich zum Sushi oder isst beim »kleinen Chinesen« und in Internetcafés.

Und wir haben uns – um der gesellschaftlichen Korrektheit willen – angewöhnt, manches nicht mehr zu benennen, sondern zu umschreiben, was vor allem Alter und Geschlecht angeht. Dies sind nur einige wenige Beispiele für die Veränderungen, die nun Niederschlag gefunden haben in diesem völlig überarbeiteten Buch.

Ich danke Margit Ketterle für ihre Idee vor elf Jahren. Ihr verdankte ich damals auch den Mut, als Theaterkritiker dieses Buch (mit dem damaligen Titel ›Hummer, Handkuss, Höflichkeit‹) zu verfassen, das von einigen Lesern – wie sie mir höflich mitteilten – nur noch mit der Abkürzung *huhahö* genannt wird. Und heute verdanke ich ihr dieses Fortsetzungsprojekt, das sie wiederum initiiert hat: das Handbuch des guten Benehmens für das 21. Jahrhundert. Ich danke auch meinem aufmerksamen und geduldigen Lektor Thomas Tilcher – und allen meinen Freunden, die seit elf Jahren nicht müde werden, an meiner Höflichkeit zu arbeiten. Meist mit dem liebevoll-ironischen Verweis, wer so etwas schreibe, müsse perfekt sein. Aber – und daran hat sich nichts geändert –: Höflichkeit braucht weniger Perfektion als liebevolle Improvisation. Und ich danke Wolfgang A. Rehmann.

München und Lochenhäusl, im Sommer 2007

A

Abendessen zu Hause

Es sollte auch in der Familie nicht stehend in der Nähe des Kühlschrankes verschlungen werden. Wenn man sich schon entschließt, gemeinsam zu essen – was gewiss für den familiären Frieden, die nötige Kommunikation und die Erziehung der Kinder von allergrößtem Vorteil ist –, dann gibt es keinen Grund, nachlässig zu sein. Mag sein, dass manch ein Kid es überaus lästig findet, pünktlich und sauber bei Tisch zu erscheinen, doch wer zu Hause sich nicht benehmen mag und muss, wird schwerlich einsehen, dass er im Restaurant nicht dürfen soll, was ihm daheim erlaubt ist. Sibyl Gräfin Schönfeldt erinnert in ihrem Benimmbuch an den bekannten Spruch: »Was Hänschen nicht lernt, lernt Hans nimmermehr.« Und verweist auf die fatalen Folgen eines Verhaltens, das zu Hause regellos ist, in der Öffentlichkeit aber als höflich und perfekt vorgeführt werden soll: »Es ist wie mit der Leberwurst: Wer sie bei sich zu Hause aus dem Fettpapier isst, aber im Lokal oder bei Bekannten so tut, als äße er täglich von goldenen Tellern, der steht auf derselben Stufe wie die Männer, die ihrer Frau noch nie die Tür aufgehalten haben, in der Öffentlichkeit aber allen (anderen) Damen die Hände küssen. Und ein Vater dieser Art darf nicht hoffen, dass sein Kind jemals ein sicheres Benehmen entwickeln kann, vom wirklich guten ganz zu schweigen.« Asfa-Wossen Asserate behauptet in seinem Buch ›Manieren‹, dass man vor allem an den Essmanieren sehen könnte, ob jemand als Kind erzogen worden ist – oder nicht: »Jemandem, über den man nichts weiß, beim Essen zuzusehen, ist viel aufschlussreicher, als seine Kleider zu betrachten und seinen weitläufigen Reden zu lauschen. Es ist stets aufs Neue erstaunlich, wie viele in ihrem Ton geschliffene, ja raffinierte Leute das Essbesteck wie die Kinder handhaben, mit bedrohlich in die Luft weisenden Messerspitzen und Gabelzinken. Man könnte sagen, dass sich die Erziehung eines Menschen nicht daran zeigt, wie er mit Hummerscheren umzugehen weiß. Sondern daran, wie er ein Schweinskotelett isst.«

Wenngleich es eher unwahrscheinlich ist, dass jemand, der mit einer Hummerschere umgehen kann, die leichtere Übung, mit Messer und Gabel ein Schweinestück zu zerteilen, nicht beherrschen sollte: Bei Tisch kann man viel über einen Menschen erfahren. Und deshalb gehen Rotarier mit vorgeschlagenen Kandidaten, die in diesen Clubs aufgenommen werden sollen, zunächst mit ihnen und den Lebenspartnern essen (→ Jour fixe). Das heißt für das häusliche Abendbrot, dass der Tisch so gedeckt sein sollte, wie man es außer Haus erwartet. Vielleicht sind weiße Stoffservietten bei einem kalten Abendessen nicht unbedingt nötig; vielleicht reichen Papierservietten. Aber man isst auch unbeobachtet den Quark nicht mit den Fingern; leckt das Messer nicht ab, weil noch Mettwurst dran klebt; und löffelt nicht die Mousse aus der Schüssel, die für alle gefüllt ist.

Ein Abendessen mit Gästen unterscheidet sich nur unwesentlich von dem im familiären Kreis. Jetzt allerdings braucht es Stoffservietten, Blumenschmuck und Kerzen. Sicher lädt man auch nicht zu einem kalten Essen ein, sondern kocht mehr oder minder aufwendig. Ich weiß, dass in vielen Haushalten das Silberbesteck nur für Feste rausgerückt, das feine Porzellangeschirr und die zerbrechlich dünnen, teuren Gläser nur zu besonderen Anlässen benutzt werden. So sehr ich den Unterschied zwischen Alltag und Festtag schätze – ganz einfach deshalb, weil das Fest dadurch umso festlicher ausfällt: Es gibt keinen Grund, sich zu vernachlässigen, wenn man allein, zu zweit oder mit den Kindern isst. Und keine Entschuldigung für Nachlässigkeiten.

→ Besteck, → Geschirr, → Gläser, → Restaurant, → Tischdecke, → Tischordnung, → Tischschmuck

Abendgarderobe

Alles ist erlaubt – man muss sich nur umsehen in Restaurants, Theatern, Opernhäusern, bei Festspielen. Mann und Frau können anziehen, was sie wollen, stehen nicht auf Einladungen links unten unmissverständliche Wünsche: Anzug, Black tie, also Smoking, Frack oder Uniform oder Tracht. Die Etikette ist noch völlig unemanzipiert, weshalb die Damen sich nach den Herren zu richten haben. Dem dunklen Abendanzug (immer mit schwarzen Schuhen!) entspricht also das Cocktailkleid; dem Smoking das zumindest knöchellange, also siebenachtellange, keineswegs schlichte Abendkleid. (Hosenanzüge sind fast immer Fürchterlichkeiten ganz besonderer Art – aus welchem Material sie auch genäht worden sein mögen. Korpulente Frauen sehen darin aus wie Würste, schlanke wie verpackte Hopfenstangen.) Wenn der Herr Frack trägt – wozu er nur selten Gelegenheit hat, denn wer wird schon zu den allergrößten Leichenfeiern eingeladen oder zu abendlichen (!) Königs- und Bundespräsidentenempfängen? –, muss die Dame die ganz große, dekolletierte lange Robe anlegen, mit dem schönsten Schmuck, den sie besitzt. Auch bei großen Bällen, zum Beispiel dem Wiener Opernball, und den Salzburger Opernpremieren. Gerade hier zeigt sich aber, dass die Damen weit emanzipierter sind, als es die Autoren von Manierenbüchern wahrhaben wollen: Sie tragen die Roben – und die Herren Smoking (immer mit Lackschuhen, da kenne ich kein Pardon. Wer sich einen Smoking leisten kann, hat auch noch Geld übrig für dieses Schuhwerk). In den Frack gezwungen werden allein Orchestermusiker, Dirigenten und Kellner (die allerdings müssen mit einer schwarzen Weste vorliebnehmen, damit man sie nicht für Gäste hält, die immer mit einer weißen Weste zu erscheinen haben).
Also was, bitte, ist Abendgarderobe? Für einen Cocktailempfang reicht der blaue Anzug, die graue Flanellhose mit dunklem Blazer. Für einen Theater- oder Opernbesuch muss man sich gleichfalls nicht sonderlich verkleiden. Und die Damen haben es mithin ganz leicht: Sie müssen einfach nur gutgekleidet sein. Ihnen sind alle Farben erlaubt. Vorbei die Zeiten, da sie ihr Alter zur Schau tragen mussten. Noch Ende des 19. Jahrhunderts diktierte Konstanze von

Franken: »Als junges Mädchen von 16, 17 Jahren trage weder Violett noch Goldgelb, mit 40 Jahren verzichte auf Rosa und Himmelblau. Niemand sagt: Diese Frau trägt Rosenrot und Himmelblau, darum ist sie jung, sondern jeder sagt: Wie kann solch alte Frau so helle Farben tragen!« Was die Frage der Moden angeht, so sind Vorschriften wenig nützlich. Seit es Manierenbücher gibt, werden sie zum einen als »launiges Wechselspiel« begrüßt oder – meist in den Werken für kleinbürgerliches Publikum – als »Hort weiblicher Flatterhaftigkeit« verteufelt. Im 19. Jahrhundert galt die Mode nicht wenigen als »Buhle der Eitelkeit«, als »Geißel der Menschheit«, die neben den Frauen, die naturgemäß darauf reinfallen, vor allem »charakterlose Männer« heimsuche.

Auf moralische Wertungen modebewusster Damen und Herren will ich mich gar nicht erst einlassen. Sondern nur konstatieren: Alles ist erlaubt, ob man diese Freiheit goutiert oder nicht. Das bedeutet auch: Dass Herren in Bermudaanzügen erscheinen können – allerdings mit Hemd und Krawatte, schwarzen Lederschuhen ohne (!) Socken –; sie werden weder in den Festspielhäusern von Bayreuth und Salzburg zurückgewiesen noch in den ersten deutschen und österreichischen Hotels und Restaurants. Selbst die Jeans ist längst gesellschaftsfähig geworden, kombiniert – für Damen und Herren – mit dem Blazer. Andernorts allerdings sind sie verpönt: Im Londoner Ritz darf man mit einer Levis (einer Versace, einer Joop!) nicht einmal in die Halle; im Hotel ›Le Palais‹ von Biarritz wird man nicht bedient. Und wer je in Madrid versucht hat, ohne Krawatte, ohne Sakko in einem der ersten Restaurants zu speisen, weiß, was für einen großen Fundus an ausrangierten Kleidungsstücken madrilenische Kellner für ihre Gäste bereithalten. Damen indes haben die allergrößten Freiheiten: Der Bikini verbietet sich allerdings, und Leggings möchte ich schlicht verbieten. Da diesem monströsen Beinkleid kein Stichwort gewidmet sein soll, hier einige Worte dazu. Mir scheint diese Erfindung der zweite satanische Versuch, uns ins Unglück zu stürzen: Paradise lost – so weit, so schlecht, wir werden es aus eigener Kraft nicht wiedergewinnen. Aber warum muss die Erde zur Vorhölle werden? Die Schlange hat es wieder einmal geschafft, die Evas dieser Welt zu beschwatzen. Und jetzt stehen sie da: die strammen oder mickrigen Oberschenkel, die dicken oder dün-

nen, die runden oder platten Pos in engen schwarzen, bunten Kunststoffpellen. Die Schlange lacht sich eins – und wir verzweifeln und sehnen in jedem Sommer den Winter herbei: die Totalverhüllung von Masse Mensch!
Aber was, bitte, ist Abendgarderobe? Ich weiß, ich habe die Antwort noch nicht gegeben, nicht wirklich. Drum ein letzter Versuch, dieses Kapitel zu beenden – ohne Vorschriften. Abendgarderobe heißt letztlich: Sich so anzuziehen, wie man weder im Büro, noch in der Redaktion, nicht in der Werkstatt, der Bank, der Kanzlei herumlaufen würde – will man dort nicht für einen eitlen Pfauen oder ein kokettes Perlhühnchen gehalten werden: dem festlichen Anlass gemäß. Denn wenn man Glück hat, wird der Theater-, Opern-, Ballbesuch, das Essen beim Eins-zwei-drei-Sterne-Hauben-Besteck-Koch ein Fest. Wer meint – nicht einmal zu Unrecht –, das Fest ereigne sich auch und nicht minder schön, wenn man daran im beigen Tweed teilhat, erinnere sich an eine der wichtigsten Regeln guten Benehmens: Rücksicht. Es gibt keinen einzigen guten Grund, denen, die sich stundenlang vorbereitet haben auf einen »großen« Abend, mutwillig zu zerstören, worauf sie sich freuen: das Fest. Und die Kleidung – da gilt keine Widerrede – ist Ausdruck dieses Verlangens, dieser Hoffnung. Wer dann nach einer verpatzten Premiere, nach einem faden Ball mosert: »Dafür hätt's auch die Jeans getan!«, mag die Veranstaltung richtig einschätzen. Allein, was hat er schon geopfert?
PS: Ich weiß, dass im Sommer weiße Dinnerjackets zur Smokinghose getragen werden können. Und ein berühmter Kritiker, K. H. Ruppel, ging unabhängig vom Wetter zu Salzburger Premieren immer in Schwarz, wenn das Stück traurig endete, und mit dem weißen Dinnerjacket zu Werken mit Happyend. Er trug also sein weißes Jackett eher selten. Gut so! Denn ich finde dieses Kleidungsstück entbehrlich, da hässlich. Das aber muss Sie wenig kümmern.

Absagen

Sind immer unangenehm. Einladungen, die man selber ausgesprochen hat, zurückzunehmen, ist am schwierigsten. Und nur triftige – überprüfbare – Gründe rechtfertigen so einen Affront:

Tod (der eigene und der von nahen Verwandten) entschuldigt alles. Aber auch wer krank ist, darf (muss) absagen. Wichtige Termine indes sind keine Entschuldigung. Dasselbe gilt, wenn man als Gast geladen ist, wobei – zugestanden – berufliche Verpflichtungen, die noch nicht absehbar waren, als die Einladung akzeptiert wurde, gelten dürfen. Momentane Lustlosigkeit ist kein Grund. Man sollte immer mit der wahren Erklärung absagen, denn wer einmal beim Lügen ertappt wird, kann ziemlich sicher sein, nie wieder eingeladen – oder nie wieder besucht zu werden. Absagen sollte man schriftlich, mindestens eine Woche zuvor. Nur im Notfall, bei plötzlicher Krankheit zum Beispiel, telefonisch.

Achtung

»Wer sich Menschen, so weit es durch das Betragen möglich ist, zu Freunden, ja zu blinden Verehrern machen will, der zeige, dass er sie achte. So, wie die Geringschätzung mehr kränkt als Hass, ist Achtung angenehmer als Wohlwollen; und im Allgemeinen geht auch das Streben oder doch der Wunsch der Menschen eher dahin, geachtet als geliebt zu werden. Fast jedes Zeichen von Achtung, das einem ja auch geglaubt wird, selbst wenn es erheuchelt ist, wird mit Dank belohnt; und viele, die nicht den Finger rühren für den, der sie wahrhaft liebt, gingen durchs Feuer für den, der nur so tut, als ob er sie achte; das ist auch das beste Mittel, Beleidigungen wiedergutzumachen. Man sieht es alle Tage, dass die Menschen den, der sie liebt oder ihnen gar Wohltaten erweist, hassen und fliehen. Wenn nun in der Kunst, die Menschen im geselligen Verkehr für sich einzunehmen, der der größte Meister ist, von dem die anderen zufriedener mit sich selbst weggehen, als sie gekommen sind, so ist wohl klar, dass Zeichen von Achtung wirksamer sein werden, die Menschen zu gewinnen, als Zeichen von Wohlwollen. Und je geringer das Anrecht auf Achtung, desto größer der Erfolg. Wer diese Art von Liebenswürdigkeit besitzt, der wird, wo immer er hinkommt, fast mit fürstlichen Ehren empfangen; denn der Gedanke, geachtet zu werden, lockt die Menschen an wie Honig die Fliegen.«
(Giacomo Leopardi, 1798–1837)

Hierzu nur so viel: Auf Achtung hat jeder Mensch ein Anrecht! »Hochachtungsvoll« unter einen Brief gesetzt, ist eine formelle Floskel nur; »Mit aufrechter Hochachtung«, »Mit der Versicherung meiner Hochachtung« sollte bedeuten, was es heißt. Es verbietet sich jede Heuchelei. → Anstand, → Benehmen, → Diskretion, → Ehre, → Höflichkeit, → Rücksicht

Affront

Französisch: Kränkung, Beleidigung, Brüskierung. Also nichts Gutes. Man sollte den Affront vermeiden – außer er wird gezielt eingesetzt. Es ist wahr: Was der eine als Beleidigung auffasst, hält ein anderer vielleicht nur für einen schlechten Witz. Aber gerade weil dem so ist, muss die Messlatte so niedrig wie möglich gelegt werden. Erst einmal sollte man im Umgang miteinander davon ausgehen, dass man es immer mit Mimöschen zu tun hat. Das heißt, sich so vorsichtig und so rücksichtsvoll wie möglich geben.
Hier halte ich es mit dem Bonmot von Joseph Addison (1672–1719): »Man sollte stets erwägen, dass eine Beleidigung nicht nach dem Maßstab dessen, der sie zufügt, beurteilt werden darf, sondern nach der Empfindung dessen, der sie empfängt.« Einen verheirateten Mann ohne seine Ehefrau einzuladen, nur weil man noch einen zusätzlichen männlichen Gast an der Tafel braucht, ist eine Beleidigung des Mannes und eine Kränkung der Frau, ein Doppelfehler also. (Und wenn der Herr Manieren hat, wird er so ein Ansinnen abschlagen, sofort und – wenn er einen unnachsichtigen Charakter hat – selbst für die Zukunft gemeinsame Einladungen nicht mehr akzeptieren.) Auch Nachlässigkeiten bei der Gästeliste und, schlimmer noch, bei der → Tischordnung, dem Placement, können durchaus die Qualität eines Affronts haben. Menschen gemeinsam einzuladen und womöglich nebeneinander zu setzen, die sich Spinnefeind sind, verbietet sich also. Manche Gäste halten es für eine Kränkung, wenn man ihnen zum Tischherrn oder zur Tischdame jemanden aussucht, mit dem sie zusammenarbeiten. Begründung: Wer mag schon gern mit jemandem auch am Abend reden, mit dem er den ganzen Tag umgehen muss. Wenn Gäste untereinander sich kränken, beleidigen,

brüskieren, so sollten diejenigen, die Zeuge werden, diese Bemerkungen überhören – nicht richten, nicht tadeln, sondern rasch das Thema wechseln.

Wie reagiert man als Beleidigter? Mit Seneca: »Ein großer Geist, der sich selbst richtig schätzt, rächt Beleidigungen nicht, weil er für sie keinen Sinn hat.« Der ohne Frau eingeladene Herr verweist also darauf, dass er seine Frau gern mitbrächte, schließlich schätze er sie und müsse sie nicht verstecken – und nimmt eine gemeinsame Einladung also doch an. Wer beleidigt ist, weil seine Gäste zu spät, unangemessen gekleidet oder ohne Präsent erscheinen, nimmt sich zu wichtig, wenn es sich bei dem Fehlverhalten um eine Nachlässigkeit handelt. Allerdings wäre ein klärender Brief, ein Gespräch danach nicht falsch. Den Ratschlag des Erasmus von Rotterdam sollte man dabei beherzigen: »Maxima civilitatis pars est, quum ipse nusquam delinquas, aliorum delictis facile ignoscere, nec ideo sodalem minus habere charum, si quos habet mores inconditiores. Sunt enim qui morum ruditatem aliis compensent dotibus.« Also: »Sieh anderen Verstöße leicht nach. Das ist die Haupttugend der *civilitas,* der Höflichkeit. Ein Gefährte sei dir deswegen nicht weniger lieb, weil er weniger gute Manieren hat. Es gibt Menschen, die die Ungeschliffenheit ihres Benehmens durch andere Gaben wettmachen.« Und er fügte hinzu: »Wenn einer deiner Kameraden unwissentlich einen Verstoß begeht, sage es ihm allein und sage es ihm freundlich. Das ist Zivilität.«

Sollte der missglückte Auftritt indes Absicht sein, so ist er ein gezielter Affront. Der Gastgeber wird an diesem Abend nicht reagieren. Aber am folgenden Tag – und die Herrschaften aus der Liste der gerngesehenen Bekannten streichen. Missliebige Personen fernzuhalten, dafür ist der Affront ein taugliches Mittel. Und doch immer unhöflich, weil Achtung selbst jenen zuteilwerden muss, die zu achten einem schwerfällt.

Alkohol

ist was Feines – wer je einen Champagnerrausch hatte, weiß, wovon ich schreibe. Ist was Grässliches – wer je nach durchzechter Nacht am Mittag kreideweiß aufgewacht ist, die Glieder sortierend und unfähig, sich zu erinnern an die letzten Stunden des Gelages, weiß es gleichfalls. Warum Bier, Wein, Sekt, Champagner, Whisky, Wodka oder Alkopops verteufeln? Man muss auch nicht unbedingt Sorgen haben, um Likör zu mögen. Allein: Alkohol ist kein Mittel für, kein Mittel gegen etwas. Keine Freude vergrößert sich mit zunehmendem Alkoholspiegel; kein Kummer wird kleiner, indem man ihn zuschüttet. Doch jeder Tipp ist der falsche. Was heißt schon mit Maßen trinken? Viererlei ist jedoch sicher. Erstens: Zu trinken, um sich zuzusaufen – gar zu Billigpreisen –, ist widerlich und sehr dumm! Zweitens: Wer getrunken hat, fährt nicht Fahrrad, nicht Moped, nicht Auto – und keine Harley. Hierauf muss auch ein Gastgeber achten, indem er Autofahrern eher vorsichtig nachschenkt; und im schlimmsten Fall höflich zu verhindern sucht, dass ein Gast, der nicht mehr fahrtauglich ist, seinen Wagen startet. Und randaliert wird gleichfalls nicht. Wer leise torkelt, auf allen vieren nach Hause schleicht, ist des Mitgefühls gewiss, obwohl jeder schadenfroh denkt: So was kommt von so was! Wer allerdings betrunken in eine Bar hineinstolpert, wird verlacht und in der Schweiz mit dem Hinweis abgewiesen, dass man mit »chrüzlistich« nichts mehr bekommt. Drittens: Wer nur zum Essen trinkt, lebt gesünder. Viertens: Schnäpse sind aller Übel Anfang. Und schließlich: Wer glaubt, dass seine Birne, gefüllt mit Williams, besonders gut arbeite, wer meint, besoffen besonders gut drauf zu sein, irrt mächtig. Womit eines zumindest bewiesen ist: Alkohol macht aus Menschen Selbstbetrüger. Manchmal auch Betrüger, Schmeichler und Charmeure und kokette Verführerinnen. Letzteres begrüßen wir.

Alte Menschen

bedürfen unserer Achtung mehr denn je in dieser Gesellschaft, die Jugendlichkeit zu ihrem Fetisch gemacht hat. Wer zu Festen und Essen ältere Herrschaften bittet, sollte sowohl beim Tischdecken, bei der Tischordnung, der Auswahl der Speisen als auch bei der Wahl des Zeitpunktes Rücksicht nehmen. Wer also weiß, dass ein Gast schlecht sieht, sollte kein Essen bei Kerzenlicht planen. Menschen, die Mühe haben, den Löffel zum Mund zu führen, sollte man keine Nudelsuppe servieren. Manchmal empfiehlt es sich, eine Freundin oder einen Freund neben jene zu setzen, die Schwierigkeiten haben, ihr Fleisch selbst zu schneiden, damit sie – zur Not – helfen können. Die Speisenfolge hat sich nach den Älteren zu richten. Das heißt: kein opulentes Mahl für die Jüngeren und Schonkost für die Älteren, sondern für alle das, womit man den betagten Gästen eine Freude macht. Natürlich darf man sich während des Tischgesprächs nach ihrer Gesundheit erkundigen, aber übertriebenes, womöglich geheucheltes Mitgefühl verbietet sich.

Dass man im öffentlichen Leben sich ihrer annimmt, sie über die Straße geleitet, ihnen einen Platz in der U-Bahn anbietet, ihnen den Arm reicht beim Besteigen eines Flugzeugs, versteht sich. Und keinen Mann spricht man mit Opa, keine Frau mit Oma an!

Das Wichtigste: Alte Menschen müssen nicht bloß akzeptiert, sondern in die Gesellschaft der Jüngeren integriert werden. Selbst wenn die Unterbringung in einem Altersheim, einem Wohnstift unumgänglich ist, sollte diese Abschiebung nicht auch noch Ausgrenzung sein. Was Goethe in einem Brief an Carl Gustav Carus (1789–1869), den Naturforscher, formulierte, sei uns Verpflichtung: »Das Alter kann kein größeres Glück empfinden, als dass es sich in die Jugend hineingewachsen fühlt und mit ihr nun fortwächst.«

Für alte Menschen heißt dies, dass sie ihr Alter nicht ins Feld führen, um von Jüngeren Unmögliches zu verlangen. Alter ist kein Privileg, das unverschämte Sonderrechte gewährt. Mit Hinweisen auf achtzig entbehrungsreiche Lebensjahre, auf Verfall und Gebrechlichkeit Kinder und Verwandte zu drangsalieren, sie zu erpressen, verbietet sich. »Dem Alter, nicht der Jugend sei's geklagt, wenn uns das Alter nicht behagt.« (Lessing) Doch solange wir jung sind, sollten wir Altersstarrsinn, Altersgeiz, Altersspleens und Altersegoismus entschuldigen. Und Besserwisser hinnehmen, widerspruchslos – wenn's irgend geht. La Rochefoucaults Maxime ist uns Hilfe: »Die alten Leute geben gerne gute Verhaltensregeln, um uns darüber zu trösten, dass sie nicht mehr imstande sind, schlechte Beispiele zu geben.« → Bestager

Alter

Ich bin fürs Verheimlichen. Lessings ›Sieben und vierzigste Ode Anakreons‹ tröstet mich wenig:
»Alter, tanze, trotz den Jahren!
Welche Freude, wenn es heißt:
Alter, du bist alt an Haaren,
Blühend aber ist dein Geist!«
Kaum etwas ist ähnlich indiskret, als Menschen über zwanzig nach ihrem Alter zu fragen. Das gilt für Frauen wie für Männer. Und keiner komme mir mit dem Argument, dass Alter die Herren schmücke. Aber da wir – vom Selbstmord abgesehen – wenig Möglichkeiten haben, jung zu bleiben (und zu sterben), müssen wir hinnehmen, irgendwann kein Twen mehr zu sein, die dreißig, die vierzig, die fünfzig zu passieren. Wir werden zu unserem Alter stehen müssen. Deshalb sollten wir auch Abstand nehmen von der albernen Sprachverrätselung. Was ist gewonnen, wenn wir die Alten und die Rentner, die Omis und Opis Senioren heißen? Im Übrigen ist alt zu sein weder Verdienst noch politisches Programm. Was indes niemanden entlässt, mit den Alten in unserer Gesellschaft besonders rücksichtsvoll umzugehen.

Amuse gueule

In Österreich und immer häufiger auch in Deutschland als »Gruß aus der Küche« oder als Magentratzerl annoncierte kleine Aufmerksamkeit des Kochs. In Frankreich soll sie – mal eine Terrine, mal ein Süppchen, mal ein klitzekleiner Salat –, wie zuvorkommende Kellner zuweilen sagen, die Zeit des Wartens auf den ersten Gang verkürzen oder uns Appetit machen (»Pour vous mettre en appétit«). Das ist nett. Wenngleich man davon ausgehen kann, dass jeder, der ein Restaurant aufsucht, wohl nicht an Appetitlosigkeit leidet und zudem auch weiß, dass es außer bei Fastfood-Donald's-Chicken's-und-Kochlöffels kein blitzartiges Deck-dir-selber-dein-Tischlein gibt. Dieser Extragang kostet nichts extra. Weshalb niemand, der von so einer Aufmerksamkeit überrascht wird, losmäkeln muss, dass er »Das da!« gar nicht bestellt habe. Aufmerksamkeiten – auch die nichtessbaren – sind immer Geschenke; und wer sie abweist, ist immer ein tumber Tropf. Was nicht heißt, dass jeder seine kleine Kaninchenleber in Aceto balsamico aufessen muss.

Angeber

mögen wir nicht. Prahlhanse und Prahlsusen (auch sie gibt es) finden wir abgeschmackt. Zwar ist nicht jeder begabt, mit britischem Understatement seine Vorzüge im selben Satz zu demonstrieren und zu demontieren, aber genau diese Fähigkeit fehlt dem Angeber. Er könnte nun völlig darauf verzichten, zu zeigen und zu erzählen, was er besitzt und was er kann, aber just das will er ja nicht – wäre er sonst ein Angeber?

Es gibt zwei Sorten: die geistesschlichten und die anderen. Erstere protzen mit Autos und Uhren und Ringen und Immobilien und einer Frau, die wiederum auftrumpft mit Kleidung (»Escada, Sie wissen schon?!«), Schmuck, Friseur und Hauslieferanten. Nicht jeder, der einen Ferrari fährt, ist ein Angeber; doch wer eine Gold-Rolex trägt, hat sich als Angeber geoutet. Die andere Gruppe Angeber plustert sich intellektuell. Stellt sich vor mit dem Titel, dem angeborenen oder (mühsam) erworbenen, berichtet von teuren – das ist wichtig! – und weiten Reisen, von Aufführungen, für die andere nie Karten erwerben können, von Büchern, die sie gelesen hat. Sie sind Superhechte in einem Karpfenteich. Nur sind die Karpfen nicht blöde, sie durchschauen den Schwanzwedler: Von den meisten Büchern kennt er nur die Rezensionen, von den Aufführungen nur die Kritiken; allein das, was ohne größere Mühe für Geld zu haben ist, hat er wirklich sich geleistet. (Ob er es genossen hat, bleibt allerdings offen.)

Eine besondere Form der Angabe ist das Name-dropping. Damit will der Protzer zeigen, in welcher Gesellschaft er verkehrt – natürlich nur der besten. Ganz schlimm wird's, wenn dabei nur der Vorname übrigbleibt. Und jene, denen er von seinen großen Tagen und Abenden berichtet, zu Poldi den Prinzen, zu Dieter den Staats-

intendanten, zu Helmut den Altkanzler und zu Hansi den Gemüsehändler assoziieren müssen.
Nicht, dass man bei Tisch, beim Picknick, beim Segeltörn, beim Radfahren, beim Wandern nicht erzählen dürfte, welche Geschäfte man erfolgreich hinter sich gebracht, welche Einladungen man gegeben und angenommen, welche Freunde man erworben und welche kulturellen Highlights man erlebt hat. Aber das alles ohne Selbstironie vorzubringen, ohne Zweifel an der Wichtigkeit dieser (kleinen) Triumphe, zeugt von Dummheit und von einem ausgeprägten Minderwertigkeitskomplex. Angeber sind nervige Langweiler. Immer. Alle. Und wer ständig von Geld redet, ist unanständig. Er gehört zwar in unserer Gesellschaft zur Mehrheit – nicht zuletzt deshalb, weil in einer demokratischen Gesellschaftsordnung ohne Klassenunterschiede man sich am leichtesten durch Besitz unterscheiden kann –, doch der Mammon, wir wissen es aus dem Matthäusevangelium und aus Hofmannsthals ›Jedermann‹, rettet niemanden. Rettet auch nicht vor gesellschaftlichem Fall. Schnöder Mammon, heißt »verachtenswerter« Mammon. Giovanni Della Casa erklärt in seinem ›Galateo‹ dazu Folgendes: »Einige, die nicht wohlhabender sind als der Durchschnitt, hängen sich so viele Goldketten um den Hals, stecken sich so viele Ringe an den Finger und haben die Kleidung von Kopf bis Fuß so mit Schmuckstücken dekoriert, dass es nicht einmal für Herrn von Castiglione passend wäre. Sie benehmen sich geziert und selbstherrlich, was aus Hochmut und Selbstherrlichkeit herrührt, unangenehmen und ungebührlichen Eigenschaften, die abzulehnen sind. Wisse, dass in vielen Städten, und zwar in den besten, Gesetze verbieten, dass Reiche sich auffallend besser kleiden als die Armen, denn es demütigt sie, wenn andere, und sei es nur im Aussehen, ihrer sozialen Überlegenheit Ausdruck verleihen. Man hüte sich also vor solchem Unfug.«
→ Parvenü, → Schmuck für Herren

Anklopfen

Immer. Bei geschlossenen und angelehnten Türen. Erfolglos bei verschlossenen Eisenbahn- und Flugzeugtüren; mitunter erfolgreich bei Bussen und Straßenbahnen. Gräfin Schönfeldt fordert das

Klopfen nur in fremden Wohnungen, nicht an Freundestüren, nicht zu Hause: »Eine angelehnte Tür gilt als offen.« So recht sie hat, so höflich finde ich es, sich durch ein Klopfen überall anzumelden. Diese Übung ist einfach.

Anmache

Nicht zu verwechseln mit dem → Flirt. Miese Masche, ins Gespräch, ins Wohnzimmer, ins Bad, ins Bett zu kommen. Wird vorwiegend von Männern versucht, die erst das Feuerzeug anbieten und dann sich. Es gibt aber auch Damen, die um das Feuerzeug bitten … Zur Anmache gehören blöde Sprüche und ein lüsterner, nicht minder blöder Blick. Ganz schlimm, vom Kellner dem Objekt der Begierde ein gefülltes Bier-Wein-Schnaps-Glas bringen zu lassen. Diese plumpe Form der Tändelei verbietet sich – und wird man ihr ausgesetzt, sollte man sie sich verbeten. Oder gehen. Im Internet gibt es alle Variationen von Anmache, sortiert nach sexuellen Präferenzen. Hier duzt man sich sofort und kommt zur Sache. Also in keinem der Foren Höflichkeit erwarten oder gar voraussetzen. Wenn möglich: meiden. → Chat

Anreden

Wollen Sie wirklich wissen, wie Sie den Papst anreden und wie Sie den Brief an die Königin von England beginnen? Nun gut! Hier sind sie, die ultimativ richtigen Anreden – von Angesicht zu Angesicht und brieflich.
Willibald Schmitt ist Herr Schmitt und im Brief: Sehr geehrter Herr Schmitt. (Ausnahme im Kulturbereich – Theater, Oper, Musik, Film, Verlag, Feuilleton – üblicherweise, aber nicht obligatorisch mit Vornamen, ohne Herr, also kurz: Sehr geehrter Willibald Schmitt. Kennt man Willibald S. besser, geht auch: Sehr geehrter, lieber Willibald Schmitt.) Für Frau Elli Schmitt gelten dieselben Regeln, nur sollte man in einem Privatbrief mit: Sehr verehrte Frau Schmitt beginnen, aber wirklich nur dann, wenn man sie schätzt.

Haben die Herrschaften akademische Titel, so setzt man diese vor den Namen, höflicherweise immer ausgeschrieben. Sehr geehrter Herr Doktor Schmitt, Herr Professor Schmitt. Bei politischen Rängen benutzt man nur die Amtsbezeichnung, also zum Beispiel: Sehr geehrter Herr Bundespräsident, Bundeskanzler, Minister, Staatssekretär, Regierender Bürgermeister, Senator, Bürgermeister. Königinnen und Könige redet man mit Majestät an und schreibt nicht: Sehr verehrte, liebe Majestät. Der Queen schreibt man nie direkt, sondern richtet seinen Brief an The Private Secretary to Her Majesty the Queen.

Ein Erzherzog heißt Hoheit (Brief: Kaiserliche Hoheit); ein Prinz Prinz oder Hoheit (Sehr geehrter Prinz von A.), ein Fürst Fürst (Sehr geehrter Fürst B.), ein Graf Graf (Sehr geehrter Graf C.), ein Freiherr Herr von D. (Sehr geehrter Baron), ein Herr von E. Herr von E. (Sehr geehrter Herr von E.). Generäle, Oberste redet man ohne ihren Namen mit ihrem Titel an (und schreibt ihnen so: Sehr geehrter Herr General). Dasselbe gilt für Direktoren, Oberregierungsräte, Regierungsräte, Amtmänner und Inspektoren.

Den Papst spricht und schreibt man an mit Heiliger Vater (Eugen Drewermann adressierte allerdings an »Seine Heiligkeit Papst Johannes Paul II.« und richtete seine Zeilen an »Sehr geehrter Heiliger Vater«), an den Kardinal wendet man sich mit Eminenz, Erzbischof Bischof und Abt heißen Herr Erzbischof etc. Äbtissin und Oberin heißen Mutter Äbtissin und Mutter Oberin. Die Nonne E. nennt man Schwester E.; den Mönch G. Pater G. Der Rabbiner H. ist mit einem schlichten Herr H. zufrieden.

Der Rektor einer Universität heißt Herr Rektor, der Dekan nur Herr Professor. Ausländische Regierungsmitglieder und Botschafter haben Anspruch auf die Anrede Exzellenz.

Wichtig ist vor allem eins: Die Mitglieder der Adelshäuser spricht man nicht mit Herr an, obwohl seit der Weimarer Verfassung das Adelsprädikat als Teil des Namens, pars nomini, gilt. Also nie: Herr Fürst, Herr Prinz, Herr Graf, Herr Baron. (Herr Graf und Herr Baron ist als Anrede zulässig nur für des Grafen und Barons Personal! – Was Mozart-Kenner längst wissen, singt doch schon Figaro in seiner Cavatine »Se vuol ballare, / Signor Contino, / Il chitarrino / Le suonerò.« – »Will der Herr Graf …«) Und nun nichts wie hin

zur nächsten Papstaudienz. Dass man ihn nicht mit Opa anredet, ist jetzt nämlich klar. Und klar sollte auch sein, dass es unverschämt ist, irgendeine ältere Frau oder irgendeinen älteren Herren als Oma oder Opa anzusprechen.
PS: Päpstinnen gibt es nicht. (Obwohl: Mitte des 9. Jahrhunderts oder um 1100 soll der Sage nach eine Päpstin Johanna mit auf dem Heiligen Stuhl gesessen haben. Und Esther Vilar hat eine amerikanische erfunden.) Aber es gibt Präsidentinnen (nicht bloß bei Werner Schwab), Landrätinnen, Richterinnen, Regierungsrätinnen und eine Kanzlerin! Was also schreiben, was sagen? Wählen Sie – vorsichtshalber – die weibliche Form. Falls die Dame die männliche bevorzugt, also: Sehr geehrte Frau Gerichtspräsident, akzeptieren Sie den Wunsch.

Anspruch

Wer hat sie nicht schon gehört, die etwas seltsame Selbsteinschätzung der wildgewordenen Kleinbürger, die so gern der Haute Bourgeoisie angehörten, die es ja in unserer demokratischen Klassenlosigkeit gar nicht mehr gibt: »Sie wissen, wir sind sehr ansprüchlich!« Na hübsch! An Ansprüchen mangelt es der bundesrepublikanischen Gesellschaft nun wirklich nicht. Nichts ist dagegen einzuwenden, dass jemand verwöhnt werden will: im Hotel, im Restaurant, im Café – selbst bei Freunden. Aber man muss wissen, wo und wann (und für wie viel Geld) man etwas verlangen kann. Ein Fünf-Sterne-Hotel ohne Badewanne ist eine Zumutung (die es übrigens nicht gibt); ein Restaurant, das ein Menü für hundert Euro anbietet, muss Stoffservietten decken und Fischbesteck – und die Ober oder die Saaltöchter sollten zuvorkommend, freundlich und aufmerksam sein. Ein Gasthof aber muss erst einmal nur Sauberkeit bieten und irgendeine reinliche Waschgelegenheit. Eine Dorfschänke darf die Forelle mit einem Fleischbesteck oder zwei Gabeln servieren; und den überforderten Bedienungen sieht man Nachlässigkeiten nach. Und wenn der Student seinen Professor zu sich lädt, dann wird der nicht Christofle-Gedeck und Trüffelsuppe erwarten. Wer auf Reisen geht nach dem Motto »Preis nach oben spielt keine Rolle« (und sich diese beneidenswerte Luxusmaxime auch noch leisten kann), darf Ansprüche stellen. Die allerhöchsten. Wer weniger Mittel zur Verfügung hat, muss mit weniger zufrieden sein. Das mag denen, die für dreihundert Euro vierzehn Tage Urlaub machen wollen, ungerecht erscheinen. Allein: So ist die Welt. Und mit Unzufriedenheit auf diese Ungleichheit zu reagieren, ist die falsche Reaktion, zumal sie das mögliche Vergnügen, das durchaus eine Pension und eine einfache Waldwirtschaft zu bieten vermag, schmälert. »Ansprüchlich« verlangen wir das Unmögliche. Wer aber die Ansprüche an Orte und Menschen niedrig hält, wird immer angenehm überrascht sein. Der wird begreifen, dass das Glück nicht allein im Überfluss zu finden ist. Oscar Wildes Bonmot, er könne auf alles verzichten, nur auf Luxus nicht, heißt nämlich nicht, dass Luxus immer Synonym ist für das Teure. Ist es nicht ein Luxus, Freunde zu haben, die nichts anderes beanspruchen, als als Freunde angenommen und geschätzt zu werden? Wer »ansprüchlich« an allem etwas auszusetzen hat, sollte vor allem überprüfen, welchen Ansprüchen er selbst gerecht wird. Und welche er zu erfüllen vermag.

Anstand

1530 publizierte Erasmus von Rotterdam eine kleine Schrift unter dem Titel ›De civilitate morum puerilium‹ (›Vom richtigen Verhalten der Knaben‹). Offensichtlich, so folgert Norbert Elias in seinem Werk ›Über den Prozeß der Zivilisation‹, behandelte er »ein Thema, über das zu reden an der Zeit war«. Bis zu Erasmus' Tod wurde das Buch mehr als dreißigmal aufgelegt; und Elias weist im Ganzen 130 Auflagen nach. Behandelt wird etwas ganz Simples: das Benehmen der Gesellschaft. Also alle Themen, die im Umgang von Wichtigkeit sind: Essen, Schneuzen, Reden, Lieben. Erasmus war keineswegs der Erste, der sich dieses Problems annahm. »Verwandte Fragen«, so Elias, »haben schon die Menschen des Mittelalters beschäftigt, schon die Menschen der griechisch-römischen Antike und sicherlich auch schon die Menschen der verwandten, vorangegangenen ›Zivilisationen‹.« Das Wort Anstand kommt bei

Erasmus nicht vor. Die Übersetzer wählten stattdessen den Begriff »Höflichkeit«. Zwar findet sich in einer Übersetzung des Cicero-Werks ›Von den Pflichten‹ dieser Begriff, doch auch hier ließen sich ebenso gut die Synonyme Höflichkeit, Benehmen, Takt und Lebensart wählen, die auch der Brockhaus benutzt zur Erklärung. Cicero setzte das Aussehen zum Anstand in ein Verhältnis: »Wie die körperliche Schönheit durch die Harmonie der einzelnen Glieder das Auge gerade dadurch erfreut, dass alle Teile anmutig miteinander übereinstimmen, so erregt der vornehme Anstand überall, wo er sich zeigt, durch die Ordnung, die Konsequenz und den Takt in allen Worten und Taten den Beifall der Umgebung.« Bei Adolph Freiherr von Knigge, Ende des 18. Jahrhunderts, beinhaltet Anstand gleichfalls Benehmen, Takt, Höflichkeit: »Kurz, alles, was eine feine Erziehung verrät, das gehört notwendig dazu, den Umgang angenehm zu machen, und es ist wichtig, sich in solchen Dingen nichts nachzusehen, sondern jede kleine Regel des Anstandes, selbst in dem Zirkel seiner Familie zu beobachten.« Auch jene Ratgeber in Sachen »Lebensart«, die im 19. Jahrhundert den Titel ›Anstandsbuch‹ führen (zum Beispiel Johann von Eltz' ›Das goldene Anstandsbuch‹), verwenden im Text die genannten Synonyme. Wie schwierig eine Definition ist, beweist Goethe, der dem Studenten Dietmar im Juli 1786 auf der Durchreise in Halle erklärte: »Die ganze Theorie des Anstandes lässt sich auf den unsichern Grund des Vorurteils zurückführen.« Konfuzius war zwar genauer – »Auf Vernunft gegründeter Anstand lehrt Mäßigung im Übermaß der Freude; im Unglück aber edlen männlichen Schmerz« –, allein auch er bleibt dem Begriff viel schuldig. Deshalb sei hier auf das Stichwort → Höflichkeit verwiesen. Und diese Anstandserklärung anständig beendet. Mit einem Sprichwort: »Anstand ziert – und kostet nichts!«

Anzeigen

sind nicht Pflicht. Weder bei der Verlobung, noch bei der Hochzeit oder im Todesfall. Ganz überflüssig sind sie an Geburts- und Muttertagen. Was man seinem Ehepartner, seinen Kindern, sei-

nen Freunden, seiner Mutter wünscht, gehört nicht in die Zeitung (und auch nicht als lieber Gruß ins Radio). In diesen Fällen schreibt man Briefe, macht einen (angemeldeten) Besuch oder richtet – falls es denn der Mutter wichtig ist, ihren Tag einmal im Jahr zu begehen – ein Frühstück oder ein Essen aus. Anzeigen sind Selbstdarstellungen. Und deshalb müssen sie mit allergrößter Diskretion und Einfachheit formuliert werden. Die Anzeigen, die man in den Zeitungen aufgibt, sollten sich nicht unterscheiden von den Karten, die man an Freunde und Bekannte versendet, wobei diese unterrichtet sein sollten, bevor die Öffentlichkeit in Kenntnis gesetzt wird. Die auf Karten angezeigten Feste – die ja oft schon die → Einladung zum Empfang, zum Abendessen etc. enthalten – verschickt man an Verwandte, Freunde und Bekannte, die man zu informieren wünscht. (Man muss aber keineswegs alle zum Fest einladen.)
Verlobungsanzeigen sind eher selten geworden, weil der Brauch, sich offiziell zu verloben – was ja auch bedeutet, dass der zukünftige Bräutigam um die Hand der Braut anhält, also bei den Brauteltern vorspricht –, nicht mehr sonderlich gepflogen wird. Wenn man aber Wert darauf legt, diese Vorentscheidung bekanntzumachen, so halte ich die Form, dass die Brauteltern gemeinsam mit dem zukünftigen Bräutigam die hoffentlich frohe Kunde ausstreuen, für die beste. Also die gemeinsame Anzeige. Links geben die Brauteltern bekannt, rechts der Bräutigam, wobei die Unterzeichner ihre akademischen Titel nicht nennen, sondern diese von dem jeweils anderen erwähnt werden. Der Formulierung sind keine Grenzen gesetzt – man sollte sich aber vor peinlichem Gestelze hüten. Jeder kann sich »die Ehre geben, bekanntzumachen«, oder »sich beehren mitzuteilen«. Doch bitte nicht noch hehrer werden. (Selbstverständlich können Verlobungsanzeigen auch von den Verlobten allein aufgegeben werden, wenn sie selbständig und schon älter sind.)
Für die Vermählungsanzeige gilt das Gleiche, was Form und Inhalt betrifft. Allerdings kann das Brautpaar in diesem Fall auf die Brauteltern auch dann verzichten und gemeinsam seine Vermählung anzeigen, wenn es noch sehr jung und keineswegs schon unabhängig ist. (Danksagungsanzeigen in Zeitungen ge-

ben nur Sinn und sind höflich allein dann, wenn es unmöglich ist, allen Gratulanten persönlich zu danken – kurz: Sie sind meist unnötig.) Geburtsanzeigen sollte man nicht in der Zeitung veröffentlichen, sondern auf Karten verschicken. Da man → Scheidungen selten publikmacht – eigentlich schade! –, Silberne und Goldene Hochzeiten gleichfalls nicht in die Zeitung gehören, sind wir schon bei den Traueranzeigen. Also bei der Mutterhand, die aufgehört hat zu schlagen; und dem Opa, den sechs Söhne, siebzehn Enkel und achtundzwanzig Urenkel jetzt erst schmerzlich vermissen. Es gibt Menschen, die kuriose, also peinliche Traueranzeigen sammeln. Das zeigt, wie schwierig die Abfassung einer solchen Bekanntmachung ist. Wer des Formulierens nicht besonders mächtig ist, sollte nur den Namen nennen, Geburts- und Todestag und die Namen der Hinterbliebenen. Falls man wünscht, den Ort und den Tag der Beerdigung kundzutun, so gehören beide Informationen in die Anzeige, ebenso wie der Hinweis, ob man Spenden für eine gemeinnützige, karitative Organisation letzten Kranz- und Blumengrüßen vorzieht. Vermerkt sollte auch werden, ob man sich Beileidsbezeugungen am Grab (und spätere Beileidsbesuche) verbittet. An diese Wünsche haben sich alle zu halten, sie entbinden aber niemanden von der Pflicht, (hand!)schriftlich zu kondolieren. Wer sich zutraut, einen Text in der Anzeige zu formulieren, der kann dies tun und natürlich Bibel, Proust, Goethe, Heine oder Konstantin Wecker zitieren. Die Freunde von Singles zeigen den Tod gemeinsam an, wenn die/der Gestorbene keinen Lebenspartner hatte. Da in den letzten Jahren immer mehr Homosexuelle an den Folgen von Aids sterben, lesen wir solche Anzeigen häufiger. Ich halte es für ein besonderes und erfreuliches Zeichen, wenn die Eltern des Toten gemeinsam mit dem Lebenspartner des Toten die Anzeige aufgeben oder zwei nebeneinander plazieren. Selbstverständlich können auch noch die Freunde ihre Trauer in einer separaten Anzeige bekunden. Von den Erinnerungsanzeigen ein, zwei, drei Jahre nach dem Tod halte ich nichts, sie sind eitle »An-mich-denkt-niemand-mehr«-Hinweise von Witwen und Witwern, die sich von ihren Freunden vernachlässigt fühlen. Wenn dem so ist, sollten andere Wege gesucht und gefunden

werden, auf das eigene Unglück hinzuweisen – dem Toten sollte man diese Aufgabe keineswegs aufbürden.
Vor jeder Zeitungsanzeige sollte man sich jedoch reiflich überlegen, wen man erreichen und informieren will und muss, der nicht auch persönlich vom Glück und Leid erfahren könnte. Wenn es nur darum geht, eine lästige Pflicht, die ja keine ist, zu erfüllen, sollte man sich das Geld sparen. Und wer mit einer großen Traueranzeige nur beweisen will, was der Tote ihm wert ist – aber zu Lebzeiten leider nicht wert war –, sollte ebenfalls auf diese Selbstdarstellung verzichten. Im Zweifelsfall: Keine Anzeige!

Aperitif

Muss sein. Besonders angenehm, wenn man ihn in der Bar des Restaurants nimmt, beschäftigt schon mit der Lektüre der Speise- und später der Weinkarte. Aber auch bei Tisch nicht unangenehm. Bei häuslichen Einladungen trinkt man ihn meist im Stehen, bevor man zu Tisch geht. Ich halte nichts von stark alkoholischen Mixgetränken. Auch Whiskys sind ein unangemessen starker Start. Nie falsch: ein Glas Champagner oder Prosecco, ein trockener Martini, ein Sherry, ein Kir (schwarzer Johannesbeerlikör, aufgefüllt mit trockenem Weißwein; mit Champagner heißt er Kir Royal und ist was für → Angeber). Wenn Gäste mit einem Bier, einem Saft, gar einem Wasser beginnen wollen – nur zu. Ich kenne nur ein Mixgetränk, das als Aperitif die allergrößte Freude bereitet: der Champagnercocktail in der Oustau de Baumanière in Les Baux: frische Früchte, Grand Marnier und Champagner. Beim Mittagessen aus Vernunftgründen entbehrlich, gehört der Aperitif zum Abendessen wie der Käse.

Appetit

ist ein Zeichen für Gesundheit. Sie wünscht man seinem ärgsten Feind noch. Trotzdem: Mit Ausnahme von familiären Essen sollte man auf die Aufforderung »Guten Appetit!« verzichten. Was stattdessen? Nichts. Schließlich plaudert man ja bereits bei Tisch, während der erste Gang oder das → Amuse gueule aufgetragen wird. Angenehm ist es, wenn der Hausherr (oder die Dame des Hauses) das Glas erhebt und in einem sehr kurzen Toast die Gäste noch einmal willkommen heißt. »Mahlzeit« gilt manchen als kollegialer Mittagsgruß. Ich finde ihn ziemlich grässlich und sehr entbehrlich. Weg damit!

Applaus

→ Zuschauer

Aquarium

kann ich nicht leiden. Ich mag Fische nur auf dem Teller. Mein Problem. Ich weiß. Und Hobbytaucher schwärmen mir vor von der Wunderwelt Meer. Glaub ich sofort. Doch nichts ödet Gäste, die keine Aquariumamateure, Guppyliebhaber und Goldfischfreaks sind, mehr an als der angeordnete und bitte mit bewunderndem Staunen zu beantwortende Blick in ein Aquarium, 40 × 20 cm. Um nicht ungerecht zu sein: Der Besuch von Volieren misshagt mir vor dem Essen auch. Der Wellensittich neben dem Brotkorb ist kein Spaß; und der umherfliegende Papagei, der auch noch »Mahlzeit« schnäbelt, eine Versuchung zum Mord. Doch es gibt so etwas wie das Schlimmste: das Katzenklo neben dem Esstisch.

Arbeitsplatz

Höflichkeit am Arbeitsplatz unterscheidet sich nicht von der in der Öffentlichkeit oder in der Familie. Das bedeutet: Mobbing ist so wenig erlaubt wie Indiskretion. Menschenverachtung ist auch bei Chefs eine Widerlichkeit. Vorgesetzte sind weder Götter noch Sklavenhalter und Angestellte für niemanden Galeerensträflinge. »Bitte« und »Danke« sollten am Arbeitsplatz die meistbenutzten

Wörter sein. Ich finde das Duzen am Arbeitsplatz unangemessen, weiß aber andererseits, dass durchaus Freundschaften in Büros, auf Bühnen und an Bankschaltern geschlossen werden. Einfacher wird die Zusammenarbeit durch allzu große Nähe gewiss nicht. Zumal bei Konflikten ist das distanzierte Sie von Vorteil.
Was die → Political correctness angeht, so bestehen an unseren Arbeitsplätzen meist noch Freiheiten, die es in den USA schon lange nicht mehr gibt. Zoten in den Fluren und an den Werkbänken erzählt, sind auch in diesem Land nicht eben Beweis von Intelligenz, Rücksicht und Feinfühligkeit, aber kein noch so mieser Macho muss mit einer Klage und einer millionenhohen Geldbuße rechnen. Kämpferische Feministen mögen dies bedauern, ich halte die freiwillige Selbstkontrolle für das bessere Mittel; und bei größeren Ausrutschern gibt es immer noch die Möglichkeit der Aussprache. Dass man Frauen (und Männer) nicht gegen ihren Willen anmacht, versteht sich. Nur sollte die Abwehrhaltung deutlich, also für einen halbwegs sensiblen Zeitgenossen, eine feinfühlige Dame leicht dechiffrierbar sein.
Alkohol am Arbeitsplatz gefällt niemandem; mag es auch üblich sein – vor allem in Redaktionen –, spätestens nach Sonnenuntergang die Flaschen zu öffnen. Geburtstags-, Weihnachtsfeiern und Jubiläen kann man durchaus begehen. Wenn man sich dazu entschließt, dann sollten diese (hoffentlich) fröhlichen Zusammenkünfte jedoch nicht zwischen Tür und Angel, Aktenordnern und Telefon stattfinden. Wenn schon Feier – dann richtig, vorbereitet und ohne Zeitbegrenzung.
Kleidungsvorschriften am Arbeitsplatz? Da vertraue ich auf den Geschmack aller. Wer in einem Lebensmittelgeschäft bedient, in einer Klinik oder einer Praxis kuriert, operiert und narkotisiert, die Straßen-, die U-Bahn, den Bus chauffiert, wer im Flugzeug serviert oder auf Streife zieht, hat die geringsten Schwierigkeiten. Hier ist die Uniform Pflicht: weiß, blau, bunt. Wer am Fließband steht oder auf dem Bau arbeitet, wird wissen, was bequem und praktisch ist. Schwierig wird es bei Jobs im Büro. So schwierig, dass manchmal nur ein Gespräch hilft. Ich kenne eine Kanzlei, in der die Sozien zuweilen mit ihren Angestellten Anzüge, Kleider, Schuhe kaufen gehen … Ein starkes Stück? – Ein starkes Stück.

Arroganz

gehört sich nie. Manchmal ein Zeichen von Unsicherheit – und in diesem Fall entschuldbar.

Artischocken

isst man mit den Fingern und mit Messer und Gabel. Mit den Fingern zupft man von der gekochten Frucht die grünen Blätter, stippt sie in eine Sauce, zieht mit den Zähnen (bei fast geschlossenem Mund) das Fleisch ab und legt das Blatt dann auf einen bereitgestellten Teller für den Abfall. Allmählich arbeitet man sich so zum Boden vor, von dem man das Heu abhebt und beiseitelegt. Den Boden isst man mit Messer und Gabel. Wer Artischocken serviert, muss jedem Gast auch eine Fingerschale und eine zusätzliche Serviette decken. → Finger, → Fingerschale

Aufforderung zum Tanz

ist noch nicht out. Also wie eh und je? Johann von Eltz empfiehlt 1910 in der 7. Auflage seines ›Goldenen Anstandsbuches‹: »Beginnt die Musik zu spielen, so verneigt sich der Tänzer vor seiner Dame; diese steht mit einer leichten Verbeugung auf und legt ihr Bukett auf den Stuhl, während sie den Fächer in der Hand behält, ebenso wie er seinen Klapphut. Der Herr reicht ihr seinen rechten Arm und führt sie zu der Stelle, wo der Tanz beginnt.« Genauso wird's gemacht – auch ohne Klapphut und Bukett. Selbstverständlich darf man der Verbeugung auch noch die Frage anfügen: »Darf ich bitten?« Fordert man eine verheiratete Frau auf, so kann man, wenn man dem Ehemann gegenüber als sehr höflich erscheinen will und zugleich sich nicht scheut, der Ehefrau jeglichen eigenen Willen und Emanzipationsehrgeiz abzusprechen, zuvor den Ehemann um Erlaubnis bitten. Dies ist gewiss korrekt. Ich halte diese Übung allerdings für überflüssig und in vielen Fällen auch für beleidigend: Jede Frau wird wissen, mit wem sie zu tanzen wünscht; und wenn ein Outlaw sie auffordert, wird sie wohl auch entscheiden können, ob sie sich dieses Abenteuer erlaubt oder besser die Hände weglässt von dem Mann. Nach dem Tanz bringt der Herr die Dame wieder zurück an den Tisch. Alte Manierenbücher bieten eine ganze Liste von Pflichttänzen. Ich glaube, wir Gäste haben nur eine: mit der Gastgeberin zu tanzen und – ging dem Tanz ein Essen voran – mit der Tischdame. Der erste Tanz gehört also der Tischdame oder der Dame, mit der der Herr gekommen ist; zum zweiten wird die Hausfrau gebeten. Dürfen Damen Herren auffordern? Ja! Und nicht erst, nachdem irgendein Scherzbold »Damenwahl« blökt. (Einen solchen sollte man nie wieder einladen.) Und sie müssen nicht die ihn begleitende Dame um Erlaubnis bitten. Nur bleibt auch in diesem Fall der kleine Unterschied: Der Herr führt die Dame beim Tanz und danach zurück zu ihrem Platz! So macht man's richtig. Aber wie bei allen Regeln, die man beherrscht: Die Verstöße dagegen machen zuweilen das allergrößte Vergnügen. Da gebe ich Cora Stephan recht, die in ihrem Buch ›Neue deutsche Etikette‹ bemerkt: »Regeln sind nichts Starres, sondern Grundlage für jenes Spiel, das Gesellschaft heißt und zu dem auch die Abweichung von den Regeln gehört, ein Spaß, den uns jene vermiesen, die überhaupt keine Regeln mehr kennen wollen.« Dieses Spiel, die Variation der Regeln oder die fröhliche regellose Anarchie ist unter Freunden immer erlaubt. Man kann also eine Freundin durchaus fragen, ob sie mit einem »hüpfen« möchte. Und ich kenne eine junge Frau, gebildet und erzogen, die Herren, die sie kennt und schätzt, gern zum »Schütteln« bittet. Versteht sich, dass dann kein Walzer erklingt. → Tanzen

Aufstehen

müssen wir jeden Morgen – sind wir nicht bettlägrig. Dieses Aufstehen ist hier nicht gemeint. Auch nicht jenes in öffentlichen Verkehrsmitteln, in denen Herren und Kinder schon längst die Höflichkeit aufgegeben haben, für Damen aufzustehen (oder junge Damen für ältere, gebrechliche Herren). Gemeint ist jene Geste, mit denen Herren Damen ihre Aufmerksamkeit beweisen. Herren stehen immer auf, wenn sie eine Dame begrüßen, Damen nur vor sehr viel älteren Damen oder wenn ein (männlicher) Gast einer besonderen Verehrung würdig ist. Deshalb erhoben sich alle Gäste, als der Bundespräsident zu einem Konzert und einem anschließenden Empfang ins Schloss Bellevue bat. Deshalb hat der Kritiker Georges Waser recht, als er anlässlich einer Inszenierung von Schillers ›Maria Stuart‹ im Londoner National Theatre gleich zwei unterlassene Höflichkeiten anmahnte (›Neue Zürcher Zeitung‹ vom 3. April 1996): »Dass im damaligen Schottland eine Königin nicht mit ›Majesty‹, sondern mit ›Grace‹ angeredet wurde, hätte der für die Londoner Übersetzung verantwortliche Jeremy Sams wissen sollen. Ebenso sollte der Regisseur Howard Davies wissen, dass sich Adlige, und insbesondere die Grünschnäbel unter diesen, nie setzen, bevor sich die ihnen Audienz gewährende Königin selbst hingesetzt hat.« (Vielleicht, allerdings, war's ein bewusst inszenierter → Affront.)

Verlässt bei einem Essen die Tischdame eines Herrn – also jene, die rechts von ihm sitzt – die Tafel, so möge dieser sich erheben, ihr beim Wegrücken des Stuhles helfen und sich bei ihrer Rückkunft ebenso verhalten – allerdings sollte er dann den Stuhl heranrücken! Diese Regel gilt im Restaurant wie bei einer häuslichen Einladung. Sitzen – das soll vorkommen – drei Herren mit einer Dame in der Hotelhalle oder in der Bar, so haben alle drei aufzustehen: bei ihrem Gehen, bei ihrem Kommen. Der Hinweis, dass diese Aufsteherei ziemlich ungemütlich sei, stimmt: ungemütlich für den Herrn. Was beweist, dass es sich bei dieser Begründung für die Unterlassung einer Selbstverständlichkeit um eine Ausrede handelt. Übrigens steht der Herr auch auf, wenn die Dame im Theater rechts neben ihm Platz nimmt – und er setzt sich erst, wenn sie Platz genommen hat. Lassen Sie sich von dieser Aufmerksamkeit auch nicht abhalten durch die nette Bemerkung: »Ist doch nicht nötig!« Schließlich sind alle Aufmerksamkeiten nicht nötig, sondern Geschenke, die den Umgang erleichtern – und manchmal erst richtig angenehm machen. Ich habe jedenfalls noch nie eine Dame getroffen, die sich über diese Geste nicht gefreut hätte. Und Cora Stephan gibt mir recht: »Lassen Sie sich von niemandem einreden, aufgeklärte Frauen legten auf Gesten der Höflichkeit keinen Wert.« Übrigens gilt diese Regel auch am Arbeitsplatz: Betritt eine Frau das Büro, steht der Herr auf, verlässt sie es, nachdem sie zuvor das Gespräch im Sitzen geführt hat, erhebt er sich wieder. Findet die Unterredung im Stehen statt, stehen beide. Telefoniert man mit einer Frau – darf man sitzen bleiben.

Auslandsreisen

→ Tischsitten im Ausland

Austern

Ein Himmelsgeschenk aus dem Meer. In unseren Gegenden frisch und einigermaßen gefahrlos nur in den Monaten mit R, also von September bis April; am Atlantik (Ile de Ré!) ganzjährig. Schmeckt nach Meer. Manche schreckt die Vorstellung, dass das Tier noch am Leben ist, während man es schluckt, der Esser es also beim Schlürfen umbringt. Man kann, man muss aber kein schlechtes Gewissen haben. Vielleicht ist das Vergnügen am Austernessen, an der erschreckten Muskelverspannung, mit der sich das todgeweihte Tier wehrt gegen die Zitronentränen, die man über die glibbrige Masse tropft, ein sadistisches. Aber wohl dem Sadisten, der zu nichts Ärgerem im Stande ist. Das Austernessen ist ein wenig schwierig und verlangt eine

Austerngabel,

mit der man den dunklen Bart, die Kiemen, entfernt, falls dies noch nicht in der Küche gemacht wurde. Allerdings ist es absolut ungefährlich, ihn mitzuessen. Mit der Gabel löst man das Tier aus der Muschel und führt dann Schale und Auster zum Mund. Austern zu schlürfen, ist erlaubt. Jedoch nur, wenn man es einigermaßen lautlos kann. (Also üben, üben, üben!) Das Austernessen verlangt nach einer → Fingerschale. Wer Angst hat, sich zu vergiften – und selbst absolut frische Austern sind ein Risiko, sind doch die Meere ziemlich verdreckt und somit auch die Austernbänke, auf denen die Delikatesse gezüchtet wird –, der sollte sich zumindest an *huîtres chaudes* wagen: gratinierte, heiße Austern, meist mit Spinat oder Sauerampfer und einer Béchamelsauce.

Autofahren

ist gefährlicher als Fliegen. Aber es gibt Orte ohne Flughafen, ja sogar welche ohne Bahnhof und Bushaltestelle. Solange wir also des Autos bedürfen, gilt es Regeln einzuhalten. Sie wissen schon: Allgemeine Straßenverkehrsordnung. Daneben sollte man sich immer klarmachen: Der Klügere gibt nach! Erregen Sie sich nie über Rowdys, Politessen, Rotlichtphasen, Vordrängler und Vorfahrtabschneider. Schimpfen und fluchen Sie nicht – auch nicht zurück. Seien Sie also vornehm, rücksichtsvoll und höflich. Und denken Sie daran, dass derjenige, der sich beim einsamen Waldspaziergang die Hand vor den Mund hält, wenn er gähnt, sich nicht zu einem ausgestreckten Mittelfinger provozieren lässt von einem hemmungslosen Egoisten. Es lebe der Kavalier am Steuer und die Dame am Volant!

B

Badeanzug

oder Bikini: muss sein. Müsste nicht sein, wenn alle, die – im Spiegel sich betrachtend – unzufrieden sind mit ihrer Figur, nicht auch noch anderen beweisen wollten, dass man sich selbst mächtig missgestalten kann. Also busenfrei nur auf FKK-Geländen und an Nacktbadestränden. Und wer besonders benachteiligt, also entweder extrem dick oder extrem dürr ist, der sollte – ob Mann, ob Frau – verstecken, was Gelächter oder Tadel hervorrufen könnte. Es gibt T-Shirts für die Wampe, Tücher für die allzu feisten Oberschenkel. Bloß im Badeanzug oder in der Badehose etwas im Sitzen zu essen – und sei es auch nur an einem Kiosk – gehört sich übrigens überhaupt nicht. Wohlgemerkt, es geht nicht darum, nur noch die *young and beautiful people* an Stränden und in Badeanstalten zuzulassen, oder gar darum, Behinderte auszusperren. Aber der angesoffene Bierbauch und der ausgemergelte Busen müssen nicht ausgestellt werden. Da halte ich es – sehr konservativ und ein bisschen prüde – mit den Manierenbuchschreibern, die Mitte des 19. Jahrhunderts zwar die Mode immer noch nicht recht schätzen wollten, ihr aber dann sehr zugetan waren, wenn die neuen Modelle es vermochten, »das Hässliche und Unannehmliche des Aussehens und Anblickes großentheils verschwinden« zu lassen. »Wohl ist es Maske und Täuschung«, schreibt Joseph Alois Moshammer in seiner 1841 erschienenen ›Schule des Anstandes, der Höflichkeit und feinen Sitte‹, »allein es erwächst uns aus ihr kein Schaden, und unsere Sinne genießen dabei negativ die Wohltat, indem sie nicht beleidigt, und positiv, indem sie im Anblicke schöner Formen ergötzt werden.«

Und noch ein Wort zu den Schönen und den Schönlingen. »Die aufdringliche Nacktheit macht nichts als aggressiv«, behauptet Cora Stephan. Es stimmt: Die Bodybuildingtypen, männlich und weiblich, diese eitlen Exhibitionisten des mühsam getrimmten, im Schweiße des ganzen Körpers antrainierten Luxusbodys mit den übergroßen Bi- und Trizepsen, sind gleichfalls eine Zumutung. Statt der totalen Enthüllung bitte wieder Verpackung. Ich weiß, unsere Freizeitgesellschaft hält wenig von korrekter Kleidung und angemessenem Schuhwerk: Die Boxershorts, als bequeme Unterhose geschaffen, gelten in den Fußgängerzonen der Städte längst als adrette Kleidung, der Markenturnschuh als salonfähig und Konzertsaal-tauglich; die Radfahrerlegging ersetzt den Rock. Ich weiß. Und dennoch: Die Nacktheit allüberall ist ein Ärgernis – nicht allein mir. Rücksicht zu nehmen bedeutet nämlich auch: Die egozentrische und exhibitionistische Selbstdarstellung auf eine für andere erträgliche Form zu beschränken. Manchmal wünsche ich mir, es wäre ganzjährig Winter.

Da wir gerade bei der Nacktheit sind: Sie erregt nicht wenige auch dann, wenn sie ihnen begegnet im Theater – in der Oper gibt es sie ganz ganz selten nur. Wenn der nackte Mensch, also der nackte Schauspieler oder die nackte Schauspielerin, von einem Regisseur nur eingesetzt wird als Provokation der Zuschauer, ist dieser Vorgang ein dummer, ein ärgerlicher Einfall (und leider kein Unfall). Aber es gibt durchaus Gründe, Romeo und Julia, geweckt von der Lerche, nackt aufstehen zu lassen. Es gab Sinn, als Luc Bondy – vor Jahren – Lady Macbeth nackt in ihrem Schlafgemach zeigte, wie irr hantierend mit dem blutbeschmierten Schwert, mit dem sie den König erschlagen hatte; eine barbusige Salome ist sogar ein Muss. Nur ganz selten habe ich erlebt, dass Schauspieler lustvoll sich exhibitionierten. Und bis auf eine schlimme Ausnahme gab es in Staats- und Stadttheatern nie pornographische Darstellungen. Die Ausnahme, klar möchten Sie das jetzt wissen, ereignete sich in einem Theater der neuen Bundesländer. Dort befriedigte eine Schauspielerin einen Schauspieler oral. Sie taten nicht so als ob, sie taten es. Dass die beiden verheiratet waren, macht die Sache nicht besser. → Chat

Bankett

Synonym für ein sehr offizielles Essen. Doch lädt niemand – nicht der deutsche Bundespräsident, nicht der französische Staatspräsident, nicht die englische Königin – je zu einem Bankett, sondern immer nur zu einem Frühstück (Lunch, → Déjeuner) oder einem Abendessen (Dinner, → Diner).

Bar

Ein angenehmer Ort. Ich kenne nicht sehr viele, die mir gefallen, was aber daran liegt, dass ich nicht in jeder Stadt danach suche. Meine Top-Zwei verrate ich auch deshalb nicht, weil man nie wissen kann – so wenig wie bei einem Restaurant –, ob Qualität und Service gleichbleibend gut sind. Bars besucht man nach der Arbeit, zwischen 18 und 20 Uhr; nach dem Abendessen, also nach 23 Uhr, oder man bleibt von 18 bis 1 Uhr, trinkt, palavert, isst.

Bars sind Treffpunkte von Künstlern, Literaten, Geschäftsmännern und schönen Frauen, die sich meist alle wichtiger nehmen, als sie sind – allein die Frauen sind wirklich schön. Dieser Typ Bar unterscheidet sich nicht unwesentlich von Striptease-, Gay- und Lesbenbars. In den Stripteasebars ziehen sich Frauen aus und machen Männer an, die billigen Sekt zu Champagnerpreisen schlürfen; in Gaybars machen Männer beim Castro Cooler Männer heiß, und Frauen haben hier schon deshalb nichts zu suchen, weil sie nichts finden werden; in den Bars, wo Frauen mit Frauen flirten und Pink Creole trinken, sollten wiederum Männer sich nicht blicken lassen: Sie stören. Sie alle – welche sexuelle Präferenz sie auch leben und leiden mögen – haben aber Zugang zu den wenigen Pianobars, die manch erstklassiges Großstadthotel zu einem nächtlichen Dorado machen. Auch die Stripperinnen sind hier willkommen, vorausgesetzt sie ziehen sich nicht aus, trinken artig ihren Millionaire und wünschen sich ›As time goes by‹.

Beerdigung

Nein, ich will nicht handeln von den Formalitäten, die alle zu bedenken und auszuführen sind, bevor eine Beerdigung stattfinden kann. Nur einige Worte zur Trauerfeier. An ihr sollten alle teilnehmen, die zur Verwandtschaft zählen oder eine briefliche Traueranzeige erhalten haben. Wer von dem Todesfall aus der Zeitung erfährt, kann gleichfalls seiner Trauer durch seine Teilnahme Ausdruck verleihen – wenn in der Anzeige nicht ausdrücklich formuliert ist, davon Abstand zu nehmen, oder Ort und Zeit gar nicht angegeben sind. (Man sollte diesen Wunsch in jedem Fall respektieren und nicht etwa über die Friedhofsverwaltungen Ort und Termin eruieren.) Die Anwesenheit ist Zeichen genug. Wer den Toten nur flüchtig kannte, sollte weder Blumen noch Kränze schicken – es sei denn, es handelt sich bei dem Verstorbenen um eine sogenannte »öffentliche Person«. Wer indes – als Freund oder Freundin – zum engeren Kreis der Familie zählt, darf auch am Grab kondolieren. Er muss dies nicht, wie viele Autoren schreiben, allein mit einem stummen Händedruck tun. Einige wenige Worte sind durchaus erlaubt, wenn man den Eindruck hat, dass der Witwer, die Witwe, das Kind, der Freund, die Freundin einen solchen Trost erwartet.

Niemandem kann man übelnehmen, wenn er bei der Beerdigung nicht dabei sein möchte, doch die Furcht, weinend dazustehen, ist wenig Grund, sich diesen schweren Gang zu ersparen, der übrigens für Männer und Frauen gleich bedrückend ist. Vehement möchte ich Hans-Joachim von Krampen widersprechen, der in seinem Buch ›Was ist vornehm?‹ die Teilnahme der Damen an der Beerdigung entschuldigt: Das »lebhaftere Gefühlsleben der Frau, die allen das Gemüt und Gefühl berührenden Eindrücken wehrloser gegenübersteht als der härter geartete Mann«, mache ihr die Teilnahme unmöglich. Niemand muss sich je seiner Gefühle schämen – und schon gar nicht am Grab.

Die Ausrichtung der Feierlichkeit ist den Hinterbliebenen überlassen, die allerdings die Wünsche des Verstorbenen respektieren sollten, so er denn welche geäußert oder testamentarisch hinterlassen hat. Keine erfüllbare Bitte sollte man ihm posthum abschlagen: weder Wagners Trauermarsch aus der ›Götterdämmerung‹ noch

Strauss' ›Vier letzte Lieder‹, nicht Loriots beste Sketche oder die ›Rocky Horror Picture Show‹. Trauerreden sind etwas wundersam Trostreiches für die Hinterbliebenen, wenn die Rednerin oder der Redner mehr zu sagen weiß, als dass ein ehrlicher, guter, gläubiger Mensch das Zeitliche gesegnet hat. (Bitte hier keinen falschen Ehrgeiz entwickeln. Aus einem geschätzten, beliebten Volksschullehrer sollte auch an dessen Grab kein verkanntes Genie werden, dem zu Unrecht der Nobelpreis vorenthalten wurde.) An dem Mahl, zu dem die betroffene Familie einlädt, nehmen nur die teil, die dazu ausdrücklich gebeten wurden.
Über die Trauerzeit – die Jahre, die Monate, während der man durch seine Kleidung seinen Schmerz bekundet – hier kein Wort: Sie lässt sich, so denke ich, niemandem vorschreiben. Und wer schon am Tag nach der Beerdigung der Mutter nicht mehr in Schwarz herumläuft, demonstriert keineswegs, dass er seine Mutter gehasst hat oder sie nicht über den Tod hinaus verehrt und liebt. Trauer trägt sich nicht, sie muss ertragen und gelebt werden. Selbstverständlich kondolieren nicht nur jene (hand!)schriftlich, die an der Trauerfeier teilzunehmen verhindert sind, sondern auch die, die bei der Grablegung anwesend waren. Männer tragen bei einer Beerdigung dunkle Anzüge (mit schwarzer Krawatte) und dunklen Mantel, Frauen dunkle Kleider; die nächsten Verwandten Schwarz von Hut bis Schuh – und die Witwe wählt einen Witwenschleier. Offizielle Beerdigungen fordern vom Herrn den Cut oder den Stresemann (jeweils mit schwarzer Hose) und Zylinder (zur Trauerfeier mit Trauerflor).

Begrüßen

ist nicht grüßen. Fangen wir mit dem Grüßen an. In Deutschland grüßt der Herr die Dame (in England tut's die Dame!), der Jüngere den Älteren, die unverheiratete Frau die verheiratete, der Einzelne die Gruppe. Der Herr nimmt den Hut ab (und tippt nicht etwa nur dagegen – Basken-, Baseballmütze und Kappen gelten nicht als Hut, sie dürfen also auf dem Kopf bleiben). Die Dame erwidert mit dem Senken des Kopfes, einem Lächeln oder einem kurzen Gruß. Wer in ein Zugabteil einsteigt, im Flugzeug neben einem

Passagier Platz nimmt, einen Fahrstuhl betritt oder das Wartezimmer einer Praxis oder einer Kanzlei, grüßt. Wenn uns jemand grüßt, den wir nicht zu kennen glauben oder vielleicht wirklich nicht kennen: Wir erwidern den Gruß trotzdem. Falsch kann diese Höflichkeit nie sein. Cora Stephan zitiert zu diesem Thema in ihrem Buch ›Neue deutsche Etikette‹ Michael Rutschky, der von »Grußarbeit« spricht: »Nicken Sie im sozialen Zweifelsfall dem anderen einfach zu und grüßen Sie! Das schafft zunächst Erstaunen und später viel Gesprächsstoff. Auf die Dauer wirkt es stilbildend und dient der Entspannung im öffentlichen Raum.« Einige Autoren warnen davor, eine ehemalige Freundin oder einen ehemaligen Freund zu grüßen, wenn sie sich in Begleitung befinden. Ich halte das für einigermaßen verklemmt. Weder der Verlassene, noch diejenige, die sich getrennt hat (oder umgekehrt), sollte sich einer vergangenen Liebe schämen. Und wer befürchtet, dass eine beendete Liaison die neue gefährden könnte, hat ohnehin schon die falsche Wahl getroffen. Der unerwiderte Gruß muss keine Ungezogenheit oder Unverschämtheit sein. Das erklärte schon Konstanze von Franken: »Nimm immer eher an, dass ein Gruß aus Kurzsichtigkeit oder Zerstreutheit als aus Unart nicht erwidert wurde. Es ist für einen Herrn oft schwer, eine Dame, die er nur auf einem Balle sah, im Straßenanzug zu erkennen.«

Unter Begrüßung versteht man Händedruck oder → Handkuss. Die Dame reicht dem Herrn die Hand, der Ältere dem Jüngeren, der gesellschaftlich höher Plazierte dem, der eine niedrigere Position innehat. (Man sollte sich bei der Selbsteinschätzung eher zurückhalten, also mit bewusstem Understatement sich keinen zu hohen Rang zumessen.) Der Mann hat bei der Begrüßung die Hände aus den Hosentaschen zu nehmen, wo sie eigentlich schlecht plaziert sind, und die Zigarette aus dem Mund. Und er spricht bei der Begrüßung auch nicht weiter mit einer anderen Person. Trifft ein Mann auf einer Einladung seine Frau, so begrüßt er sie als letzte der Damen – er sollte diesen Händedruck (oder einen Kuss) nie unterlassen, ihm könnte seine Nachlässigkeit sowohl von der Ehefrau als auch von den anderen Gästen übel ausgelegt werden. Begegnet man zu zweit einer dritten Person, die nur einem selbst bekannt ist, so stellt man diese vor, so dass ein unkompliziertes Begrüßen möglich ist. Diese Vorstellung sollte nie versäumt werden, denn für den Unbekannten ist es einigermaßen unangenehm, ausgegrenzt zu sein und zu wissen, dass er nach diesem Treffen ohnehin bekakelt wird; und der Begleitung ist es, so denke ich, nicht zuzumuten, einfach weiterzugehen, um in diese Begrüßung nicht involviert zu werden. Sicher unnötig, aber der Vollständigkeit halber sei angefügt, dass der Herr seinen rechten Handschuh immer ausziehen muss, während die Dame ihn anbehalten kann; die Sonnenbrillen sollten beide absetzen! → Danken, → Vorstellung

Behinderte,

ob körper- oder geistig behindert, bedürfen weniger unseres Mitgefühls als unserer Hilfe. Also wann immer Sie bemerken, dass ein Rollstuhlfahrer allein nicht mehr zurechtkommt, ein Blinder Unsicherheit zeigt, eine gehbehinderte Dame den Gang über den Zebrastreifen fürchtet, scheuen Sie sich nicht, sich ihnen zu nähern und sie zu fragen, ob Sie etwas für sie tun können. Sparen Sie sich jede Phrase des Mitleids, jedes Mein-Gott-tun-Sie-mir-leid-Gesäusel. Helfen Sie. Allein das wird von Ihnen erwartet und gewiss auch höflich angenommen. Und biedern Sie sich nie an, denn Behinderte, die mit ihrer Krankheit umzugehen vermögen, sind zu Recht sehr stolz darauf, dass sie ihr Leben meistern und niemanden mit ihrer Krankheit belästigen. Bei Einladungen nimmt man besondere Rücksicht, beginnt das Essen vielleicht ein wenig früher und achtet darauf, dass der Gast – was die Speisenfolge oder die Dauer der Einladung angeht – geschont wird.

Beleidigung

Creifelds ›Rechtswörterbuch‹ (12. Auflage 1994) definiert: »Beleidigung ist der rechtswidrige Angriff auf die Ehre eines anderen durch vorsätzliche Kundgebung der Missachtung.
Ehre ist der innere und äußere Wert des Menschen, d.h. seine Würde (geschützt durch Art. 11 GG) und seine Geltung innerhalb

der menschlichen Gesellschaft. Geschützt wird grundsätzlich die Ehre des Lebenden … Durch einen (insbes. sittenwidrigen) Angriff auf die Ehefrau oder ein Kind kann der Gatte oder Vater (Mutter) in seiner Ehre gekränkt werden. Beleidigungsfähig sind ferner Behörden und Verwaltungskörperschaften (§ 194 III 2 StGB), nach der Rechtsprechung aber auch sonstige Personengemeinschaften, soweit sie bestimmbar sind (z. B. Mitglieder eines Klubs). Unter einer Kollektivbeleidigung versteht man die B. einer Personenmehrheit, die nicht durch solche Beziehungen zusammengehalten wird, aber nach anderen äußeren Kennzeichen abgegrenzt ist (z. B. die deutsche Anwaltschaft, die deutschen Juden). Die Missachtung (Nichtachtung) kann mündlich, schriftlich, tätlich (körperlicher Angriff, Berührung) oder in sonstiger Weise kundgegeben werden; es ist aber immer eine Kundgabe (Äußerung) erforderlich. Vertrauliche Äußerungen (z. B. im Familienkreis) sind nur dann kundgegeben, wenn die begründete Möglichkeit der Weitergabe an Dritte besteht. Die Rechtswidrigkeit der B. entfällt bei Einwilligung des Verletzten (bei unsittlichen Angriffen auf Jugendliche nur, soweit diese den beleidigenden Charakter der Handlung erkennen) sowie nach § 193 StGB bei Wahrnehmung berechtigter Interessen. In allen Fällen der B. ist Vorsatz des Täters erforderlich … Die B. ist nicht rechtswidrig, wenn es sich um tadelnde Urteile über wissenschaftliche, künstlerische oder gewerbliche Leistungen, Rügen von Vorgesetzten oder dienstliche Beurteilungen handelt, ebenso nicht, wenn der Täter bei einer inhaltlich beleidigenden Äußerung in Ausübung oder Verteidigung von Rechten oder in Wahrnehmung berechtigter Interessen handelt (§ 193 StGB).«
Kurz: Beleidigungen sind immer unhöflich und oft justiziabel. Tadel und Kritik sind erlaubt. Auf die Formulierung kommt es an! → Affront

Bellman

heißt der Mann, der sich im Hotel um das Gepäck der Gäste kümmert. Er kommt, wenn die Damen und Herren an der Rezeption die Glocke schellen. Dieser Schelle (englisch: bell) verdanken diese

Männer ihren Namen. Den Gepäckträger ruft man auch bei der Abreise – per Telefon, das ja, Glück gehabt, auch klingelt. Man bedankt sich bei ihm mit einem Trinkgeld, das bei vielen und schweren Stücken, die er bereitwillig auch im Auto verstaut, höher ausfallen sollte als bei einem einzelnen Rucksack.

Benehmen

Das Verhalten der Menschen im öffentlichen und nichtöffentlichen Raum. Was gutes, was schlechtes Benehmen ist, wurde schon im 16. Jahrhundert definiert durch stilprägende Aufsätze, Manierenbücher, Traktate über die guten Sitten. Die Regeln – und die Regelverletzungen – werden für jede Zeit neu definiert. Und doch ist gutes Benehmen immer gebunden an Grundvoraussetzungen wie → Achtung, → Anstand, → Diskretion, → Ehre, → Höflichkeit, → Rücksicht.
»Unser Benehmen« ist »dann erfreulich, wenn wir auf die anderen Rücksicht nehmen und nicht nur auf uns selber achten«. Es »gehört sich, den Willen der anderen zum eigenen Wunsch zu erheben, wo dies keinen Schaden und keine Schande zur Folge hat«. »Personen von gutem Benehmen müssen also (...) beim Gehen, beim Stehen, beim Sitzen, bei jeder Handlung, bei der Haltung, bei Kleidern, beim Reden, beim Schweigen, beim Ausruhen und bei der Arbeit stets das richtige Maß einhalten.« (Giovanni Della Casa, ›Der Galateo. Traktat über die guten Sitten‹, 1558)
»Das gesellschaftliche Benehmen, die Beherrschung nicht nur der geschriebenen und gesetzten Konvention, die virtuose Handhabung der Spielformen, mit denen sich die Menschen nahe kommen, ohne sich zu treffen, mit denen sie sich voneinander entfernen, ohne sich durch Gleichgültigkeit zu verletzen.« (Helmuth Plessner, ›Grenzen der Gemeinschaft. Eine Kritik des sozialen Radikalismus‹, 1924)
»Das gute Benehmen hat in Deutschland einen schlechten Ruf, weshalb es leicht in Verdacht gerät. Etwa in den, ein Instrument der Unterdrückung zu sein, der Unterdrückung der sozial Benachteiligten durch die sozial Bevorzugten, die Zeit und Geld besitzen, sich Verhaltensregeln auszudenken, durch die sie sich von anderen

abgrenzen können. (…) So gilt gutes Benehmen vielfach als Erfindung zur Sicherung privater Interessen und Privilegien.« (Michael Rumpf, Übersetzer und Herausgeber des ›Galateo‹, 1988)

Benimmbücher

zu verschenken, ist schwierig. Und aus berechtigtem, durchaus unanständigem Interesse sollen hier Anlässe genannt werden, die so ein Präsent ermöglichen. Kindern und Jugendlichen kann man dieses Handbuch ohne große Erklärungen widmen. Wer meint, mit sechzehn schon alles zu wissen, ist ein Ignorant und jeder Hilfe bedürftig. Beleidigte Freundinnen, Ehefrauen, Freunde und Ehemänner können ihren Liebsten nach einem Fauxpas ein wenig zurechtweisen: »Höflichkeit ist mehr …« Also: auch kein Problem. Aber Freunden, Bekannten? Will man sie nicht wirklich brüskieren – und sie womöglich verlieren, abservieren –, dann helfen nur diese Erklärungen, die ich mir, versteht sich, erhoffe: »Eine Bestätigung nur – ihr seid perfekt!« Oder: »Wisst ihr, was Schopenhauer mit Herzlichkeit zu tun hat, Tasso mit Takt? – Wir wussten's nicht, jetzt werdet ihr's wissen.« Oder als Beipack zu Fingerschale, Blumenvase und Champagner-Bouteille – ohne Erklärung. Am liebsten wäre mir jedoch diese Anmerkung: »Ein Lesebuch, nicht unamüsant und keineswegs eine Belehrung. Knigge, Lessing, Castiglione kennt ihr ja schon.« → Eitelkeit

Beschwerden

sind manchmal nötig. Doch Sie sollten sich nie zu Beschimpfungen hinreißen lassen – was auch immer Ihnen angetan worden sein mag: ein Wein, der korkt; ein ungereinigtes Zimmer; eine Suite ohne Seeblick und Balkon (obwohl Sie genau dies bestellt hatten – und zwar schriftlich); ein pampiger Kellner etc. Hüten Sie sich, den Hofmannsthalschen Ochs aus dem ›Rosenkavalier‹ nachzuäffen. Sie wirken ganz schlicht lächerlich, wenn Sie beherzigen, was er empfiehlt: Wenn man es nicht mit seinesgleichen zu tun habe,

müsse immer »etwas von Herablassung« dabei sein. Oh nein! Man kann sich auch sehr höflich beschweren – und mit seiner Zurückhaltung durchaus Erfolg haben. Allerdings ist es bei größeren Pannen in einem Hotel von Vorteil, wenn man nicht mit dem Zimmermädchen diskutiert oder dem Portier. Jedes große Haus hat einen Guest-relation-Manager. Und einen Direktor gibt es im kleinsten Hotel, manchmal ist er der Besitzer. Und wenn wirklich keine Einigung möglich ist, drohen Sie nicht, sondern packen Sie die Koffer. (Sie müssen, reisen Sie verärgert, aber in aller Ruhe erst am Abend ab, die folgende Nacht nicht bezahlen!)
Noch ein Satz zu Reklamationen bei Tisch: Nicht jeder Wein, der Sie enttäuscht, muss korken! Und Sie empfehlen sich Ihrer Begleiterin keineswegs als weltmännisch-erfahren, wenn Sie mehrere Flaschen und Gerichte zurückgehen lassen. In privaten Haushalten mäkelt man selbst dann nicht, wenn die Hausfrau statt des Zuckers Salz in den Pudding gestreut hat – wahrscheinlich wird sie den Fehler schnell bemerken und ihre Gäste bitten, ja nicht weiterzuessen. (Ist sie eine aufmerksame Gastgeberin, wird sie noch Gebäck und Pralinen im Vorrat haben.) Ebenso wenig macht man den Hausherrn auf korkenden Wein aufmerksam. Über die Qualität der Speisen und Weine verliert man kein negatives Wort – loben allerdings darf man. (In älteren Manierenbüchern wird auch dies untersagt – doch warum?)

Bestager

sind, so suggeriert es das Wort, Menschen im besten Alter, selbst wenn sie selbst sich vielleicht viel lieber noch einmal jung sähen und das Alter als eine Last empfinden. Ich schrieb es im Vorwort: Alter ist in den westlichen Gesellschaften, in der die Jugend einen der größten Werte darstellt, ein Makel ganz besonderer Art. Deshalb lassen sich Männer und Frauen liften, die Falten weg- und die Lippen aufspritzen (das machen aber wohl wirklich nur Frauen). Und aus demselben Grund verdammt man das Wort Alter aus dem Sprachgebrauch. Deshalb gibt's die Bestager und die Generation 50 plus, auf die es vor allem die Wirtschaft abgesehen hat, denn

wenngleich die Renten nicht recht gestiegen sind: Die Menschen im Ruhestand haben durchaus eine nicht geringe Kaufkraft.
Mir missfallen diese verniedlichenden Sprachformen, mit denen die Jüngeren und vor allem die jungen Werbemanager, die jungen Werbeclipherstellen, die jungen Plakatdesigner alte Menschen an-, be- und umschleimen. Selbstbewusste und intelligente Menschen wissen dies, dass sie – so jung sie im Hirn auch (noch) sein mögen, so sportlich sie sich und anderen auch beweisen mögen, dass sie körperlich (noch) richtig gut drauf sind –; sie wissen, dass sie alt sind. Mit sechzig ist das Leben so wenig zu Ende wie die Lust, das Begehren, die Neugierde endet, aber machen wir einander und uns selbst nichts vor: Kein Mensch ist mit sechzig jung. Just aus diesem Grunde finde ich alle diese euphemistischen Versuche, aus alt jung zu machen, albern – schlimmer: unhöflich-verlogen. Deshalb schätze ich eine besonders selbstbewusste Freundin ganz besonders, die von »Runzelkarten« spricht, wenn sie über die Ermäßigungen redet, die sie seit ihrem sechzigsten Lebensjahr in Anspruch nimmt. Ich weiß, sie heißen Seniorenkarten.
Was ich mir wünsche? Mehr selbstbewusste alte Menschen, die auf ihr Alter und ihre Erfahrungen stolz sind. Sich deshalb nirgendwo verstecken. Auch nicht hinter wohlgemeinten, letztlich aber falschen Labels. Was beschönigend klingt, ist letztlich pejorativ. Denn das Versteckte wird gerade dadurch offenbar. Etwas Schönes – das Alter – wird durch den Euphemismus pejoratisiert, also hässlich. Was allerdings nicht bedeutet, dass wir alte Menschen fragen dürfen, ob sie eine Runzelkarte gekauft haben oder besitzen. Ebenso wenig fragen wir, ob sie schon in den Genuss einer Seniorenkarte kommen. Ihr Alter geht uns nichts an und nichts die damit verbundenen Vor- und Nachteile. → Alte Menschen, → Diskretion in der Öffentlichkeit

Besteck

Albern, Silberbesteck vorzuschreiben. Doch, keine Frage, es ist das schönste. (Wenngleich, es gibt auch schreckliche Modelle.) Unbedingt erforderlich: Suppenlöffel, Messer, Gabeln, Teelöffel, Eierlöf-

fel (nie aus Silber, denn dann schmeckt das Ei nicht), Kuchengabeln, Vorlegeteile: große Löffel und Fleischgabeln, Salatbesteck.
Der kleine Luxus: zusätzlich kleine Messer und Gabeln (für Vorspeisen), Fischbesteck, Käsemesser, Serviergabeln für kaltes Fleisch und kalten Fisch.
Der größere Luxus: zusätzlich Löffel für Suppentassen, Obstgabeln und -messer, individuelle Saucenlöffel und Buttermesser, Dessertlöffel.
Der große Luxus: zusätzlich Austerngabeln, Hummergabeln, Hummerzangen, Krebsmesser, Schneckenzangen, Schneckengabeln, Schneckenlöffel, Kaviarlöffel (aus Horn), Fingerschalen (nicht vergessen: Hierzu muss eine zusätzliche zweite Serviette gedeckt werden).
Auf dem Tisch liegen die Messer rechts, die Gabeln links. Ausnahmen: der Löffel für die Suppe hat kein Gegenüber und liegt rechts; wird die Suppe in der Tasse serviert, liegt der Löffel auf der Untertasse; der Saucenlöffel als Ersatz für das Fischmesser (→ Fischbesteck, → Saucenlöffel) liegt rechts, als Saucenlöffel zum Fleischgang neben dem Fleischmesser gleichfalls rechts; Hummerzange rechts, Hummergabel links; Schneckenzange und -löffel rechts, Schneckengabel links. Das Besteck für das Dessert liegt über dem Teller. Das Käsebesteck wird zusammen mit der Käseplatte gereicht. Feine Leute in Frankreich und Deutschland benutzen nur das Messer und nehmen in die linke Hand ein Stück Brot; ich halte Messer und Gabel für weniger elegant, aber für praktischer. Man isst sich bei mehreren Gängen von außen nach innen, beginnt also mit dem Suppenlöffel oder dem Messer rechts außen und der Gabel links außen. Es kann nichts schiefgehen – es sei denn, es wurde nicht richtig gedeckt!

Besuche

müssen immer angemeldet werden. Schriftlich. Das gilt auch für gute Bekannte und Verwandte. Allein Freunde – und enge Familienangehörige – können mit einem Telefongespräch klären, ob ein Besuch angemessen und passend ist. (Das gilt besonders auch für

Gratulations-, Kondolenz- und Dankbesuche.) Viele Autoren füllen Seiten damit, wie viele Visitenkarten ein unverheirateter Herr bei unverheirateten beziehungsweise verheirateten Damen und Herren abzugeben habe und wie viele ein verheirateter (in oder ohne Begleitung der Ehefrau). Da wird gehandelt über Pflicht- und Antrittsbesuche. Sie gibt es nur noch in diplomatischen Kreisen, doch da Botschafter sehr gut wissen, wie sie vorzugehen haben, um sich keines Fauxpas schuldig zu machen, soll hier darüber nichts erklärt werden. Wichtig ist nur eines: Wenn man nicht sehr gut miteinander bekannt ist und einen Besuchstermin wünscht, empfehlen sich ausschließlich die Stunden zwischen 12 und 13 und 17 und 18 Uhr. Zu dieser Zeit sollte die Tochter oder der Sohn des Hauses auch Freund oder Freundin vorstellen. Eine besondere Form des Besuches ist der → Jour fixe. An einem bestimmten Tag und zu einer bestimmten Zeit steht das Haus Bekannten und Freunden offen – und zwar ohne vorherige Anmeldung. → Logiergäste

Bier

muss man für jede Einladung im Hause haben – außer zum Fünf-Uhr-Tee. Denn es gibt immer einen Gast, der Wein, Champagner, Sekt nicht mag. Und, verständlich, Wasser doch ein wenig fad findet.

Bistro(t)

Sowohl mit als auch ohne t: Kneipe. So steht's in den Wörterbüchern. Aber ein französisches, gar ein Pariser Bistrot, hat mit einer deutschen Kneipe wenig gemein. Viele Bistrots sind Schmuckkästchen, manche Puppenstuben. Es riecht darinnen nicht nach Bier und Kraut, sondern nach Wein und Würsten. Man fühlt sich in gutgeführten Bistrots, dort wo Patronne und Patron aufpassen, aufkochen und auftragen, wie bei Muttern – vorausgesetzt man hatte eine, die gut kochte. »Bistros«, schreibt Wolfram Siebeck, und zwar ohne t, seien so unverwechselbar pariserisch »wie die Bouquinisten, wie die Grands Boulevards«. Als Bistros gelten Siebeck allein »normale Familienbetriebe mit einer treuen Stammkundschaft: Ihre Besonderheit ist das Familiäre, nicht die Kunst des Kochs und nicht immer die Dekoration. Es gibt billigere Kleinrestaurants und bessere auch. Ausgepichte Gourmets und Touristen mit schmalem Budget fühlen sich woanders wahrscheinlich wohler. Aber wer auf eine unkomplizierte und ehrenhafte Weise satt werden will in einer Umgebung, die Sinne und Herz gleichermaßen glücklich macht, der wird sich im Bistro wohl fühlen. Bistros sind die vorweggenommene Antwort der Stammkneipen auf die Weltraumkälte der Fastfood-Filialen.« Die schönsten Pariser Bistrots stammen aus der Belle Epoque: Benoit, Julien, Chez Pauline, Lipp und Aux Lyonnais zum Beispiel. → Fastfood

Blumen

zu schenken, scheint das Schwierigste überhaupt zu sein. Die Autoren, die den rechten Umgangston lehren möchten, verbieten und erlauben die seltsamsten Dinge. Ich glaube, es hat wenig Sinn, Lilien, Astern oder Calla zu untersagen, weil sie Immortellen sind. Schon gar nicht, wenn man weiß, dass die oder der Beschenkte sie schätzt. Das »der« in diesem Satz ist verräterisch. Es ist, so denke ich, nichts Anstößiges daran, einem Mann, der zu einem Essen einlädt, Blumen zu schenken, wenn man weiß, dass er sich darüber mehr freut als über einen Whisky.

Darf man rote Rosen schenken, rote Nelken? Man darf, wenn man sich darüber im Klaren ist, dass das Zeichen verstanden werden kann, dass man erfreut – oder verstört. Dasselbe gilt übrigens auch für Vergissmeinnicht. Da halte ich es mit Dr. Walther von Kamptz-Borken, der 1956 schon befand: Es sei zwar nicht sonderlich geschickt, symbolhafte Blumen zu überreichen, aber »eine mit solchen Blumen bedachte Person« möge der Blumensprache nicht allzu großes Gewicht beimessen. »Gekränkt soll sie sich jedenfalls nicht zeigen, wenn ihr die Symbolik nicht passt. Sie braucht sie bloß nicht zu beachten.« Auch die Farbenlehre müssen Sie nicht ernst nehmen: blaue Blumen – nein: nicht Romantik, sondern Treue; gelbe Blumen – Falschheit; violette Blumen – Trauer und so weiter. Schenken Sie Blumen aller Arten, aber meiden Sie die bunten Sträuße. Sie sind schön nur selbstgepflückt.

Hat man den Strauß erstanden, geht – glaubt man den Benimmaposteln – der wirkliche Stress erst los: Auspacken, nicht auspacken, wohin mit dem Papier? Es ist alles ganz einfach. Beste Möglichkeit: Blumen vorschicken am Tage der Einladung mit einer Visitenkarte und einem kurzen Gruß. (Damit erspart man der Hausfrau oder dem Hausmann – so sie/er denn keine Haushälterin und kein Personal hat –, während der Begrüßung der Gäste auch noch auf Vasensuche zu gehen.) Zweitbeste Lösung: Blumen verschicken am Tag nach der Einladung, mit einigen Worten des Dankes (Vorteile siehe oben). Schlechteste Lösung (Nachteile oben): Blumen mitbringen. Immer ohne Papier verschenken. (Zellophanverpackte Blumen darf man verhüllt überreichen, ich selbst finde diese Form nicht sonderlich schön.) Das Papier gehört weder in den Schirmständer noch in die Hosentasche. Wenn man die Hausfrau/den Hausherrn schon damit belästigt, die Blumen just jetzt ins Wasser zu stellen, da sie/er Besseres und Wichtigeres zu tun hätte – zum Beispiel die Gäste miteinander bekanntzumachen –, dann kann man ihr/ihm auch das zerknüllte Papier noch in die Hand drücken oder auf dem Tisch neben der Garderobe liegenlassen.

Darf man Blumen in einem Restaurant verschenken? Klar – nur sollten es keine Gladiolen sein oder andere Riesensträuße. Blumen im Knopfloch des Sakkos? Eher affig, wenngleich, zugegeben, schön. Mann braucht dafür keinen Mut; nur muss dann das übrige Outfit von unauffälliger Eleganz sein und die Orchidee das einzig Auffällig-Kokette.

F.W. Koebner gibt in seinem »Herrenbrevier« mit dem Titel ›Der Mann von Welt‹, 1913, genaue Anweisungen: »An und für sich ist gegen die Mode der Blume im Knopfloch nichts einzuwenden – allerdings unter zwei Voraussetzungen: erstens nur bei Sonnenschein und zweitens in genauer Übereinstimmung (niemals in Kontrast) zu den sonstigen Farben der Toilette.« Koebner empfiehlt: weiße

Nelken, Chrysanthemen, Cypripedien und Cattleyen – sogar Veilchen und Wicken. »Für den Turf, auf dem Selbstfahrer, im Sattel wirken außerordentlich die weißen Zwergchrysanthemen, Anemonen und die etwas in Verruf geratenen Margueriten.« Letztere empfehle ich bei Wanderungen – selbstgepflückt.
Damen können sich mit allen Blumen schmücken: am Hut, im Haar, im Dekolleté, sogar am Gürtel. Ich wage viel (und die Damen tun's auch), denn Johann von Eltz verbat noch in der 7. Auflage seines ›Goldenen Anstandsbuches‹ für »junge Damen Blumen von brennend roter Farbe, da diese das Symbol der Leidenschaft sind«. Keine Angst vor Leidenschaft. Schenken Sie rot, wann immer Sie mögen … Im besten Fall werden Sie missverstanden!

Briefe

Geschäftliche Briefe sollten stets mit dem Computer (oder – noch? – der Schreibmaschine) erledigt werden. Falls man sich kein Briefpapier hat drucken lassen, gehört in die linke obere Ecke der Name, in die rechte die Adresse, wenn man möchte, auch die Telefonnummer. Darunter links die Adresse des Empfängers, rechts das Datum. Und darunter zunächst eine kurze Angabe, worum es denn in den folgenden Zeilen gehen soll. Also: »Betrifft: Steuererklärung 2006« oder »Reparatur der Waschmaschine am 7.7.2007«. Die Anrede muss, so man sich nicht an eine bestimmte Person wendet, lauten: »Sehr geehrte Damen und Herren«. Ob mit einem »Mit freundlichem Gruß« oder »Hochachtungsvoll« geschlossen wird, bleibt dem Schreiber überlassen.
Wendet man sich geschäftlich an Minister, Generalintendanten, schreibt man gar ein Bewerbungsschreiben und kennt den Namen des Empfängers, so empfiehlt sich eine stärkere → Anrede und ein verbindlicherer Schluss. Zum Beispiel: »Mit der vorzüglichsten Hochachtung«. Steht man in keinem engeren Kontakt zum Adressaten, so sollte man auf ein »Ihr« verzichten und bloß handschriftlich unterschreiben. Darunter erscheint der Name nochmals, mit der Maschine geschrieben.

Es lässt sich schwerlich etwas falsch machen, bedenkt man beim Verfassen, dass Achtung und Höflichkeit nicht verletzt werden sollen. Und dazu zählt auch, dass man mit den großen Anreden und den überschwenglichen Schlussworten keineswegs verschwenderisch umgehen sollte. Nietzsches Aphorismus gilt: »Im Lobe ist mehr Zudringlichkeit als im Tadel.«
Zurückhaltung ist auch bei Beschwerdebriefen angebracht. Fernando Pessoa meinte in einem Aufsatz für die ›Revista de comércio e contabilidade‹, ein hart und gewalttätig formulierter Brief sei immer ungerechtfertigt, »weil er immer unnütz ist. Er greift an und hilft zu nichts. Jemand, der nicht bezahlt, wird nicht bezahlen, weil man ihm sagt, dass er nicht bezahlt, weil er es nicht will. Das weiß er selber zu genau. Und jemandem zu schreiben, der nicht bezahlt, weil er nicht bezahlen kann, dem macht es wenig Freude, dass man es ihm sagt oder ihm unterstellt, er zahle nicht, weil er es nicht wolle.«
Bei Privatbriefen kann man sich das Schreiben des eigenen Namens und der dazugehörigen Adresse ebenso sparen wie die entsprechenden Angaben des Empfängers. Hat man gedruckte Briefbögen, so sollte man darauf achten, dass sowohl Titel als auch Nachname durchgestrichen werden müssen, duzt man den Empfänger; und selbst wenn man sich siezt, ist es keineswegs falsch, die akademischen Titel zu streichen. Wer es sich leisten kann, hat ohnehin für beide Möglichkeiten vorgesorgt. Wie der Privatbrief zu beginnen hat, mit »liebe«, »lieber« oder ganz anders, ist jedem überlassen. Hier entscheidet allein die Nähe, das Vertrauen, die Achtung. Kurz: Es kann sein, dass die Anrede »Na, du alter Arsch« dem Briefempfänger durchaus eine Freude ist. Privatbriefe schreibt man mit der Hand – nicht bloß Kondolenzbriefe. Wer indes eine wirklich unleserliche Handschrift hat, muss wohl tippen. Höflich ist es nicht. Und unhöflich ist es auch, Briefe nicht selbst zu unterschreiben. Nur extreme Zeitknappheit rechtfertigt solch ein Vorgehen, selbst bei Geschäftsbriefen.
Was für den Brief gilt, hat seine Richtigkeit auch für das Kuvert. Geschäftlich: alle Titel, privat: nicht. Und es ist gute Sitte, dass Akademiker untereinander in jedem Fall auf die jeweiligen Titel verzichten, Doktoren sich also nicht mit Doktor anschreiben und verabschieden. Schreibt indes ein Dr. phil. an einen Prof. Dr. phil.,

dann sollte er vielleicht den Professorentitel nicht unerwähnt lassen. Aber auch hier sollte man sich nicht sklavisch an Regeln halten. Wer bemerkt, dass sich ein Empfänger zu wenig geachtet fühlt, wer womöglich gar selbst glaubt, in seiner akademischen und gesellschaftlichen Stellung durch Anrede und Schlussgruß zu wenig geehrt worden zu sein, erinnere sich eines Aperçus von Kant: »Wer auf Hochachtung pocht, fordert alles um sich zum Tadel auf. Eine jede Entdeckung auch des mindesten Fehlers macht jedermann eine wahre Freude.« Adressiert man einen Privatbrief an eine Geschäftsadresse, so sollte man zuerst den Namen, versehen mit dem Vermerk »persönlich«, schreiben und darunter, eingeleitet mit einem c/o (Abkürzung für: care of), den Namen der Behörde, des Betriebs, des Geschäfts setzen, denn fehlt der Hinweis »persönlich«, werden Mitarbeiter der Poststelle oder Sekretärinnen tun, was ihre Pflicht ist: den Brief öffnen.

Die Puristen unter den Anstandsbewahrern verbieten auf der Rückseite des Kuverts den Namen des Absenders und fordern dort nur – und allein aus postalischen Gründen – die Adresse. Diskretion ist alles. Denn auf diese Weise erfahren neugierige Haushälterinnen, kecke Putzfrauen nicht, mit wem die Dame des Hauses oder der Hausherr korrespondieren. Es soll übrigens auch eifersüchtige Ehefrauen und -männer geben, die auf diese Weise weniger erfahren als sie erfahren wollen – und desto eifersüchtiger werden.

Briefe öffnet nur derjenige, dessen Name außen vermerkt ist. Das gilt auch bei Ehepartnern, Freunden, Freundinnen und Wohngemeinschaften.

PS: Die schönsten Briefe gelten der Liebe: »Briefe leben, atmen warm und sagen / Mutig, was das bange Herz gebeugt. / Was die Lippen kaum zu stammeln wagen, / Das gestehn sie ohne Schüchternheit«, dichtete Gottfried August Bürger. → E-Mail

Briefpapier,

ich weiß es, gibt es in allen Farben und Duftnoten. Parfümiert und mit Vignetten geziert. Bis zum zwanzigsten Lebensjahr ist jede Verrücktheit erlaubt, danach nicht mehr. Weiß, beige, grau, blau sind die Farben, die Männer und Frauen für sich wählen sollten. Die Benutzung von sogenanntem Umweltpapier, also von Bögen aus dem Recycling – nach dem Motto: Ich war ein Karton und du eine Zeitung und er ein Groschenroman –, ist wundervoll korrekt, allerdings hässlich. Für Notizen ist es geeignet, als geschäftliches und privates Briefpapier sollte man es nur dann verwenden, wenn man weiß, dass man dem Empfänger damit eine Freude macht oder mit diesem kleinen Zugeständnis Punkte sammelt.

Briefwechsel

ist »schriftlicher Umgang«, schreibt Freiherr von Knigge. »Fast alles, was ich vom persönlichen Umgang mit Menschen sage, leidet Anwendung auf den Briefwechsel. Dehne also deinen Briefwechsel, so wie deinen Umgang, nicht über Gebühr aus. Das hat keinen Zweck, kostet Geld und ist Zeitvertreib. Sei ebenso vorsichtig in der Wahl derer, mit denen du einen vertrauten Briefwechsel anfängst, als in der Wahl deines täglichen Umgangs und deiner Lektüre. Nimm dir auch vor, nie irgendeinen ganz leeren Brief zu schreiben, in welchem nicht wenigstens etwas stünde, das dem, an welchen es gerichtet ist, Nutzen oder reine Freude gewähren könnte. Vorsichtigkeit ist dem Schreiben noch weit dringender als im Reden zu empfehlen, und ebenso wichtig ist es, mit den Briefen, welche man erhält, behutsam umzugehen.« In der Folge verweist er auf mehrere fatale Folgen missinterpretierter Briefwechsel, entdeckter Briefe, vergisst leider jene schöne Briefintrige der Célimène in Molières ›Menschenfeind‹ und warnt schließlich ein letztes Mal: »Lies deine Briefe, wenn du es ändern kannst, nicht in anderer Gegenwart, sondern wenn du allein bist, sowohl weil es die Höflichkeit also befiehlt, als aus Vorsicht, um durch deine Mienen den Inhalt nicht zu verraten.«

Ein wunderbarer Hinweis in unserem Fax- und E-Mail-Zeitalter, wo Briefe von vielen gelesen werden (können), bevor sie den Empfänger erreichen. Nicht zuletzt deshalb gibt es nur selten noch jene schriftliche Kommunikation, wie sie uns in den Briefwechseln von

Lessing, Goethe, Tschechow, Thomas Mann und vielen anderen erhalten ist: den Diskurs im Brief. Treitschke beklagt diesen Verfall erregt: »Man kann die allgemeine geistige Verflachung so recht bemerken an unserem Briefwechsel. Ob eine Zeit wirklich kultiviert gewesen ist, erkennt man doch nicht daran, wie schnell man sich etwas mitteilen konnte, sondern ob das, was man sich mitteilte, etwas Gescheites war. Unsere Briefe aber sind infolge der Schnelligkeit des Verkehrs und des billigen Portos so furchtbar inhaltslos geworden, dass man geistreiche Briefe wie in früheren Kulturperioden gar nicht mehr findet.«

Brot,

das zu einem Mittag- oder Abendessen gereicht und immer auf den kleinen Teller links (neben den Gabeln) gelegt wird, schneidet man nicht auf, beißt auch nicht hinein, sondern bricht sich davon Stücke ab. Christus sei hierbei Vorbild: Schon »er nahm das Brot, brach es und gab es seinen Jüngern«. Sie müssen allerdings nichts von Ihrem Brötchen abgeben. Bitte stellen Sie, während Sie auf das Essen warten, niemals das Brottellerchen vor sich hin und schmieren sich eine Butterbemme. So groß kann der Hunger nie sein, dass Sie schon satt sein wollen vor der Suppe!
Serviert man Ihnen kein Brot, so bitten Sie darum mit Shakespeare, wobei Sie Prinz Heinrichs Wunsch, was das Getränk angeht, variieren können: »Nur für einen halben Pfennig Brot zu dieser unbilligen Menge Sekt.« (Heinrich IV., 1. Teil)

Brunch

wird immer beliebter. Jedes Hotel, viele Restaurants bieten am Sonntag dieses Mixtum compositum: Ein Buffet, das Breakfast und Lunch vereint und beide ersetzt. Zu einem Fixpreis kann man essen, bis man platzt. Manche Kinder macht es froh und Erwachsene ebenso. Ich halte wenig davon. Denn zum einen ist dieses Selfservicegerenne das Gegenteil vom immer wieder ersehnten

Kindheitstraum des Tischleindeckdich!, zum anderen verführt ein Brunch dazu, mehr zu essen, als gut ist. Und wir sollten uns nichts vormachen: Wie das Frühstücksbuffet ist der Brunch für Hoteliers die kostengünstigste Möglichkeit, uns zu sättigen. Wir werden nämlich nicht mehr bedient! Daneben gibt es häusliche Einladungen zum Brunch. Wer – wie ich – dieses englische Wortungetüm nicht schätzt, lädt zum »Frühstück« ein. Gegen 12 Uhr. Was schon zeigt, dass es sich nicht um einen Kaffee mit Brot, Butter und Ei handeln wird, sondern um jene Mahlzeit, die man im Englischen *lunch* heißt, im Französischen *déjeuner* und im Deutschen, bevor das Wort Sektfrühstück Mode wurde, »Gabelfrühstück«. Meist ist es kein gesetztes Essen, sondern jeder Gast bedient sich am Buffet. Die Getränke aber müssen serviert werden. Wenn auf der Einladung keine Kleidung vorgeschrieben wird – bei der offiziellen Frühstückseinladung erscheint der Herr im Cut, die Dame im eleganten Kleid mit Hut –, sind der dunkle Anzug (im Sommer ist ein heller erlaubt) und das Straßenkleid angemessen. Vielleicht erkundigt man sich auch bei den Gastgebern, denn over- oder underdressed ist niemand gern.

Bücher

sind heikle Geschenke. Wer glaubt, man könne wenig falsch machen bei Gastgebern, die nur wenige Bände besitzen, weil man somit ihren (offensichtlich) nicht sehr ausgeprägten Drang zum Buch mit gutgemeintem Zwang zum Lesen fördere, übersieht eine nicht kleine Gefahr: Menschen mit wenigen Büchern im Regal könnten Montaignes sein. In seinem Essay ›Des Livres‹ verrät Michel Eyquem Seigneur de Montaigne (1533–1592): »Ich greife nicht gern nach neuen Büchern, weil mir die alten mehr Kern und Kraft zu haben scheinen.«

Wer in ein Haus mit einer Bibliothek eingeladen ist, wo sich der Hinweis: Trend zum Zweitbuch! verbietet, sollte sich (bei Freunden, Ehepartnern) erkundigen, ob das ausgewählte Werk schon vorhanden ist. Das gilt auch – und in besonderem Maß – bei Bibliophilen, die alte Ausgaben sammeln.

Buffet

Es gibt das kalte und das warme Buffet. Beim kalten wird nur Kaltes angeboten: Canapés (kleine belegte Toastscheiben), Salate, Terrinen, Schinken, Salame, Lachs, Oliven, Käse, Obst, Cremes, Mousse au chocolat, Kuchen etc. Beim warmen gibt es all dies auch (vielleicht nur nicht so üppig) als Vorspeise und Dessert, dazu aber noch eine Auswahl von warmen Gerichten. Buffets eignen sich besonders für private Großveranstaltungen, denn die wenigsten Gastgeber können mehr als 18 Menschen zu einem gesetzten Essen einladen. Jeder Gast bedient sich selbst, wobei es hilfreich ist, zumindest für das Auflegen der warmen Speisen und für die Getränke zwei Bedienungen zu engagieren. Wer nicht genügend Sitzgelegenheiten und Tische zur Verfügung hat, sollte ein Buffet richten, dessen Speisen allein mit einer Gabel zu bewältigen sind. Übrigens sind die Herren besonders höflich, die ihre Damen bedienen. Buffets gibt es durchaus auch bei offiziellen Einladungen. Und die Schlacht um die besten Stücke, längst auch schon im Schlager besungen, ist natürlich eine Unsitte. Doch keine neue. Schon zu Beginn des vorigen Jahrhunderts, so lesen wir in Hans Joachim von Krampens Manierenbuch ›Was ist vornehm?‹, wurde über die Vorzüge des gesetzten Essens und die Nachteile eines Buffets diskutiert. »Die Gemütlichkeit der Gäste erhöht das Buffet keinesfalls. Du hast ja selbst schon hundertmal den Männerkampf am Buffet mitgemacht, hast gewiss auch in der allerbesten Gesellschaft schon empfindlich rücksichtslose Ellbogen in der Seite gefühlt. Dem Bescheidenen bleiben die Reste, und was wird nicht manchmal alles auf einem Teller zusammengehäuft an Saurem und Süßem. Und hat man wirklich einen guten Fang getan, hat man, mit Teller und Messer und Gabel in der einen, dem gefüllten Glas womöglich noch in der anderen Hand, glücklich den Weg zurück zu seiner Dame gefunden, ohne sich ungeschickt angestellt zu haben, ohne dass Messer und Gabel zumindest einmal zu Boden fielen und der Wein zur Hälfte verschüttet ward, dann kann es geschehen, dass uns die Dame, den Teller mit trostlosem Blick musternd, mit dem für uns nicht minder trostlosen Seufzer empfängt: ›Aber ich esse ja gar keinen Hummersalat!‹ – Ob Buffet, ob gedeckter Tisch, darüber ließe sich schließlich eine Einigung erzielen; das Beste wird schließlich sein: Diner für die ›Honoratioren‹, und später dann ein Tanzabend für die anderen.« So wollen wir es machen: Am Freitag ein gesetztes Abendessen, am Samstag Buffet und Tanz!

Butter

gehört auf jeden Tisch, serviert in einer Schale oder auf einem Teller. Haben Sie individuelle Brotteller mit kleinem

Buttermesser

gedeckt, so nimmt sich jeder Gast ein Stück von dem leckeren (vielleicht gesalzenen) Fett. Gibt es diese Tellerchen nicht, dann muss neben der Butter zumindest ein Messer liegen, dessen sich alle Gäste bedienen, um die Butter damit auf ihrem Vorspeisenteller abzulegen. Ich weiß, es gibt Menschen mit ausgeprägter Butterphobie. Es ist überaus höflich, für sie daneben auch eine Margarine im Haus zu haben, falls jemals danach verlangt werden sollte. Mir gegenüber ist allerdings dieser Wunsch nie geäußert worden. Kleine Sünden, die einem aufgezwungen werden, sind eben doch ganz schön.

C

Canapé

1. Couch oder Sofa.
2. Weißbrotscheibe mit pikantem Belag (›Langenscheidts Großwörterbuch Französisch‹). Stimmt. Canapés sind kleine, beinahe winzige Toastscheiben oder Torteletts, belegt mit Schinken, Lachs, Käse etc. Hoffentlich »pikant«. → Brunch, → Empfang, → Fünf-Uhr-Tee

Champagner

»Die Majestät wird anerkannt, anerkannt rings im Land. Jubelnd wird Champagner der Erste sie genannt«, freut sich der Prinz Orlofsky; und alle stimmen ein: »dir huldigen Nationen, bis zu fernsten Zonen. Champagner schwemmt mitunter gar mancherlei hinunter. Drum lassen weise Fürsten die Völker niemals dürsten. Stoßt an, stoßt an. Und huldigt im Vereine dem König aller Weine!« In Johann Strauß' ›Fledermaus‹ wird dem besten aller Sprudel ebenso eine Hommage gesungen wie in Mozarts ›Don Giovanni‹. Dort wird seine Wirkung gleichfalls nicht unterschätzt: Er »treibt das Blut im Kreise«. Champagner ist ein Allheilmittel. Wer müde ist, wird munter; wer nicht tanzen kann, entwickelt sich zum Ballerino; wer traurig ist, wird fröhlich(er); wer verliebt ist, fällt in eine wache, selige Liebestrunkenheit; spröde Mädchen werden schwach und männliche Langweiler zu Plaudertaschen. Selbst Kranken gönnt man diesen Trunk – wenngleich nur in homöopathischen Dosen. Allein der Name dieses moussierenden Weines aus der Champagne weckt Hoffnungen. Champagner gilt selbst den Franzosen noch als Luxus. Ausschweifung, Cancan und nackte Frauen, Lebemänner und ihre Kokotten assoziieren wahrscheinlich nur die Deutschen, Dänen, Schweden und andere Mitteleuropäer. Für Russen ist Schaumwein, den sie umgangssprachlich »Schampanski« heißen, ein ganz unerotisches Festgetränk.

Champagner ist nicht der teuerste Wein, es gibt Weiß- und erst recht Rotweine, für die man weit mehr ausgeben muss als für einen Jahrgangschampagner von Dom Pérignon. Und doch: kein Fest ist groß, kein Abendessen fulminant ohne diese Majestät. Sein Ruhm ist unangefochten, mögen deutsche und vor allem auch italienische Winzer noch so schmackhafte, kleinperlige Schaumweine produzieren. Und damit die Käufer überzeugt – nicht beschummelt – werden, steht auf den Etiketten gut sichtbar: Methode Champenoise. Die Champenois sind so stolz auf ihren Wein, dass sie ihn noch heute mit diesem Sprichwort ehren: »Le vin de Bourgogne pour les rois, le vin de Bordeaux pour les gentilhommes, le vin de Champagne pour les duchesses.«

Ein trockener Champagner (brut und extrabrut) zum → Aperitif ist immer richtig; ein halbtrockener oder süßer Champagner (demi-sec und doux) zum Dessert selten falsch. Und wer es sich leisten kann und zudem weiß, dass seine Gäste dieses Getränk schätzen wie kein anderes, darf auch getrost ein ganzes Menü mit Champagner begleiten. (Er erspart sich damit auch die Wahl der zu den jeweiligen Gängen passenden Weine.) Eckart Witzigmann, einer von Deutschlands Dreisterneköchen, jubelte in einem Vorwort zu einem Champagnerbuch: »Einen ganz besonderen Reiz übt auf mich seit eh und je der Champagner aus. Ausgeprägt und zurückhaltend, ist er kulinarisch so anpassungsfähig, dass er in der Champagne praktisch zu allen Gerichten serviert wird.«

Champagner gibt es seit dem 17. Jahrhundert. Es ist von nicht allzu großem Interesse, ob Pierre Pérignon, 1638 in Sainte-Ménehould, nahe der Grenze zwischen Lothringen und Champagne, der alleinige Erfinder des Champagners war oder einer seiner Schüler an dieser Neuerung mitgearbeitet hat. Sicher ist, dass Dom Pérignon, der bereits nach elfjähriger Zugehörigkeit zur Benediktinerabtei Sainte-Vanne in Verdun den Ehrentitel »Dom« erhielt und zum Kellermeister der Abtei von Hautvillers ernannt wurde, der erste Vinologe war, der anfing, schäumende Weine herzustellen. Mit ihnen wurde er berühmt. Als er 1715 im Alter von 77 Jahren starb, galt er längst in ganz Europa als einer der bedeutendsten Weinhersteller. Schon 1676 dichtete der Engländer Sir George Etherege in ›The Man of Mode‹ einige Verse auf den schäumenden Champagner: »Auf der Mall und im Park lieben wir uns, bis es dunkelt. Perlender Champagner lässt alles versinken; schnell belebt er schmachtende Liebende, macht uns lustig und froh und ertränkt alle Sorgen. Aber, ach, am Morgen ist alles wie vorher.« – Da hilft nur das Champagnerfrühstück.

Beim Servieren muss darauf geachtet werden, dass der Champagner gut gekühlt, aber nicht eiskalt ist, also eine Temperatur zwischen sechs und acht Grad Celsius hat. Der Korken sollte nicht mit einem dramatischen Knall durch die Luft fliegen (es sei denn am 1. Januar um null Uhr), sondern ohne das geringste Geräusch aus dem Flaschenhals gedreht werden. In Hans-Joachim von Krampens Anleitung zu gesellschaftlichem Takt ›Was ist vornehm?‹ lesen wir dazu: »Knallend hochfliegen durfte der Champagnerpfropfen nur am Familientisch, da, wo das Öffnen der Flasche die fröhliche Spannung auslöst, wenn zaghaft die Damen die Ohren zuhalten und Kinder jubelnd den befreiten Flüchtling einfangen dürfen, um ihn hernach beim ›Schwarze-Peter-Spiel‹ für die Zeremonie des Schnurrbartmalens benutzen zu können. Beim feierlichen Diner, wie in der Öffentlichkeit überhaupt, hat der Champagnerpfropf sich höchst diskret zu benehmen, wird er richtigerweise bereits draußen, in Küchenregionen von Dienerhand entfernt; und nur schäumend, nicht überschäumend, quirlt der eisige Champagner im Glase, so dass er das Tischtuch nicht netzt und nicht, wenn der Schaum verflog, kaum ein Fingerhut Sekt im Glase bleibt.«

Jeder Champagnerliebhaber hat seinen Lieblingschampagner. Ich auch.

Charme,

so definiert der ›Larousse‹, ist die Qualität derjenigen oder desjenigen, die/der extrem gefällt und anziehend ist. ›Brockhaus‹ definiert: Anmut, Liebreiz. Sicher ist: Charme ist nicht abhängig von Schönheit. Sicher ist: Charme und Dummheit schließen einander aus, was allerdings keineswegs bedeutet, dass Intelligenz oder Bildung unabdingbare Voraussetzungen für den Charme sind. Im Gegenteil! Es gibt eine Menge kluger Menschen, die, extrem unanziehend, weder Anmut noch Liebreiz ausstrahlen. Doch Charme ohne Geist ist eine hübsche Larve bloß.

Charme hat in einem Handbuch des Benehmens, so werden Sie einwenden, so wenig zu suchen wie der Champagner. Sie haben nicht unrecht, aber – und deshalb gibt es beide Stichwörter – (leider) auch nicht recht. Denn so wie der Champagner ist der Charme ein trefflich Mittel der Kommunikation. Und beide taugen auch als Entschuldigung für kleine → Fauxpas. Mit Charme schafft man es, eine Tänzerin mit einem Balletthasser in ein angeregtes Gespräch zu verquicken. Mit Charme lässt sich jedes Missgeschick weglächeln. Einer charmanten Gastgeberin sieht man selbst die ärgsten Kochgreuel nach: Sie wird ironisch – und bitte nicht entschuldigend – ihre Schwäche kundtun. Und wir werden sie dafür bewundern. Charme ist Geistesschnelle, Witz, (Selbst-)Ironie, Liebenswürdigkeit – und (klug) gespielte Naivität. Charme braucht Worte, weshalb er wohl Stummen unerreichbar sein wird, so anmutig sie sich auch bewegen, so zuvorkommend sie als Gastgeber auch sein mögen. Charme kann man – anders als ausgesuchte Umgangsformen – nicht lernen. Er ist, behaupte ich mal, genetisch und deshalb vererbbar. Wohl dem, der eine charmante Mutter, einen charmanten Vater hat. Ihm kann wenig Schlimmes widerfahren, denn Charme ist Passepartout und Freibrief für kleine Vergehen. Und ich wüsste – auch wenn es politically nicht correct sein sollte – nicht zu unterscheiden zwischen männlichem und weiblichem Charme. Er ist geschlechtslos.

Chat

ist eigentlich eine Plauderei, ein Schwätzchen. Chat bezeichnet elektronische Kommunikation zwischen Personen in Echtzeit, meist im Internet. Ursprünglich tauschte man nur Texte aus, inzwischen kann man auch mit Tönen, Bildern, Videos Kontakt aufnehmen und halten. Neben dem Chat gibt es also für diejenigen, denen die sprachliche Kommunikation zu langweilig ist (oder zu schwierig), den Audio- und den Video-Chat. Es existieren, zwanzig Jahre nach dem ersten europäischen Chattertreffen 1987, inzwischen viele Chatrooms. Nicht alle dienen der Anmache, aber sehr viele. Daneben haben sich auch Freizeit-, Kinder-, Musik-, Religion-, Spiritualität-, Sport- und Senioren-Chatrooms etabliert. Aber die meisten dieser Internet-Foren haben es doch aufs Kennenlernen abgesehen, auf Beziehungen und Sex. Für alle Geschmäcker ist etwas dabei. Hier nur eine kleine, ungeprüfte Auswahl: Smart Single, Alles klar, Easy Flirt, gayromeo.
Wer sich in diesen Chatrooms aufhält, ist erst einmal anonym. Außerdem – so ist das in virtuellen Räumen – muss nichts wahr sein: weder Alter noch Haarfarbe noch Gewicht. Selbst die Fotos (pics) müssen nicht die Person zeigen, die Interesse an Kontakten signalisiert. Es gibt im Netz viele sogenannte faker, also Trickser, Schwindler.
Kurz: Chatrooms sind nicht ungefährliche Räume. Und natürlich muss man sich auch im virtuellen Miteinander benehmen: Wie? Das regeln → Netiquette und → Chatiquette. Allerdings gibt es keine wirklich für alle Chatter verbindliche Regelungen – und wie auf der Straße, in realen Räumen gibt es im Internet Rüpelinnen und Rüpel. Bei Usenet-Etiquette liest man befremdlich Schlichtes: »Vergessen Sie niemals, dass auf der anderen Seite ein Mensch sitzt!« Wer sonst? – Ein Ferkel bloß?
Wer richtig höflich ist, versteckt sich nicht hinter einem Codenamen, benutzt also auch kein Pseudonym. Aber machen Sie sich nichts vor beim Chatten, die meisten Menschen darinnen treten anonym auf. Chatiquette empfiehlt Selbstverständlichkeiten, die offensichtlich bei Chattern nicht selbstverständlich zu sein scheinen: Keine Beleidigungen, keine rassistischen Äußerungen, keine ständi-

gen Pöbeleien. Respekt und Toleranz wird ebenso empfohlen, wie eine möglichst einfache Sprache, zur Vermeidung von Missverständnissen und Fehlinterpretationen seien Zeichen hilfreich, also Smilyes oder ein passenden Emoticon, also ☺ oder ☺)) oder ;-(. Und aufgepasst: Großbuchstaben stehen im Chat für lautes Schreien. Es wird geraten, so wenig wie möglich von sich preiszugeben, was eine anregende Kommunikation nicht eben befördert. Unter Punkt 14 warnen die Autoren bei Chatiquette dann: »Pornographische, diskriminierende, rassistische oder gewaltverherrlichende Äußerungen sowie der Aufruf zu kriminellen Handlungen führen bei Bekanntwerden zum sofortigen Ausschluss aus der Chattergemeinschaft und können auch rechtliche Schritte nach sich ziehen.«
Meist sind es die Chatbetreiber, die aufpassen, dass das Mindestmaß an Höflichkeit eingehalten wird und Pornographie verboten bleibt. Wer im Netz aufpasst – es sind meist freiwillige Kontrolleure –, heißt Netcop. Trolls heißen Chatter, die nur provozieren wollen und eben nicht kommunizieren. Ihre wenig hilfreichen und sinnreichen Beiträge hießen eine zeitlang Troll-Post, neuerdings, und das gefällt mir, Trollerei.

Chatiquette

Zusammengesetzt aus → chat und → Etikette. Regelt den Umgang im Chat. → Netiquette

Chauvinist

Der Kerl heißt Chauvin, ist Rekrut und ein Prahler. Nichts liebt er ähnlich stark und feurig wie sein Vaterland. Chauvin ist eine fiktive Gestalt, geschaffen 1831 von den Brüdern Coignard für ihr Lustspiel ›La cocarde tricolore‹. Seit Chauvins erstem Auftreten auf der Bühne heißen alle, die vor blindem Vaterlandsstolz nur so bersten, Chauvinisten. In den neunziger Jahren des letzten Jahrhunderts wurde der Begriff in Deutschland mit anderen schlechten Eigenschaften angereichert. Der »Chauvi« – es gibt ihn erstaunlicherweise, trotz der Political correctness, niemals als weibliche Ausgabe – ist nicht bloß blöder Patriot, europa- und ausländerfeindlich, sondern auch ein unerträglicher, seine Männlichkeit, seinen Heldenmut und seine Stärke feiernder → Angeber. Einer, der Ogden Nashs dümmsten Spruch liebt: »Candy is dandy, liquor is quicker.« Und ein Männerbündler ist der Chauvinist noch dazu. Ihn als Tischnachbarn zu haben, ist eine Strafe. Und die Dame, die neben so einen Herrn gesetzt wird, sollte sich ernsthaft Gedanken machen, ob die Gastgeber diesen Wesenszug ihres Tischherrn nur nicht kennen, ob sie ihn womöglich schätzen oder ob dieser Zufall vielleicht ein gezielter → Affront sein könnte. Die Überbewertung eines solchen, doch eher kleinen → Fauxpas empfiehlt sich allerdings in keinem Fall! Reagieren Sie gelassen, ironisch; und versuchen Sie, das Thema zu wechseln. Lässt er sich darauf nicht ein, wird er gänzlich unerträglich, lassen Sie ihn palavern und schwadronieren – und hören Sie einfach nicht hin.

Chips

serviert man nie. Sie sind – wie Salzstangen und Erdnussflips – ein Vergnügen für Pubertierende, die im Kino und während der Fahrt zur Schule sich damit den Ranzen füllen. Wenn Sie diese fettig-krossen Schweinereien dennoch mögen, was ihr gutes Recht ist und zudem beweist, dass Sie noch sehr jung geblieben sind, dann futtern Sie diese Dinger doch vor dem Fernseher. (Aber, nur ein Tipp, lassen Sie dafür das Abendessen ausfallen.) → Badeanzug

Chuzpe

Im ›Duden-Fremdwörterbuch‹ findet sich eine magere Erklärung: hebräisch-jiddisch, weiblich, verächtlich für: Dreistigkeit, Unverschämtheit. Das ist nicht falsch und doch trifft es nicht den Kern. Leo Rosten hat in seinem Buch ›The Joys of Yiddish‹ einige Beispiele, die belegen, dass Chuzpe zum einen gewiss eine clevere

Dreistigkeit ist, zum anderen aber auch eine sehr liebenswerte, weil intelligente, witzige, also letztlich charmante (→ Charme) Unverschämtheit.
Zwei Beispiele möchte ich zitieren, damit klar ist, dass jemandem Chuzpe nachzusagen eher ein Kompliment denn ein Tadel ist.
Die klassische Definition der Chuzpe sieht Rosten in folgender Geschichte: Chuzpe besitzt der Mann, der, nachdem er Mutter und Vater getötet hat, den Richter um Gnade anfleht, weil er Waise sei.
Die zweite Geschichte – und das macht sie interessant für dieses Buch – beweist, dass derjenige Gast, der nicht respektiert wird nach dem Motto: »Der Gast hat unverschämte Rechte«, sich mit Chuzpe durchsetzen kann – und niemanden beleidigt. Also: Eine Frau, die angesichts eines Bettlers vor ihrer Tür Mitleid empfindet, lädt den armen Fremden zu sich ein und bietet ihm ein Essen an. Auf dem Tisch liegt Schwarzbrot und Weißbrot. Der Bettler stürzt sich auf das Weißbrot. »Es gibt auch schwarzes«, erklärt die Gastgeberin. »Ich mag das weiße lieber«, entgegnet der Bettler. »Aber das Weißbrot ist viel teurer!«, kontert die Frau. Woraufhin der Bettler sagt: »Gnädige Frau, es ist das Geld wert.« Klar: der Pfad zwischen Chuzpe und (unentschuldbarer) Frechheit ist schmal. Also: aufgepasst!

Cocktail

1. Mixgetränk – mit Alkohol oder ohne. Mit Obst, Gemüse, Ei, Sahne, Kaffee, Tee oder: ohne Ananas, Gurke, Tomate etc. Mit Eis, auf Eis, ohne Eis. Gequirlt, im Shaker gerüttelt oder vorsichtig aufgegossen. Robert Browning (1812–1889) dichtete in ›The Medium‹, ein Cocktail sei ein besseres Heilmittel bei Quetschungen und Blutergüssen als Arnika. Mag sein, dass sehr gute Barkeeper nicht bloß Künstler sind, sondern auch Medizinmänner. Wer mehr wissen will, als ich weiß, sollte Charles Schumanns Buch ›American Bar – The Artistry of Mixing Drinks‹ erstehen.
2. Eine Einladung am frühen Abend. Gereicht werden Getränke und → Canapés. Man steht. Ein Cocktailempfang ist zeitlich limi-

tiert, meist von 19 bis 21 Uhr, damit die Gäste (und die Gastgeber) danach noch zu Abend essen können.

Cocktailkleid

ist ein seltsam Ding. Es soll weder ein Straßenkleid sein noch ein Abendkleid. Während wir weniger Schwierigkeiten haben, ein Abendkleid – und gar erst die große Robe – zu erkennen, tun wir uns mit dem Straßenkleid schwer. Vorschlag, jedes besonders schöne Kleid (das betrifft vor allem die Stoffe: Crêpe de chine, Chiffon, Taft) heißen wir Cocktailkleid. Dazu trägt die Dame, wenn sie möchte, Handschuhe und einen kleinen (!) Hut. Die Handschuhe muss sie nicht ausziehen, den Hut nicht ablegen. Das gilt aber nur für Empfänge. Bei Einladungen zum Frühstück sollte – auch wenn das Aufbehalten erlaubt ist – das Hütchen abgesetzt werden, und vielleicht sollten auch die Handschuhe in der Handtasche verschwinden. Ich finde behütete, behandschuhte Damen bei solchen Anlässen einfach ein bisschen affig. Aber: erlaubt ist's!

Cocktailparty

»Die Cocktailparty ist eine Strapaze, der man sich merkwürdigerweise hin und wieder sogar freiwillig unterzieht, so, wie man hin und wieder freiwillig ein Karussell besteigt, obwohl man weiß, dass Übelkeit die unausbleibliche Folge ist.« (Heinrich Böll) → Empfang

Contenance,

im Deutschen auch mit K geschrieben, ist – laut ›Duden‹ – Fassung, Haltung (in schwieriger Lage), Gelassenheit. In Schnitzler- und Molnár-Stücken verlieren und bewahren Damen und Herren der K.-u.-k.-Gesellschaft immer wieder die Contenance. Wer sie verliert, ist blamiert. Wer diesen Akt der Selbstentblößung, des Respektverlusts miterlebt, fällt entweder in Ohnmacht, ist konsterniert (veraltet für: verblüfft, verwirrt) oder verlässt echauffiert den Raum. Wobei die Reaktionen geschlechtsspezifisch vorgeschrieben sind. Wenn z. B. ein Mann in Ohnmacht fällt, verliert er – angesichts eines Vergehens gegen die Contenance – die Contenance. Eine Frau, die nicht ohnmächtig wird, verhält sich auch nicht richtig. → Haltung

Couchpotato

ist eine Kartoffel auf der Couch. Oder ein Klops auf der Couch, der Kartoffelchips isst oder Nüsse und Bier trinkt oder Coke und – das ist unbedingt erforderlich! – Fernsehen glotzt oder Videos oder DVDs. Ein essender und trinkender Dauergucker. Also ein eher phlegmatischer und gewiss nicht sehr sportlicher Zeitgenosse. Sicher wird es auch weibliche Couchpotatoes geben, aber – seltsam – ich kann mir immer nur männliche vorstellen. Bevor Sie eine Sofakartoffel werden, sollten Sie sich überlegen, ob es ein erstrebenswertes Ziel ist, dick und dumm den Rest des Lebens zu fristen. Denn zweierlei ist sicher: Zu viele Kalorien schaden Ihrer Gesundheit, zu viele Fernseh- und Filmbilder schaden Ihrem Hirn.

Courtoisie

»Feines, ritterliches Benehmen«, bemerkt der ›Duden‹. Übersehen wird bei dieser Erklärung, dass die Wortwurzel der Hof ist (la cour), weshalb Tannhäuser, der im 13. Jahrhundert ein Buch über die Erziehung zu gutem Benehmen vorlegte, von »Hofzucht« sprach. Norbert Elias erklärt in seinem Buch ›Über den Prozeß der Zivilisation‹: »Der Standard des ›guten Benehmens‹ im Mittelalter ist, wie alle späteren, durch einen ganz bestimmten Begriff repräsentiert. Durch ihn bringt die weltliche Oberschicht des Mittelalters oder wenigstens einige ihrer Spitzengruppen ihr Selbstbewusstsein, das, was sie für ihr Gefühl auszeichnet, zum Ausdruck. Dieser Inbegriff des Selbstbewusstseins und des ›gesellschaftsfähigen‹ Verhaltens hieß im Französischen ›Courtoisie‹, im Englischen ›courtesy‹, im Italienischen ›cortezia‹ – neben anderen verwandten Begriffen, und oft in abweichender Fassung –, er hieß in Deutschland, ebenfalls in verschiedenen Fassungen, etwa ›hövescheit‹ oder ›hübescheit‹ oder ›zuht‹. All diese Begriffe weisen ganz unmittelbar und weit unverdeckter als die funktionsgleichen, späteren auf einen bestimmten, sozialen Ort hin. Sie sagen: Das ist die Art, wie man sich an den Höfen benimmt.«

Zu den Spitzengruppen der höfischen Gesellschaft zählte keineswegs die Ritterschaft als Ganzes, sondern ein kleiner Kreis, der sich um die großen Feudalherren scharte. Von daher kommt die noch heute gebräuchliche Formulierung, ein Mann verhalte sich ritterlich. Die Standards, die in den ersten Benimmbüchern formuliert und gefordert wurden, sind ausgesprochen elementar. Was damals als vorbildliches Verhalten an Ritterhöfen galt, entspricht in heutigem Umgang, in den heutigen Tischsitten im Wesentlichen dem Benehmen, das auf dem Land bei Bauern gepflogen und als Brauchtum und Sitte umschrieben wird. Elias weist die entscheidenden Neuerungen bis zum 17. Jahrhundert vor allem bei den Tischsitten nach, konstatiert, dass die Gabel selbst im 17. Jahrhundert noch ein Luxusgegenstand der Oberschicht war, gefertigt aus Gold oder Silber, und folgert, dass die Tischsitten sehr deutlich zeigten, welche Veränderungen im Umgang der Menschen miteinander seitdem stattgefunden haben: »Menschen, die so miteinander essen, wie es im Mittelalter Brauch ist, Fleisch mit den Fingern aus der gleichen Schüssel, Wein aus dem gleichen Becher, Suppen aus dem gleichen Topf oder dem gleichen Teller (…), standen in einer anderen Beziehung zueinander als wir; und zwar nicht nur in der Schicht ihres klar und präzise begründeten Bewusstseins, sondern offenbar hatte ihr emotionales Leben eine andere Struktur und einen anderen Charakter. Ihr Affekthaushalt war auf Formen der Beziehung und des Verhaltens hin konditioniert, die, entsprechend der Konditionierung in unserer Welt heute, als peinlich, mindestens als wenig anziehend empfunden werden.« Diese courtoise Welt kannte nicht die unsichtbaren Mauern zwischen den Menschen, kannte nicht – in dem Maße, wie wir dies heute fordern – Diskretion und Distanz. Was wir heute als peinlich empfinden – den Anblick von körperlichen Verrichtungen, ja schon ihre Erwähnung bloß –, er-

weckte in der höfischen Gesellschaft weder Schamgefühl noch wurde dieses Benehmen negativ sanktioniert.
Im Laufe des 16. Jahrhunderts wird der Begriff »courtoisie« immer häufiger ersetzt durch den der »civilité«, zunächst in Frankreich. Erasmus' Schrift ›De civilitate morum puerilium‹ (›Vom richtigen Verhalten der Knaben‹) bezeichnet diesen Übergang und den anderen: den vom Mittelalter zur Neuzeit. Wer verwundert ist, dass sich ein Geist wie Erasmus mit Tischsitten und angemessenem Benehmen auseinandersetzte, lese bei Elias nach: »Das Problem des Verhaltens in der Gesellschaft war in dieser Zeit offenbar so wichtig geworden, dass selbst Menschen von außerordentlicher Begabung und von großem Ruf die Beschäftigung mit ihm nicht verschmähten.« Mit Erasmus' Schrift verblasst der Terminus »Courtoisie« und der Begriff »civilitas«, → Höflichkeit, tritt an seine Stelle. Die Texte, die in der Folgezeit publiziert werden – in Frankreich, England und Deutschland –, belegen, dass sie, wie Elias zu Recht argumentiert, »selbst ganz unmittelbar Instrumente der ›Konditionierung‹ oder ›Fassonierung‹« sind, »der Einpassung des Einzelnen an jene Verhaltensweisen, die der Aufbau und die Situation seiner Gesellschaft erforderlich macht. Und sie zeigen zugleich durch das, was sie tadeln, und das, was sie loben, die Spanne zwischen dem, was jeweils als Sitte, und dem, was als Unsitte gilt.«
Wer heute also von einem »Akt der Courtoisie« spricht, wenn er schlicht höflich ist, kann gar nicht den Ursprung meinen – will er sich nicht extrem unhöflich verhalten. An den europäischen und außereuropäischen Höfen gelten nämlich längst andere Regeln. Sie entsprechen einer der gegenwärtigen Gesellschaft angemessenen civilitas, einer Höflichkeit, die fortwährende Veränderungen erfährt. Einem Benehmen, das mit den Regeln spielt, sie variiert und verletzt, was wiederum die Einführung eines neuen, anderen Verhaltenskodexes nötig macht.
Cora Stephans Formel ist kurz und bündig, aber vielleicht doch ein bisschen schlicht: »Courtoisie ist so einfach: Sich entschuldigen, auch wenn man sich nicht schuldig fühlt. Jemandem den Vortritt lassen. Beim Kaugummikauen den Mund zumachen – im Vergleich zu vergangenen Kulturen sind wir heutzutage nachgerade bescheiden, was den Katalog des Wünschenswerten betrifft.«

Cut

eigentlich Cutaway (also abgeschnitten). Gelangte um die Jahrhundertwende aus England nach Deutschland. Er gilt auch heute noch als offizieller Tagesgesellschaftsanzug. Gearbeitet aus schwarzem oder schwarzmeliertem Stoff, sind die Rockschöße rund, die Hose gestreift (zur Beerdigung schwarz) und ohne Umschlag. Man trägt ihn mit schwarzer oder grauer Weste, weißem Hemd (Manschetten, Umlegekragen) und schwarzem Seidenbinder. Wer mag, setzt dazu einen Zylinder auf – bei Empfängen am Tage grau, bei Beerdigungen schwarz. Die Kopfbedeckung und Handschuhe aus hellem Waschleder sind allerdings unbedingt erforderlich, wird der Cut als Hochzeitsanzug am Vormittag getragen. Bei Pferderennen, die wie Ascot ein wirkliches gesellschaftliches Ereignis sind, ist der Cut Pflicht. Im dunklen Anzug ist man underdressed, im Smoking, der eine Abendgarderobe ist, lächerlich!

D

Dame

Im britischen Königreich ein Adelsprädikat; in unserem Land die in der Öffentlichkeit übliche Bezeichnung für eine Frau. Ganz gleich, ob sie Sekretärin oder Modedesignerin oder Professorin ist. Der bürgerliche Rang, der mit dieser Bezeichnung Ausdruck gewinnen sollte, ist in unserer demokratischen Gesellschaft, in der es keine Klassenunterschiede und keine »bessere Gesellschaft« mehr (→ Parvenü) gibt, verlorengegangen. Dame ist also kein Werturteil. Wartet man vor dem Kino auf seine Begleitung und wird gefragt, wessen man denn harre, antwortet man nicht: »auf eine Frau«, sondern »auf eine Dame«, »meine Frau«, »eine Freundin«. Wir sprechen unter Freunden selbstverständlich von der Frau an der Kasse des Supermarktes, wollen wir uns aber beim Geschäftsführer über sie beklagen, so ist sie – wie sie sich auch benommen haben mag, ganz einfach, weil wir uns benehmen können – die Dame an der Kasse. → Herr

PS: Hat man bei einem größeren → Empfang oder → Fest den Namen einer Frau vergessen, so dürfen wir sie durchaus mit »Gnädige Frau« ansprechen. Diese Anrede ist weder veraltet noch übertrieben. (Dass in Österreich jede Kioskfrau eine »Gnädige Frau« ist, meist zu einer »Gnäfrau« verstümmelt, dass dort der Lehrer Herr Professor heißt und der Vorarbeiter manchmal Herr Ingenieur tituliert wird, muss uns nicht genieren, solange wir mit »Gnädige Frau« wirklich meinen, was wir sagen: Diese Anrede ist – nicht zuletzt – Ausdruck von Wertschätzung.)

Danken

Hier möchte man es halten wie mit dem → Begrüßen: Lieber zu oft als zu selten. Was den Dank nach einer Einladung betrifft, so sollte er schriftlich formuliert werden. Kurz, höflich, möglichst unter Vermeidung allbekannter Floskeln und durchaus sehr deutlich Bezug nehmend auf den Abend: Gäste, Gespräche, Speisen. Klar, dass man auch einige Worte verliert zu dem Geschenk, das einem (möglicherweise) gemacht worden ist. (Selbstverständlich können zum Dankbrief auch Blumen geschickt werden.) – Da der Umgang auf der Straße, in den öffentlichen Verkehrsmitteln, in den Kaufhäusern zunehmend rücksichtslos geworden ist, aggressiv und ruppig, kann es nicht schaden, dass man selbst dieser Verwahrlosung entgegenwirkt, indem man nicht mit »bitte« und »danke« geizt. Sie werden erleben, wie sich mürrische Gesichter aufheitern, wenn Sie die allersimpelsten Aufmerksamkeiten bieten. Was kostet es Sie, Türen aufzuhalten, Fahrstühle anzuhalten, Frauen den Vortritt zu lassen beim Einstieg in die U-Bahn oder das Flugzeug, vor einem Zebrastreifen zu bremsen, wenn Sie sehen, dass auf dem Trottoir jemand steht, der ihn gern überqueren würde? Sie vergeben sich wirklich nichts. Arrogante Überheblichkeit ist nirgendwo angebracht, und sie kleidet niemanden.

Danken Sie dem Zimmermädchen, falls Sie es auf dem Gang sehen, für das Aufräumen Ihres Hotelzimmers. Ihre kurze Bemerkung wird ihr eine ähnliche Freude sein wie das trotz eines Dankes erwartete Trinkgeld. Danken Sie dem Gepäckträger nicht nur, indem Sie ihm stumm und hochmütig eine Münze in die Hand drücken. Danken Sie Kollegen, wann immer die Situation es erfordern könnte. (Stets sehr schlicht, jede Übertreibung verbietet sich – könnte der Dank doch sonst als ironische Verletzung oder Herabsetzung sehr missverstanden werden.) Ich weiß, es gibt viele gute Gründe, daran zu zweifeln, ob die »Dienstleistungsgesellschaft« ihren Namen zu Recht verdient – denn wo wird man noch bedient? Umsorgt? Gar verwöhnt? Meistens muss man alles selber machen, selber suchen, und nur noch an der Kasse begegnet einem ein Mensch. Dennoch, die Verrohung unserer Gesellschaft begann im alltäglichen Umgang derer, die etwas wollen, mit den anderen, die etwas leisten (sollen). Geld ist das Mittel, das diesen Tausch ermöglicht. Man bekommt dafür beinahe alles. Höflichkeit kostet am meisten: Luxushotels und -restaurants, die wenigen noch intakten Delikatessenläden sind der Beweis. Versuchen Sie täglich, die verlorengegangene Rücksicht wieder einzuführen: bei Edeka, Tchibo, Aldi, Tengelmann ... Gewiss, Sie werden Rückschläge erleben, aber stetes Danke provoziert irgendwann einmal ein Bitte.

In der ehemaligen UdSSR, wo die Rücksichtslosigkeit im gesellschaftlichen Umgang Triumphe feierte, habe ich nicht schlechte Erfolge erzielt – mit dieser Methode der Beharrlichkeit. Nach Monaten grüßten meine Hausnachbarn endlich zurück – zuvor quittierten sie meine Morgen- und Abendgrüße nur mit stummer Überraschung. Verkäuferinnen waren verblüfft, wenn man mit einem Bitte bat und einem Danke dankte – und taten es einem gleich. (Den geringsten Erfolg hatte ich bei den Verkäuferinnen der Metro-Chips, zugegeben.) Und bei einem herbstlichen Spaziergang durch die Wälder des Urals überraschte ich meine Freunde nicht schlecht, als ich andere Wanderer grüßte. Was das denn solle, wollten sie wissen. – Nichts. Eine Höflichkeit, eine Geste, die deutlich mache, dass man wohlgesonnen dem Fremden begegne. Sie versuchten es eine halbe Stunde später selbst, ihr Gruß wurde erwidert. Ein Lächeln huschte über alle Gesichter.

Das Bitten, Danken, Grüßen bringt Beruhigung in den öffentlichen Raum. Das Aufhalten der Tür, der Abstand, den man anderen gönnt, die vor einem Schlange stehen, sind die körperlichen Zeichen einer solchen Beruhigung. Man kann diese Übungen, Vorstufen zur → Höflichkeit, selbst denen empfehlen, die – frei nach Kant – »gute Manieren« nur kopieren wollen, sie also ohne innere Überzeugung ausführen. Sie werden sich an die Vorteile dieses Verhaltens gewöhnen und nach anderen Verbesserungen im Umgang mit Menschen streben. Hoffentlich.

Déjeuner

Französisch für Mittagessen. Nur im deutschen Gebrauch bedeutet es das späte Frühstück, das Sektfrühstück also, das einem Mittagessen durchaus gleichkommen sollte, auch wenn die Gäste sich ihre

Speisen vom Buffet aussuchen oder sich von Tabletts bedienen müssen. (→ Brunch) Das gesetzte Mittagessen ist einem kleinen Abendessen ebenbürtig. Es sollte nicht vor 12.30 Uhr beginnen und nicht nach 14 Uhr. Die Gäste erscheinen pünktlich, nachdem sie zuvor die Einladung (am besten schriftlich) verbindlich zugesagt haben. Bei familiären Einladungen trägt man Alltagskleidung, bei offiziellen zieht man an, was die Einladung vorschreibt. Die → Speisenfolge – vom Aperitif bis zum Kaffee – unterscheidet sich nicht vom Abendessen. Man bedankt sich telefonisch oder – ganz gewiss bei offiziellen und formellen Essen – schriftlich. Festliche Mittagessen (zu Hause oder im Restaurant, im Hotel) gibt man an familiären Feiertagen. Doch auch bestandene Examen, Promotionen und Jubiläen lassen sich mit einem Mittagessen feiern, was sich vor allem anbietet, wenn man mehrere ältere Herrschaften bitten möchte, denen ein Abendessen vielleicht zu ermüdend und zu anstrengend ist.

Dessertlöffel

Ein Löffel, größer als der Tee-, kleiner als der Suppenlöffel (für die Tasse). Wie der Name schon sagt, löffelt man damit Nachspeisen: Kompotte, Cremes und alle anderen Süßigkeiten, die nicht die Kuchengabel erfordern, das Obstbesteck oder den noch kleineren Eislöffel, der flacher ist und nicht spitz endet. Man deckt die Dessertbestecke immer über dem Platzteller, so, dass man den Löffel, beziehungsweise das Obstmesser mit der rechten Hand nehmen kann und die Gabel mit der linken. (Linkshänder haben bei richtig gedeckten, perfekt servierten Speisen immer einige Schwierigkeiten, die sich allerdings meistern lassen.) → Besteck

Diät

Der meist nicht erfreuliche und ganz selten von anhaltendem Erfolg gekrönte Versuch abzunehmen. Es gibt beinahe so viele Diäten wie es übergewichtige Menschen gibt. Die Trennkostdiät ist (wahrscheinlich) die gesündeste Möglichkeit, die Schokoladendiät die süßeste, die Hollywooddiät die fruchtigste, die Punktdiät die fetteste, die Reisdiät die farbloseste, die Kartoffeldiät die mehligste. Fasten hilft garantiert – und macht am wenigsten Vergnügen. Wer sich zu einer Diät durchgerungen hat, sollte weder Einladungen geben noch welche annehmen. Wer will schon seine Gäste zu einem schlechten Gewissen provozieren, das sich unweigerlich, geradezu wider Willen einstellt – ist man nicht Sadist –, wenn man selber den Rehrücken verzehrt und die Dame des Hauses die rohen Preiselbeeren. Und wer als Gast nur um ein paar Scheiben Ananas bittet oder ein Pfund gekochten Reis, nutzt sein Gastrecht über Gebühr aus. Wer abnimmt, sollte sich allein zu Tisch setzen oder mit Leidensgenossinnen und -genossen: angehende Hungerkünstler unter sich. Dasselbe gilt für Magenkranke. Sie sollten Einladungen nicht annehmen oder, tun sie es, von jedem Gang zumindest ein Löffelchen, ein Gäbelchen nehmen – und bitte nie über die Krankheit und die damit verbundenen Beschwerden und Einschränkungen reden.

Digestif

Von französisch: digérer = verdauen. Der Alkohol nach dem Essen, zum Kaffee. Soll angeblich der Verdauung förderlich sein. Diesen gesundheitlichen Dienst leisten die wenigsten Cognacs, Schnäpse und Armagnacs. Kräuterliköre sind dafür besser geeignet. Recht eigentlich nimmt man den Digestif, um einen angenehmen Abend zu verlängern in den Morgen. Auch ein Glas Champagner darf noch Digestif heißen; und wenn ein Gast nach dem Kaffee beim Wein bleiben möchte, so sollten Sie dagegen nichts einwenden. Nur bei offiziellen Abendessen dürfen Sie sich solche Bitten nicht erlauben. Wenn man die Tafel verlassen hat – ist's aus mit dem Wein. Freunde von mir nennen dieses Getränk »Dickestief«, was sich natürlich nicht gehört, aber immerhin den Vorteil hat, dass die Folgen dieser kleinen Ausschweifung schon beschrieben sind: Am Morgen danach muss sich niemand wundern über einen dicken Kopf, neblige Gedanken und tiefe Augenränder.

Diner

Französisch: dîner = Abendessen. Wer sich in deutschen Landen vornehm dünkt, es aber nicht ist, lädt auf der Einladungskarte zu einem privaten Abendessen in französischer Sprache ein. Sollten Sie also nicht nachahmen. (Erlaubt nur bei offiziellen Abendessen!) Wer einen Tisch in einem Restaurant in Frankreich reserviert, muss sich allerdings erklären: Entweder »pour déjeuner« oder »pour dîner«. Manche Manieren-Autoren unterscheiden zwischen Abendessen und Diner: Letzteres ist für sie festlicher und erfordert mindestens zwölf Personen. Wir nehmen es nicht so streng, ein festliches Abendessen, bei dem es an nichts fehlt, außer an zwei Gästen, können Sie getrost Diner nennen, wenn Sie mögen (aber, siehe oben, bitte nicht schriftlich dazu einladen). Allerdings brauchen Sie wirklich hierfür eine Bedienung, die bei Ankunft der Gäste die Garderobe abnimmt und die Ankömmlinge zum Gastgeber führt, der ihnen einen Aperitif anbietet und die Eingeladenen miteinander bekanntmacht; Servierhilfen (mindestens zwei bei zehn Personen); eine Hilfe in der Küche, die sich um das Essen kümmert, das die Gastgeberin durchaus selbst vorbereitet haben kann; und einen Kellner, der sich um die Getränke sorgt. Denn Gastgeber und Hausfrau sollten den Tisch nicht verlassen, um Vorbereitungen zu tätigen oder abzudecken! Und Sie benötigen mindestens zwei Räume: einen für den Empfang und als Aufenthaltsort nach dem Dessert und ein Speisezimmer. Natürlich ist es noch schöner, wenn man für den Kaffee einen dritten Raum hat, also einen Salon. (Aber der ist entbehrlich, wenn die Servierhilfen den Empfangsraum während des Essens abgedeckt und für den Kaffee und die Digestifs vorbereitet haben.) Schließlich muss die Tafel festlich gedeckt werden: also mit weißem Damasttuch und weißen Damastservietten, mit einem Blumengesteck (das sehr niedrig sein muss, damit die Gäste sich noch in die Augen sehen können), eventuell mit Kerzenleuchtern. → Besteck aus Silber, feines Porzellan (→ Geschirr) und dünne → Gläser (nie bunt!) sind ein Muss. Desgleichen sollte bei einem Essen ein Placement (→ Tischordnung) geplant sein, → Tischkarten empfehlen sich ebenso. → Souper

Dips

unterscheiden sich von → Chips durch den Anfangsbuchstaben und die Konsistenz. Chips sind knackig, Dips flüssig. Als Dips gelten dickliche kalte Saucen, Käsecremes und Mayonnaisemischungen, in die man meist rohe Gemüsestengel: Lauch, Mohrrübe, Sellerie, manchmal auch Fleischstückchen oder Chips dippt, also eintunkt, bevor man sie in den Mund balanciert. Bevorzugt werden Dips von Rohköstlern und Gastgebern, die meinen, ihre Gäste langweilten sich, wenn sie nicht vor und während des Essens ständig etwas zum Knabbern hätten. Kurz: Dips sind so entbehrlich wie Chips und beide ein Horrorpaar.

Diskretion

Schon im 16. Jahrhundert besaß das Wort, das aus dem Französischen kommt, in deutscher Sprache die Bedeutungen: Zurückhaltung und Verschwiegenheit. Daneben gab und gibt es noch zwei andere: Unterscheidungsvermögen und Urteilskraft. Im allgemeinen Sprachgebrauch benutzen wir »Diskretion« ausschließlich in den ersten beiden Fällen.

Diskretion ist allen guten Benehmens Anfang; und deshalb verwundert mich, dass auch in den jüngst erschienenen Benimmbüchern, selbst in dem Band von Sybil Gräfin Schönfeldt, diesem Thema keine Zeile gewidmet ist. Was aber nützen Frack und Abendrobe, der richtige Umgang mit Champagnerflasche und Opernglas, die gepflegte Konversation, wenn andere von diesen Prachtherrschaften wissen: Sie sind indiskret!?

Der diskrete Charme der Bourgeoisie, den Buñuel in einem seiner Filme ironisch persiflierte, ist – ohne Manierismen gelebt – immer noch eine der tragenden Säulen in unseren bürgerlichen Gesellschaften. (Übrigens ist diese Diskretion durchaus auch Adelspflicht.)

Im 42. Stück des I. Kapitels seines Buches ›Über den Umgang mit Menschen‹ erklärt der Freiherr von Knigge, was es für eine Bewandtnis hat mit der Diskretion: »Eine der wichtigsten Tugenden im gesellschaftlichen Leben und die wirklich täglich seltener wird, ist die

Verschwiegenheit. Man ist heutzutage (1788! – cbs) so äußerst trügerisch in Versprechungen, ja in Beteuerungen und Schwüren, dass man ohne Scheu ein unter dem Siegel des Stillschweigens uns anvertrautes Geheimnis gewissenloserweise ausbreitet. Andere Menschen, die weniger pflichtvergessen, aber höchst leichtsinnig sind, können ihrer Redseligkeit keinen Zaum anlegen. Sie vergessen, dass man sie gebeten hat zu schweigen, und so erzählen sie, aus unverzeihlicher Unvorsichtigkeit, die wichtigsten Geheimnisse ihrer Freunde an öffentlichen Wirtstafeln. Oder, indem sie jeden, der ihnen in dem Drange, sich zu entladen, in den Wurf kommt, für einen treuen Freund ansehen, vertrauen sie das, was sie doch nicht als ihr Eigentum ansehen sollten, ebenso leichtsinnigen Leuten an, als sie selbst sind. Solche Menschen gehen dann auch nicht weniger unklug mit ihren eigenen Heimlichkeiten, Plänen und Begebenheiten um, zerstören dadurch sehr oft ihre zeitliche Glückseligkeit und vernichten ihre Absichten.« Nachdem Freiherr von Knigge noch andere Beispiele angeführt hat, in denen das verletzte Gebot der Verschwiegenheit Schaden anrichten kann, kommt er zu seiner Empfehlung: »Ich empfehle also eine kluge Verschwiegenheit, die jedoch nicht in lächerliche Mysteriosität ausarten muss, als eine sehr wichtige Tugend im Umgange. Übrigens wird man die Bemerkung wahr finden, dass in despotischen Staaten die Menschen im ganz Allgemeinen genommen verschwiegener sind, als wo mehr Freiheit herrscht. Dort machen Furcht und Misstraun verschlossen und zurückhaltend, hier folgt jeder dem Triebe seines Herzens, sich freimütig mitzuteilen. Wenn man auch mehreren Leuten zugleich sein Geheimnis anvertrauen muss, so lege man doch jedem unbedingte Verschwiegenheit auf, damit jeder von ihnen glaube, er wisse es allein, müsse allein für die Bewahrung haften.«
Von Knigges Beobachtungen sind richtig – vor allem was seine Bemerkungen über die Verschwiegenheit in Diktaturen betrifft. Allein er täuscht sich sehr über die (allzu) menschliche Klatschsucht, wenn man glaubt, dass es von Nutzen sei, die Menschen, denen man Vertrauen schenkt und ein Geheimnis anvertraut, zur Diskretion zu ermahnen. Gerade wer das tut, kann sicher sein, dass die Neuigkeit im Lauffeuer die Runde machen wird und zur Eilmeldung avanciert.

Der diskrete Mensch, der höfliche Mensch beteiligt sich an solch einem Vertrauensbruch nicht!
Zur Diskretion zählt auch, in seinen Reden und Unterhaltungen von anwesenden und nichtanwesenden Menschen nichts zu erzählen, was zu deren Privatsphäre gehört: Wer sich in wen verliebt, wer mit wem in Scheidung lebt, wer wen verlassen, wer Schulden gemacht oder einen beruflichen Einbruch erlitten hat, darf nicht Gesprächsgegenstand sein. Gerade mit solchem, intimes Wissen verbreitenden → Klatsch wollen Indiskrete ja zum einen beweisen, wie gut sie sich auskennen und informiert sind, wie eng sie mit gewissen, gesellschaftlich möglichst hochstehenden Personen verkehren. Indiskretion ist oft Geltungssucht, Angabe. Ich weiß: Klatsch macht Spaß. Dennoch sollte man sich dieses eitle und sehr niedrige Vergnügen verbieten. Schon deshalb, weil man zwar für Momente die Lacher, die Spötter und die Zyniker auf seiner Seite hat, aber von diskreten Menschen wohl kaum je wieder eingeladen oder gar mit einem Geheimnis betraut wird. Was passiert, wenn in einer Gesellschaft jemand indiskret ist, erzählt Denis Diderot in seinem 1747 erschienenen Roman ›Les bijoux indiscrets‹.
Und Diskretion als Zurückhaltung – was ist das? Wer bei der → Housewarmingparty eines Single-Haushalts das Schlafzimmer gezeigt bekommt, fragt nicht gleich, verwundert über das breite französische Bett, wer denn darin mitschlafe. Wer im Bad eben dieses Haushalts drei Zahnbürsten statt einer entdeckt, verkneift sich gleichfalls Bemerkungen. Trifft man von einem Ehepaar nur einen Teil in einer Premiere, auf einem Fest, so kann man sich (gerade noch) erkundigen, wie es denn dem Mann, der Frau gehe. Aber gewiss bohrt man nicht weiter, wenn auf die Frage nur »gut« die Antwort ist. Diskretion bedeutet: Nicht aller Welt seine Gefühle zu zeigen und aufzudrängen. Diskretion heißt: Die Sphäre des anderen wahren, deshalb hat das → Handy eigentlich nichts verloren im Restaurant und im Bahnabteil – und wird doch dort unentwegt benutzt, ich weiß. Diskretion will: Distanz wahren, selbst engen Freunden gegenüber. Also: Neugierde bezähmen, Vertrauen bewahren und verdienen. Diskretion beinhaltet letztlich auch: gesellschaftliche → Schranken zu respektieren.

Duell

Das Duell ist verboten. Und es gibt gute Gründe dafür, die Johann von Eltz in seinem ›Goldenen Anstandsbuch‹, zu Beginn unseres Jahrhunderts erschienen (7. Auflage 1910), bereits vor dem Verbot formulierte: »In Deutschland ist es in gewissen Kreisen, die, wie sie glauben, ein besonders feines Ehrgefühl, in Wirklichkeit aber vielfach einen durchaus falschen Begriff von der Ehre haben, leider üblich, auf Beleidigungen Zweikämpfe folgen zu lassen, und deshalb muss hier auch darüber ein Wort gesagt werden. Über das Duell kann ich mich aber kurzfassen, obschon in anderen Handbüchern des ›guten Tons‹ lange ›Vorschriften‹ über Ehrengericht und Duell zu lesen sind. Das Duell ist unsinnig und widerspricht der christlichen Sitte und der Humanität. Wer sich in seiner Ehre verletzt fühlt, rufe die Gerichte an; dafür sind diese da, und dort erhält er eine wirkliche Genugtuung, während bei einem Duell häufig, wie man schon oft genug gesehen hat, gerade der Unschuldige büßen muss – oft mit Verlust seines Lebens.«

Das Duell ist verboten – das Rededuell nicht. Sicher lassen sich größere Beleidigungen und Verunglimpfungen nicht bei Tisch ausräumen – was Rechtsanwälte allemal freut. Doch kleine Beleidigungen können auf durchaus (noch) feine Art gerächt werden. Nie darf ein Herr sich jedoch dazu hinreißen lassen, den Gegner, der ihn oder seine Begleitung beleidigt hat, im Beisein anderer zu verspotten. Aber wer es vermag, mit Worten zu streiten wie mit dem Florett – also leicht, unangestrengt, elegant –, der sollte mit kurzen Bemerkungen reagieren. Da davon ausgegangen werden kann, dass niemand zu einem Essen Gäste lädt, von denen der Hausherr oder die Hausfrau weiß, dass sie sich spinnefeind sind oder sich nicht leiden können, wird es grundsätzliche Auseinandersetzungen gewiss nie geben. In jedem Fall haben die Gastgeber ihre Gäste zu schützen. Sie können also einen Streithahn zum frühestmöglich schicklichen Zeitpunkt, also nach dem Kaffee, bitten zu gehen. Dies sollten vielleicht auch jene bevorzugen, die sich beleidigt fühlen. Bevor aber jemand bei Tisch den Wortdegen zückt, muss der Hausherr beschwichtigend eingreifen. Keine Frage – auch wenn ein solcher Schlagabtausch glimpflich ausgeht: Ein Abend dieser

Art zählt gewiss nicht zu den glanzvollen des Hauses. Kein Grund zu Verzweiflung oder Selbstvorwürfen, aber gewiss einer, bei der nächsten Einladung sehr genau zu prüfen, wen man denn mit wem bittet. Und falls man sich entschließt, den einen oder anderen Namen aus seiner Gästeliste zu streichen, dann tue man dies ohne falsche Scheu. → Ehre

Duzen

Da bin ich altmodisch! Ich halte das Du für eine Auszeichnung im gesellschaftlichen Umgang, und es sollte deshalb auch erst dann angeboten werden, wenn man sicher ist, dass dieser Schritt aller Wahrscheinlichkeit nach nie bereut wird – rückgängig zu machen ist dieser Vertrauensbeweis nämlich nie! Die alte Regel gilt: Der Ältere bietet dem Jüngeren das Du an, der Ranghöhere dem Rangniedrigeren. Eine Dame, so lesen wir in älteren Manierenbüchern, schlägt einem Herrn nie das Du vor. Bisherige Begründung: Wenn die Dame es täte, könne der Herr – aus Höflichkeit – es nie ablehnen. Umgekehrt ließ man der Dame aber die Möglichkeit zu entscheiden – und sie blieb selbst bei einem Nein noch durchaus höflich. Das ist einigermaßen verquer. Und ich habe es immer anders gehalten. Ich glaube, Frauen sollte das schöne Recht zugesprochen werden. Ohnehin wird dieses Angebot ja reiflich überlegt und damit wohl auch das Risiko, mit dem Wunsch auf taube Ohren zu stoßen, für äußerst gering erachtet worden sein. (Außer die Dame macht diesen Vorstoß im beschwipsten Zustand, was sie allerdings unterlassen sollte, schließlich darf sich der neue Duzfreund mit einigem Recht an die – für ihn vielleicht – angenehme Veränderung erinnern.)

Klar, dass ein sechzehnjähriges Mädchen nicht einem Sechzigjährigen das Du anbietet. Ebenso klar, dass ein älterer Herr einer Zwanzigjährigen das Du anbieten darf. Meine Regel ist also etwas komplizierter, weil Regelverletzungen vorgesehen sind. Sie machen diesen Vorgang endlich zu einem (schwierigen) Spiel. Doch: »Erst Regeln und das Spiel mit ihnen erzeugen, wie jedes Kind weiß, vielmehr jene gesellschaftliche Phantasie, die aus dem öffentlichen

Raum einen Spielraum macht.« (Cora Stephan) Nicht zuletzt die Emanzipation der Frau fordert auch bei diesem Ritual Regelveränderungen und -verfeinerungen.

Darf der Mann einer Frau das Du abschlagen, der Krankenpfleger dem Chefarzt? Ja – aber da ich davon ausgehe, dass niemand diese Annäherung versucht, wenn er nicht sicher sein kann, dass sie vom Gegenüber gleichfalls gewünscht ist, wird ein solcher → Affront Ausnahme bleiben. Doch niemand sollte sich zu einem Du vergewaltigen lassen – selbst dann nicht, wenn die Verweigerung berufliche oder private Konsequenzen nach sich ziehen könnte. Wer englisch spricht, hat diese Probleme nicht: You ist Sie und du. Die Franzosen machen den Unterschied; in ihrem Land gibt es auch noch Ehepaare, die sich siezen; Kinder, die ihre Eltern nicht duzen dürfen. In Schweden duzt sich beinahe die ganze Nation – doch wer möchte schon gern auch noch zur sprachlichen Egalité gezwungen werden, durch Übereinkünfte, die nur deshalb zustande kommen, weil eine klassenlose Gesellschaft (zumindest sprachlich) angestrebt wird. Wir kennen diese Duzerei von früheren SPD-Parteitagen: Genosse, du bist ein Dummkopf.

Das Sie schafft Distanz – und sie ist immer auch beim Du das nie zu opfernde Zeichen von Höflichkeit. Eine Möglichkeit, das Du zu vermeiden und dennoch eine gewisse Vertrautheit zu erreichen, ist das Sie mit dem Vornamen. Ich halte diese Lösung für eine sehr elegante – zumal im Berufsleben. Denn keiner mache mir weis, dass das Duzen in Büros, Banken, Kanzleien, Praxen und Redaktionen nur Vorteile böte. (Beim Chatten im Internet duzt man sich meist.) → Chat

E

Ehre

Creifelds ›Rechtswörterbuch‹ (12. Auflage 1994) definiert: »Die Ehre, d. h. die Anerkennung vor sich selbst und insbesondere die Wertschätzung der Person in der Gesellschaft, ist vom Gesetz nicht ausdrücklich – wie z. B. das Namensrecht – geschützt. Bei einer schuldhaften Ehrverletzung liegt jedoch regelmäßig eine strafbare Beleidigung und zivilrechtlich eine unerlaubte Handlung (Verletzung eines Schutzgesetzes, nämlich der Vorschriften des StGB über den Ehrenschutz) vor. Ferner ist nach heutiger Auffassung die Ehre ein Ausfluss des allgemeinen Persönlichkeitsrechts und wie dieses geschützt. Schon bei objektiv rechtswidrigen Eingriffen – also ohne Verschulden –, insbesondere bei unwahren bzw. ehrmindernden Veröffentlichungen durch Presse, Rundfunk und Fernsehen, kann daher ein Unterlassungsanspruch gegeben sein.«
Ehre ist also sowohl die Wertschätzung durch andere als auch Selbstachtung. »Die Ehre ist das äußere Gewissen, und das Gewissen die innere Ehre«, meint Schopenhauer, und Schlegel sekundiert: »Ehre ist die Mystik der Rechtlichkeit.« Ihering philosophiert: »Ehre ist der Rechtswert der Person, sie hat die rechtliche Anerkennung des Menschen als Person zur Voraussetzung.« Und Aristoteles gibt zu bedenken: »Doch scheint die Ehre etwas zu Oberflächliches zu sein im Verhältnis zu dem, was wir suchen. Denn es scheint bei ihr ja mehr auf die Leute anzukommen, die sie erweisen, als auf die, denen sie erwiesen wird. Das Gute aber muss vermutlich doch etwas sein, das uns gehört und das man nicht leicht entreißen kann. Ferner scheint es, dass man auf Ehre ausgeht, um in der Überzeu-

gung von der eigenen Vortrefflichkeit bestärkt zu werden.« Eine eher seltsame Definition liefert Asfa-Wossen Asserate: Ehre und Manieren seien so eng verknüpft, »dass man sagen könnte, die Manieren seien das Gewand, in das die Ehre sich auf ihrem Weg durch die Welt kleidet«.

Ehre, so viel ist sicher, ist wie die → Höflichkeit höchst abhängig von den gesellschaftlichen Entwicklungen. Der Ehrbegriff unterlag und unterliegt also ständigen Veränderungen, wobei wir davon ausgehen können, dass bei steigender → Toleranz jene Verhaltens- und Denkweisen, die als unehrenhaft bezeichnet und als Regelverstöße auch sanktioniert wurden, ihren Makel immer mehr verlieren. Jemandem seine Ehre abzusprechen, also den Respekt vor dem Menschen und seinen Rechten, also letztlich den Menschenrechten, aufzukündigen, ist heute fast kaum mehr möglich im gesellschaftlichen Raum. Was aber keineswegs bedeutet, dass Verstöße dagegen – zum Beispiel der Vorwurf der Lüge, der (Stasi-)Schnüffelei – nicht justiziabel seien. Von den vielfältigen Ehrencodices der einzelnen Berufsstände soll hier nicht gehandelt werden, auch nicht von der vieldiskutierten Soldatenehre. Und kein Wort über die Ehre, die sich Nationen verdienen oder einander versagen.

Die Anrede »Sehr verehrte, gnädige Frau« signalisiert also der Dame, dass sie geschätzt wird. Und wenn ein gehörnter Ehemann den Geliebten seiner Frau zum → Duell lädt oder nur zu einer Aussprache, so ist dieses Treffen für beide eine Auseinandersetzung um die Frage der Ehre: Es geht um die Selbstachtung. Frauen sind der wichtigste Grund, sich zu duellieren oder abzuknallen – in Tschechows ›Drei Schwestern‹ ebenso wie in Tschaikowskys ›Eugen Onegin‹. Die österreichische Literatur am Ende des 19., zu Beginn des 20. Jahrhunderts verdankt dem Duell, diesem feinen, aber meist für einen der Kontrahenten tödlich endenden Streit um die Ehre, die schönsten Texte. »Übers Leben geht noch die Ehre«, dichtet Schiller in ›Wallensteins Lager‹; wogegen Schopenhauer polemisierte: »Wird mit Emphase ausgerufen ›Übers Leben geht noch die Ehre‹, so besagt dies eigentlich: Dasein und Wohlsein sind nichts; sondern was die andern von uns denken, das ist die Sache.«

Das Duell ist verboten, an seiner statt wird heute die Aussprache, der Streit, der Prozess gepflogen. Da aber die Normen der Ehre – außer in fundamentalistischen Gesellschaften – ziemlich aufgeweicht sind, gibt es im gesellschaftlichen Verkehr kaum noch Regelverstöße, die vom Beleidigten aufgenommen werden wie der Fehdehandschuh. Wir haben uns so daran gewöhnt, dass sich Politiker in aller Öffentlichkeit aufs Gemeinste beleidigen, verhöhnen, verachten, dass wir ziemlich unsensibel geworden sind für die kleineren Ehrverletzungen. Nicht einmal Kants doch eher grobe Einschätzung hat noch Gültigkeit. In seiner Anthropologie schreibt er, dass die Ehre des Mannes darin bestehe, »was die Leute denken«, die der »Frauenzimmer aber, was sie sprechen«.

Es ist darum gewiss kein Zufall, dass Sybil Gräfin Schönfeldt in ihrem Benimmbuch ›Einmaleins des guten Tons‹ sich über die Ehre keine Gedanken (mehr) macht und sich stattdessen damit begnügt, etwas zu erzählen über Ehrengast, Ehrenplatz und Ehrentanz. Die Ehre zählt wenig, aber die Form, Ehre – also Respekt, Achtung, Zuneigung – zu erweisen, wird noch geehrt. Also: Ehrengast ist derjenige, für den man ein Fest ausrichtet oder der einem an diesem Abend der wichtigste – weil seltenste, weil berühmteste, weil klügste, weil schönste, weil älteste – Gast ist. Der männliche Ehrengast sitzt zur Rechten der Hausfrau, der weibliche zur Rechten des Hausherrn: beide haben ergo Ehrenplätze. Die Nähe zu Hausdame und -herr bestimmt also das Maß an Respekt. Ehrentanz: »Der erste Tanz«, so Gräfin Schönfeldt in der Nachfolge vieler Anstandsautorinnen und -autoren, »gehört der Sitte nach der Dame, mit der man gekommen ist, oder der Tischdame, die dem Herrn beim Souper zugeteilt worden ist. Zum zweiten Tanz wird die Hausfrau gebeten, im Übrigen gilt die Regel, dass in einer geschlossenen Gesellschaft jeder jeden kennt und infolgedessen jeder Herr mit jeder Dame tanzen kann.«

Je weniger die Ehre also in unserem Verhalten noch verankert ist, desto vorsichtiger müssen wir mit formalen Ehrbezeugungen umgehen. Ich finde es abgeschmackt, jede Frau, nur weil sie eine Frau ist, mit »verehrte« anzuschreiben oder anzusprechen. Und ich halte jene Männer, die keinem Manne je schriftlich Verehrung gönnen, für anmaßend oder verklemmt.

Von der Ehre zur → Eitelkeit geleitet uns Kant: »Die Empfindung vor der Ehre ist am Franzosen Eitelkeit, an dem Spanier Hochmut, an dem Engländer Stolz, an dem Deutschen Hoffart und an dem Holländer Aufgeblasenheit.«

Einladen

Wann immer man Gäste empfangen will – zu Hause, im Restaurant, in der → Bar (durchaus erlaubt!): Das Fest beginnt mit einer Einladung. Sie sollte immer schriftlich formuliert sein. Entweder man benutzt Karten, die man sich hat drucken lassen, oder man lädt handschriftlich ein. Die Einladung sollte mindestens drei Wochen zuvor den Empfänger erreichen. Plant man nur ein kleines Treffen für wenige enge Freunde, dann genügt ein Anruf oder eine E-Mail, aber auch der oder die sollte mindestens zehn Tage zuvor erfolgen. Formulieren Sie so einfach wie möglich: zum Frühstück, zum Brunch, zu einem Cocktail, zu einem Empfang, zum Abendessen (also nicht zum festlichen Diner, Bankett etc.). Streichen Sie bei gedruckten Karten bei Menschen, die Sie duzen, Ihren Titel und Nachnamen durch, bei Freunden, die Sie siezen, den akademischen Titel, ebenso halten Sie es bei Geladenen, die selber akademische Titel erworben haben, es sei denn, deren Titel sind höher (als Dr. streichen Sie Ihren Titel, laden aber Herrn Professor A. ein).
Darf man ausdrücklich »zu einem Geburtstagsfest« laden? Eigentlich nicht, weil darin der Hinweis versteckt sein könnte, dass man diesmal statt der Blumen, dem Champagner, dem Buch ein größeres Geschenk erwartet. Ich scheue mich nicht, eine solche Einladung zu versenden, nicht (nur) aus egoistischen Gründen, sondern weil ich es erlebt habe, dass ich mich als Gast ein wenig düpiert fühlte: Freunde der Gastgeberin gratulierten überschwenglich, überreichten Präsente, und ich stand da, stotternd, entschuldigend, dass ich mich den Glückwünschen zwar anschlösse, aber nicht gewusst hätte … Auf den Einladungskarten findet sich stets auf der linken unteren Seite die Abkürzung U.A.w.g., also: Um Antwort wird gebeten, wobei dort ein Datum genannt wird, danach gilt für

alle Eingeladenen der Fluch von Wagners ›Fliegendem Holländer‹: »Die Frist ist um!«
Telefonische Einladungen nimmt man sofort an oder sagt ab. (Wer mit seinem Lebenspartner Rücksprache nehmen möchte, hat selbstverständlich auch noch ein, zwei Tage Zeit, die Entscheidung bekanntzugeben.) Schriftliche Einladungen beantwortet man grundsätzlich schriftlich! (Ausnahme: enge Freunde, aber auch da sollte man sich die Mühe machen, schriftlich zu- oder abzusagen.) Wer überhaupt nicht antwortet, kann davon ausgehen, dass er nicht wieder eingeladen wird. Im Übrigen: Es reicht nicht, bloß mit einem »Ja, wir kommen.« oder »Nein, wir können nicht!« zu antworten. Sie sollten sich bei der Formulierung schon ein wenig Mühe machen und für die Einladung auch dann danken, wenn Sie verhindert sind zu kommen.

Eintunken

wird erlaubt. Vor allem dann, wenn kein Saucenlöffel gedeckt ist, was in den meisten privaten Haushalten vorkommt. Also getrost ein Stück Brot gebrochen und in die Restsauce getunkt. Nie bevor Fleisch und Beilagen aufgegessen sind. Das Brot immer mit den Fingern nehmen und nicht etwa mit der Gabel durch die Flüssigkeit ziehen. Bei offiziellen Anlässen sollte man vielleicht davon Abstand nehmen. Es gibt allerdings ein Hindernis: Nach der Vorspeise wird das Brot meist abgedeckt, was durchaus richtig ist, bietet man zu Fisch und Fleisch Nudeln, Reis, Kartoffeln. Oft lassen Gastgeber diese kalorienreichen Beilagen aber fort und servieren lieber mehr Gemüse. Dann bleibt der Korb mit dem Brot auf dem Tisch – dann darf man wieder … → Chips, → Dips

Eiscreme

bereitet man möglichst selber in der Eismaschine zu. Eis wird in einem Glas oder in einer Schale serviert, wenn man es nur mit einigen Früchten dekoriert, und mit dem Eislöffel (→ Dessertlöffel) gegessen. Reicht man das Eis mit anderen Beilagen – Gebäck, Mousse –, deckt man Dessertlöffel und (eventuell) Kuchengabeln. Sie liegen oberhalb des Platztellers, der allerdings immer vor dem Dessert abgeräumt wird. Sorbet als Zwischengang nach dem Fisch, vor dem Fleisch, wird immer in einem Glas gereicht. Ich halte diese Spielerei für überflüssig.

Eislecken

ist beliebt – und sieht grässlich aus. Wenn Sie denn unbedingt eines im Vorübergehen kaufen wollen, soft in der Tüte oder nichtsoft am Stiel, bleiben Sie die paar Minuten stehen, bis Sie's geschafft haben. Schauen Sie währenddessen in ein Schaufenster oder – besser noch! – in einen Spiegel. Niemand sieht dann Ihre Zunge, die Sie somit auch niemandem ausstrecken. Und wenn Sie sich lange genug leckend betrachtet haben, werden Sie diese Übung bald lassen und entweder das Eis im Becher kaufen und es löffeln, wofür man weder den Mund aufreißen noch die Zunge fremden Passanten herausstrecken muss, oder, besser noch, sich in ein Eiscafé setzen. → Fastfood

Eitelkeit

»Ein Mensch, der eitel ist, kann nie ganz roh sein; denn er wünscht zu gefallen, und so akkomodiert er sich andern.« (Goethe)
»Je mehr Menschen zusammenleben, umso eitler werden sie, und es entsteht in ihnen das Bestreben, sich durch allerlei Kleinigkeiten hervorzutun.« (Montesquieu)
»Wenn die Weiber nicht eitel wären, die Männer könnten sie's lehren.« (Heyse)
»Die Eitelkeit anderer geht uns nur dann wider den Geschmack, wenn sie wider unsre Eitelkeit geht.« (Nietzsche)
»Die menschliche Eitelkeit vermengt sich mit den edelsten Ideen und verleiht ihnen oft eine Hartnäckigkeit, die uns sonst fehlen würde.« (Gottfried Keller)

»Wer hat die Eitelkeit? Die Klugen und die Gecken; / Doch diese zeigen sie, weil jene sie verstecken.« (Rückert)
»Man spricht wenig, wenn uns nicht die Eitelkeit reden heißt.« (La Rochefoucault)
»Die Eitelkeit verlässt selbst den Selbstmörder nicht, keiner wird sich erhängen, der sich noch erschießen kann.« (Hebbel)
»Es gibt keine Leidenschaft oder Torheit, die so große Feinheit und Geschicklichkeit erfordert wie die Eitelkeit; und keine, die bei unkluger Behandlung eine so verächtliche Figur macht.« (Swift)
»Der Eitle will geschmeichelt sein; Lob kitzelt ihn unaussprechlich, und wenn man ihm Aufmerksamkeit, Zuneigung, Bewunderung widmet, so braucht nicht eben große Ehrenbezeigung damit verbunden sein. Da nun jeder Mensch mehr oder weniger von dieser Begierde, zu gefallen und vorteilhafte Eindrücke zu machen, an sich hat, so kann man ohne Sünde hie und da einem sonst guten Manne, dem diese kleine Schwachheit anklebt, in diesen Punkten ein wenig nachsehn, ein Wörtchen, so er gern hört, gegen ihn fallen lassen, ihm erlauben, an dem Lobe, so er eines erntet, sich zu erquicken oder sich selbst nach Gelegenheit ein wenig zu loben. (…) Obgleich man nun solch eiteln Leuten nicht schmeicheln soll, so hat doch auch nicht jeder Beruf, sie zu bessern, zum Pädagogen an ihnen zu werden, besonders nicht an solchen Menschen, die mit ihm in gar keiner Verbindung stehen.« (Adolph Freiherr von Knigge)
»Vor Überempfindlichkeit und Ziererei wird, vor allem bei Männern, sehr gewarnt, denn der Umgang mit solchen Personen weckt nicht den Eindruck von Gemeinsamkeit, sondern von Knechtschaft. Sicherlich gibt es so zarte und zerbrechliche Geschöpfe, dass das Leben und der gesellschaftliche Verkehr mit ihnen einem vorkommt wie der Aufenthalt inmitten sehr feiner Gläser. Sie fürchten den leisesten Anstoß, und dementsprechend muss man sie behandeln und auf sie Rücksicht nehmen. Sie ärgern sich, wenn man sie nicht schnell und eilfertig grüßt, besucht, anerkennt und auf ihre Wünsche eingeht, so schrecklich wie andere über eine tödliche Beleidigung. Und spricht man sie nicht mit geziemender Anrede an, entstehen sofort herbe Klagen und giftige Feindschaften. (…) Kein Wunder, dass solche Charaktere sich unbeliebt machen, denn sie

lieben sich über jedes Maß und haben, damit beschäftigt, wenig Zeit für die Zuneigung zu anderen. Wie ich anfangs sagte, verlangen die Menschen von den Personen ihres Umgangs ein ja durchaus mögliches angenehmes Betragen. Das Zusammensein mit solchen lästigen Zärtlingen jedoch ist kein Umgang, sondern Bedienerei. Deshalb behagt es nicht nur nicht, sondern missfällt aufs Höchste. Empfindlichkeit und Ziererei sollte man also den Frauen überlassen.« (Della Casa)

Diese kleine Zitatensammlung, bei der darauf geachtet wurde, dass jene gehässigen Äußerungen über die Eitelkeit der Frauen, die, glaubt man den männlichen Autoren, sozusagen naturgegeben und dumm und deshalb leicht entschuldbar sei, nicht Eingang finden, beweist, dass Eitelkeit als menschliche Schwäche akzeptiert wird. Machen wir uns nichts vor: Eitelkeit war es und ist es, die Dichter und Denker anstachelt, Wissenschaftler und Künstler motiviert, etwas zu schaffen, das gelobt wird und sie bekannt, vielleicht sogar berühmt macht. »Ein Kerl, der nicht ein wenig eitel ist, der mag sich auf der Stelle hängen!« ist in Mephisto-Nachfolge keine schlechte Selbsterkenntnis des Eitlen.

Niemand, der publiziert, niemand, der in der Öffentlichkeit auftritt – ob als Straßenclown, Schauspielerin, Sänger, Model oder Musiker; niemand, dessen Arbeit von Medien beobachtet, gewürdigt oder kritisiert wird, ist uneitel. Ich behaupte, die Eitelkeit ist Motor dieser Karrieren. Und deshalb notwendig für die Menschen und die Gesellschaft. Eitelkeit wird zum Problem erst dann, wenn sie zur Obsession sich auswächst, wenn sie zu jener gezierten Überempfindlichkeit führt, die den höflichen Umgang mit Eitlen zu einem Parforce-Schmeichel-Marathon auf schleimiger Bahn macht. Menschen, die so eitel sind, dass sie immer im Mittelpunkt stehen müssen, jedes Gespräch an sich reißen und der Konversation nur folgen, um ja das nächstmögliche Stichwort für den eigenen Auftritt nicht zu verpassen, sind eine Qual. Frauen, die nur für Komplimente ein Ohr haben und das zweite dichtmachen, lobt man eine andere, sind gleichfalls unerträglich. Enge Freunde, so denke ich, können auf Fehlentwicklungen durchaus hinweisen.

Also keine Angst vor Eitelkeit; und schlechtes Gewissen ziemt sich schon gar nicht: »Wollte Gott! alle Menschen wären eitel, wären es aber mit Bewusstsein, mit Maß und im rechten Sinne; so würden wir in der gebildeten Welt die glücklichsten Menschen sein.« (Goethe in den ›Wanderjahren‹) Stimmt! → High Potentials

Eleganz

Hui – das ist schwierig! Und wieder hilft das Lexikon nicht weiter: Modischer Aufwand? Zierlichkeit? Gewähltheit? Oh nein! Am besten nähert man sich auf abstraktem Wege. Wir sprechen nach erfolgreichem Abschluss schwieriger Verhandlungen gern von einer »eleganten Lösung« und meinen damit, dass mit einfachen Mitteln ohne Affront eines Partners, auf sehr feine, unauffällige Weise ein Konsens hergestellt wurde. Übertragen wir diese Erklärung auf die elegante Frau, den eleganten Mann, dann heißt dies: geringster modischer Aufwand, Zurückhaltung in der Wahl der Kleidung. Keine farblichen Exzesse, keine gewagten Schnitte, keine auffälligen Materialien. Der elegante Mann trägt gewiss kein buntes großgemustertes Seidenhemd und kein auberginenfarbenes Sakko, zieht keine Schuhe aus Krokodilleder an und schaut auf keine Gold-Rolex (→ Schmuck für Herren). Die elegante Frau macht ebenso sicher nicht jede Modetorheit mit, sondern versucht, für sich einen Stil zu finden. Natürlich muss sich dieser verändern, auch Frauen werden älter, wenngleich viel langsamer als Männer, zugegeben und geneidet! Eleganz ist die Diskretion in der Kleidung. Es existiert aber noch eine andere Definition. Jean Genet behauptet in seinem ›Tagebuch eines Diebes‹ (1949), Harmonie im schlechten Geschmack zu erreichen, sei der Triumph von Eleganz.

E-Mail

die – in Deutschland – oder das – in Österreich und der Schweiz. Electronic mail, also elektronische Post oder elektronischer Brief. Auch die Bezeichnung Strompost gibt es. Aber wer traut sich

schon, sie zu benutzen?! E-Mail wird – noch vor dem World Wide Web (www) – als wichtigster und meistgenutzter Dienst des Internets angesehen. E-Mail ersetzt Telegramme, Fernschreiben, Telefaxe und → Briefe, leider. Wie schön war es, wenn einem Liebe telegraphiert wurde oder wenn man tagelang auf Post wartete, weil sie zuvor angekündigt worden war. Als Erfinder der elektronischen Post gilt der Computertechniker Ray Tomlinson. Erste Tests versuchte man 1971 – in Deutschland wurden am 2. August 1984 die ersten Internet-E-Mails empfangen und gesendet.
Wie E-Mails abzufassen sind, darüber sind sich die Benutzer uneins. Ich empfehle E-Mails so zu schreiben wie Briefe. Das gilt allerdings nicht, wenn die Mail nur das Telefonat ersetzen soll. Denn – dies ist zweifellos ein Vorteil dieser Kommunikationsform – im Gegensatz zum Telefonat kann eine E-Mail den Empfänger nie stören. Wenn er nicht am Computer sitzt oder seinen Blackberry in der Hand hält, wird er nicht bemerken, dass er kontaktiert wird, also auch nicht belästigt. Eine E-Mail kann nicht hereinplatzen, nicht ein Gespräch unterbrechen, ein Liebesgeständnis. Die Höflichkeit, die Sorgfalt, den Respekt, die man beim Breifeschreiben für angemessen hält, sie empfehlen sich auch für die E-Mail. → Briefe

Empfang

Offizielle Empfänge: Neujahrsempfang des Bundespräsidenten, Bundeskanzlers, Empfang des diplomatischen Corps etc. (Man erscheint in → Cut und → Cocktailkleid.) Private Empfänge sind auch jene Einladungen, bei denen man zum Cocktail geladen wird. Es gibt dort in den seltensten Fällen wirklich Cocktails, sondern Erfrischungen, Weine, Champagner, Sherry, Sekt und Canapés (→ Buffet). Zu einem Empfang lädt man mit einer Zeitangabe. Zum Beispiel von 19 bis 21 Uhr; und die Gäste sollten sich an das Limit halten, denn es ist durchaus möglich, dass die Gastgeber danach einen kleinen Kreis zum Abendessen gebeten haben. Das heißt zugleich, dass man nicht pünktlich sein muss. Friedrich-Karl von Chasot beschreibt in seinem ›Knigge & mehr‹ (2. Auflage 1992) einen Empfang als »eine Massenabfertigung«, die »mit Gastlichkeit nicht allzu viel zu tun« habe. Der Mann dauert mich, er war immer auf den falschen Veranstaltungen. Sowohl offizielle als auch private Empfänge können durchaus kurzweilig sein, verstehen es die Gastgeber, ihre Gäste einander vorzustellen und somit zu einem Gespräch zu animieren. Auch Einladungen zum Empfang hat man zu beantworten. Chasots Tipp, aus Höflichkeit zuzusagen und doch nicht hinzugehen, da es in der Regel nicht auffalle, missbillige ich. Zu einem Empfang erscheint man im Allgemeinen ohne Blumen oder andere Aufmerksamkeiten, aber es ist natürlich nie falsch, sich danach nicht allein schriftlich, sondern mit einem Strauß zu bedanken.

Empfangen

»Empfange deinen Gast so, dass er gern kommt, ungern geht.« (Konstanze von Franken, 1890) Gastgeber und Gastgeberin (→ Singles) begrüßen die Gäste und machen sie miteinander bekannt. Bei kleineren Gesellschaften sollte der Hausherr die Tür öffnen, während die Hausfrau im Empfangsraum wartet und sich mit den Gästen unterhält. Bei größeren Festen (Abendessen) sollte eine Angestellte öffnen, sich um die Garderobe kümmern und den Gast dem Gastgeber zuführen.

Empfangschef

Die zuständige Dame (der zuständige Herr) an der Rezeption eines Hotels. Man bedarf ihrer/seiner meist selten, weil die Mitarbeiter wahrscheinlich alles zur Zufriedenheit der Gäste regeln werden. Bei berechtigten Beschwerden wende man sich an sie/ihn und vor der Abreise vielleicht auch, um zu danken für Empfang, Service etc. Falls das Haus keinen Concierge hat, kann man am Empfang auch seine Sonderwünsche äußern: zum Beispiel um die bevorzugte Zeitung am Morgen bitten. Überheblichkeit gegenüber dem Empfangspersonal ist sehr unangebracht. Übrigens auch gegenüber allen anderen, die versuchen, Ihren Aufenthalt angenehm zu gestalten: Liftboy, Kellner, Page, Telefonistin, Bellman, Concierge, Voiturier (der Herr, der Ihr Auto in die Garage fährt) und jenen Mitarbeitern, die Ihnen am Ende die Rechnung präsentieren.

Entschuldigungen

Mein Vater pflegte sich umzudrehen, wenn meine Mutter ihn des Nachts ermahnte, leiser oder besser gar nicht zu schnarchen; und in der neuen Lage angekommen, murmelte er: Entschuldigen Sie bitte. Das ist nett und spleenig, denn meine Eltern duzten sich bei Tage – aber nicht im Schlaf. Diese Schnurre erzähle ich, um zu klären, dass man sich lieber zu oft als zu selten entschuldigt (→ Begrüßen, → Danken). Und zwar nicht bloß bei Fremden. Wer sich falsch, ungeschickt, unhöflich benommen hat, sollte nicht versäumen, das Fehlverhalten, so klein es auch ausgefallen sein mag, nein: nicht zu erklären, sondern darum zu bitten, es zu entschuldigen. Mutter, Vater, Freund, Freundin, Frau und Mann – alle haben darauf Anspruch. Ich weiß, Eltern widerstrebt es oft, sich bei ihren Kindern zu entschuldigen. Doch sie sollten es tun, selbst wenn's schwerfällt. Die Kinder werden diese Geste schätzen und sie sich zum Vorbild nehmen. Wobei das hingerotzte »'tschuldigung« ebenso wenig angemessen ist wie ein genäseltes »Pardon«. Das deutsche »Entschuldigen Sie bitte« oder »Verzeihen Sie bitte« (geht natürlich ebenso gut mit dem Du) empfiehlt sich.
Einzuschätzen, was ein kleiner Fehler, eine kleine Sünde oder ein großer Fehler ist, bleibt jedem selbst überlassen. Wer anderen auf die Füße steigt, wer rempelt, wer Gläser umwirft und sich zuerst Feuer gibt, bevor er es der Dame reicht, muss sich gewiss entschuldigen. Wer jemanden bittet, ihm einen Weg zu beschreiben, sollte seine Frage mit einer Entschuldigung beginnen, denn schließlich haut man niemanden an: Sagen Sie mal, wo geht's hier zum Lochenhäusl? Wer seiner Freundin den Frühstückstisch deckt und just die Orangenmarmelade vergisst, ohne die bei ihr morgens ga-

rantiert nichts läuft, sollte auch in diesem Fall nicht zögern, (ein bisschen) zu bedauern.
Einer schriftlichen Entschuldigung – wenn sie nicht die absagende Antwort auf eine Einladung ist – muss schon ein → Affront vorausgegangen sein: eine Beleidigung, eine Intrige, ein Klatsch mit ungeahnten Folgen, eine folgenschwere Vergesslichkeit. Da wir zu solchen Unanständigkeiten gar nicht fähig sind und außerdem alles für uns behalten, was man uns sagt und aufträgt, werden wir solche Briefe nie schreiben müssen. Kommen Sie dennoch in so eine Verlegenheit, bekennen Sie offen, ehrlich, und zeigen Sie Reue – nicht Zerknirschung; sparen Sie sich Floskeln, seien Sie so konkret wie möglich und erregen Sie den Empfänger (und sich) nicht zusätzlich noch mit dummen Ausflüchten: der Alkohol, die blöde Bemerkung, der aufgeblasene Wicht … Entschuldigungen pflegt man anzunehmen. Es muss Fürchterliches passiert sein, wenn man eine solche Bitte ausschlägt: Großherzige Menschen verzeihen sogar Mördern. Und es gibt keine Entschuldigung, eine ernstgemeinte Entschuldigung mit Geschrei zu quittieren. Ich werde nie vergessen, wie ich reumütig aus meinem Auto kroch – mit dem ich in einen Stau raste und einem BMW den Kofferraum demolierte –, bereit, alles zuzugeben und zu zahlen. »Verzeihen Sie mir bitte«, sagte ich laut. »Sie Idiot – was heißt hier Verzeihung.« Mag sein: eine verständliche, aber gewiss die falsche Reaktion.

Erfolg

Nein: Frau von Ebner-Eschenbach hat nicht länger recht! Sie behauptete, »der Ruhm der kleinen Leute« heiße Erfolg. Längst müssen sich die Großen zufriedengeben mit der kleinen Münze Erfolg. Einige französische Staatspräsidenten schafften es vielleicht noch, mit vielen Erfolgen zu Ruhm zu kommen, also Erfolge zu kumulieren, anderen Politikern gelang und gelingt das kaum. Es ist wahr, was jungen Angestellten in Managertrainings zu denken gelehrt wird: Der Erfolg bestimmt das Bewusstsein und den eigenen Wert in einer Gesellschaft, in der nichts mehr zählt als eben der Erfolg. Andererseits ist diese Hürde für bestimmte Bereiche des gesellschaftlichen Lebens weniger maßgebend: Der Intellektuelle, der mit seinen Publikationen die Rezensenten nicht überzeugt und keine Großauflagen erzielt, wird deshalb keineswegs gesellschaftlich geächtet; der Pianist, der nur von einer kleinen Gemeinde bewundert und von den Großkritikern eher vernachlässigt wird, bleibt bei einem Hauskonzert ein Maestro. In der Kunst- und Kulturwelt ist der Erfolg also nicht alleiniger Maßstab von Wertschätzung, wenngleich auch hier der Erfolgreiche mehr bewundert wird. Auf der anderen Seite aber, in Kommerz und Politik, zählt allein der Erfolg. Ein popeliger Autohändler ziert wohl kaum eine Gesellschaft. Wenn aber der Mercedes-Vertragshändler in einer Großstadt zu einem Abendessen lädt, akzeptieren selbst diejenigen die Einladung, die Koofmichs eigentlich verachten. Erfolg wird in unserer Gesellschaft gemessen am Besitz, am Renommee und am Talent. In dieser Reihenfolge, an erster Stelle rangiert also das Geld.

Erfolg muss man sich erkaufen mit harter Arbeit, Disziplin und – auch dies – mit ein wenig Selbstverleugnung, weshalb Bertrand Russell in seinem Buch ›The Conquest of Happiness‹ (›Eroberung des Glücks‹) resümiert: »Ich leugne nicht, dass das Gefühl, Erfolg zu haben, die Lebensfreude beflügelt. Ebenso wenig streite ich ab, dass Geld bis zu einem gewissen Grade dem Glück sehr förderlich sein kann; mehr aber vermag es nicht. Der Erfolg ist und bleibt immer nur ein Einzelbestandteil des Glücks, und wenn alle übrigen Glücksmomente ihm aufgeopfert werden müssen, ist er zu teuer erkauft.«

Wahrscheinlich gehört noch etwas zum Erfolgreichen: ein Ehepartner, eine Freundin, ein Freund, der ermutigt, der stärkt, der kritisiert. Über Erfolg spricht man nicht, so wenig wie über → Geld. Es ist beleidigend, unhöflich und Zeichen für ein unsensibles Angeben, wenn man protzt mit Erfolgszahlen, Erfolgskritiken, Käufer-, Leser-, Hörer-, Fernseh-, Mandanten-, Patientenpost, Rotarierzugehörigkeit. Erfolg (also Reichtum) auszustellen durch Kleidung und Schmuck, ist ebenso vermessen. Erfolg hat man – und schweigt. Keiner muss fürchten, dass Erfolg unbemerkt bleibt. Dafür sorgt schon der Neid. → Nouveau riche, → Karriere, → Jour fixe

Espressolöffel

Kleiner als der Kaffeelöffel. Wird nur zu Espresso- oder Mokkatassen gereicht. Darf auch benutzt werden, wenn man zum Käse (Munster) in einer sehr kleinen Schale Kümmel serviert. → Besteck

Esprit

Das schönste Bonmot, das ich zu Esprit kenne, stammt von André Maurois und steht in seinen ›Notes et Maximes‹, 1927 erschienen: »Il ne suffit pas d'avoir de l'esprit, il faut encore en avoir assez pour éviter d'en avoir trop.« Übersetzt man »esprit« mit Witz oder Verstand, wie die Wörterbücher es empfehlen, so meint Maurois also: Es reiche nicht, witzig und geistreich zu sein, man brauche davon mehr, genug, um zu vermeiden, zu viel davon zu haben.
Eine Frau oder ein Mann mit Esprit beweist also nicht in jeder Minute und in jeder Gesellschaft, wie witzig, wie gebildet, wie klug sie/er ist, sondern haushaltet diskret mit ihrem/seinem Geist. Esprit ist so wenig erlernbar wie → Charme. Man hat ihn, oder man besitzt ihn nicht. Selbst der gefeiertste Intellektuelle muss nicht ein Homme d'esprit sein. Andererseits sind Dummheit und Esprit gleichfalls nicht in einer Person anzutreffen. Mit seinem Esprit – so man denn diese nicht sehr häufig anzutreffende Gabe besitzt – sollte man taktvoll umgehen. So wie es durchaus angemessen sein kann, sich selbst bei einem eleganten Abendessen eher schlicht zu kleiden, weil man weiß, dass Gäste geladen sein werden, die sich die großen Roben und die feinen Tuche nicht leisten können, so ist es gewiss zuweilen höflich, nicht allzu sehr aufzutrumpfen mit seinem sprühenden geisteshellen Witz. Die Zurückhaltung sollte aber nicht begründet werden mit der perfiden Bemerkung, man wolle nicht Perlen vor die Säue werfen!
Wer mit seinem Esprit richtig umgeht, bedenkt gewiss immer, was Jean de la Bruyère bereits im 17. Jahrhundert den geistreichen Menschen empfahl bei der Anwendung des eigenen geistreichen Witzes: nämlich weniger den eigenen Esprit vorzuführen als ihn

bei den anderen zu suchen und zu finden. Wer nach einer Konversation zufrieden ist mit sich und seinem Esprit, ist auch angenehm angetan vom Witz und Geist seines Gesprächpartners: »L'esprit de la conversation consiste bien moins à en montrer beaucoup qu'à faire trouver aux autres: celui qui sort de votre entretien content de soi et de son esprit l'est de vous parfaitement.«

Essen zu Hause

→ Abendessen zu Hause

Etikette

definiert das Etymologische Wörterbuch als »zur Förmlichkeit erstarrte Anstandsregeln«, als »auf Konventionen beruhende Norm höflichen Benehmens«. Das Wort wurde im 17. und 18. Jahrhundert benutzt auch im Sinne von Verzeichnis und bedeutete, dem Muster der spanischen Etiqueta folgend, »die strenge Regelung der Rangordnung und aller Gepflogenheiten bei Hofe, wie sie durch Philipp den Guten von Burgund eingeführt und dann von den Höfen in Wien und Madrid nachgeahmt wurde«.
Etikette ist Nachahmung, → Höflichkeit ist Erfindung, ist Spiel, ist Lust, die Freude bereitet, dem, der sie schenkt, und dem, der sie empfängt. Deshalb ist mein Lieblingssatz zur Etikette ein Reim aus Jacques Offenbachs Operette ›Pariser Leben‹: »Will man die Freude ganz erfassen, muss man die Etikette lassen!«

F

Fahrstuhl

Man grüßt, wenn man zusteigt; der Herr nimmt den Hut ab und versucht, die Abfahrt zu verzögern, wenn er sieht, dass noch jemand zusteigen möchte. Der Herr lässt die Dame zuerst aussteigen. Während der Fahrt darf man einander durchaus ansehen; und, wenn man einander kennt, auch plaudern. Also nicht: »Hans-guck-in-die-Luft«. Nicht: »Hanna-schau-auf-den-Schuh«.

Familie

»Das süßeste Glück, das es gibt, ist das des täglichen Lebens, das uns enger zusammenhält als ein anderes. Nichts identifiziert sich stärker, beständiger mit uns als unsere Familie, unsere Kinder«, schrieb Rousseau in einem Brief an Madame Monquin. Damals, so lässt sich einwenden, war die Familienwelt noch in Ordnung. Die → Großfamilie hielt zusammen, zur Familie zählten auch die Verwandten. Die → Singles lebten in Klöstern oder waren in die Familie integriert als alte Jungfern oder Hagestolze. Heute ist alles anders. Stimmt. Stimmt nicht.

Ein Kind, das in einer Familie, also zumindest mit einem Elternteil oder besser noch: mit Mutter und Vater aufwächst, hat wie je Anspruch auf Bande, und die kleine Gruppe wird sich identifizieren als Familie. In der Familie lernt das Kind, sich zu benehmen; lernt – im besten Fall –, die Lüge zu verachten, die Ehrlichkeit zu schätzen; lernt die Sensibilität im Umgang mit Eltern und

Geschwistern. Lernt Verzicht und gemeinsame Freude. Lernt Höflichkeit – und nicht nur gutes Benehmen. Der blöde Spruch »Was Hänschen nicht kann, lernt Hans nimmermehr« ist so dumm nicht (→ Abendessen zu Hause). Ich will mich nicht auf das Glatteis begeben und genetische Anlagen und Erziehung gegeneinander ausspielen. Aber eines ist (wohl) sicher, dass das Familienleben das Kind prägt – positiv und negativ. Wenngleich also Zweifel selbst bei Goethes Bemerkung angebracht sind, wonach »die Menschen am glücklichsten« seien, »die ein angebornes, ein Familientalent im häuslichen Kreise auszubilden Gelegenheit finden«, bin ich doch so altmodisch zu glauben, dass eine intakte Familie nur die besten Einflüsse auf ein Kind ausübt, auch auf seine Bildung, seine Berufswahl.

Wer also mit schlechtem Beispiel vorangeht, muss sich nicht wundern. Wer es mit dem guten versucht, wird (in den meisten Fällen) erfreut sein. Das sollten selbst jene beherzigen, die sich zu Recht auf die Familientragödien in der Dichtung berufen: auf die Atriden, auf Shakespeares ›Lear‹, auf Ibsens ›Gespenster‹ zum Beispiel; und selbst in Goethes ›Faust‹ ist die Familienwelt nicht in Ordnung.

Was man tun muss, um eine Familie zu gründen, weiß jeder – und es ist (meist) leicht getan. Schwieriger ist es herauszufinden, was eine Familie zusammenhält. Welche Atmosphäre geschaffen werden muss, die selbst pubertierenden, also revoltierenden Kindern noch Freude bereitet und sie das Elternhaus nicht fliehen lässt. Aus meiner Kindheit und Jugend weiß ich, dass eine täglich gemeinsam eingenommene Mahlzeit ein treffliches Mittel ist. Bei Tisch lassen sich Probleme besprechen und meistern, Freuden können geteilt werden. Falls dies – sind die Kinder älter, die Eltern sehr beschäftigt – sich nicht durchhalten lässt, sollte zumindest einmal wöchentlich, einem → Jour fixe vergleichbar, gemeinsam gegessen werden. Bei mir zu Hause war dies der Samstagmittag, also Schabbes. Es gab keine Ausrede für ein Fehlen: nicht für die Eltern, nicht für meine Schwester, nicht für mich. Nicht einmal Hausaufgaben, Prüfungsvorbereitungen galten als Entschuldigung.

Durch die Erfahrungen, die ich in befreundeten Familien gesammelt habe, weiß ich, dass Rituale, die für alle verbindlich sind, sehr wohl geeignet sind, den Familienzusammenhalt herzustellen und zu bewahren. Mein Vergleich mit religiös lebenden Juden und Katholiken, die Feiertage begehen, Fastenregeln einhalten, sonntags nicht arbeiten und den gemeinsamen Kirchgang pflegen, am Sabbat oder am Sonntag zusammen essen, mag manchen verstören, allein er ist wohl nicht unangebracht. So wenig wie das Gebot, Mutter und Vater zu ehren, an Gültigkeit verloren hat. Was aber keineswegs bedeutet, dass Kinder die Lebensversicherungen für das Alter sind. Man setzt keine Kinder in die Welt, erzieht sie und bezahlt ihre Ausbildung, um am Lebensende ihnen dafür die Rechnung zu präsentieren. Was Kinder nicht freiwillig zu geben bereit sind – Nähe, Zuneigung, Hilfe, auch finanzielle –, können Eltern nicht einfordern. Sie mögen verzweifeln über ihre egoistischen, undankbaren Kinder, sollten sich aber doch fragen, was sie falsch gemacht haben. Sie werden, wie Shakespeares Lear, zumindest einen Grund finden für eigenes Fehlverhalten: Lear will getäuscht werden, er will die Schmeichelei als Dank für seine erwiesenen Vaterpflichten. Er muss enttäuscht sein von Cordelia, die nicht das rechte Benehmen als Zuflucht wählt, sondern die Wahrheit sagt: »Mein teurer Herr, / ihr zeugtet, pflegtet, liebtet mich; und ich / Erwidr' euch diese Wohltat, wie ich muss, / Gehorch euch, lieb euch und verehr euch hoch. / Wozu den Schwestern Männer, wenn sie sagen, / Sie lieben nur euch? Würd ich je vermählt. / So folgt' dem Mann, der meinen Schwur empfing, / Halb meine Treu, halb meine Lieb und Pflicht. / Gewiss, nie werd ich frein wie meine Schwestern, / Den Vater allein zu lieben.«

Despektierliches über die Familie finden wir zuhauf in der Literatur – die böseste Meinung hat André Gide. Der erklärt schlicht, Familien zu hassen, weil sie sich hinter verschlossene Türen zurückzögen, aus Angst, man neide ihnen ihr Glück. »Familles! je vous haïs! Foyers clos; portes renfermees; possessions jalouses du bonheur!« Aus seiner Perspektive ist dieser Aufschrei zu verstehen. Gides Hass gründet in Entbehrung. Gide liebte seine Frau, rein und tief wie Proust seine Mutter und seine Großmutter, aber beider Männer Neigung, ihr *désir*, galt Männern. Eine Familie musste ihnen Angst machen, es war ein Glück, das sie nicht fordern durften und nicht erstreben konnten.

Gide sucht nicht Erfüllung in der Familie, sondern bei seiner Frau und in erotischen Entdeckungen ganz anderer Art, seine Verunglimpfung der Familie können wir also leicht hinnehmen. Und kontern mit Detlef von Liliencron: »Ein glückliches Familienleben zwischen Mann und Weib und ihren Kindern ist der Treffer unseres Daseins. Auf ihm beruht der Staat, die Sittlichkeit, die Ruhe und im Großen und Ganzen unsere körperliche und geistige Gesundheit.« Das ist das Gegenmodell – so positiv übertrieben, wie Gide es negativ tat. Und deshalb ebenso wenig tauglich und politically nicht korrekt, denn es gibt körperliche und geistige Gesundheit wahrlich auch in Gides und Prousts Milieu. Dem Liliencronschen Hohen Lied auf die Familie folgen unsere Politiker – die christlichen wie die sozialdemokratischen – und mystifizieren zuweilen in ihren Feiertagsreden die Familie gleichfalls über Gebühr. Nicht dort allein ist der Hort von Harmonie und Glück und Sittlichkeit. Man findet das alles auch an Dirty places, die Gide und Proust und andere suchten. Dennoch: Kinder lernen zuerst und fürs Leben in der Familie. Eltern sollten ihre Aufgabe also sehr ernst nehmen.

Warum aber finden wir manches Familienleben so fad, obwohl es glücklich ist; obwohl wir beim Anblick der Zufriedenen, Glücklichen an Henry Moores ›Family Group‹ von 1936 denken, an jene harmonische Abfolge von Höhlung und Wölbung, die das »Sinnbild des einheitlichen Familiengefüges« darstellt, »das seinerseits dem sozialen Gefüge verbunden ist« (Elda Fezzi, 1972)? Leo Tolstoi gibt in seinem Roman ›Anna Karenina‹ eine Erklärung. Behauptet, was wir längst wissen, und deshalb interessieren uns Familien- und Eheclinchs immer weit mehr als Familienidyllen: »Alle glücklichen Familien gleichen einander, jede unglückliche Familie ist auf ihre eigene Art unglücklich.« → Großfamilie

Fastfood

muss es geben. Und wer behauptet, noch nie eine Pizza geholt, noch nie einen Big Mac gegessen zu haben, ist entweder ein Lügner oder ein Langweiler ohne jede Neugier. Klar, es gibt Schmackhafteres; klar, es ist ein wenig unappetitlich, den Mund aufzureißen wie ein Walross oder der Löwe, der auf dem Münchner Oktoberfest »Löwenbräu« brüllt, und am Ende mit fettigen Händen dazustehen. Und der jüdische Spruch, wer auf dem Markt esse, gleiche dem Vieh, gefällt mir nicht schlecht. (→ Eiscreme) Doch, was hilft's: Diese Ernährungsweise ist schnell, sättigend und billig. Selbst dem Gourmet bleibt manchmal nichts anderes übrig, als rasch noch einen Döner zu fassen, eine Blätterteigtasche zu verdrücken oder sich mit Pide und Falafel zu begnügen, will er, gehetzt von Terminen, mittags nicht verhungern. Manche Fastfood-Kritiker befürchten, der Siegeszug von McDonald's und Burger King und Chicken McNugget's und Pizza Hut bedeute den Untergang des Abendlandes. Das ist nun wirklich eine Übertreibung. Keine Angst: Franzosen, Russen, Italiener, Spanier, Portugiesen, Schweizer, Österreicher, Griechen, Chinesen, Japaner und Türken schätzen ihre Landesküchen noch immer weit mehr als die Pizza auf dem Pappdeckel, das Hackfleischklümpchen in der Faust, die Pommes zwischen den Fingern, den schnellen Wok oder die Sushilaufbänder. Europa ist noch längst nicht verdonalt. Es wird auch nie ein Donaldland, wenn die Erwachsenen so tolerant sind, ihren Kindern die Burgers und Pommes zu erlauben, und zugleich so klug, sie davon zu überzeugen, dass ein Forellenfilet in einer Sauerampfersauce besser schmeckt, und es Spaß macht, mit (Fisch-)Messer und Gabel zu essen. Das schaffen Sie am leichtesten, wenn Sie selbst keine Pizza, keine Pommes und keine Macs essen. Seien Sie Vorbild! → Imbiss

Fauxpas

Auseinandergeschrieben: der falsche Tritt oder ein Tritt daneben. Zusammengeschrieben: Taktlosigkeit. Also im übertragenen Sinn: ein Tritt daneben. Ein Fehler im gesellschaftlichen Umgang. Fauxpas heißen immer nur die größeren Fehler. Das Feuerzeug nicht gleich zücken, wenn eine Frau die Zigarette aus der Schachtel nestelt, ist ein Versäumnis nur. Auf eine Einladung nicht zu antworten; einer Dame nicht den Vortritt zu lassen; sich für ein Geschenk nicht zu bedanken; im Blazer zu erscheinen, wenn um Smoking gebeten wird; das Hähnchenbein in die Hand nehmen, wenn keine Fingerschale gedeckt ist; in die Serviette schneuzen: Das sind Fauxpas.

Fax

Für geschäftliche und gerichtliche Korrespondenzen immer noch nützlich. (Will man in ein Büro ein »vertrauliches« Fax an einen Mitarbeiter senden, was bei diesem äußerst indiskreten Medium beinahe unmöglich ist, so muss man den Empfänger – oder dessen Sekretärin – zuvor telefonisch informieren, damit niemand anderer diese Post lesen kann.) Privatbriefe sollte man diesem Gerät besser nicht anvertrauen, es sei denn, man weiß, dass die Liebesworte, die man sendet, am anderen Ende auf dem Schreibtisch oder neben dem Bett der oder des Angebeteten ankommen. Das Fax ist – neben den Graffiti, der leuchtenden Liebeserklärung auf den riesigen, buntflackernden Wandzeitungen an Kudamm und Broadway und jenen beschriebenen Bändern, die zuweilen Sportflugzeuge durch den blauen Himmel flattern lassen – die indiskreteste Übermittlungsform von privaten Wünschen, Grüßen und Sehnsüchten, denn ans Handy und den eigenen Computer kommt niemand anderes. Einladungen per Fax zu versenden, ist bei Freunden, die zu Hause ein solches Gerät besitzen, durchaus erlaubt (an eine Büroadresse sollte man allerdings private Einladungen nicht versenden, s. o.); bei offiziellen Einladungen ist es höflicher, mit Karten oder handschriftlich einzuladen und der Post seinen Brief anzuvertrauen – länger als drei Tage wird er wohl nicht unterwegs sein von München nach Hamburg.

Feminismus

Bestrebung, den Einfluss der Frauen in der Gesellschaft zu erhöhen; übertriebenes Eintreten für die Frauenemanzipation; weibisches Verhalten bei (homosexuellen) Männern (19. Jh.). So die drei Definitionen im ›Etymologischen Wörterbuch des Deutschen‹, herausgegeben von einem Mann, Wolfgang Pfeifer. Und von den zehn beteiligten Autoren waren nur vier Frauen. Klar, dass die sich nicht wehren konnten gegen: »übertriebenes Eintreten für die Frauenemanzipation«! Oder?

Der erste Internationale Frauentag, ausgerufen von Clara Zetkin, fand 1910 statt. Diskutiert wurde, was 1930 zum selben Anlass zur Forderung erhoben wurde: »Wir Frauen wollen frei und gleich sein! Wir fordern politische und wirtschaftliche Gleichheit von Mann und Frau!« 1994 wollten die Frauen ein bisschen mehr: »Wir wollen die Teilhabe an allen gesellschaftlichen Entscheidungen! Frauenerwerbstätigkeit statt Arbeitslosigkeit. Streichung des Paragraphen 218! Wir wollen die gerechte Teilung der Hausarbeit zwischen Männern und Frauen!« Damit nicht genug, die feministischen Kleriker des United Kingdom führten ein seltsames Wesen in die Kirche ein: den himmlischen Muttervater. Folgerichtig eliminierten sie den ihrer Meinung nach chauvinistischen Titel ›Vaterunser‹ und nannten es ›Jesu Gebet‹ und begannen so: »Unsere Mutter und unser Vater, die ihr im Himmel seid.« So richtig los ging's in Deutschland 1968, alles zuvor war dagegen Geplänkel. Die Genossinnen vom SDS weigerten sich, die dreckigen Hemden ihrer männlichen Mitdemonstranten zu waschen. In der Resolution des ›Aktionsrates zur Befreiung der Frau‹ probten sie schon mal verbal den Aufstand: »Die klassenmäßige Aufteilung der Familie mit dem Mann als Bourgeois und der Frau als Prolet – Herr und Knecht – impliziert die objektive Funktion der Männer als Klassenfeind. Die Verleugnung des Führerprinzips im SDS ist blanker Hohn, weil jeder verheiratete oder in festen Verhältnissen lebende SDSler Führer und damit gleichzeitig Ausbeuter einer Familie oder einer familienähnlichen Gruppe ist.«

Das war starker Tobak – und selbst Frauenzeitschriften wie ›Brigitte‹ und ›Constanze‹ wollten von nun an mitrauchen, ein bisschen wenigstens, und klagten eher weinerlich Rechte ein: »Die Männer lassen uns nicht an den Drücker!« Neue Zeitschriften kamen auf den Markt: ›Courage‹, ›Emma‹ und ›Die schwarze Botin‹. Die Bewegung wuchs. Frauenbuchläden wurden eröffnet, in die Männer so wenig Einlass fanden wie Hunde in Metzgereien. Frauen, die schon in Männerberufen arbeiteten, schlossen sich zu Kollektiven zusammen, nach dem Motto: Gemeinsam sind wir stark. Solidarität war angesagt – und Männerverachtung. Auf der ersten Berliner Frauenkonferenz 1977 jubilierte eine Rednerin: »Als Erfolg sehen wir, dass diese Konferenz ohne Männer stattfindet, das heißt: ohne Journalisten, ohne männliche Regierungsvertreter, ohne Kameramänner!« 1977 entstand das erste Frauenhaus. Zu Beginn der achtziger Jahre wurden die ersten Gleichstellungsstellen in den Kommunen eingerichtet und Frauenbeauftragte eingestellt. Dennoch, im 1994 vom Bundesministerium für Frauen und Jugend vorgelegten Bericht zur Lage der Frauen wird die Situation weiterhin düster geschildert: »Auch mehr als 40 Jahre nach der Verabschiedung des Grundgesetzes, das in Artikel 3 die Gleichberechtigung garantiert, ist die Gleichberechtigung zwischen Frau und Mann noch nicht in allen Lebensbereichen verwirklicht. So arbeiten Frauen zum Beispiel nach wie vor in schlechter bezahlten Berufen; Familie und Beruf zu vereinbaren, ist für sie oft mit Schwierigkeiten verbunden, Frauen sind in Führungspositionen, politischen Ämtern und Gremien immer noch stark unterrepräsentiert, die Last der Familienarbeit tragen sie fast allein.«

Was den einen zu wenig, ist den anderen bereits zu viel. Cora Stephan, gewiss nicht verdächtig, den berechtigten Anliegen der Frauen sich zu verweigern, polemisierte schon 1993 in einem Aufsatz für die ›Süddeutsche Zeitung‹: »Bösartig gesagt: Die angeblich alle Frauen umfassende und vertretende Frauenbewegung hat, den Grünen vergleichbar, nur ihren Funktionären nennenswert genützt. Die Institution der Frauenbeauftragten hat die Frauenberufe um einen vermehrt, Politikerinnen sind, egal, was sie sonst noch zu sagen haben, schon qua Geschlecht mit einem Fortschrittslabel ausgezeichnet und werben auch noch unverfroren damit, dass, wer sie wähle, nicht ihrer Partei, sondern unmittelbar dem großen Ganzen der Frauensache diene. (…) Das feministische Erlösungsversprechen an die Gesellschaft hat sich diskreditiert. Frauen sind weder das bessere noch das friedlichere Geschlecht und reklamieren ihren Platz in der Gesellschaft nicht aufgrund irgendwelcher in Biologie oder kulturellem Geschlecht begründeter Vorteile.«

Alice Schwarzer meint: »Zwanzig Jahre Frauenbewegung, das ist keine lange Zeit. Und gar nichts gegen Tausende Jahre Männermacht. Männer haben die Macht, das Wissen, das Geld. Männer besitzen das Gewaltmonopol. Sie beherrschen nicht nur die Politik, sondern auch die zweite große Domäne, in der die Geschlechter ihre Terrains abstecken: die Erotik. Die Männergesellschaft ist ja wie die katholische Kirche: Die Jungs sind Profis der Macht und wollen sie halten. (…) Sie holen sich Frauen ihrer Gnaden rein, führen sie vor – und lassen die nach ihrer Pfeife tanzen.« Und der Proporz? »Bis wir endlich ein Verhältnis von fifty-fifty erreicht haben, möchte ich in einem Vorstand lieber eine dumme Frau sehen als noch einen dummen Mann.«

In einem »antifeministischen Pamphlet« widersprach Sibylle Krause-Burger heftig: »Frauenbeauftragte, Frauenförderpläne, die bevorzugte Einstellung von Frauen – all das definiert die Männer als das Normale, die Frauen hingegen als die Krüppel des öffentlichen Lebens. (…) Wer zu dieser Krücke greifen will, gibt zu, dass er hinkt; wer nicht mehr als Individuum, als Begabung, als Intelligenz, als Kraft kämpft, sondern auf fremde Unterstützung baut, desavouiert sich, seine Möglichkeiten, ja das ganze weibliche Geschlecht. (…) Adieu Professionalität, Grüß Gott Proporz. Jetzt sind wir alle auf das Niveau von Laienspielerinnen herabgewürdigt.«

So viel zur Feminismus-Debatte – aus Frauenfedern und Frauenmündern. Ich habe mich, Sie haben es bemerkt, zurückgehalten. Was aber tut der Mann, trifft er auf eine überzeugte, kämpferische Feministin. Er benimmt sich so, als wüsste er von ihrer Leidenschaft nichts. Er hält die Tür auf, hilft aus dem Mantel, steht auf, wenn sie sich erhebt, und – zahlt. Verbittet sie sich alle Höflichkeiten, höhnt sie gar, er mache sich mit seinen Macho-Gebärden lächerlich, dann lasse er weg, was sie stört. In so einem Fall ist es höflich, unhöflich zu sein. Und er diskutiere nicht, das wäre ganz falsch – und der Abend zunichte. Manche Feministinnen kann man – es gibt Beweise – überzeugen, dass gutes Benehmen kein Mittel der Unterdrückung ist. Sollte Ihnen diese Übung nicht gelingen, zweifeln Sie nicht an Ihrem Wohlverhalten. Es wird durchaus geschätzt. Auch von aufgeklärten, selbstbewussten, erfolgreichen Frauen. Womit wir wieder bei der Etymologie sind: Gegen »übertriebenes Eintreten für die Frauenemanzipation« hilft im Notfall nur eine übertriebene Unhöflichkeit. Überwinden Sie sich: Machen Sie die Dame am Nebentisch an. Bestellen Sie nur für sich den Wein. Verlassen Sie den Tisch für längere Zeit zum Telefonieren. Wenn Sie wiederkommen, ihr ein Glas abgeben und das Flirten lassen – wird sie sich freuen. Und vielleicht etwas gelernt haben. → Quote

Fernsehen

Kurz nach der Erfindung des Fernsehens, in jenen glücklichen Zeiten, da noch nicht in jedem Wohnzimmer ein Fernsehapparat stand und dieses Medium nicht das gesellschaftliche Leben normierte, lud man zu Femsehabenden ein. Fleißige Benimm-Autoren schrieben in den fünfziger Jahren Anweisungen für Zuspätkommende und solche, die mit dem Serienhelden nicht vertraut waren. Heute diktiert das Fernsehen Benehmen, Kleidung, Speisen, Stil: Die Gesten und Worte der Politiker, die Körpersprache der Machos und Rambos, der Dominas und Anmacher, der Papagalli und Verführerinnen werden von den Zuschauern bereitwillig kopiert. Und allzu oft sehen wir, wie man es nicht macht: Unhöfliche, aggressive Politiker, die ihre Gäste weniger beachten als die anwesenden Kameras und sich in Debatten gegenseitig beschimpfen, gibt es zuhauf in den Nachrichtensendungen und Diskussionsrunden; wir sehen und hören korrupte Minister, die sich nicht entschuldigen für ihr Fehlverhalten, sondern sich mit ihren Vergehen brüsten und herauszureden versuchen; Exhibitionisten, die mit ihren absonderlichen sexuellen Vorlieben Einschaltquoten garantieren; arrogante, eitle Künstler, die selbst den zurückhaltendsten Gesprächspartner brüskieren. Kurz: Es gibt keinen Grund, das Fernsehen zu verteufeln, denn wer klug auswählt, findet sicher noch sehenswerte Sendungen – nicht überall wird verraten, gemeuchelt, vergewaltigt, gemordet. Allein, zu einem Fernsehabend muss niemand mehr einladen. Man trifft sich doch, um miteinander zu reden, zu diskutieren, zu tanzen – und nicht, um sich anzuschweigen.
Ich finde es allerdings nicht verkehrt, wenn man vor dem Mittag- oder Abendessen zu einem Hauskonzert lädt. Ich habe auch schon Gästen nach einem Abendessen zum Kaffee den zweiten Akt des

›Rosenkavalier‹ vorgespielt, weil mich die Interpretation Herbert von Karajans faszinierte, und ich wusste, dass die Gäste daran durchaus Vergnügen haben würden. Solch eine Musikstunde lässt man allerdings besser bleiben, wenn man nicht ganz sicher ist, dass man mit diesem ungewöhnlichen Angebot nicht doch jemanden langweilt. Hier entscheidet nicht demokratisch die Mehrheit, es gilt, Rücksicht auf die Minderheit zu nehmen. Das heißt: Veritable Musikverächter sollte man nicht einmal zu einem Konzert bitten, schließlich lädt man niemanden ein, um ihm einen Tort anzutun!

Fest

»Man muss die Feste feiern, wie sie fallen« – ist kein Sprichwort, sondern eine Empfehlung, die Hermann Salingré 1870 in der Berliner Lokalposse ›Graupenmüller‹ gab. Es ist nicht der dümmste Tipp. Also, wann immer es etwas zu feiern gibt – und es Ihre Börse zulässt –, nutzen Sie die Gelegenheit. Warten Sie nicht auf die nächste Hochzeit ... Selbst ich wähle, vor die Entscheidung gestellt, entweder ins Theater oder zu einem Fest zu gehen, Letzteres. Wie Roger Vailland (1907–1965), Schriftsteller und Widerstandskämpfer, berühmt geworden mit dem Roman ›Drôle de jeu‹, der 1942 in sein Tagebuch schrieb: »Je n'aime pas les spectacles, j'aime les fêtes.« Natürlich wird eine Einladung zum Fünf-Uhr-Tee kein Fest werden, aber jede andere Einladung sollte nur erfolgen, wenn man daraus ein Fest für die Gäste machen möchte. Abendessen sollten also auch dann eine kleine Fete werden, wenn man nur sechs Gäste bewirtet und sich (bloß) Freunde am Tisch treffen. Sommerfeste sind meist größere Empfänge, Partys oder Tanzvergnügen. Im Januar und Februar sind Kostümfeste, Faschings- und Karnevalbälle angesagt. (Bis zur Unkenntlichkeit verkleidet sollte man sich allerdings nicht anders benehmen als im Abendkleid. Selbst als Nosferatu beißt man seiner Tanzpartnerin nicht in den Hals, und eine Cleopatra lässt die Giftschlange im Körbchen.) Festliche Familienessen plant man für den Ostersonntag und die Weihnachtsfeiertage. Selbstverständlich kann man auch am Silvesterabend zu einem Fest bitten. Entweder zu einem Abendessen und anschließendem Tanz oder erst später zu einem kleinen Champagnerbuffet. Bei allen Festen sind Traditionen von Vorteil. Wer einmal begonnen hat, seine Freunde am Silvesterabend um 22 Uhr zu sich zu bitten, wird diese Sitte beibehalten, und die Freunde werden sich bald darüber freuen, dass das Haus ihnen an diesem Abend offensteht und sie das Abendkleid und den Smoking anziehen dürfen. Wenn man dann dazu jedes Jahr auch noch zusätzliche, neue Gäste bittet, kann die Nacht nur rauschend werden.

Klar, ein Fest – zumal wenn getanzt wird – lässt sich schwerlich still feiern. Selbst dann nicht, wenn man Madame de Staël (1766–1817) zustimmt, die meinte, jedes Fest verführe dazu, an den Tod zu denken: »Les fêtes conduisent naturellement à réfléchir sur les tombeaux.« Wer also solch einen Abend plant und nicht eine Villa in einem Park besitzt, sollte die Nachbarn höflich im Voraus informieren. (Wenn sie ihm angenehm sind, kann er sie selbstverständlich auch dazuladen.) Informieren bedeutet: Sich im Voraus entschuldigen, zum Beispiel mit einem Strauß Blumen, einer Champagner-, Sekt- oder Weinflasche. Selbst dann aber heißt es Rücksicht nehmen. Lautsprecherboxen auf dem Balkon oder im Garten sind eine (unentschuldbare) Zumutung; weitgeöffnete Fenster nach Mitternacht gleichfalls. Sollte es dennoch telefonische Beschwerden geben, bitte nicht auf seinem Recht bestehen, einmal pro Monat sei lautes Feiern selbst in Mietshäusern gesetzlich erlaubt, sondern sich entschuldigen, die Fenster schließen, die Heizungen abdrehen (dann ist es den meisten Gästen auch nicht mehr zu heiß) und die Musik leiser stellen. Wer dies nicht auf Anhieb einzusehen vermag, wird es rasch begreifen, wenn er sich vorstellt, dass bei dreißig Parteien in einem Haus jeden Abend ein anderes Remmidemmi einem das Schlafen verargen würde. Und wer will schon ein Leben mit Oropax forever?! → Lärm, → Silvester, → Party

Festspiele

sind besondere Kulturfeste. Als die wichtigsten in Europa gelten die Festspiele von Bayreuth und Salzburg, die Wiener Festwochen, die Berliner Festwochen, das Festival d'Avignon, das Festival d'automne in Paris und die Festivals in Glyndebourne und Edinburgh. Keinen Smoking – also auch kein Abendkleid – benötigt man für Avignon und Paris. In Berlin, Wien, Edinburgh kann er bei großen Opernpremieren und Konzerten angemessen sein. In Glyndebourne, Bayreuth ist dieses Kleidungsstück nie falsch. Manchmal ist sogar der Frack – die große Robe – durchaus empfehlenswert, vor allem in Salzburg. Aber, in unserer permissiven Gesellschaft ist viel erlaubt. (→ Abendgarderobe) Darum fällt es schwer, verbindliche Ratschläge zu geben. Einer der wenigen Fälle, wo uns selbst Goethe nicht mehr weiterhilft, denn jene, die er als Ratgeberinnen empfiehlt, sind selten: Goethes Prinzessin im ›Tasso‹ weist dem Dichter den Weg: »Erlaubt ist, was sich ziemt«, sagt sie und fügt hinzu: »Willst du genau erfahren, was sich ziemt, / So frage nur bei edlen Frauen an.« – Kein Buch kann eine edle Frau ersetzen!

Finger

darf man benutzen beim Essen von Kirschen, Erdbeeren, Mandarinen, Trauben (falls sie unzubereitet serviert werden). Die kleine Traube schneidet man sich von der großen mit einer Traubenschere ab. Mag man die Kerne nicht, so legt man sie ebenso wie die Stiele von Kirsche und Erdbeere und die dünnen Häutchen der Mandarinen wieder auf den Teller. Man spuckt sie nicht aus; sie wandern aus dem Mund über die Hand wieder auf den Teller; und die Fingerspitzen gehören danach in die Fingerschale. Bananen isst man, nachdem man mit der Hand die Schale abgezogen hat, mit Obstmesser und -gabel, ebenso Orangen, Äpfel, Birnen, Pfirsiche, Aprikosen, Pflaumen, Datteln; Kiwis und Feigen werden mit dem Messer halbiert und dann ausgelöffelt. Allerdings darf man Feigen auch mit der Haut verzehren. In die Hand muss man sie deshalb trotzdem nicht nehmen. Melonenfleisch löst man mit Messer und Gabel von der Schale, wenn dies nicht schon in der Küche gemacht worden ist. Bei einem Picknick darf man – wie Murillos Melonenesser – die Schnitze in die

Hand nehmen. Mit den Fingern isst man auch → Artischocken, → Krebse, → Hummer, → Langusten, → Austern und → Spargel, wenn nur dieses Gemüse (mit Kartoffeln und Schinken) serviert wird und eine

Fingerschale

und eine zusätzliche Serviette signalisieren, dass mit den Fingern gegessen werden darf. Man muss dieses Angebot aber keinesfalls annehmen, ich tue es jedenfalls nicht und schneide meine Spargelstangen mit dem Messer! (Falls solch eine Fingerschale bereitgestellt wird, darf man auch Geflügel mit den Fingern essen – sonst nie!) Die Fingerschale steht links neben dem Platzteller. Das Wasser kann parfümiert werden mit einer Zitronenscheibe oder einem Rosenblatt. Außerdem bricht man das → Brot mit den Fingern. → Eintunken

Fischbesteck

Fischgabel und Fischmesser. Das Messer ist nicht so scharf wie ein Fleischmesser und – leider – so modelliert, dass es für Linkshänder unbrauchbar ist. Serviert eine Hausfrau ein Fischfilet in einer Sauce, dann kann sie, wie in einigen erstklassigen Restaurants schon üblich, zur Fischgabel einen → Saucenlöffel decken, mit dem sich der Fisch leicht zerteilen lässt – und Linkshänder werden darüber höchst erfreut sein. Mit Löffel und Gabel hat man auch bei Gemüse, Kartoffeln und Gratins keine Schwierigkeiten. Wer kein Fischbesteck sein Eigen nennt, darf getrost zwei Gabeln decken.

Flecken,

die während des Essens entstehen, bemerkt niemand. Auch die Hausfrau nicht, selbst dann nicht, wenn es Rotweinseen sind.

Wenig stört während einer Mahlzeit Familie, Gäste, Freunde so sehr wie die hektische Reinigungsarbeit der Gastgeberin, das Salzstreuen und Rubbeln. Passiert ein wirklich größeres Malheur, stößt also jemand ein Glas um, dann legt man über das bekleckerte Tischtuch eine frische Serviette. Befleckt sich ein Gast, dann wartet er mit Reparaturarbeiten bis zum Ende des gerade servierten Ganges und begibt sich dann in die Toilette, bittet vielleicht um ein Tuch, falls das Gästehandtuch nicht die rechten Dienste zu leisten vermag. Blutflecken – wir wissen es von Shakespeares Lady Macbeth – haften lang.

Flirten

macht denjenigen, die flirten, großes Vergnügen. Versteht sich. Bestätigt es doch die eigene Attraktivität; und spannend ist es auch ganz einfach deshalb, weil frau/mann nicht weiß, wie dieser Spaß ausgehen wird. Man flirtet mit den Augen und mit Worten – fußeln dürfen, wenn überhaupt, nur Verliebte, die bereits verliebt zu einer Einladung erscheinen. Für die Partner, die Tischdamen und -herren der Flirtenden, kann diese Form, Sympathie zu äußern, zu senden und entgegenzunehmen, manchmal eher anstrengend sein, im Extremfall beleidigend. Denn so diskret man die Kontaktaufnahme auch beginnt, dem Partner, der sensibel ist, entgeht sie garantiert nicht. Es empfiehlt sich also, nicht zu entschlossen zu flirten, geht man als Paar zu einer Einladung, einem Ball oder in die Disco. Es sei denn, man setzt bewusst eine Beziehung aufs Spiel, die einem so wichtig nicht ist. Wer allein erscheint, kann flirten bis zur Schamgrenze – die sich jeder selbst setzen muss. Diese Grenze sollte, flirtet man mit einer verheirateten Frau oder einem verheirateten Mann, eher niedrig angesetzt sein. In jedem Fall muss man wissen, dass ein Flirt ebenso lustwie gefahrvoll sein kann. Also: Versprechen Sie mit Ihren Augen und Ihren charmanten Bemerkungen nicht mehr, als Sie halten möchten. Klopfen Sie wie der Mozartsche Cherubino an jeder Tür an, aber treten Sie nicht ein – denn Sie müssen, wenn's brenzlig wird, ja rasch wieder weg sein … → Chat

Flüstern

im Beisein Dritter ist eine grobe Unhöflichkeit. Denn mit gewissem Recht müssen die Anwesenden davon ausgehen, dass jene, die flüstern, über Anwesende sprechen oder, wie Johann von Eltz formuliert, etwas sagen, »was man nicht gegenüber der Öffentlichkeit verantworten kann«. Walther von Kamptz-Borken (1951) glaubt indes, es gäbe Fälle, in denen es nötig sei, jemandem etwas zuzuflüstern: Er meint einen »Toilettenfehler«, also – doch das schreibt er natürlich nicht – ein nicht geschlossener Reißverschluss an Rock oder Hose. Ich denke, auch in diesem Fall ziemt sich das Flüstern nicht, man sollte auf einen geeigneten Augenblick warten, auf einen Moment, da man diejenige oder denjenigen allein sprechen kann. Denn was ist an Höflichkeit gewonnen, was an Geheimniskrämerei vermieden, wenn man die Anwesenden bittet, sich zu entfernen mit einem »Entschuldigen Sie bitte, ich habe Frau Reifrock etwas mitzuteilen, was nur sie angeht«. Der Reißverschluss wird so garantiert zu einer Affäre größeren Ausmaßes. – Während einer Theateraufführung oder eines Konzerts zu flüstern, ist immer rücksichtslos.

Frack

nennt man den großen Gesellschaftsanzug. Schwarz oder dunkelblau. Gräfin Schönfeldt findet dieses Kleidungsstück »prachtvoll«, obwohl es, wie viele meinen, langsam ausstirbt. Und weil Gräfin Schönfeldt den Frack so schätzt, beschreibt sie ihn aufs Schönste. »Der Frack besteht aus einer schlanken Hose mit hohem Bund, Doppelseidentressen (Galons) und Hosenträgern, aus einem gestärkten Hemd mit ausgearbeiteten Ecken, einer dito gestärkten Pikeeweste, einreihig oder zweireihig, wobei zweireihig als eleganter betrachtet wird. Hemd und Weste können Perlmutt- oder Perlknöpfe haben. Die Jacke ist vorn kurz tailliert, wird nicht geschlossen und hat zwei knielange Schwänze. Alles wird gekrönt durch die weiße Schleife, die goldene Taschenuhr, denn Armbanduhren sind bei so viel Pracht nicht mehr gestattet.

Dafür darf man zum Frack Orden tragen und den Zylinder. Das ist freilich reine Theorie, denn da der Frack fast nur noch abends getragen wird, braucht man keinen Hut dazu. Ist es kalt, nimmt man den schwarzen Mantel mit weißem Seidenschal ...« Kurz: Sie sehen aus wie Johannes Heesters, bevor er sich ins Maxim aufmacht. Ich mag den Frack und trage ihn, wenn es irgend angebracht ist. → Abendgarderobe

Frackknöpfe

→ Schmuck für Herren

Frauentag

8. März. In Russland noch heute nach dem Neujahrstag der wichtigste und der Blumenhändler liebster Feiertag. Gesetzlich geschützt, arbeitsfrei auch für Männer. Wer sich in Moskau, St. Petersburg oder Tscheljabinsk aufhält, sollte für alle Damen seiner näheren und ferneren Umgebung ein Präsent bereithalten. Und nicht glauben, dass irgendeine Besprechung, ein Vortrag, ein Vertragsabschluss wichtiger sein könnte als das Frauenfest. Also Blumen kaufen, Komplimente sortieren, Toasts vorbereiten und mit Goethe im Herzen und auf den Lippen jubilieren: »Der Umgang mit Frauen ist das Element guter Sitten.« (Wahlverwandschaften II,5)

Friseuren

– wer hätte das nicht wenigstens einmal schon erfahren – ist man ausgeliefert. Sie machen mit einem, wozu sie Lust haben. Also aufgepasst und Einhalt geboten, bevor man glatz- oder bubiköpfig zugerichtet ist. Einen Friseur (oder eine Friseuse) seines Vertrauens zu finden, ist beinahe so schwierig wie einen Zahnarzt zu erwischen, der einen nicht malträtiert. Wer ihn gefunden hat, gibt dem Friseur Trinkgeld (bis zu zehn Prozent) oder bringt ein kleines Geschenk mit (Blümchen, Pralinen, Bouteille) – das alles darf man auch einem Arzt anbieten, bloß das Trinkgeld nicht. Wer wieder einmal von einem Friseur misshandelt worden ist, halte mit seiner Meinung nicht hinter dem Berg. Die gebildete Frau wird die Marschallin aus dem ›Rosenkavalier‹ paraphrasieren: Mein lieber Peter, heute haben Sie ein altes Weib aus mir gemacht. Der Mann wird Lortzings ›Waffenschmied‹ variieren und wohl auch verstanden werden: Ich war ein Mann mit lockigem Haar. Was für Kleider gilt, sollte auch für Frisuren gelten. Man macht nicht jede Mode mit. Der Pferdeschwanz für Männer ist zum Beispiel eine, die bei grauhaarigen Männern über vierzig lächerlich aussieht, auch bei Karl Lagerfeld, der diesen Kopfschmuck fashionable gemacht hat. Und der Mann, der noch immer glaubt, seine langen Haare zeichneten ihn als Künstler aus, irrt schon seit 100 Jahren. Konstanze von Frankens Merksatz zu Männerhaaren lautete bereits 1890: »Die Zeit, wo man Künstler oder Redner am langen Haar erkannte, sind längst vorüber. Heutzutage sucht man den Sitz des Genies nicht mehr im wallenden Haupthaar.«

Friseur zu sein war jahrhundertelang nicht unehrenhaft, aber auch nicht der bewunderte Ausnahmeberuf. Erst seit vielleicht zehn Jahren gelten einige von ihnen nicht allein als gesellschaftsfähig, sondern als Scheren-Pop-Künstler. Sie sind (fast) so berühmt und umschwärmt wie diejenigen, die sie für viel Geld schnippeln oder besser: stylen. Sie werden nun hofiert, schreiben in Hochglanzmagazinen Kolumnen und sind auf Partys gerngesehene Gäste. Sie besitzen ihre Salons und kreieren ihre Produkte, weit edler und teurer als die Drei-Wetter-Industriedosen. Die wichtigsten der Figaros: Gerhard Meir (München), Udo Walz (Berlin), Jörg Schiffers (Köln), Frédéric Fekkai (New York). Und eine Figara hat es auch geschafft in die Top-Liste: Marlies Möller (Hamburg). Meine Empfehlung: Sadat (Tony and Guy, London und München).

PS ein Verbot: Kindern färbt man nicht die Haare, nicht einmal Strähnchen!

Froschschenkel

sind verpönt (→ Tierliebe). Wer sie dennoch serviert oder isst, benutzt Messer und Gabel. Kein Gastgeber sollte sie anbieten, der nicht genau weiß, dass seine Gäste nicht angewidert die Speise stehenlassen und den Gastgeber fürderhin verachten. Die deutschen Tierschützer haben ein Verbot dieses Lebensmittels bisher noch nicht durchsetzen können, doch frisch bekommt man sie in diesem Land nirgends. Dafür muss man nach Frankreich.

Fünf-Uhr-Tee

Eine vor allem von Frauen geschätzte Einladung, aber selbstverständlich können auch Männer gebeten werden. Der Nachmittagstermin dieser durchaus formellen Einladung macht deutlich, dass diese Form der Geselligkeit sich zumindest wochentags eher an Menschen richten muss, die nicht arbeiten. Man lädt dazu schriftlich, Freunde können auch telefonisch benachrichtigt werden, möglichst zwei Wochen zuvor. Die Gäste erscheinen nie später als zehn Minuten nach fünf. Die Gastgeberin schenkt den Gästen selber ein; falls viele Gäste erwartet werden, kann sie sich von Freundinnen, Freunden, einem Serviermädchen helfen lassen. Zum Tee reicht sie → Zucker, Sahne, dünne halbierte Zitronenscheiben, Gebäck und vielleicht einige → Canapés, also kleine belegte Toastscheiben. Man kann es auch sehr englisch machen, denn schließlich ist im Vereinten Königreich der five o'clock tea eine Institution, und Butterbrötchen reichen. (Meinetwegen mit Gurkenscheiben wie in Wildes ›Bunbury‹.) Der Fünf-Uhr-Tee sollte um 18.30 Uhr beendet werden. Engländer halten die Anwesenheit von einer Stunde »or so« für angemessen. Die Damen tragen Nachmittagskleider oder Kostüm; und sie müssen, falls sie einen Hut aufhaben, diesen nicht absetzen, aber sie sollten sich, behütet, bewusst sein, dass auch Freundinnen sie für einigermaßen outriert halten. Die Gastgeberin trägt keinen. Herren erscheinen im Straßenanzug. In ›Debrett's Etiquette & Modern Manners‹ (1981) lesen wir, was einen gelungenen Fünf-Uhr-Tee auszeichnet: Das Hauptziel eines

afternoon tea sei es, »to create happy conditions for conversation. The activities of serving, eating and drinking should interrupt the flow of talk as little as possible, and all preparations should be made with this aim in mind.«
Ein schriftlicher Dank ist nicht nötig, ist aber auch nicht verboten. Telefonisch sollte man sich in jedem Fall bedanken. Man kann natürlich auch zu einem Geburtstags-Fünf-Uhr-Tee bitten. Und mit Freunden darf man sich jederzeit ganz spontan auf einen Tee treffen und einander gegenseitig zum Frühstück besuchen, das dann aber nicht nach 10 Uhr beginnen sollte: Man serviert Marmelade! Schön!

G

Gähnen

Muss man gähnen, was einem selbst in der amüsantesten Gesellschaft zustoßen kann, sollte man versuchen, es so unauffällig wie möglich zu machen. Müssen Sie aber den Mund öffnen wie der Wolf, bevor er das Rotkäppchen verschlingt, halten Sie die Hand vor den Schlund – ohne Taschentuch. Am besten ist es, dieses Zeichen von Müdigkeit (oder Langweile) gänzlich zu unterdrücken, was durchaus möglich ist. Della Casa hat recht: »Gelehrte hörte ich oft sagen, dass ›Gähner‹ im Lateinischen so viel bedeutet wie ›Faulenzer‹ oder ›Nichtstuer‹. Vermeide also diese Unsitte, die das Ohr, die Augen und den guten Geschmack beleidigt; schließlich zeigt das Gähnen nicht nur, dass wir der anwesenden Gesellschaft wenig gewogen sind, sondern es wirft auch ein schlechtes Licht auf uns selber. Es sieht aus, als wären wir schläfrig und müden Geistes, was uns nicht eben liebenswürdig macht für diejenigen, mit denen wir umgehen.«
Kinder, die diese allerkleinste Höflichkeit schon früh lernen, werden sich auch bei einem einsamen Spaziergang nicht anders verhalten. Der Mund öffnet sich – die Hand eilt herbei: ein Reflex. Wer schon als Teenager gelernt hat aufzustehen, wenn eine Frau den Raum betritt, wird sich automatisch erheben, wenn eine weibliche Stimme am Telefon erklingt (das ist blöd, stört aber niemanden); und wer schon als Pennäler von seiner Mutter erklärt bekommen hat, warum er links zu gehen hat, wird zuweilen wie ein Häschen um Damen und ältere Herren hüpfen, um ja auf der richtigen Seite sie zu begleiten. → Naseputzen, → Rechts und links

Gänsestopfleber

→ Tierliebe

Gästebuch

nennt man ein meist in Leder gebundenes Buch, in das sich die Gäste beim Empfang oder beim Abschied eintragen. Für die Gastgeber sind diese Eintragungen manchmal kostbare Erinnerungen, ganz bestimmt sind sie nützlich, wollen sie herausfinden, wen sie schon lange nicht mehr zu sich gebeten haben. Gäste hinterlassen entweder ihre Unterschrift oder eine möglichst geistreiche Bemerkung, ein Kompliment für die Hausfrau, einen Dank für die erwiesene Gastlichkeit oder ein Bonmot. Doch: Vorsicht! Es ist weit schwieriger, geistreich und witzig zu formulieren, als man es sich im beschwipsten Zustand vorstellt. Also: im (Selbst-)Zweifel lieber nur die Signatur. Davor müssen Sie sich nie fürchten – ein Gästebuch ist kein Scheck und kein American-Express-Beleg.

Gästekartei

braucht man, wenn man häufiger Gäste zu sich bittet. Die Kartei enthält persönliche Daten zu jedem Gast: Sie bleiben geschützt auch ohne Datenschutzbeauftragten, denn wir sind diskret. Also notieren wir: Geburtstag (so bekannt), Vorlieben (nimmt Kamillentee statt Espresso, unterhält sich immer ausgezeichnet mit Clara H.), Aversionen (kann Innereien nicht leiden, bekommt von Erdbeeren Pusteln, hat eine Shrimps-Allergie) und Besonderheiten (war in zweiter Ehe mit Frau B. verheiratet – nie zusammen einladen, redet ungern über Schauspiel, umso lieber über Klaviersonaten, oder: Achtung – Wagner-Hasser!). Legt man kein Gästebuch aus – und man muss es wirklich nicht! –, so sollte man auf einigen Extraseiten in dieser Liste notieren, wen man wann wozu eingeladen hat, damit man nicht immer dieselben Gäste zu sich bittet.

Sinnvoll ist es außerdem, eine Menükartei zu führen, damit Gäste nicht immer wieder mit demselben Essen, derselben Menüfolge gelangweilt werden. Gäste mit Lieblingsspeisen, derer sie nie überdrüssig werden, haben allerdings ein Anrecht auf ein Hummer-Thunfisch-Wienerschnitzel-Abonnement. Hausfrauen und Hausmänner, die nur ein Gericht zu kochen verstehen – Pfeffersteak zum Beispiel –, brauchen keine Menükartei.

Gästeliste

sollte erstellt werden, bevor man per Post mit Karten oder telefonisch einlädt. Auf diesen Listen puzzelt man sich die ideale Tisch-Tee-Brunch-Frühstücks-Abend-Gesellschaft zusammen. Wer passt zu wem, wer mag wen nicht. Sind die Zusagen eingetroffen, erstellt man eine neue – und puzzelt wieder: Wer sitzt wo? Jetzt hilft die Gästeliste bei der → Tischordnung.

Gartenfeste

Alle Einladungen, zu denen man in einen geschlossenen Raum bittet, darf man auch im Garten geben. Allerdings dürfte das gesetzte Abendessen für mehr als sechs Personen einige Schwierigkeiten bereiten, zumal es in unseren Breiten nach 22 Uhr meist etwas kühl wird und mehr Personal erforderlich ist als im Zimmer, denn die aufgetragenen Speisen werden rascher kalt. (Für → Empfänge ist ein großer Garten dagegen ideal.) Aber wenn Sie glauben, es sei ein Abend, wie ihn Baron Ochs in Strauss' ›Rosenkavalier‹ besingt – »Juni, Juli, August – da hat's Nächte!« –, dann richten Sie Buffet und Tische draußen. Möchten Sie tanzen, dann benötigen Sie zumindest eine größere Holzplatte auf dem Rasen. Und informieren Sie die Nachbarn – es könnte lauter werden, als wenn Sie sich, ein Glas zur Rechten, den Hund zur Linken, der Lektüre eines Buches hingeben. (→ Fest) Übrigens: Gegen die Regel, dass Herren Damen unter freiem Himmel nicht die Hand küssen, darf bei einer Gardenparty verstoßen werden: Der Garten wird einfach zum

Raum erklärt. Das darf man übrigens auch machen, trifft man bei → Festspielen Damen außerhalb des Theaters in einem Hof am Pausenbuffet. → Party

Gast

Erste Regel: Der Gast hat fürchterliche Rechte. Daraus folgt die zweite: Ein Gast darf sich fast alles erlauben. Er kann sich erdreisten, geizige, unhöfliche Gastgeber zu kritisieren. Ein Verbot allerdings gilt auch für ihn: Andere Gäste zu beleidigen, ziemt sich nie. → Logiergäste

Gastgeschenke

sind nicht für jede Einladung nötig. Zum Fünf-Uhr-Tee, zum Nachmittagskaffee sind sie zum Beispiel entbehrlich, ebenso bei Cocktails, die nur als informelles Treffen gedacht sind. Zu offiziellen Empfängen erscheint man mit leeren Händen – und bedankt sich wenige Tage danach mit einigen Zeilen, die aber nicht erwartet werden. (Ist man Schriftsteller, Autor, Dirigent oder Sängerin, dann darf man danach ein signiertes Buch oder eine signierte Disc mit einigen Zeilen des Dankes senden.) Aber → Blumen zu schicken, ist – außer beim offiziellen Empfang – niemals falsch, nur ein wenig übertrieben. Ist man dagegen Gast bei einem → Déjeuner, einem → Brunch, einem → Abendessen, einem Lunch, einem → Gartenfest, so sollte man es an einer Aufmerksamkeit nicht fehlen lassen. Blumen erfreuen immer; man kann sie auch zuvor und danach schicken. Ein → Buch kann manchmal eine gute Idee sein, ist aber riskanter. Kennt man die Gastgeber besser, darf es auch etwas ganz anderes sein: eine Flasche Wein, Marmelade, Essig, Öl etc. (Parfums sollten nie verschenkt werden – erstens ist dieses Geschenk zu privat, zweitens wählt mann/ frau garantiert den falschen Flakon. Allerdings gibt es hier eine Ausnahme: Wer eine Freundin bei einer Modenschau zu Armani oder Joop!, einen Freund zu einem Defilee zu Comme des Garçons begleitet hat, darf wagen, ein Fläschchen des Designer-Duftes zu überreichen.) Bei Einladungen zum Geburtstag sollte man sich beim Ehepartner, bei den Lebensgefährten (oder den Freunden) des Feiernden erkundigen, was Freude, Spaß, Lust machen könnte. Ist der Wunsch kostspielig, können sich mehrere Gäste zusammentun. Es ist allemal klüger, gemeinsam einen elektrischen Wecker zu präsentieren als drei Eieruhren und vier Vasen. (→ Geschenklisten verbieten sich bei Geburtstagen ganz schlicht aus Bescheidenheit!) → Großfamilie

Gasthof

Er sollte nicht verwechselt werden mit dem Hotel. Er bietet weniger Komfort, dafür (meist) ein für die Region typisches Ambiente und eine regionale Küche. Der → Anspruch an solch ein Haus sollte nicht zu groß sein, denn schließlich sind die Preise meist klein. Verlangt werden kann: Sauberkeit – auch wenn die Zimmer statt des Bades nur ein Waschbecken besitzen. Die Speisekarte wird klein sein – die Scholle kommt in einem Berggasthof, ein Hirschrücken am Meer gewiss aus dem Tiefkühlschrank. Hoffnungen auf kulinarische Kochkünste des Gastwirts sollten zuerst einmal nicht zu groß ausfallen. Vor allem dann, wenn vor dem Etablissement ein großes Schild steht: »Hier kocht der Chef persönlich – warme Speisen durchgehend von 11 bis 23 Uhr.« Und wenn auf den Tischen → Zahnstocher und Maggiflasche gedeckt sind, sollten alle Experimente unterlassen werden: Leberkäs in Bayern, Krabben mit Rührei an der Nordsee, Rheinischer Sauerbraten an Rhein und Mosel. (Für Frankreich und Italien gelten diese Tipps der Zurückhaltung nicht!)

Gastlichkeit

Die angenehme Atmosphäre, die ein Haus, eine Hausfrau, ein Hausherr seinen Gästen bietet. Gastliche Gastgeber rufen sich selbst bei den unhöflichsten Gästen am besten meinen Lieblingsspruch in Erinnerung: Der Gast hat alle Rechte! Auch unverschämte, fürchterliche. Reagieren können die Gastgeber auf gesellschaftliche Rowdys, so sie denn eingeladen wurden, immer erst im Nachhinein. Durch Entzug ihrer Gunst: Sie werden nicht wieder eingeladen. Nur in extremen Fällen der Rücksichtslosigkeit und Frechheit können Gastgeber während der Einladung eingreifen – um die Gastlichkeit gegenüber den anderen Gästen zu wahren. → Entschuldigung

Geburtstag

Man gratuliert, auch wenn man zu keiner Feier eingeladen ist: bei engen Verwandten, engen Freunden schriftlich, in anderen Fällen telefonisch. Lädt der junge oder alte Jubilar zu einem → Fest, so erscheint man nicht nur mit Blumen, sondern mit einem Geschenk. Und jubiliere mit Goethe: »Den Tag, / Den uns die Götter einmal nur im Leben / Gewähren können, feiere jeder hoch.«

Geiz

ist nicht geil! (Geist ist geil!) Geiz, so steht's im ersten Brief des Paulus an Tunotheus (6,10), übersetzt von Luther, ist die Wurzel allen Übels (Avaritia prima scelerum mater). Geiz ist vielleicht keine Krankheit, gilt jedoch gewiss allen, die mit einem Geizigen verkehren, als eine ärgerliche Fehlentwicklung des natürlichen menschlichen Strebens nach Besitz. Wie lächerlich Geiz sein kann, hat Molière gedichtet: Längst nennen wir einen Geizigen einen Argon. Bestimmten Bevölkerungsgruppen prinzipiell Geiz nachzusagen, halte ich für dumm, überheblich und arrogant. Es gibt geizige Hanseaten und geizige Schwaben, geizige Bayern und geizige Hessen. Sie sind nicht zu bessern, es sei denn, Ehefrau/Ehemann, Freundin/Freund drohen mit Scheidung oder Trennung. Diese Erpressung empfiehlt sich. Allerdings nur einmal! Geizige Gastgeber sind eine Zumutung. Wer nichts ausgeben möchte, sollte nicht einladen. Und wer bemerkt, dass der Hausherr die kostbaren Weine erst aus dem Keller holt, nachdem er rasch kalkuliert hat, dass die Geschenke den Gegenwert von sechs Flaschen Riesling oder vier Flaschen Châteauneuf-du-Pape ausmachen, sollte dieses Haus fortan nicht mehr beehren. Er kann sicher sein: Den Geizigen freut jede Absage. Nicht weil er den Burgunder dann allein trinken kann, sondern weil er seinen Reichtum nicht dezimieren muss. Gastgeber, die wegen ihres Einkommens keine riesigen und luxuriösen Buffets zu richten vermögen, sind nicht geizig. Sie stapeln bloß nicht hoch und versuchen in aller Bescheidenheit gastlich zu sein. Diese Einladungen sollten immer angenommen werden, denn Absagen verletzen in diesem Fall besonders schmerzlich. → Trinkgeld

Geld

»Über Geld redet man nicht, man hat es«, weist eine Freundin jeden zurecht, der beginnt, sich dieses Themas anzunehmen. (Sie ist eine Intellektuelle, also folglich unverdächtig, reich zu sein.) Nur in den Vereinigten Staaten von Amerika ist es schick, über die finanziellen Verhältnisse zu reden – über die eigenen und die der anderen. Geldklatsch ist dort so beliebt wie Sexklatsch. Nur über Politik darf niemand sich dort auslassen, weder bei einem gesetzten Dinner noch auf einem Stehempfang. Die Amerikaner haben also wieder als Erste begriffen, was Leben ist: sex and money.

Wir sind uns alle einig – neidlos, hoffe ich: Pecunia omnia oboediunt. (Seneca, De Moribus) Vulgo: Geld regiert die Welt. Und Lichtenberg freute sich, dass in keiner anderen Sprache als der deutschen Welt und Geld einen Reim ergeben. Ich mag sie nicht, die Moralisten, die darauf verweisen, dass der Himmel den Armen offensteht; dass man sich Glück nicht kaufen kann und Gesundheit auch nicht. Stimmt alles – allein bei der Verkündung von Himmelsseligkeit dank leerer Taschen würde ich einige Bedenken anmelden. Armut ist keine Tugend, kein Beweis für die verantwortungsvollere, Gemeinwohl über privaten Luxus setzende Samaritergebärde. So einfach ist die Sache nicht. Der reichere Jude, so Lessings Nathan, sei ihm nie der bessere Jude gewesen. Richtig. Weil Geld kein Ersatz ist für Bildung, für Güte, Menschenachtung und Höflichkeit. Der reiche Unhöfliche kann sich zwar seine Entgleisungen leisten – und blättert heute für jede Beleidigung von Polizisten, Richtern und anderen Menschen, die er für »Trottel«, »Hornochsen«, »Bullen« und »Arschlöcher« hält, einige Hunderteuroscheine hin. Angenehm macht ihn dies nicht. Mit dem Wort und dem Gut geht man so diskret wie möglich um. Protzerei ist so widerlich wie → Geiz. Wer allen durch Auto, Kleidung, Schmuck und Trinkgelder beweisen möchte, dass und wie reich er ist, bleibt selbst mit Armani-Anzug im Jaguar ein armer Tropf. Durch Reichtum allein gewinnt niemand Ansehen, schon gar nicht Freunde. Doch Geld macht unabhängig, schenkt die Möglichkeit, Gutes zu tun und die Menschen, die man schätzt und ehrt, zu unterstützen, zu fördern, zu Festen, Essen, Konzerten zu laden. Dostojewski sieht in seinen ›Aufzeichnungen aus einem Totenhaus‹ noch eine andere, höchst wichtige Eigenschaft des Geldes: »Geld heißt so viel wie geprägte Willensfreiheit, es ist daher für den Menschen, der dieser völlig beraubt ist, von zehnfachem Wert.« Und wer weiß, wie die deutschen Juden zu Beginn des Hitler-Terrors, zu einer Zeit also, als sie noch ausreisen durften, um Einreisegenehmigungen feilschen mussten – und die armen Juden wurden überall abgelehnt, in der Schweiz ebenso wie in den USA –, der versteht, was Dostojewski meint: Geld schenkt Freiheit. Geld kann also Rettung sein für den Reichen und für diejenigen, die er an seinem Vermögen teilhaben lässt. Das heißt, wer reich ist, sollte andere unterstützen – und wenn er Kulturforderung, die Spenden für humanitäre und soziale Einrichtungen von der Steuer absetzt, so halte ich dies für keineswegs verwerflich. Kurz, wir halten es lieber mit Martin Luther als mit dem Bettlerorden. Der Reformator wies alle Apostel der Armut in die Schranken, mit nur einem starken Satz: »Gott will nicht, dass man nicht Geld und Gut haben und nehmen soll oder, wenn man's hat, wegwerfen solle, wie etliche Narren unter den Philosophen und tolle Heilige unter den Christen gelehrt und getan haben.« Na bitte! Was kostet die Welt?! → Angeber, → Jour fixe

Geschäftsessen

heißen jene Mittag- oder Abendessen, zu denen Geschäftspartner zusammenkommen. Bei diesen Essen wird verhandelt, manchmal gefeilscht. (Im besten Fall ein Abschluss gefeiert.) Der Gastgeber bekommt die → Rechnung von seinem Arbeitgeber erstattet, oder – ist er Inhaber der Firma – er setzt die Ausgaben von der Steuer ab. Weswegen ich es für eine der gröbsten Unhöflichkeiten halte, wenn ein Gastgeber, der seine Verwandten und/oder Freunde in einem Restaurant verköstigt, um eine Quittung bittet. Schon Hildegard Knef beschwerte sich in den sechziger Jahren über ihren Geliebten mit dem hübschen Schlager: »Er setzt mich von der Steuer ab ...«. Manchmal verargen diese Spesenritter einem das Fest, das man in einem Restaurant feiern will. Wer je zu zweit den Hochzeitstag oder das zweijährige Miteinander in einem der deutschen Sternetempel gefeiert hat, weiß, wie nachhaltig diese Geschäftemacher die heitere, festliche Atmosphäre zuweilen schmälern können. Unser Lachen stört ihre ernsten Gespräche; unser Wohlbefinden erinnert sie an ihre Pflicht. Und ganz unangenehme Exemplare wollen ihren Geschäftspartnern mal so richtig zeigen, was es heißt, ein Mann mit Einfluss, Macht und Courage zu sein: Sie mäkeln über Weine, Speisen, Kaffee. Aber, versteht sich, es gibt auch die anderen. Aber selbst sie werden um die Rechnung bitten. → Spesen

Geschenke

Ich weiß, die meisten Autorinnen und Autoren geben genaue Empfehlungen, was wer wann zu schenken hat: zu Taufe, Kommunion, Konfirmation, Verlobung, Hochzeit, Geburtstag etc.
Ich möchte dies nicht tun – und vertraue darauf, dass jeder, der etwas verschenkt, nicht nur kauft, was ihm gefällt, sondern an die Bedürfnisse, Wünsche, Vorlieben desjenigen denkt, dem er ein Präsent machen will. Und so dumm kann niemand sein, zur Taufe ein Mountainbike mitzubringen; niemand so geschmacklos, zur Hochzeit mit einem Strampelanzug zu erscheinen. Bei der Auswahl von Geschenken halte man sich an Adorno: »Wirkliches

Schenken hat sein Glück in der Imagination des Glücks des Beschenkten. Es heißt wählen, Zeit aufwenden, aus seinem Weg gehen, den anderen als Subjekt denken: das Gegenteil von Vergesslichkeit. Eben dazu ist kaum einer mehr fähig. Günstigenfalls schenken sie, was sie sich selber wünschen, nur ein paar Nuancen schlechter.« (›Minima Moralia‹)
Bei großen Familienfesten – Taufe, Verlobung, Hochzeit, großes Jubiläum – empfiehlt sich die

Geschenkliste

Entweder versenden die Eltern, die Brautleute, die Jubilare eine Liste, auf der ihre Wünsche notiert sind, oder aber sie legen in einem oder zwei Geschäften solche Listen aus. Beide Möglichkeiten erfordern Zeit, denn die Liste, die man versendet und auf der jeder Gast ausstreicht, was er zu schenken vorhat, muss ja an viele Empfänger weitergereicht werden. Deshalb muss zusätzlich eine Liste mit den Adressen weiterwandern, telefonisch oder per E-Mail ist diese Prozedur noch zeitaufwendiger, zudem werden sich nicht alle Gäste untereinander kennen, man muss sich erst vorstellen, entschuldigen … Auch die Wunschliste in den Geschäften sollte Wochen vor dem Fest ausgelegt sein, denn vieles wird erst bestellt werden müssen. Bei Kommunionen und Konfirmationen gibt es regionale, manchmal sogar örtliche Bräuche, was zu schenken ist. Wenn das Geschenk einen Erinnerungswert hat – also nicht gleich aufgegessen, abgebrannt, kaputt gemacht werden kann und von dem Beschenkten sofort zu benutzen ist, also gleich nach dem Auspacken Freude und ein bisschen Stolz auslöst –, halte ich es für gut ausgesucht, weshalb eine schöne Armbanduhr einem Obstkorb aus Meißner Porzellan in diesen Fällen vorzuziehen ist. Geburtstagsgeschenke sollten keine Verlegenheitspräsente sein, also nicht aus einem sogenannten »Geschenkeladen« stammen. (Schon Adorno geißelte diese Perversion der Gesellschaft, die schnell und teuer einsackt, statt Gedanken, Mühe, Zeit auf Geschenke zu verschwenden!) Es empfiehlt sich vor einer Entscheidung, bei den Freunden oder Lebensgefährten Rat zu suchen. Sie wissen sicher, womit man

Freude bereiten kann. Geschenke packt man sofort aus, es sei denn, man erwartet so viele Gäste und erhält so viele Präsente, dass dies ohne Unhöflichkeit, also dauernde Absenz beim Aperitif, nicht möglich ist. Dann bedankt man sich wenige Tage nach dem Fest schriftlich für das Erhaltene. → Benimmbücher, → Gastgeschenke, → Glückwünsche

Geschirr

Unbedingt erforderlich: ein Kaffee- und Speiseservice für sechs Personen mit Schüsseln, Platten, Sauciere. Aus Keramik oder Porzellan.
Der größere Luxus: dasselbe für 12 bis 18 Personen, dazu Platzteller (aus Porzellan, Silber oder Zinn), Fingerschalen, Buttertellerchen, Suppentassen (wenn möglich mit Deckel).
Der größte Luxus: Tee- und Kaffeegeschirr (für 12 Personen), mehrere verschiedene Speiseservice (für 12 bis 18 Personen, mit allen Extras: zum Beispiel Fischplatte, Lachsbrett, Kaviarglas) von traditionsreichen Porzellanherstellern aus Kopenhagen, Berlin, Meißen, München oder Limoges.
Aber hier gilt wie beim → Besteck und den → Gläsern, dass niemand, der nicht komplett ausgerüstet ist, eine Einladung scheuen sollte, wenn er nur weiß, dass er bei sechs Suppentellern nicht acht Gäste haben kann. Und einsieht, dass es zwar nett gemeint ist, vier Gänge zu kochen, aber die Hausfrau doch ein bisschen lange den Gästen fehlt, wenn sie nicht nur das Essen richten, sondern zwischendurch noch abwaschen muss. Wer wenig Geschirr hat, aber viele Freunde, ist beneidenswert dran, und er sollte deshalb statt zu einem mehrgängigen Menü seine Gäste lieber zu einem Buffet bitten und sich das Geschirr ausleihen, was in Großstädten kein Problem ist. Festliche Abendessen sollte nur ausrichten, wem es an nichts fehlt. Und wer das Porzellan während des Essens wechselt – also zum Beispiel für Vorspeise und Dessert farbiges Porzellan wählt und für den Fisch- und den Fleischgang weißes –, kann, muss aber kein Angeber sein. Vielleicht ist er ein Spieler. Regeln sind dazu da, sie zu variieren.

Geschmack

Lässt sich über Geschmack streiten? Bei allen Fragen des Geistes gewiss. Ob Günter Grass' Roman ganz schlecht, mittelgut oder genial ist, darüber diskutieren die hellsten Köpfe einer Nation – und sie können sich nicht einigen. Neue Kompositionen, neue Gedichte, Joseph Beuys' Installationen und Frank Castorfs Inszenierungen erregen noch immer Zuhörer, Leser, Ausstellungsbesucher und Zuschauer. Für die einen sind diese Hervorbringungen Scharlatanerien oder Geschmacklosigkeiten, für die anderen Meisterwerke. Goethe hilft da wenig weiter. Er bemerkte, »dass das Natürliche und Einfache immer seine Freunde findet, auch wenn der allgemeine Geschmack völlig verdorben ist«. Aber was ist natürlich? Was verdorben? Die Übereinkünfte sind einem stetigen Wechsel unterworfen. Der Geschmack wandelt sich, wie die Moden sich verändern. Was gestern noch als geschmackvoll galt – erinnern wir uns nur der Wohnzimmereinrichtungen der fünfziger Jahre –, ist heute abgeschmackt. Aber gerade die Tütenlampen und die Nierentische beweisen, dass Moden a priori dafür anfällig sind, schon kurz nach ihrem ersten Auftritt wieder verworfen zu werden. Auch in den Wirtschaftswunderzeiten der Adenauerschen Republik lebten Menschen, die sich auf ihren Biedermeierstühlen wohlfühlten oder ihren Mies-van-der-Rohe-Sessel nicht gegen ein dreibeiniges rotes, gelbes oder grünes Cocktailsitzmöbel eintauschen wollten. Es gibt – wahrscheinlich – doch so etwas wie einen klassischen Geschmack. Er ist einfach (Goethe!), der Funktion angemessen (die Forderung des guten Designs) und diskret – also auf den ersten Blick unauffällig. Und dies gilt auch für die Damen- und Herrenmode, obwohl die Couturiers sich jedes Jahr zwei neue Kollektionen einfallen lassen (müssen). Ausgerechnet in Lessings ›Hamburgischer Dramaturgie‹, einer Schrift, die sich mit der Form des Dramas, mit Aristoteles' Prinzipien beschäftigt, findet sich eine Definition, die mir tauglich scheint, Geschmack zu definieren, multinational. Sie setzt also auch Goethes Diktum, die Deutschen hätten schon deshalb keinen Geschmack, weil sie zu derb seien, außer Kraft: »Der wahre Kunstrichter folgert keine Regeln aus seinem Geschmack, sondern hat seinen Geschmack nach den Regeln gebildet, welche die Natur der Sache erfordert.« Wenn wir davon ausgehen, dass das Kochen ebenso wie das Keltern von Trauben, dass das Entwerfen von Kleidung ebenso wie das Kreieren von Möbeln, Lampen und Vorhängen eine Kunst(fertigkeit) ist, so lässt sich Lessings Forderung durchaus übertragen. Es ist geschmacklos, wenn Gegenstände nicht aufs Einfachste und zugleich Tauglichste zu dem dienen, wofür sie geschaffen sind; wenn sich der Ehrgeiz der Schöpfer darauf beschränkt, neu, originell, verrückt, auffallend zu sein. Der Hasenrücken in Bananensauce ist also eine Geschmacksverirrung wie das rosa Rüschenhemd, der Mickey-Mouse-Sessel, das zerschlissene, ausgefranste, abgeschnittene, gebleichte, beschmutzte Designer-Hängerchen, das, obwohl sündteuer, ärmlich wirken soll. Allein, keine Frage, schon hier wird sich Widerspruch regen. Rousseau hat recht. In seiner Abhandlung ›Émile ou de l'Éducation‹ erteilt er allen Eiferern, die an nur einem guten Geschmack festhalten, also auch mir, eine Lektion: »Je weiter man die Begriffsbestimmung des Geschmackes herholen will, desto mehr verirrt man sich; der Geschmack besteht in nichts anderem als der Fähigkeit, sich über das, was der großen Masse gefällt oder missfällt, ein eigenes Urteil zu bilden. Sobald man weiterschweift, weiß man nicht mehr, was Geschmack ist.« Also urteilen, kritisieren Sie. Aber machen Sie nicht vor sich selber halt!

Diesen Rat gebe ich übrigens auch Damen, wohl wissend, dass diese ein Anrecht haben als Geschmackshüterin geachtet zu werden. Carl Herloßsohn, der »im Verein mit Gelehrten und Schriftstellerinnen« 1834 ein ›Damen-Conversations-Lexikon‹ herausgab, wagte sich wohl ein wenig zu weit vor, wenn auch aus Höflichkeit: »Es gibt nur einen Geschmack, den guten, weil es nur eine Schönheit, eine Wahrheit gibt. Ein Mensch von Geschmack ist jener, der sowohl im Leben wie im Wissen und Können sich nichts aneignet, sich zu nichts bekennt, nichts tut, was sich nicht mit dem Prinzip der Schönheit verträgt oder vielmehr von diesem ausgeht. Das weibliche Geschlecht ist in dieser Beziehung von der Natur günstiger bedacht worden als der Mann, obschon man den Geschmack der Frauen richtiger Takt nennen sollte.

(Geschmack ist gleich → Takt, na, so was?! – cbs) Frauen entscheiden oft ohne allen Unterricht in Geschmackssachen nach diesem Takt äußerst richtig und sind in den meisten Fällen die kompetentesten Richterinnen.« → Feminismus

Getränke

Jeder Gastgeber sollte für alle Fälle gerüstet, also auf alle Wünsche vorbereitet sein. Er muss im Haus haben: Mineralwasser, Orangen- und/oder Apfelsaft, Bier (auch alkoholfrei), Weißwein, Rotwein, (trockenen) Sekt, einen Cognac, einen Whisky, einen (trockenen) Sherry, einen Portwein, einen Magenbitter. Diese Auswahl reicht für → Aperitif, → Digestif und zum Essen. Bietet er mehr an, zum Beispiel trockenen → Champagner vor dem Essen und halbtrockenen zum Dessert, Obstbrände zum Kaffee, so fehlt es an nichts. Sind dann noch die → Weine so gut wie das → Wasser, können Gäste nur entzückt sein. Nicht vergessen werden sollte, dass mancher Gast vor allem nach dem Abendessen dem Kaffee einen Kräutertee (Kamille, Hagebutte, Eisenkraut = Verveine) vorzieht. Keine Frage, jeder Gast darf statt des Weins um ein Bier zum Essen bitten oder um einen Saft. Selbst wenn jemand zum Spargel nicht Weißwein, sondern Whisky bevorzugt (der Dramatiker Bernard-Marie Koltès hielt es so), gehört es sich, ihm diesen zu servieren. Und es gehört sich auch, nicht allzu häufig nachzuschenken (→ Alkohol). Es gibt die Regel, dass Weißwein zu Vorspeisen, Meeresfrüchten, Fisch, hellem Geflügel und Spargel angeboten wird, Rotwein zu Fleisch, Wild, Käse, Champagner zum Dessert. Mit dieser Empfehlung verhält es sich wie mit einem Verbrauchertipp von Radio Eriwan: Im Prinzip ja … Es gibt Käse, die wunderbar zum Champagner passen; Fische, die mit einem roten Hermitage munden, Fleischgerichte, zu denen Condrieu das allerhöchste Vergnügen ist. Wer je dem Rat eines ausgezeichneten → Sommeliers gefolgt ist, weiß, dass es viele richtige Möglichkeiten der Wahl gibt. Als Gastgeber sollten Sie Ihre Gäste aber ruhig einmal überraschen: Sie decken zum Fleischgang kleine Portweingläser und servieren gebratene Lammnieren in einer Honigsauce. → Alkohol

Gläser

Unbedingt erforderlich: sechs Wasser-, sechs Bier-, sechs Wein-, sechs Sektgläser (Pressglas).
Der ganz kleine Luxus: dazu jeweils sechs Sherry- und Rotweingläser, die größer sind als jene für Weißwein, Weißbiergläser (in Bayern), Schnapsstamperl.
Der kleine Luxus: das alles komplett für 12 Personen.
Der Luxus: dasselbe nicht mehr gepresst, sondern geblasen. (Manche schätzen das schwere, teure Kristallglas – ich empfinde es als unelegant. Allerdings spricht seine Unempfindlichkeit für dieses Material.)
Der große Luxus: zusätzlich jeweils 12 Cocktail-, Whisky-, Port-, Champagnergläser, Cognacschwenker und kurzstielige Gläser für weiße Schnäpse.
Der größte Luxus: erweitern für 18 Personen, zusätzlich Bordeaux-, Burgunder-, Rosé-, Armagnac- und Likörgläser.
Sekt- oder Champagnerschalen kann man sich sparen, sie sind ungeeignet, weil das leichte Perlen darin allzu rasch versiegt. Gläser aus buntem Glas sind hübsch, aber gleichfalls eher untauglich, will man doch nicht nur den Duft des Getränkes prüfen und schätzen, sondern auch seine Farbe. Klar, dass in den wenigsten privaten Haushalten der größte Luxus herrscht. Doch für Gläser gilt, was für → Besteck und → Geschirr seine Richtigkeit hat: Kein Gastgeber muss sich schämen, Whisky im Wasserglas, Weiß- und Rotwein ebenso wie Rosé in einem einzigen Glasmodell (aber nicht im selben Glas nacheinander!) anzubieten. Und kein Gast sollte sich darüber mokieren oder gar erregen. Gastlichkeit misst sich nicht an der Anzahl der Gläser.
So wie man sich beim Besteck von außen nach innen arbeitet – also beim ersten Gang das Besteck nimmt, das außen liegt, rechts und links am weitesten entfernt vom Teller –, so beginnt man auch mit dem Glas, das, über dem Teller, rechts außen steht und trinkt sich nach links. Dorthin, wo das Wasserglas steht. Es tanzt immer aus der Reihe – oberhalb des Tellers ganz links. So ist die Regel bisher. Ich halte es für weit besser – und in manchen Restaurants wird auch schon so gedeckt –, das Wasserglas ganz rechts außen zu pla-

zieren. So steht es immer griffbereit – und an Wasser hat sich noch nie jemand betrunken!

Gleichgültigkeit

ist aller Unhöflichkeit Anfang – oder: »Die Gleichgültigkeit ist wie das Eis an den Polen: sie tötet alles.« (Honoré de Balzac) Wer je erlebt hat, wie in den ehemals kommunistischen Gesellschaften – in der DDR, in Polen oder der UdSSR – Menschen miteinander umgegangen sind, weiß, dass die absolute Gleichheit die absolute Gleichgültigkeit herausfordert. Wenn jeder sich selbst der Nächste ist, dann gibt es weder Achtung noch Respekt. (Und auch die Selbstachtung leidet! – Gleichgültigkeit tötet alles.) Wir müssen im täglichen Umgang nicht Everybody's Darling sein wollen, aber es darf uns nicht gleichgültig sein, ob die alte Dame Hilfe braucht, um den Zebrastreifen gefahrlos zu überqueren, ob noch jemand hinter uns durch die Tür gehen will, die wir zufallen lassen. Ich weiß, es ist schwierig, den Wert eines Menschen, dem wir nur flüchtig begegnen, zu erkennen und ihn entsprechend zu achten – in der U-Bahn, beim Einkaufen, im Restaurant, in der Bibliothek, am Arbeitsplatz. Und doch muss auch im öffentlichen Raum, also dort, wo wir mit Unbekannten umgehen, unser Benehmen signalisieren, dass wir vom anderen nicht weniger erwarten als wir selbst zu leisten vermögen. »Bekennen Sie sich zu den kleinen Gesten der Zuvorkommenheit, der Beschwichtigung im öffentlichen Raum. Kunstlose Unmanierlichkeit hat mit Freiheit nichts zu tun. Und es muss doch noch irgendetwas geben jenseits allumfassender Menschenliebe hier und ruppiger Beziehungslosigkeit da. Oder?«, fragt Cora Stephan. Zwischen hier und da existiert die Gültigkeit, einander als gleichwertig anzuerkennen – trotz aller sozialer Unterschiede. → Rücksicht, → Achtung, → Höflichkeit sind die Antipoden der Gleichgültigkeit. »Gleichgültig ist die Seele nur gegen das, woran sie nicht denkt, nur gegen ein Ding, das für sie kein Ding ist«, klagt Lessings Gräfin Orsina in ›Emilia Galotti‹. Wie also dürfte man je gegen Menschen gleichgültig sein, will man nicht seine Selbstachtung verlieren.

Glückwünsche

übermittelt man am besten in einem Brief. (Und nur, wenn man Daten vergessen, verdrängt hat, telefonisch oder per E-Mail. Besser als gar nicht zu gratulieren, ist der telefonische Glückwunsch oder die SMS allemal.) Es eignet sich aber auch die private → Visitenkarte, auf der allein der Name (ohne Titel) gedruckt ist. Sie legt man zu den Blumen, wenn man sie schicken lässt, und fügt darauf einige handschriftliche Glückwünsche hinzu. Wer genau weiß, dass die Visitenkartenkurzsprache verstanden wird, kann links unten in die Ecke nur ein p.f. schreiben: *pour féliciter* = um Glück zu wünschen. Ich halte dieses Adelssteno allerdings für mächtig veraltet und einigermaßen überheblich. Die Visitenkarte – mit formulierten Glückwünschen! – legt man auch zum Geschenk, wenn man ahnt, dass viele Gäste mit Präsenten bei dem Fest erscheinen werden und der Beschenkte nicht Zeit haben wird, jede Aufmerksamkeit sofort auszupacken. In jedem Fall macht der Empfänger keinen Fehler, wenn er – unbemerkt – auf das Mitbringsel rasch den Namen des Überbringers notiert. Besser noch: Dies übernimmt das Mädchen am Empfang. Schließlich könnte die Visitenkarte vergessen und einem damit die Möglichkeit zu danken genommen worden sein.

Gourmand

Französisch: ein Naschhafter oder auch: Vielesser. Er unterscheidet sich also sehr vom

Gourmet,

dem Feinschmecker. Es gibt allerdings nicht wenige Gourmet-Gourmands, Gourmand-Gourmets sind indes selten.

Großfamilien

gibt es nur noch auf dem Land. Jedenfalls dann, wenn man darunter versteht, dass mehrere Generationen einer Familie unter einem Dach wohnen. Großfamilien nennen wir aber auch Wohngemeinschaften von Menschen, die nicht miteinander verwandt sind, sich aber entschlossen haben, einen gemeinsamen Haushalt zu führen. Sie einen entweder gleiche Interessen, ein ähnliches Alter, die gleichen sexuellen Vorlieben, Hobbys, Erfahrungen, Krankheiten. Wie verhält man sich ihnen gegenüber? – Wie gegenüber einer Familie. Das heißt: Ist man von allen eingeladen, muss man bei seinem Gastgeschenk darauf achten, dass alle damit zufrieden sind. Lädt man solche Familien ein, dann muss man wissen und bedenken, dass alle Familienmitglieder kommen werden. Bei der großen bäuerlichen Familie heißt dies: Großeltern, Eltern und Kinder werden der Einladung folgen, und wohnt die Tante unter demselben Dach, dann wird auch sie sich dazugesellen. Nichts wäre unhöflicher, als jemanden auszuschließen. Zu den vielen möglichen und inzwischen durchgesetzten Familienformen zählt auch die Regenbogenfamilie. Das sind Familien, in denen Kinder bei zwei gleichgeschlechtlichen Partnern als eine Familie leben. Auch hier gilt, klar doch: sich benehmen wie bei jeder Familie mit Mann und Frau. → Lebenspartnerschaft

Grüßen

→ Begrüßen

H

Haltung,

erklärt der Brockhaus, sei a) ein psychosomatischer Begriff: die seelische Haltung, die gegenüber Belastungen noch durchhaltende Fähigkeit des Charakters; b) die körperliche Haltung; und c) im Wasserbau die Strecke zwischen zwei Staustufen eines Kanals oder eines kanalisierten Flusses.

Wasserkraftwerke interessieren uns so wenig wie Haltungsschäden, sei's der Buckel oder das O-Bein. Obwohl vielleicht einige Sätze nötig sind zur Körperhaltung im Stehen und Sitzen: Klar, dass man möglichst gerade dasteht, wenn der natürliche Wuchs einem dies ermöglicht; klar, dass man die Hände aus den Hosentaschen nimmt, wenn man jemanden begrüßt; klar, dass man sich nicht breitbeinig hinsetzt und bei Tisch nicht die Beine übereinanderschlägt; klar, dass man sich nicht von den Menschen abwendet, mit denen man redet; klar, dass man mit seinem Körper nur dann Abwehr oder gar Aggression signalisiert, wenn allein diese Haltung als Form des Selbstschutzes übrigbleibt. Vielleicht nicht (mehr) ganz so verständlich: Die Füße gehören nie auf den Tisch, auch wenn diese relaxte Sitz- oder Liegeweise in Redaktionsbüros schon üblich geworden ist. Auch auf dem weichsten Sofa sitzend, sollte man darauf achten, dass aus dem Sitzen kein Lümmeln wird. Selbst die in den sechziger Jahren so beliebten Wohnlandschaften waren nie Liegewiesen.

Die Haltung sollte natürlich, aber kontrolliert sein, was auf Seminaren für Manager immer wieder gelehrt wird. Was Erasmus von Rotterdam formulierte, gilt: Die Haltung des Körpers, das äußere Erscheinungsbild eines Menschen, ist Ausdruck des inneren, des ganzen Menschen. Er beschrieb ausführlich, wie man sitzen soll und wie man zu stehen hat – auf einem Bein. Gebaren und Gebärden waren geregelt; und Manieren, die uns auf mittelalterlichen Bildern seltsam manieriert erscheinen, sind deshalb nur Zeugnisse einer anderen Haltung in der Gesellschaft. Niemand muss sich heute mehr an Erasmus' Regeln halten, niemand sich Goethes ›Regeln für Schauspieler‹ zum Vorbild nehmen und dennoch: Der Auftritt in der Öffentlichkeit sollte bedacht werden und bewusst geschehen. Vielleicht hilft Goethe doch: »Die Haltung des Körpers sei gerade, die Brust herausgekehrt, die obere Hälfte der Arme bis an die Ellbogen etwas an den Leib angeschlossen, der Kopf ein wenig gegen den geneigt, mit dem man spricht.«

Doch mit Haltung ist hier eigentlich → Benehmen gemeint. Aber ein spezielles: jenes, das sich dann zeigt, wenn wir mit erwarteten oder unerwarteten Glücks- oder Unglücksfällen konfrontiert werden. »Haltung bewahren!« ist eine Warnung wie »Vorsicht Steinschlag!«. Das heißt, wir müssen uns immer gewahr sein, dass uns ein Ereignis, ein → Affront, eine Nachricht aus der Bahn werfen könnte – unversehens und plötzlich. Und dann heißt es reagieren. »Die Haltung hält die Welt, such' Haltung zu erhalten!«, mahnte Friedrich Rückert.

Was Haltung ist, erklärt sich am besten an Beispielen, wo sie fehlt. Ein Gastgeber, der sich bei Dritten über das unerwartet schlechte Benehmen anderer Gäste beschwert, hat keine. Eine Witwe, die hemmungslos am Grabe des Mannes schluchzt, auch nicht. Jemandem, der sich, umgeben von armen Leuten, seiner Villa und seines Motoboots überschwenglich freut, fehlt Haltung gleichfalls. Haltung bewahren heißt manchmal: gute Miene zum bösen Spiel machen. Ein andermal schlicht: wegstecken, verstecken.

Haltung besitzt jener, der sich mit seinen Emotionen anderen nicht aufdrängt. Der mit seiner Trauer, seiner Freude, seiner misslichen Lage oder seinem Glück an sich hält und seine Gefühle nicht präsentiert. Zeigen darf man seinen Seelenzustand natürlich. Wer verlangte von Trauernden ein tränenloses Gesicht? Allein, es ist egoistisch und aufdringlich indiskret, jedwede Emotion öffentlich zu machen. Unangenehm für alle, die damit konfrontiert werden, denn es gibt für Unbeteiligte keine angemessene Weise zu reagieren. Haltung bewahrt also jener, der nach dem Steinschlag nicht Zeter und Mordio schreit, nicht die ganze Welt für sein Unglück verantwortlich macht und mit seiner Not andere nicht belästigt. Haltung – und ganz ähnlich äußert sich Goethe in einem Gespräch mit Eckermann – erfordert den Zwang zur Zurückhaltung der eigenen Gefühle, fordert das wohlerwogene Unterdrücken von Antipathien und Sympathien, gegenseitigen Respekt vor der jeweils anderen Affektlagerung. Haltung, ein letztes Mal, ist das Gegenteil der rücksichtslosen, naiven → Offenheit. Nietzsche diskutierte in ›Jenseits von Gut und Böse‹ nicht den Begriff Haltung, er spottete über die Deutschen, und doch erklärte er, was uns interessiert: »Wie bequem ist es, offen und bieder zu sein. Es ist heute vielleicht die gefährlichste und glücklichste Verkleidung, auf die sich der Deutsche versteht, dies Zutrauliche, Entgegenkommende, dieses Karten-Aufdeckende der deutschen Redlichkeit. Der Deutsche lässt sich gern gehen, blickt dazu mit treuen blauen leeren deutschen Augen – und sofort verwechselt das Ausland ihn mit seinem Schlafrock.« → High Potentials, → Prekariat

Handkuss

Nie unter freiem Himmel (Ausnahme: → Gartenfeste oder ein Empfang auf der Treppe oder im Garten des Hauses). Sind Sie zum Handkuss erzogen worden oder haben Sie sich entschlossen, bei einem Abendessen mit Handkuss zu begrüßen, so küssen Sie. Erica Pappritz, die während der Adenauerzeit im demokratischen Deutschland wieder Benehmen beheimaten wollte, war dagegen, dass unverheiratete Damen Handküsse bekommen, es sei denn, sie wären sehr alt. Kein Wunder, dass sich dieser Tipp nicht durchgesetzt hat. Der Handkuss darf den Herrn nicht in eine Situation à la Aschenputtel treiben: die guten, die schlechten. Begrüßen Sie die Gastgeberin mit Handkuss, so bleibt Ihnen nichts anderes übrig, als alle Damen gleich zu behandeln! Vom ersten Handkuss an haben Sie dann keine Wahl mehr! Wenn Ihnen ein kleiner Widerstand seitens der Dame signalisiert, dass sie diese Höflichkeit keineswegs schätzt, dann geben Sie nach und belassen es bei einem Händedruck. (Diese Dame – da herrscht Gleichberechtigung – sollte aber, bitte, auch anderen Herren den Handkuss verweigern und nicht beim Besuch von Sylvester Stallone oder Johannes Heesters ihre Abstinenz aufgeben.) Dr. Walther von Kamptz-Borken, der 1951 einen »Gesellschaftlichen Ratgeber für alle Lebenslagen« schrieb, sieht in seinem Buch ›Der gute Ton von heute‹ den idealen Handküsser so: »Zum Handkuss beugt sich der Herr ruhig über die ihm dargereichte Hand, nimmt sie ohne Druck zart an den Fingergelenken, hebt sie ein wenig, ohne sie abzubiegen, und berührt sie an den Handwurzeln oder dem Handrücken mit geschlossenen Lippen leicht und lautlos. Die Hand langsam freigebend, richtet er sich leicht wieder auf und schaut die Dame verbindlich an. Damit ist die Zeremonie des Handkusses beendet.«

So macht man es nicht (mehr). Man beugt sich zwar über die Hand (reißt sie also nicht zu sich; und den ganzen Arm holt Mann sich schon gar nicht auf Mundhöhe), berührt sie aber nicht mit den Lippen, sondern macht kurz vor dem Ziel halt – zwei, drei Zentimeter sind angemessen. Sie müssen aber nicht zu Hause mit dem Lineal üben – fünf Zentimeter Abstand sind besser als auf dem Handrücken zu landen. (Deshalb muss sich auch keiner länger Gedanken oder gar Sorgen machen, wie »hygienisch« das Handküssen eigentlich ist, wenn jedermanns Lippen auf allen Damenhänden Rast machen – Kamptz-Borken interessiert diese Frage sehr.)

Mit dem abschließenden »verbindlichen« Blick habe ich meine Schwierigkeiten, denn der Handkuss ist weder Flirt noch gar Anmache. Er ist eine Begrüßungsgeste. Der Herr sieht sein Gegenüber also weder missmutig noch blöde grinsend an, sondern lächelnd, wohlgemut. Ist die Dame klein, der Herr groß, ist die Verbeugung tiefer; dasselbe gilt, wenn die Dame sitzt. Und die Dame wird nie ihre Hand schon in des Herren Mundhöhe plazieren, wenn sie begrüßt wird: Erzwingen sollte sie nichts. Der Handkuss

ist eine Andeutung bloß und kein Kuss! Üblicherweise gibt der Herr ihn auf die bloße Hand, also nicht auf Handschuhe, aber wenn die Dame zur Robe lange Handschuhe trägt, ist eine Ausnahme gestattet.
Wer wissen möchte, wann Frauen Männerhände küssen sollten; wann Kinder Verwandtenhände küssen müssen, lese die Regeln des Prinzen Asserate.

Handschlag

Die Hand reicht die Dame dem Herrn, der Ältere dem Jüngeren. Nie umgekehrt! Deshalb singt Mozarts Don Giovanni: »Reich mir die Hand …«
Selbst Don Juan ist nicht so vermessen, zu greifen, zu packen, wonach er sich sehnt. Macht eine Dame keinerlei Anstalten, dem Herrn die Hand zu reichen, so bleibt diesem nur eine höfliche Verbeugung. Bei größeren Gesellschaften ist es üblich geworden, nicht jeden Gast mit Handschlag zu begrüßen.

Handschuhe

Herren ziehen ihren rechten Handschuh bei jeder Begrüßung aus; Damen behalten ihn immer an, zumindest den Kleiderhandschuh, den aus dünnem, feinem Material gearbeiteten. Entledigt sich eine Dame zur Begrüßung ihres Handschuhs, so sollte die begrüßte Dame es nicht anders halten. Ballhandschuhe tragen Mann und Frau, aber nur zu Frack und großer Abendrobe. Beide behalten sie den ganzen Abend über an, was neben der Ästhetik auch praktische Vorteile bietet: Tanzwütige Paare schwitzen (feiner: transpirieren) selbst in mäßig geheizten Ballsälen, und deshalb hinterlässt manche Männerhand auf der Robe, in Höhe der Taille, bei empfindlichen Kleidern Flecke. Selbst während des Essens muss eine Dame sich ihrer Handschuhe nicht entledigen, sondern knöpft die Ballhandschuhe auf und lässt den Hand- unter dem Armteil verschwinden. Das ist keine Zauberei, bedarf jedoch einiger Übung. Handschuhe nicht bloß bei extremer Kälte anzulegen, ist auch für Männer erlaubt und keineswegs Zeichen für extreme Förmlichkeit oder Affektiertheit. Die Warnung, die Margarethe von Suttner 1914 in ihrem »Damen-Brevier« (›Die elegante Frau‹) allein den Frauen zugedachte, muss heute mindestens so ernst genommen werden wie damals und sollte Männer nicht ausschließen: »Schon aus hygienischen Gründen, um jeder Ansteckungsgefahr beim Besteigen einer Droschke, einer Straßenbahn, beim Anfassen von Geld und bei der oft nicht zu vermeidenden Berührung mit der Hand des Chauffeurs oder Kondukteurs zu entgehen, ist der Handschuh geradezu eine Notwendigkeit. (…) Man denke, wie viel Hände wir drücken müssen, bevor wir uns im gastlichen Hause an die gastliche Tafel setzen.« Alles richtig. Nur: die Hand des Chauffeurs ist uns sauber so lieb wie die des Gastgebers und schmutzig ebenso widerlich. Die Zeiten, da der hingeworfene Handschuh eine Kampfansage war, sind vorbei. Aber noch Bismarck konnte stolz verkünden, dass er dieses Fehdezeichen immer verstanden hat: »Ich habe nie einen Handschuh liegen lassen, den mir einer hingeworfen hat.« → Handkuss

Handy

Handys sind erlaubt. Doch nicht immer! Kein Mensch ist so wichtig, dass er überall – in der Sauna, im Restaurant und in der Oper – zu erreichen sein muss. Wer glaubt, unverzichtbar zu sein, überschätzt sich. Da man einigen Damen und Herren, die ihre Handys im Flugzeug erst abschalten, wenn sie ermahnt wurden; die selbst auf dem Friedhof und in der Kirche redebereit sind, dies offensichtlich nicht beibringen kann, wäre ich dankbar für ein Handy-Verbot in Theatern, Kirchen, Flugzeugen – auch am Boden! François Mitterrand, so wird berichtet, deponierte an Wochenenden und in den Ferien auf seinem Schreibtisch ein geschlossenes Kuvert mit seiner Adresse, das seinen Mitarbeitern nur dann zu öffnen erlaubt war, wenn sie allein nicht weiterwussten. So geht's eben auch! → Museen, → SMS

Hausbar

muss man nicht haben. Aber man sollte darauf vorbereitet sein, dass manch ein Gast nach dem Essen zum Kaffee oder Tee einen Cognac, einen Armagnac, einen Calvados (bitte nie »Calva« sagen – und nie »Schampus«!), einen klaren Obstschnaps, einen Whisky oder einen Averna möchte. Sie wissen: Der Gast hat fürchterliche Rechte. Wer gar den Ehrgeiz hat, als Aperitif einen → Cocktail zu servieren, braucht größere Bestände, sehr viele verschiedene Liköre und Brände. Und falls er – nach dem Thomas-Bernhard-Motto: Wir dilettieren alle! – auf gut Glück das Mixen beginnt, so sollte er nicht überrascht sein, wenn er sich blamiert. Ganz wichtig: Wer nach Rezepten Cocktails mixt, sollte Aspirin im Haus haben, wer Eigenkreationen zaubert, braucht Acetylsalicylsäure.

Haustiere

→ Aquarium, → Tiere

Hauszeigen

Zugegeben kein geniales Stichwort. Aber mit »Hauszeigen« ist nicht die → Housewarmingparty gemeint, also jenes kleinere oder größere Fest, zu dem man Freunde lädt, um den Einzug in ein neues Haus oder eine neue Wohnung zu feiern. Gemeint ist das Angebot der Hausfrau, Gästen, die zum ersten Mal zu Besuch sind, die Wohnung zu zeigen. Da jeder Mensch neugierig und an diesem Angebot erst einmal nichts unanständig ist, gibt es keinen Grund, es abzulehnen. Ich habe Frau von Weizsäcker erlebt, wie sie einige Damen während eines Empfangs durch Schloss Bellevue, den Amtssitz des damaligen Bundespräsidenten von Weizsäcker, führte, Gemälde erklärte und die Gäste ein wenig in die Geschichte des Hauses einweihte. In die Privaträume führte sie nicht. Daraus lernen wir dreierlei: Erstens führen Männer nicht durchs Haus, es sei denn, sie leben allein (→ Singles) oder mit einem anderen Mann

(→ Schwule) – sie dürfen führen. Zweitens: Männer lädt man zu so einem Spaziergang nicht ein; sie dürfen aber mit, wenn sie den Wunsch äußern. Drittens: Man erlaubt nicht den Blick in jedes Zimmer, auch dann nicht, wenn man glaubt, aber auch gar nichts verstecken zu müssen. (Keiner ihrer Gäste wird vermutlich hinter einer Tür, die Sie nicht öffnen, Leichen vermuten wie in Blaubarts Schloss.) Nun haben die meisten von uns keine Repräsentationsräume, die vorzuzeigen wären, also führt man ins Wohn-, ins Esszimmer, in den Salon (so man einen besitzt), die Bibliothek, das Musikzimmer (auch diese beiden Räume sind ein selten anzutreffender Luxus), verliert einige Worte über die Bilder im Korridor und in den Arbeitsräumen. Die Küche präsentiert man nur, wenn die geführte Dame (oder der Herr) sie zu sehen wünscht. Die Baderäume, die Schlafzimmer öffnet man dem Besucher nicht. Halten Sie sich zurück, mögen Sie auch noch so stolz sein auf das Wasserbett, das gedimmte Licht und die roten Vorhänge. Wer schauen darf, schaue. Versteht sich, dass die Hausfrau einige Komplimente hören möchte: über Möbel, Stühle, Bilder, Gardinen. Wenn sie Ihnen gefallen, äußern Sie es; falls nicht, schweigen Sie.

Herr

Wann ist ein Mann ein Herr? In der Öffentlichkeit wird man jedes männliche Wesen – unabhängig von Beruf und gesellschaftlichem Rang – einen Herrn heißen. Schon das Kind sollte lernen, einen Besuch, der vor der Tür steht, so zu nennen. Ganz unabhängig davon, ob ein Mann im Cut draußen wartet oder einer im Blaumann. Also nicht: »Da ist ein Mann.« Keinen alten Mann spricht man mit Opa, keine ältere Frau mit Oma an. Aber wie Sie bei der Lektüre dieses Buches merken, sind eindeutige Antworten unmöglich in einer Gesellschaft, die die Klassenlosigkeit feiert und in der sich Frauen aus fürstlichem Hause lächerlich machen, weil sie weder diskret noch höflich, weder rücksichtsvoll noch im simpelsten Sinne anständig sind. Bleiben wir dabei: Sprechen wir vor Dritten von einem Mann, dann ist er ein Herr. Tauschen Sie also etwas in einem Kaufhaus um und möchten den Mann wiederfinden, der Sie bedient hat, dann fragen sie nach dem großgewachsenen Herrn mit dem schwarzen Schnauzbart und dem kurzen Haarschnitt. Genauso halten wir es mit Frauen. Und lassen uns die allergrößten Freiheiten zum Spiel mit der Regel: Eine Marktfrau ist keine Marktdame (und eine Hausfrau keine Hausdame; auch Hausmann oder Hausherr sind unterschiedliche Erscheinungsformen der Spezies Mann). Erscheint aber diese Marktfrau bei einem unserer Vorträge, ist sie zu einem Fest eingeladen, so stellt man sie nicht vor: Meine Marktfrau, sondern Frau B. und bittet die → Dame zum Tanz.

Herrenhandtaschen

werden verboten (selbst die von Louis Vouitton und Etro). Ich weiß, die Sakkotaschen sind klein, die Hosentaschen nicht tief. Und schließlich will man nicht aussehen wie ein (aus)gebeulter Schlumpf. Ein Mann könnte ja seine Begleiterin fragen, ob sie noch ein Plätzchen hat in ihrem Täschchen für seine nötigsten Dinge, aber wenn die beiden nicht gerade verheiratet sind – und zwar miteinander –, sollte diese Lösung nicht angestrebt werden. Wohin also mit dem Geld, den Zigaretten, den Kreditkarten?
Eine Geldklammer nimmt weniger Platz ein als ein Portemonnaie; die Zigaretten – wenn noch im Gespräch – lassen sich in einem (versilberten) sehr flachen Etui unterbringen, das gut in die innere Brusttasche der Jacke passt; und die Kreditkarten, in einem kleinen Mäppchen, finden Platz in der äußeren Brusttasche des Jacketts – auf ein hübsches Pochette, das Einstecktuch, muss man deshalb keineswegs verzichten. Und die Lese-, die Fernbrille, die Tabletten? Es bleiben nur die Taschen übrig, tut mir leid. Beschränkung tut Not. Denn Herrenhandtaschen wirken nun einmal spießig schlimm – wie auch immer derjenige aussehen mag, der sie trägt. Und ganz gleich, ob sie aus Rinds-, Kalbs- oder Krokoleder gefertigt sind. Schlimmer übrigens noch, als die eigene Tasche am Handgelenk baumeln zu lassen, ist es, die der Frau zu tragen. Wir wollen den Damen alle Lasten, die ihnen lästig sind (oder scheinen), abnehmen, Einkaufstüten schleppen und die Körbe vom Markt, aber

ihre Handtasche ist uns ein Greuel. Die tragen wir nicht! Wir lassen uns nicht zum Schammes machen. Versprechen dafür aber, dass wir sie nie wieder anbetteln, doch ihre eh winzigen Abendtäschchen vollzustopfen mit unseren Schlüsseln. Oder wir pfeifen auf alle Schönheit und sacken in die Taschen, was sie fassen. Dann aber heißt es alle Spiegel meiden, denn man gleicht einem Schmuggler nach einer Butterfahrt zwischen Glücks- und Sonderburg: unglücklich-absonderlich, aber voll ausgerüstet. Große Umhängetaschen und Rucksäcke sind erlaubt. Aber Obacht: Sie stören in überfüllten Bahnen, Bussen, Sälen.

Herzlichkeit

Eine Eigenschaft wie → Charme, → Eitelkeit oder → Geschmack. Die Definition fällt herzlich schwer. Herzlichkeit korrespondiert, so viel ist sicher, mit einer diskreten → Offenheit, mit einem vorurteilsfreien Einlassen auf den anderen Menschen. Wahrscheinlich gehört zur Herzlichkeit auch Hilfsbereitschaft. Mit der Herzlichkeit sollte man so sparsam umgehen wie mit dem → Esprit – so man ihn denn besitzt. Im Übermaß angebracht, kann Herzlichkeit für die herzlich Umsorgten zur Tortur werden. Herzlich, das Adjektiv, existiert als positive Umschreibung, aber auch als Pejorativ: herzlich dumm, herzlich schlicht etc. und hat, so benutzt, annähernd die Qualität von naiv, gutgemeint. Während das Herz der Dichter liebstes Wort ist, hat die Herzlichkeit kaum Eingang gefunden in wichtige Texte. Mir gefällt Schopenhauers Erklärung für »herzlich« besonders, weil darin sehr genau formuliert wird, dass ein herzlicher Mensch einer ist, der sich anderen Menschen mit einer teilnehmenden Neugier öffnet, also auch bereit ist, selbst aufrichtig Frage und Antwort zu stehen: »freundlich, berührend, lieb« – wie das etymologische Lexikon erklärt. Doch mit »lieb« sind wir schon wieder beim »herzlichen Herzchen«, dem Dummchen. Also hier Schopenhauer: »Man findet oft, dass Leute von vieler Erfahrung am herzlichsten und freimütigsten mit ganz fremden Leuten sprechen, die sie gar nichts angehen. Das kommt daher, weil eben die erfahrenen Menschen wissen, dass zwischen Leuten, die in irgendeinem Verhältnis zueinander stehn, eine aufrichtige, unbefangene (sic! – cbs) Gesinnung beinahe unmöglich ist, sondern stets eine gewisse Spannung durch Aufmerken auf unsern nahen oder entfernten Vorteil statthat: sie bedauern, aber sie wissen, dass es so ist, und gehen nun mit Freuden und Vertrauen aus der Mitte der Ihren dem Wildfremden entgegen, um sich ihm aufzuschließen.«

High Potentials

sind hochbegabte Frauen und Männer, die sich nicht allein durch ihre fachliche Qualifikation auszeichnen, sondern vor allem durch ihr Engagement und ihr soziales Verhalten. Also Führer- und Unternehmerpersönlichkeiten mit sozialer Kompetenz. High Potentials müssen nicht (unbedingt) eine akademische Ausbildung genossen haben. Aber sie müssen Mitte zwanzig das Studium möglichst beendet, während der Ausbildung bereits gearbeitet, also Erfahrungen gesammelt haben und mindestens in zwei Fremdsprachen perfekt sein. Unter den High Potentials gibt es die besonders starken, schnellen, erfolgreichen: die High Flyers, also die Überflieger. Sie können alles, was die ordinären High Potentials können – nur noch besser, noch schneller, noch effizienter. Klar, dass alle High Potentials von der Wirtschaft umworben werden und zu den Topverdienern gehören. Was ihren Lebensstil betrifft, so kleiden und benehmen sie sich nicht anders als die → Yuppies.

Hochzeit

Keinem Fest wird in alten Benimmbüchern so viel Aufmerksamkeit geschenkt wie der Hochzeit: Von den Vorbereitungen – der Einrichtung der Wohnung, dem Einkauf der Wäsche – bis zum Fest ist alles detailliert beschrieben; Braut, Bräutigam, Braut- und Bräutigameltern sowie den Gästen werden die alleraufwendigsten und seltsamsten Vorschriften gemacht. Konstanze von Franken, die jedes Kapitel mit den Essentials unter der Überschrift »Merke:«

beschließt, hat in ihrem ›Handbuch des guten Tones und der feinen Sitte‹ (47. Auflage, 1922) auch zur Hochzeit das Wichtigste zusammengetragen, das ich Ihnen nicht vorenthalten möchte.
»Merke:
1. Lache als Braut nicht auf dem Wege zum Altar, weine aber auch nicht zu rückhaltlos während der Traurede. Es ist dies für den Bräutigam nicht schmeichelhaft.
2. Dem Bräutigam ziemt ein frisches, freudiges, wenn auch gehaltenes Wesen.
Räuspere dich als Bräutigam, ehe du dein ›Ja‹ sprichst, damit es dir nicht in der Kehle steckenbleibt. Ein Bräutigam darf sein ›Ja‹ nicht bloß erraten lassen wie die Braut.
3. Komme als Gast nicht ohne den passenden Hochzeitsanzug. Schon die Bibel weist die Hochzeitsgäste zurück, die ohne hochzeitliches Kleid kommen.
4. Sperre die Kirche nicht ab, wenn du Hochzeit hältst. Je mehr Gäste, je mehr Ehre!
5. Sei besonders liebenswürdig gegen einen herzugereisten Gast. Sein Vergnügen in der ihm ganz fremden Gesellschaft dürfte ohnehin nicht allzu groß sein.
6. Gib dich keinem Aberglauben hin. ›Regen am Hochzeitstag bedeutet Tränen‹, sagen die einen; die anderen meinen: ›Regnet's in den Brautkranz, so bedeutet das Reichtum.‹
7. Lass auch die Armen wissen, dass Hochzeit im Hause ist.«
Merksatz 1 und 2 können wir getrost vergessen! Nummer 5 ist eher kryptisch; und Nummer 6 seltsam.
Nummer 7 indes sollten wir beherzigen: Man kann aus Freude über dieses Glück, einen Menschen gefunden zu haben, mit dem man vorhat, glücklich alt zu werden, gern Spenden verteilen oder überweisen: an Frauenhäuser oder an die Aids-Hilfe.
Auch Gräfin Schönfeldt füllt viele Seiten mit der Hochzeit, mit Hochzeitsbaum, -bräuchen, -diner, -empfang, -essen, -geschenken, -kleidung, -paar, -reise und Hochzeitszeitung.
Fangen wir mit dem Paar an. Es muss in den meisten Ländern der Erde noch immer aus zwei Menschen verschiedenen Geschlechts bestehen. Sie sollen sich mögen, ernsthaft beabsichtigen, die guten und die schlechten Zeiten gemeinsam zu überstehen, und sich den

Entschluss reiflich überlegt haben. (Eine → Verlobung ist so wenig Voraussetzung wie sexuelle Enthaltsamkeit, die manche Vorehestandsregeln vorschreiben.)
Die Hochzeit beginnt am Abend davor mit dem Polterabend, einer möglichst amüsanten Feier mit Freunden und Nachbarn. Man zerschellt Geschirr (kein Glas), um die bösen Geister zu bannen, die jeder Ehe den Garaus machen können, auch wenn das Brautpaar das zu diesem Zeitpunkt (noch) heftig abstreiten wird. Zum Polterabend lädt man gewöhnlich ins Haus der Braut ein – mündlich; Kleidungsvorschriften gibt es keine – nur sollten Damen nicht versuchen, ein letztes Mal mit der Braut um den Bräutigam zu konkurrieren, daher auch die Regel: kein Weiß. Man bietet wie bei einem Empfang ein Buffet. Aufmerksame (und fleißige) Freunde und Gäste haben eine Hochzeitszeitung vorbereitet, in der man allerlei Schnurriges und Schrulliges über das Paar lesen kann, oder/und ein Programm mit Sketchen, Dialogen, Gedichten. Manche Gäste bringen an diesem Tag auch schon die Geschenke mit. Der Abend sollte nicht zu lange dauern: Standesämter schließen pünktlich (man sollte also nicht verschlafen!), Pfarrer machen keine Überstunden und Messdiener auch nicht, und das bedeutet, dass der Hochzeitstag für alle ziemlich früh beginnt. Sollten Gäste eher hartnäckig weiterfeiern, -tanzen, -trinken wollen, dann muss der Bräutigam sie gewähren lassen. Die Braut aber darf ihre Gäste hinauswerfen oder -komplimentieren, denn sie ist – wenn alles gutgeht – zum letzten Mal alleinige Gastgeberin!
Längst vor dem Polterabend muss geplant und entschieden werden. Die beiden müssen sich (mit den beiden Elternpaaren) geeinigt haben, was sie denn wollen: Kirchliche Trauung? Standesamt? Beides? Ein schlichtes Mittagessen zu zweit? Ein Abendessen mit der Familie? Einen Empfang? Ein kleines, ein großes Fest? Einen Ball? Zeigt man die Hochzeit mit Anzeigen und Karten an – und wer? Es gibt sie nicht: die Musterhochzeit für jedefrau und jedermann.
Wer sich für die kleinste Form entscheidet: keine → Anzeigen, Hochzeit mit Trauzeugen und Eltern im Standesamt und anschließendes intimes Essen, muss sich nicht schämen. Im Gegenteil – Goethe ist mit ihnen. »Unter allen Festen ist das Hochzeitsfest das

unschicklichste; keines sollte mehr in Stille, Demut und Hoffnung begangen werden als dieses«, steht in den ›Lehrjahren‹.
Stille und Demut sind in unserer Zeit nicht sehr gefragt, die Hoffnung ist der Gewissheit gewichen, dass es doch meist anders kommt, als man denkt, und da die meisten Menschen Freude daran haben, ihre Freude zu teilen, sind die größeren Hochzeitsfeste die Regel – jedenfalls beim ersten Versuch!
Bevor's ans Feiern geht, sollte man sich auch auf einen Familiennamen geeinigt haben oder darauf, keinen gemeinsamen zu haben. Neben diesen beiden Möglichkeiten – Familienname der Braut oder des Bräutigams für beide, Beibehaltung beider Namen, was bei Menschen, die es in ihrem Beruf schon zu einigem Ruhm gebracht haben, empfehlenswert ist, aber wegen der Voraussetzungen wohl seltener gemacht werden müsste, als es getan wird – gibt es eine dritte: der gekoppelte Name für die Frau oder den Mann. Sie hat dann auf so eine köstliche Benennung wie Eva-Elisabeth Lüster-Bock Anrecht, er auf Willibald-Ernst Bleibtreu-Kotz.
Dann gilt es, die Hochzeit anzuzeigen (→ Verlobung) und einzuladen. Es ist immer noch üblich, dass die Eltern der Braut die Hochzeit ausrichten und zum Festessen einladen. Sollten sie finanziell weit schlechter gestellt ein als die Eltern des Bräutigams, so ist es selbstverständlich, dass eine andere Lösung die bessere ist. Doch vor dem Essen ruft die Pflicht.
Das Standesamt. Dort erscheint die Braut in einem Kostüm oder Kleid – meinetwegen mit einem Hütchen, der Bräutigam trägt einen dunklen Anzug zu einem weißen Hemd mit Krawatte. Bei formellen Hochzeiten kommt er im → Cut oder Stresemann. Aber: dies sind wieder die Spielregeln, mit denen man spielen kann. Für die Kirche kleiden sich Bräutigam und Braut in der Regel festlicher, also das weiße Kleid, der Cut, der Frack (nur nachmittags, bei wirklich großen Trauungen). Ob Myrthensträußchen oder weiße Nelke im Knopfloch oder Orchidee? – Überlassen Sie dies nicht mir, sondern denken Sie sich etwas Passendes aus (→ Geschmack). Die Braut sollte in jedem Fall einen kleinen Hochzeitsstrauß in der Hand tragen. Für die Gäste gilt die Regel: Nicht eleganter und extravaganter gekleidet sein als das Brautpaar – und in der Kirche nicht tiefdekolletiert oder kurzbehost.

Wer zieht mit wem ein? Die Gäste erwarten das Paar, zwei Familien und die Trauzeugen in der Kirche. Entweder führt der Brautvater die Braut zum Altar, wo der Bräutigam wartet, oder – die der Emanzipation eher angemessene und weniger dramatische Form – der Brautzug formiert sich vor der Kirche oder in der Sakristei. Dem Brautpaar folgen der Vater des Bräutigams mit der Mutter der Braut, Brautvater mit Bräutigamsmutter. Braucht's blumenstreuende Kinder? Brautjungfern mit ihren Herren? Entscheiden Sie. Möchten Sie auf Blumen in den Ehehimmel schreiten, gönnen Sie sich den kleinen Luxus. Sie werden sich erregt oder sehnsüchtig daran erinnern, sollte der Himmel sich als jene Hölle zu erkennen geben, über die wir in Strindbergs Stücken verdutzt staunen. Gräfin Schönfeldt verweist beim Einzug auf einen wichtigen konfessionellen Unterschied: »Beim Einzug in die Kirche geht der evangelische Bräutigam links von der Braut, während der Bräutigam bei der katholischen Trauung meist rechts von der Braut geht, so dass er nicht wechseln muss, wenn er die Kirche verlässt.« Diese Regelung mag nützlich sein, allein: Was macht ein evangelischer Bräutigam bei einer katholischen Trauung? Ich halte es – überkonfessionell – für angemessen, wenn die Braut beim Einzug und Auszug auf der rechten Seite geht. Wegen eines kleinen Stellungswechsels nach der Ja-Ja-Arie muss man nicht eine Ehe schon mit Unhöflichkeit beginnen.

Ob danach zu einem vormittäglichen → Empfang gebeten wird oder zu einem Mittagessen, ob der Empfang für eine große Zahl von Gästen ausgerichtet wird und sich ein Mittagessen in kleinerem Kreis anschließt, bleibt Ihnen überlassen. Die schönste Hochzeit ist indes wohl jene mit einem Diner und anschließendem Tanz. Da die wenigsten Haushalte über genügend Raum verfügen, bietet es sich an, in einem Hotel oder einem Restaurant zu feiern. Die → Tischordnung bestimmt das Brautpaar, dem bei einer langen Tafel die zwei Ehrenplätze in der Mitte zustehen. Rechts neben der Braut: Bräutigamsvater; die Brautmutter ist des Bräutigams Tischdame. Der Geistliche sitzt diesen Ehrengästen gegenüber. Er darf nach dem Fleischgang die erste Rede halten, gefolgt vom Brautvater. Danach darf sprechen, wer Lust hat, doch jeder sollte sich prüfen, ob das, was und wie er es zu sagen hat, den anderen eine Freude ist. Nur aus Eitelkeit das Wort zu ergreifen, ist wenig klug. Wenn die Reaktion auf solch eine → Tischrede nur beckettisch ausfällt, nach dem Motto: »Keine Verbesserung, keine Verschlimmerung!«, hat man etwas falsch gemacht. Die Geschenke (→ Geschenkliste) kann das Brautpaar gleich auspacken, zumindest bei kleineren Festen, dabei freudig gestimmt bleiben – und keine Schnuten ziehen, wenn unter dem schmucken Papier eine Fürchterlichkeit zum Vorschein kommen sollte. Ob man beim Anstoßen mit dem Brautpaar einander das Du anbietet oder nicht, bleibt jedem selbst überlassen: Es muss nicht sein (→ Verlobung). Den anschließenden Ball (oder die Disco) eröffnet das Brautpaar.

Klar, dass sich die Eheleute in angemessener Frist (drei Wochen maximal) schriftlich für die Geschenke bedanken. Die Gäste müssen schneller sein: Zwei Wochen bleiben ihnen für ihren Dank.

Hochzeitsbräuche sind etwas Wunderbares – vorausgesetzt, sie sind nicht grob. Ob nur der Kranz oder die ganze Braut geraubt wird; ob Brautzoll erhoben oder ein Brautfang organisiert wird; ob Lichter- oder Kesseltanz: Erlauben Sie sich – gerade als Braut und Bräutigam – alle (erlaubten) Freiheiten. Es könnten die letzten gewesen sein.

Heiraten zwei Frauen oder zwei Männer, so müssen sie bei den Einladungen nichts anders machen als ihre heterosexuellen Freunde. Und auch das Fest muss nicht anders gefeiert werden – das gilt sogar für die Kleiderordnung. Aber, vielleicht bin ich prüde: Ich finde es einigermaßen abgeschmackt, wenn bei zwei Frauen die eine den Macker macht und die andere das Bräutchen, wenn bei zwei Männern einer das gestandene Mannsbild (womöglich in Leder) gibt und der andere die Tussi oder Königin Mutter. Allein, das müssen die Eheleute selber entscheiden, was sie sich und ihren Gästen antun oder gönnen wollen. Und noch etwas finde ich eher grässlich – wenn homosexuelle Paare alles imitieren, was Heterosexuelle ihnen jahrhundertelang vormachten: Braut-Bräutigam-Strauß, Kuss vor der Hochzeitsgesellschaft, gemeinsamer Walzer. Aber – wie geschrieben –, vielleicht bin ich nur verklemmt. → Schwule

Höflichkeit

»Lasst uns also unser Leben wie ein Kinderspiel ansehen, in welchem nichts ernsthaft ist als Redlichkeit.« (Immanuel Kant in: ›Reflexionen zur Anthropologie‹)

Das ›Etymologische Wörterbuch des Deutschen‹ macht es sich einfach: »f., guter Umgangston, Zuvorkommenheit, mhd. hovelecheit.« Der ›Brockhaus‹ von 1989 definiert: »Form des Umgangs mit den Mitmenschen, die von gegenseitiger Achtung, Rücksichtnahme und der Einhaltung bestimmter gesellschaftl. Konventionen (z. B. Begrüßungsformen, als Ausdruck des Anstands und des guten Tons) geprägt ist. Urspr. das rechte Verhalten am fürstl. Hof.«

Im 18. Jahrhundert war man ausführlicher. Im ›Zedlerschen Universallexikon‹ von 1736 finden wir eine ziemlich langatmige Erklärung: »Höflichkeit hat ohne Zweifel vom Hofe, Hofleben seine Benennung. Großer Herren Höfe sind ein Schauplatz, wo jeder sein Glück machen will. Dieses lässt sich nicht anders tun, als wenn man des Fürsten und derer Vornehmsten am Hofe Zuneigung gewinnet. Man giebt sich also alle ersinnliche Mühe, denselben sich beliebt zu machen. Hierin vermag nichts mehr, als wenn man den andren Glauben machet, dass wir bey aller Gelegenheit nach äußersten Kräften ihm zu dienen bereyt seyen. Gleichwohl sind wir dazu nicht allezeit vermögend, wollen wohl auch nicht, und dieses viel Mahls aus gerechten Ursachen. Dieses alles ersetzet die Höflichkeit. Da geben wir dem andern durch unsere äuserliche Bezeigung so viel Versicherung, dass er eine gute Hoffnung von uns fasst, wie wir ihm zu dienen willig. Dieses erwirbt uns bey dem andern ein Vertrauen zu uns, woraus denn unvermerckt eine Liebe gegen uns sich erzeuget, nach welcher er uns gutes zu thun begierig wird. Dieses ist bey der Höflichkeit so allgemein, dass sie dadurch dem, der sie besietzet, einen sonderbaren Vorzug zu Wege bringet. Geschicklichkeit und tugend sollten zwar eigentlich dieses seyn, welches uns derer Menschen Hochachtung erwerben solle. Wie wenig sind aber derer beyder rechte Kenner? Ja wie noch wenigere halten sie einiger Ehren werth? Das, was äuserlich in die Sinne fällt, rühret die auf das äuserliche alszusehr geworfenen

Menschen weit mehr, zu Mahl wenn noch solche Umstände dabey vorkommen, welche ihren Willen sonderbar rühren. Dieses tritt bei einem Höflichen gantz und gar ein.«
Höflichkeit – als Kunst sich angenehm zu machen, um für das Versprechen, treu und ehrlich und folgsam zu dienen, vom Mächtigen belohnt zu werden? Viel mehr sagt der Autor dieses Artikels nicht.
Die Traktate und Werke zum Umgang mit Menschen, zum guten Benehmen halten sich bei der Definition von Höflichkeit sehr zurück. Doch für Della Casa wie für Castiglione und von Knigge gilt das Nämliche: Höflichkeit bringt gesellschaftliche Vorteile, so, wie Unhöflichkeit gesellschaftliche Sanktionen nach sich zieht. Höflichkeit erweckt Sympathie und Ansehen, schafft Freunde und ist karriereförderlich; Unhöflichkeit mindert Mitleid, schmälert Liebe, verhindert Erfolg und gesellschaftlichen Aufsteig, auch dann, wenn Talent – »Geschicklichkeit« – vorhanden ist. Della Casa versucht sogar, das rechte Maß an Höflichkeit zu bestimmen: »Halte es mit dem Zeremoniell der Höflichkeit also wie der Schneider mit den Kleidern: er schneidet lieber etwas zu viel als zu wenig, aber nicht so, dass ein Sack oder ein Mantel dabei herauskommt, wenn er eine Hose schneidern will. Wenn du ein wenig freigiebig bist zu denen, die niedriger stehen als du, wirst du als höflich gelten, und wenn du dich bei den Höhergestellten ähnlich verhältst, als gesittet und liebenswürdig. Wer es jedoch übertreibt, wird als seicht und eitel getadelt, und wenn es noch schlimmer kommt, wird er als übler und schmeichlerischer Kerl hingestellt, ja, wie ich es bei bestimmten Literaten gehört habe, als Schleimer.«
Sybil Gräfin Schönfeldt widmet der Höflichkeit auch einige Zeilen. Höflichkeit, so meint sie, schaffe Distanz und fördere gleichzeitig Freundschaft. »Höflichkeit zeigt auch an, wie ich gerne möchte, dass mit mir umgegangen wird. Höflichkeit zeigt die Chance zur Freiheit und zur Individualität der Manieren. Denn wie höflich ich bin, hängt von mir selber ab. Höflichkeit lehrt schließlich begreifen, dass es nicht reicht, wenn man sich richtig verhält. Nicht nur auf das Tun kommt es an, sondern auch auf das Lassen.« Und sofort folgen Beispiele fürs falsche Tun: ungeschickte Briefanreden, vergessene Geburtstage, »der immer wieder aufge-

schobene Besuch bei einem nicht so ›wichtigen‹ Menschen« – und keines fürs richtige Lassen. Schade!

Am ausführlichsten hat sich bisher André Comte-Sponville mit der Höflichkeit auseinandergesetzt. In seinem glänzenden Essayband ›Petit traité des grandes vertus‹ behauptet er die Höflichkeit als erste Tugend des Menschen »und vielleicht den Ursprung aller anderen«. Kant zitierend, dass der Mensch zum Menschen erst werde durch Erziehung und dass er nichts sei als das Produkt dieser Erziehung, die durch Disziplin Animalität in Humanität transformiere, folgert Comte-Sponville, dass die guten Manieren den guten Handlungen vorausgehen müssten und zu ihnen führten: »Les bonnes manières précèdent les bonnes actions, et y mènent.«

Und so wird für den Autor die Moral der Ausgangspunkt für die Höflichkeit: »La morale commence donc au plus bas – par la politesse et il faut bien qu'elle commence.« Auch Comte-Sponville sieht – ähnlich wie Castiglione – die Höflichkeit gefährdet durch die Übertreibung. Outriert demonstriert, sei Höflichkeit nur eine »gymnastique de l'expression«, und man beurteile Menschen, die sich so benähmen, als »zu höflich, um aufrichtig zu sein«. Comte-Sponville beendet seinen Aufsatz mit der Bemerkung, Höflichkeit sei nichts wert ohne Moral. Die Höflichkeit, so Comte-Sponville, sei eine kleine Sache, die auf die großen bloß vorbereite. »Sie ist ein Ritual, aber ohne Gott; sie ist ein Zeremoniell, aber ohne Kult; sie ist eine Etikette, aber ohne Monarch. Eine leere Form, die nur durch diese Leere etwas wert ist. Eine Höflichkeit, die sich ernst nimmt, fällt auf ihre eigenen Regeln herein, und ihr fehlen schon deshalb die Regeln, die sie vorschreibt. Höflichkeit allein genügt nicht.« (La politesse ne suffit pas, et il est impoli d'être suffisant.)

Für Comte-Sponville ist die Höflichkeit letztlich also die unterste, vielleicht auch die selbstverständlichste Tugend, der er in seinem Buch die anderen gegenüberstellt: Vorsicht, Großmut, Mitleid, Humor und Toleranz.

Das »kleine Nichts« Höflichkeit ist sowohl Ursprung, Keimzelle aller Tugenden als auch deren Gefäß, das – als → Takt, → Rücksicht, → Aufmerksamkeit, Gewandtheit, → Charme und Harmonie – alle und aller Bewunderung wert ist. Die richtigen Manieren kann (und sollte) man schon ein Kind lehren. Allein, um zu verstehen, wodurch sich Höflichkeit auszeichnet, muss ein Heranwachsender wissen, was Moral, was Rassismus, was Diskriminierung, was Wahrhaftigkeit ist und was den zivilisierten Menschen vom erzogenen unterscheidet.

Gutes Benehmen, also die Einhaltung von bestimmten Verhaltensmaßregeln, verdient den Namen Höflichkeit nicht. Der formgewandte Nazi, der den Handkuss beherrscht und den Plauderton der Salons, der blind einen Burgunder oder einen Bordeaux erkennt und im Konzentrationslager zu Beethoven-Konzerten und Rilke-Lesungen einlädt, mag gute Manieren haben: Höflich ist er nicht. Nicht zivilisiert! Und schon gar nicht »moralisiert«, um einen Kantschen Terminus zu benutzen. Höflichkeit verdient ihren Namen nicht, wenn sie Respekt, → Toleranz, Mitleid, Rücksicht, Generosität nicht mit einschließt.

Höflichkeit ist nicht bloß Anmut und Takt, vielmehr hat sie als Basis des Verhaltens die Achtung der Menschenwürde. Der höfliche Umgang ist nicht wohlproportionierte Akrobatik des Benehmens, sondern eine Haltung gegenüber dem Menschen. Höflichkeit ist eine Entscheidung, die in jeder Situation neu gefällt werden muss und immer wieder eine Antwort darauf verlangt, warum wir etwas tun, unterlassen, mitteilen oder verschweigen. Kants Forderung ist verbindlich: »Die größte Angelegenheit des Menschen ist, zu wissen, wie er seine Stelle in der Schöpfung richtig erfülle und recht verstehe, was man sein muss, um ein Mensch zu sein.« (In: ›Beobachtungen über das Gefühl des Schönen und Erhabenen‹) Und »da der Mensch sehr früh eine Empfindung von dem, was recht ist« hat, wie der Philosoph in seiner ›Metaphysik der Sitten‹ schreibt, so muss Höflichkeit vor allem die Würde der Menschheit an jedem Menschen anerkennen, respektieren und das Verhalten gegenüber jedem Individuum in dieser Achtung sein Maß haben.

Es geht also letztlich darum – und deshalb bezeichnet Höflichkeit Wichtigeres als Etikette und Manieren, Bedeutsameres als Betragen und Benehmen –, im Umgang miteinander die »hohen Tugenden«, die Comte-Sponville der Höflichkeit überordnet, zu integrieren; sie zu begreifen als unabdingbare Bestandteile der Höflichkeit. Als Urgrund, auf dem gutes Benehmen reifen und alt werden kann. Fehlt dieser Boden, dann mangelt es an Bewusstsein, und das Verhalten ist im besten Fall äußerlich richtig, bleibt aber dennoch Verstellung, die auf Vorteil sinnt. Es gibt ihn nicht, den höflichen Nazi, es existierte nur der korrekte, der in allen Fragen der Etikette perfekte. Unser höfliches Verhalten muss also der Maxime folgen, dass Wohltun Pflicht ist und Menschenachtung Moral. Wir dürfen nicht ablassen zu versuchen, die gesellschaftliche Artigkeit und Anständigkeit nicht als ein Ritual zu feiern – und uns dadurch besser als andere zu dünken. Wir müssen die Höflichkeit als moralische Verpflichtung in unserer Gesellschaft ernst nehmen. Müssen Vorbild sein. Ein Opportunist kann diese Aufgabe so wenig leisten wie ein Lügner – mögen sie beide in jeder Gesellschaft auch die allerbeste Figur machen.

Es ist wahr: Höflichkeit offenbart sich zunächst in äußerlichen Zeichen, die leicht zu dechiffrieren sind – als gekonnt, als bemüht, als verunglückt. Doch wer genau hinsieht, wird rasch zu unterscheiden lernen. Wird wie Aschenputtel die gutdressierten Sklaven der Regel – und von 1933 bis 1945 galt in Deutschland der formulierte und gelebte Antisemitismus als gutes Benehmen, als Entrée zu den meisten gesellschaftlichen Ereignissen – unterscheiden können von den Freien, die Höflichkeit als Selbstbestimmung, als Individualität, als eine moralische Entscheidung begreifen. Als ein Spiel, das variiert werden muss, aber eine absolute, unumstößliche Regel kennt: die Moral. Wer dies begreift und lebt, wird Vorbild. Je mehr Vorbilder, desto besser für eine Gesellschaft. Dann vermag sie vielleicht, sich der Kantschen Utopie vom kultivierten, zivilisierten, moralisierten Menschen zu nähern. Kant sah dieses Menschheitsideal sehr fern, wähnte seine Zeitgenossen zwar, so formulierte er in der ›Idee zu einer allgemeinen Geschichte in weltbürgerlicher Absicht‹, »im hohen Grade durch Kunst und Wissenschaft kultiviert. Wir sind zivilisiert bis zum Überlästigen, zu allerlei gesellschaftlicher Artigkeit und Anständigkeit. Aber uns für moralisiert zu halten, daran fehlt noch viel.« Kant, wir wissen es, sah die Entwicklung zu positiv. Allein, nach dem Zweiten Weltkrieg, nach der Verfolgung von Juden, Kommunisten, Zigeunern, Homosexuellen, nach den Gemetzeln in der ehemaligen UdSSR und dem ehemaligen Jugoslawien, angesichts der Schwierigkeiten zwischen Verhandlungen von Palästinensern und Israelis,

wächst das Bewusstsein, dass den Menschen nur eine Rettungschance bleibt: Achtung, Respekt, Toleranz, Friedfertigkeit. Wer in den Luxuxhotels von Washington und Genf und Tel Aviv beim Diner verhandelt, das Champagnerglas in der Rechten, artige Toasts auf den Lippen, und tags darauf Häuser sprengt, auf Menschen schießen und Bomben werfen lässt, mag sich benehmen können. Er bleibt ein Verbrecher, auch im Frack mit weißer Weste. Ein Mann ohne Moral und tugendlos. Und deshalb: bar jeder Höflichkeit. Er benutzt »das kleine Nichts« als Maske. Und alle anderen Maskierten akzeptieren sie.
Nehmen wir ihnen aber Hummer und Handkuss: Wir entdecken hinter der galanten Benutzung von Besteck und Körper kaum eine Tugend. Es gibt kein Wahres im Falschen! Ergo – und das galt es zu beweisen – ist Höflichkeit eben doch weit mehr als Hummer und Handkuss. Sie ist: die größte Tugend, denn sie vereint alles, was gut, wahr und schön ist. → Political correctness

Hotel

Einige kennen das Buch, viele den Film: 1929 publizierte Vicki Baum ihren Roman ›Menschen im Hotel‹, der 1932 verfilmt wurde. Dort kann man lesen, sehen, was ein Hotel ist und wie es darinnen zugehen kann. Ein Hotel ist in den meisten Fällen teurer, komfortabler als eine Pension oder ein → Gasthof. Manche bevorzugen die kleinen Familienhotels, andere die kleinen oder größeren Palace-Hotels, und wer in jeder Stadt ungefähr den gleichen Luxus (oder eine ähnliche funktionale Bescheidenheit) sucht, wählt ein Haus einer Hotelkette. In Deutschland weisen die Hotels am Eingang meist nicht aus, wie luxuriös sie sind, es gibt keine Sterneklassifikation wie in Frankreich, wo ein Stern ein einfaches Hotel ausweist, fünf Sterne eine Luxusherberge kennzeichnen. In Hotels benimmt man sich – auch wenn man manchmal teuer für jede Aufmerksamkeit zahlt – so höflich, als wäre man eingeladen. Und manche Hotels schaffen es wirklich – dank ihres zuvorkommenden Personals –, dass sich der Gast gastlich umsorgt fühlt (→ Gastlichkeit) und beinahe vergisst, nicht eingeladen zu

sein, sondern zahlen zu müssen. Er wird allerdings daran erinnert, wenn ihm am Ende die Douloureuse, die »Schmerzensreiche«, präsentiert wird.
Was die Hotels zu bieten haben, unterscheidet sich sehr. Nicht überall wird es einen → Bellman geben oder einen Voiturier, der das Auto in die Garage fährt. Aber einen → Empfangschef muss es geben, eine Telefonistin und einige Zimmerkellner. Sie alle behandelt man wie seinesgleichen, also keineswegs arrogant-herablassend. Bei der Abreise hinterlässt man → Trinkgeld für das Zimmermädchen – auf dem Schreibtisch oder dem Nachtkästchen. Zimmerkellnern gibt man jedes Mal ein Trinkgeld. Wenn man sehr lange in einem Haus Gast und wirklich zufrieden war, kann man für das gesamte Personal am Ende ein Trinkgeld hinterlassen. → Beschwerden

Housewarmingparty,

ein → Empfang, eventuell mit → Buffet, für Freunde nach dem Einzug in eine neue Wohnung oder ein neues Haus. Man kann schriftlich oder telefonisch dazu einladen. Man zeigt das Haus, aber bitte nicht zu stolz und bitte nicht alle Räume (→ Hauszeigen). Sind die neuen Nachbarn nett und ist man selbst höflich und rücksichtsvoll, so lädt man sie dazu, wirft vielleicht ein Einladungskärtchen in den Briefkasten. Falls es unterlassen wird, sollte man sich zumindest bald vorstellen: auf dem Korridor, im Waschkeller, am Briefkasten. Bei den direkten Nachbarn empfiehlt es sich, zu einer angemessenen Tageszeit zu läuten (11 Uhr, 18 Uhr) und sich bekanntzumachen. → Party

Hüte

sind nicht mehr sehr beliebt. Wohl auch deshalb, weil mancher Mann und nicht wenige Frauen mit dieser Bekleidung ein bisschen debil aussehen – und dies sogar eingesehen haben. (Warum dann allerdings so viele junge und alte Männer die amerikanischen Schirmmützen so gern tragen, mag ich nicht beantworten.) Zum

→ Frack, zum → Cut gehört ein Zylinder – doch wer trägt ihn noch? In Ascot sind sie Pflicht wie die großen Hutkreationen für die Damen. Männer, die beim Autofahren Hüte tragen, sind Witzfiguren. Frauen, die am Abend große Hüte aufsetzen, mögen hübsch aussehen, allein: Nach Sonnenuntergang sind die kleinen angesagt. Aber, wie schon unter dem Stichwort »Aufforderung zum Tanz« beschrieben: Regelverletzungen machen Spaß. Und ich erinnere mich mit Freude an die Kritikerin Karena Niehoff, die stets Hüte zu tragen pflegte und zu einer Bayreuther Premiere mit einem wagenradgroßen Modell erschien, garniert mit vielen Sorten von Seidenobst. Als nach dem ›Lohengrin‹-Vorspiel der Herr hinter ihr sie bat, doch das Monstrum abzulegen, zischelte sie nur indigniert – »Wo denken Sie hin?!« Und zog die engen Lackpumps aus.
Einige Regeln – zum Missachten und um mit ihnen zu spielen: grauer Zylinder zum Cut (für englische! Gardenpartys und Rennplatzbesuche), schwarzer Zylinder zum Cut mit schwarzer Hose, Weste, Krawatte (→ Beerdigung), Bowler (auch Melone genannt) zum Stresemann. Einfachste Regel, aber deshalb fad: der Homburg passt zu allem – vom Frack bis zum Straßenanzug. Damenhüte sind angemessen zu Hochzeiten, Pferderennen, → Gartenfesten und Beerdigungen. Haben Damen Lust, zum → Fünf-Uhr-Tee mit Hut zu erscheinen, sollten sie sich diese Lust gönnen und den Hut aufbehalten, denn das verlängert sie, die Lust.
Eine wichtige Bemerkung am Schluss: »A tiara is never worn in a hotel«, warnt der Duke of Bedford in seinem ›Book of Snobs‹.

Hummer

Ein schönes Tier im Meer, ein köstliches auf dem Teller (→ Tierliebe), wo er meist halbiert aufgetragen wird. Der Länge nach geteilt. Es ist alles noch dran, wenn auch nur zur Hälfte: Schwanz, Beine, Schere. Um alle Köstlichkeiten aus den harten Hüllen zu bekommen, muss man erstens die → Finger benutzen und sie immer wieder in der → Fingerschale und an der zusätzlich gedeckten zweiten Serviette putzen. Zweitens arbeitet man sich in die Scheren und in den Schwanz mit der

Hummergabel,

einem sehr langen, sehr dünnen Instrument, an dessen Ende zwei kurze, scharfe Krallen helfen, das Fleisch aus der Schale zu lösen. Sind die Scheren noch nicht in der Küche aufgebrochen worden, so muss eine

Hummerzange

her. Sie unterscheidet sich nur unwesentlich von einem Nussknacker, weswegen der als Ersatz gedeckt werden kann. (Aber für jeden Gast einen, versteht sich.) Ein Hummer- oder Krebsessen (sie knackt man ebenso) ist ein wundervolles, langwährendes Vergnügen. Wer Angst hat, etwas falsch zu machen, schaue erst einmal, wie es die anderen Gäste machen. Wer sich an die Ratschläge anderer Manierenautoren hält, die jenen, die unerfahren sind im Hummer- und Krebsessen, vorschlagen, diesen Gang höflich auszuschlagen, mit dem Hinweis, das Eiweiß bekomme ihnen nicht gut, versäumt ein Leben lang die Freude an einem festen, sehr delikaten Fleisch, das – so viel sei verraten – keineswegs nach Fisch schmeckt.
Eine letzte Hummer-Bemerkung. Sensible Naturen sollten immer bereits gekochte Hummer kaufen, denn das Vergnügen an diesem Essen wird ziemlich geschmälert, erinnert sich der Gastgeber an den ersterbenden Blick des unschuldigen Tieres. Ich kenne einen durchaus mutigen jungen Mann, der auf Long Island gekaufte Hummer wieder ins Meer warf – nachdem er einen ersten im Topf hat verenden sehen.

Hund

→ Tiere

I

Imbiss

Kleine Zwischenmahlzeit, die man eigentlich nur dann zu sich nehmen sollte, wenn man zunehmen will oder körperlich sehr schwer arbeitet. Einladungen zum Imbiss sind eine zu Recht vergessene Form der fünfziger Jahre. Irgendwas zwischen Brunch und Lunch und Pansch.

Imbissstube

Vorgängerin der Pizza Huts, der vielen Fastfood-Macs, der Sushi-Stände, des kleinen Chinesen. Imbissstuben, Imbisskioske, Würstchenbuden sind aber in den Großstädten noch nicht verschwunden. Man wird dort für wenig Geld im Stehen schnell satt – und würgt, wenn man Pech hat –, lange. → Fastfood

Intrige,

so lesen wir in Gero von Wilperts ›Sachwörterbuch der Literatur‹, komme vom französischen *intrigue* und dies vom lateinischen tricae und bedeute: »Ränke, Machenschaften, Verwicklungen und Vertauschungen als absichtliche oder zufällig herbeigeführte Komplikationen im Drama, führen in der Tragödie zum Untergang (Schiller, ›Kabale und Liebe‹), in der Komödie zu heiterer Lösung und glücklichem Ende (Shakespeare, ›The Merchant of Venice‹).«

Obwohl ich keineswegs der Meinung bin, dass ›Der Kaufmann von Venedig‹ heiter und glücklich endet – zumindest nicht für Shylock! –, im Leben enden die meisten Intrigen wirklich eher schlicht. Zur Tragödie führen sie jedenfalls nie. Ganz einfach deshalb nicht, weil Intrigen nur funktionieren in einer Gesellschaft, die diskret ist und Versprechen noch achtet. In unserer Zeit aber, in der die Geschwätzigkeit es beinahe unmöglich macht, Geheimnisse zu bewahren, in der die → Ehre für viele nur noch ein Begriff ist, keine Maxime des Verhaltens, werden Intrigen rasch aufgedeckt. Und die Intriganten stehen enttarnt da – ihnen wird niemand mehr Glauben schenken. Ein Intrigant ist ein Widerling, ein charakterloser, menschenverachtender Zyniker. Schauspieler mögen ihn als Rolle, in allen anderen Berufen sollte man diese Figur nie spielen. Auch nicht im Privatleben. Sie ist mies. Beim Mobbing am Arbeitsplatz, also beim Ausgrenzen von Kollegen sind → Lüge und Intrige die Mittel der Angreifer. Hier kann die Ränke die von den Intriganten gewünschte Wirkung haben, weil einer/einem Gemobbten mehrere Intriganten gegenüberstehen, also eine verschworene Intrigantenclique. Fällt allerdings nur einer dieser Verschwörer um, werden die üblen Machenschaften sichtbar – und das Ende ist bitter für die Bösewichte und eher heiter für die gemobbten Gefoppten. Keine Frage, ein höflicher, ein anständiger Mensch zettelt keine Intrige an und beteiligt sich an keiner. Trotzdem wissen wir alle, dass manchmal Finten gefunden werden müssen, um an das gewünschte Ziel zu gelangen. Sind sie erlaubt? Solange man die Achtung, auf die jeder Mensch ein Recht hat, nicht antastet, müssen sie wohl gestattet sein. Schließlich ist es auch ein Gebot der Höflichkeit, des Anstands, nicht jedem immer und sofort anzuvertrauen, für wie verlogen, unfähig, unanständig und dumm man ihn hält. Wird man indes zur Rede gestellt, also von einer solchen Person befragt, was man von ihr halte, was man von ihr gegenüber dem Chef, den Kollegen, den Freunden behauptet hat, dann muss die Wahrheit raus. Lügen dürfen nur Dichter: Rabelais, Fischart, Grimmelshausen, Cyrano de Bergerac und Swift konnten es am besten.

J

Jour fixe

Der festgelegte Tag in der Woche oder in einem Monat, da man zu einem Empfang, einem Cocktail, einem Tee oder Kaffee bittet. Oder zu Lesungen, Diskussionen, Konzerten. Eine schöne Einrichtung. Allerdings ziemlich anstrengend für Gastgeber und Gäste – da verbindlich. Für den Gastgeber gibt es außer Tod, Krankheit und einer vierwöchigen Ferienpause keinen anständigen Grund zur Absage. Und für die Gäste auch nicht. Genau deshalb gibt es nur sehr wenige Jours fixes.

Hans-Joachim von Krampen, der in seinem Buch ›Was ist vornehm?‹ Hausfrau und Hausherrn über die bestmöglichen Formen des Umgangs debattieren lässt, erfand dieses nette Gespräch:

»Eigentlich sollte ich mir überhaupt einen festen Jour einrichten. Das könnte uns unter Umständen jede größere Festlichkeit ersparen. Ich erließe zu Anfang der Saison die Mitteilung an sämtliche Bekannte und Verwandte, dass ich einmal die Woche, wenn du willst, auch alle vierzehn Tage, zum Tee empfinge. Ich kann ja, um weitere Geselligkeit für uns unnötig zu machen – denn den großen Damen, die ihre Bälle und Gesellschaften geben, ist ihr ›Jour‹ nur der fest anberaumte Visitentag – den Tee ein wenig festlicher ausgestalten und ihn sich über die siebente Abendstunde hinaus, bis nach neun und zehn Uhr, hinziehen lassen. Ich nehme mir dann eben die Freiheit, den modernen ›Tee‹ unsern persönlichen Bedürfnissen entsprechend umzumodeln. Ich hänge ihm, der nur für ein paar kurze Nachmittagsstunden gedacht war, das Abendbrot an. – Was meinst du dazu?«

Der Hausherr überlegte.
»Wenn du es noch ›gediegener‹ und dem deutschen Geschmack angemessen haben willst, so kann ich, nachdem der Tee im Salon gereicht war, auch zum Abendbrot decken lassen, statt dass sich jeder selbst den Teller holt und sich am Büfett vollpackt«, versuchte die Gattin zu überreden.
»Wie aber, wenn du einmal vergeblich vor vollen Schüsseln sitzen und auf deine Gästen warten müsstest? – Dein Teeabend fiel vielleicht mit einem großen Fest zusammen. (...) Oder wenn es regnet, stürmt, schneit an deinem Empfangstage; wer will es deinen Bekannten verdenken, wenn sie sich sagen: Bleiben wir heut zu Hause, nächste Woche ist auch noch ein Tee ... du aber müsstest für Gäste gut verproviantiert sein, und ich kann dann die nächsten Tage wie verzweifelt ›Reste‹ essen.«
»Egoist! – Wer immer nur zuerst an sich denkt ...«
»Erlaube, ich dachte dabei auch lebhaft an dich. Der Hausherr ist ja beim Tee eigentlich Nebensache, hätte nur gelegentlich sich im Salon seiner Frau zu zeigen. Ich stelle mir vor, dass du dann ein für alle Mal gezwungen sein würdest, den einmal festgesetzten Empfangstag auch innezuhalten. Das kann doch auch für dich recht unbequem werden. Du willst verreisen, fühlst dich nicht aufgelegt, bist elend, eine Festlichkeit, ein interessanter Gast im Theater locken gerade an dem Abend, den du dir selbst festgelegt hast.«
»Dann lasse ich halt meinen Jour ausfallen, dazu hat man doch das Recht.«
»Und du verbrauchst dann mindestens für einen Taler Porto, um deinen sämtlichen Bekannten und vermutlich zu erwartenden Teegästen die Mitteilung von dem Ausfall des Jour rechtzeitig zukommen zu lassen. Das wäre wenigstens die nötige Höflichkeitspflicht.«
Es gibt auch gesellschaftliche Jours fixes. Mitglieder der Rotartier- und Lions-Clubs, aber auch der Freimaurerlogen treffen sich regelmäßig an bestimmten Tagen. Nicht nur, um zu plaudern. Sie halten einander Vorträge, und sie engagieren sich sozial. Und zwar nicht nach dem Motto »Tu Gutes und red darüber!« Gerade die Rotarier helfen mit größter Diskretion. Übrigens kann man diesen

Clubs und Logen nicht beitreten, man wird gebeten, geprüft, für gut befunden oder abgelehnt. Sich anzubieten oder anzufragen gilt als extrem unfein.

Jugendliche

→ Kinder

K

Karriere

kommt aus dem Französischen: la carrière. Bezeichnet zunächst die berufliche Laufbahn eines Menschen, also den (gesellschaftlichen) Aufstieg. Der Begriff existiert aber auch im übertragenen Sinn, das heißt, Karriere beschreibt auch die persönliche Entwicklung eines Menschen, und damit kann Karriere auch negativ konnotiert werden: Drogenkarriere, Alkoholkarriere, Verbrecherkarriere. Dieses Stichwort hat eigentlich in diesem Buch so wenig zu suchen wie »Aquarium«, dennoch wollte ich es aufnehmen. Denn wie verhält man sich gegenüber einem Karrieristen, der auf dem Wege seines beruflichen und gesellschaftlichen Aufstiegs sich nicht immer korrekt, womöglich gar intrigant und menschenverachtend benommen hat? – Ich meide solche Menschen, habe sie nicht zu meinen Freunden gemacht, erlaube mir aber zugleich auch kein abschätzendes Wort in der Öffentlichkeit, sind die Verfehlungen nicht offensichtlich oder gar publik geworden.

Ein Karrierist, so die Definition, ist ein Aufsteiger (das gilt selbst bei der negativen Deutung: mehr Drogen, mehr Verbrechen) und ein Streber. Wobei im Deutschen der Streber eindeutig negativ gezeichnet wird. Und das missfällt mir. Wer strebsam, neudeutsch: zielorientiert, fair und anständig an seiner Karriere arbeitet, was sollte man dem vorwerfen? Niemand muss die Nase rümpfen, begegnet er einem Menschen, der sich mit Fleiß und Intelligenz und Anstand (!) hochgearbeitet hat. Und noch weniger missachte man jene, die strebten und nicht reüssierten. Sie sind weder arme Wichte noch Verlierer – vielleicht bloß glücklos. Ein Gedanke von Heinrich Heine gehört hierher, unbedingt: »Nicht bloß das Tun, nicht bloß die Tatsache der hinterlassenen Leistung gibt uns ein Recht auf ehrende Anerkennung nach dem Tode, sondern auch das Streben selbst.« → Erfolg

Käsemesser

wird mit der Käseplatte gedeckt. Sieht aus wie ein normales Messer mit zwei Zacken am Ende. Man schneidet den Käse mit der Schneide ab, piekt das Stück auf die Spitzen und balanciert den Käse auf den eigenen Teller. → Besteck

Kaffee und Kuchen

Kaffeekränzchen sind selten geworden – und eine reine Damenangelegenheit geblieben. Und ein sehr familiärer Brauch. Und sehr, sehr bürgerlich. Gräfin Schönfeldt hält den Nachmittagskaffee als → Jour fixe, zu dem ab und an auch einmal ein neuer Gast eingeladen werden sollte, für eine durchaus noch heutige Geselligkeit für weibliche und männliche Gäste. Da es eine Dauereinrichtung sei, so müsse nicht jedes Mal wieder eingeladen werden – nur der neue Gast sollte telefonisch oder schriftlich gebeten werden. Mir ist so ein Kaffee-und-Kuchen-Jour-fixe noch nie begegnet. Als offizielle Einladung scheint mir so ein Treffen eher seltsam. Laden Sie also telefonisch oder per E-Mail zu Kaffee und Kuchen ein, wenn Sie mögen und wenn Sie wissen, dass Sie Ihren Verwandten und Freunden damit eine Freude machen. Aber: Wundern Sie sich nicht über Absagen.

Katzen

→ Tiere

Kaugummi

brachten die amerikanischen Befreier am Ende des Zweiten Weltkriegs mit nach Deutschland und machten damit Kinder froh. Heute beliebt bei Jung und Alt, auch als Zahnputzmittel zwischendurch. (Ersetzt aber selbst im Übermaß genossen nicht das Zähneputzen!) Wenn man das Gummi kaut, dann bitte bei geschlossenem Mund. Vor Unterhaltungen (auch am Telefon) nimmt man es aus demselben und klebt es nicht unter den Schreibtisch, den Stuhl, die Untertasse. Bitte auch nicht auf die Straße werfen! Der traurige Rest gehört in ein Stück Papier und dann in den Abfall.

Kavalier

»Ein Kavalier von Kopf und Herz / Ist überall willkommen; / Er hat mit seinem Witz und Scherz / Manch Weibchen eingenommen. / Doch wenns ihm fehlt an Faust und Kraft, / Wer mag ihn dann beschützen? / Und wenn er keinen Hintern hat, / Wie mag der Edle sitzen?«, scherzte Goethe. Womit schon geklärt ist, dass einen Kavalier nicht die Kleidung auszeichnet, sondern sein Kopf. Doch den sollte er nicht bloß für Witze und Scherze nutzen, sondern für Wichtigeres.

Auch wenn wir im Sprachgebrauch nur noch den »Kavalier der Straße« zulassen, jenen rücksichtsvollen Autofahrer, der vor Schulhäusern langsamer fährt und Damen am Volant die Vorfahrt selbst dann lässt, wenn sie keinen rechtlichen Anspruch darauf geltend machen können, es gibt noch eine andere Spezies Mann, die wir ganz unironisch Kavalier nennen wollen.

Nicht bei Adam und Eva möchte ich anfangen, obwohl es gewiss Kavaliersart von Herrn A. war, der Dame E. den Apfel zu pflücken und zu reichen – ganz gegen den inneren Widerstand. Nein, das Wort leitet sich ab vom lateinischen *caballus* = Pferd. Im Unterschied zu *equus* war ein Nutztier, kein Reitpferd damit gemeint. Aus caballus wurde im Spätlateinischen *caballarius,* der Pferdeknecht, der im Mittellateinischen aufstieg zu einem ohne

Panzer kämpfenden Ritter. Im Altfranzösischen wurde daraus der *chevalier:* Aus dem Reiter wird allmählich der Ritter, der Adlige. In dieser Bedeutung übernahm man das Wort auch im Deutschen: Edelmann, Herr, Begleiter einer Dame. Die galante Dichtung geht dann noch einen Schritt weiter: der Kavalier als vornehmer Liebhaber. Im 17. Jahrhundert wurde der Kavalier zu einem Modewort, und die Person, die so apostrophiert wurde, gewann feine Eigenschaften hinzu: Kavalier war, wer vornehm, gebildet und weltgewandt war. Erst im 19. Jahrhundert wurde dieses männliche Persönlichkeitsideal mit dem englischen Wort *gentleman* bezeichnet.

Bei Gräfin Schönfeldt fehlt dieses Stichwort zwischen Kaugummi und Kaviar; bei Asfa-Wossen Asserate gleichfalls, bei Friedrich-Karl von Chasot gibt es nur noch den Kavalier der Straße. Der ›Hofmann‹ von Castiglione, der ›Galateo‹ von Della Casa indes beschreiben das Benehmen eines Kavaliers. Und Graf Pilati erklärt an einem gravierenden Problem, was »Ritterlichkeit« bedeutet: »Bekanntlich befiehlt der gute Ton oft Abweichungen von dem Schema, dass der Dame immer der Vortritt gebührt. Bereits früher erwähnte ich als eine solche Abweichung, dass der Herr der Dame stets vorangehen wird, wenn er ihr, also z. B. bei Menschenanhäufungen oder in vollen Räumen, Bahn brechen muss und ein bequemes, unbelästigtes Hindurchkommen ermöglichen will. Auch beim Hinaufsteigen einer schmalen Treppe, z. B. beim Besteigen eines Turmes, würde es die Dame oft genieren, wenn der Herr ihr nicht vorangehen, sondern folgen wollte. (…) Beim Hinuntersteigen auf einer steilen oder dunklen Treppe hat die Dame auch an dem vorangehenden Herrn nötigenfalls eine Stütze. Für das Hinaufgehen allerdings würde es aus diesem Grunde sich manchmal empfehlen, dass der Herr der Dame folgt. Es kommt eben ganz auf die Umstände an. Wahres Taktgefühl wird in jeder Lage das Richtige zu finden wissen; oft wird es sich empfehlen, seiner Dame kurz den Grund anzugeben, wenn man es für richtig hält, als Herr voranzugehen.« So wollen wir es halten: Takt weit und breit, die Erklärung kurz.

Aber ist ein Kavalier nur ein höflicher Auf- und Absteiger, ritterlich und mutig voran oder hinterher? Ein Kavalier heute – was ist das?

Ein Herr, der sich nicht nur zu benehmen weiß, sondern den auszeichnet, was anderen wohlerzogenen Männern fehlt: Intelligenz, Charme, Witz, Brillanz im Reden und eine ganz unaufdringliche, diskrete Verführungskunst, deren Ziel nicht Quicky, nicht Liaison ist, sondern Bewunderung. Ergo: es gibt keine uneitlen Kavaliere. Aber schlechtgekleidete und hässliche auch.

Kaviar

Störrogen, schwarz oder grau, klein- oder großperlig. Wird gewonnen aus den Stören im Schwarzen und Kaspischen Meer, in nordamerikanischen und sibirischen Gewässern. Unterschieden werden die Sorten: Beluga, Malossol und Astrachan. Der iranische ist der feinste. Kaviar wird in westeuropäischen Ländern in einer Glasschale, die im Eis stehen kann, serviert; jeder Gast nimmt sich mit einem Löffel aus Horn davon auf den Teller. (Es gibt in Fachgeschäften wunderschöne Behältnisse, bei denen ein Eisteller unter der Schale schon mitkonzipiert ist.) In Russland kommt meist eine große Schüssel auf den Tisch; und die Gäste schmieren sich ihr Weißbrot erst mit Butter und dann mit Kaviar so voll, als wäre es Heidelbeermarmelade. Hierzulande kann man es ähnlich halten – denn im perfekten Haushalt wird man ein Kaviarmesser aus Horn entdecken. Man sollte indes etwas zurückhaltender sein als in Russland. Alle schreiben Toast vor – ich finde das russische Weizenbrot, weich und nicht heiß gemacht, weit leckerer. Wer das Kaviarbrot nicht mag, isst die schwarzen Eierchen zu einem Stück Graubrot und benutzt die Gabel (manchmal werden auch Kartoffeln mit Crème fraîche dazu gereicht).
Kaviar ist nicht nur sehr angenehm im Geschmack (vor allem der offene), sondern auch sehr teuer. Also häufen Sie den Löffel nicht zu häufig voll, beherzigen Sie wieder einmal Konstanze von Franken: »Mache beim Zulangen einen Unterschied und nimm nicht ebenso viel vom Kaviar wie vom Spinat.« (Wenn andere Gäste Sie indigniert ansehen, ist es schon zu spät! Sie retten Ihren Ruf übrigens nicht, wenn Sie den Spinat zum Fleisch später unangetastet lassen.) »Kaviar für das Volk«, in Shakespeares ›Hamlet‹ gefordert,

hat sich aber selbst in Russland nicht durchgesetzt, wo diese Delikatesse auch heute noch – für uns! – erstaunlich preiswert ist. Erschwinglicher ist der Lachsrogen, Keta-Kaviar, und Forellenrogen. Beide sind rot, der Keta oft unangenehm salzig.

Kellner

Auch Ober genannt. Bedient in Gasthöfen, Restaurants, Hotels. In luxuriösen Restaurants gibt es eine Kellnerhierarchie; Sie können also dort davon ausgehen, dass sich nicht nur der Piccolo, der am Anfang seiner Karriere steht, um Sie kümmert, sondern auch jener elegante Herr, der Sie empfing, sich Ihre Wünsche gemerkt hat und nicht aufschreiben musste! Kellner können einem ein Essen zum Fest zaubern oder alles vermiesen – ganz unabhängig von der Qualität der Speisen. Sie sind es, die aus einem hervorragenden Essen ein unvergessliches Ereignis machen. Sie beraten, begleiten Sie ungefragt zu den Waschräumen und wieder zurück zum Tisch, bringen eine neue Serviette, falls die Ihre zu Boden gefallen sein sollte. Haben Sie unaufmerksame Herren erwischt, zögern Sie nicht, ihnen auf höfliche Weise begreiflich zu machen, dass Sie mehr von ihnen erwarten als das Abstellen eines Tellers vor Ihrer Nase (→ Beschwerden). Sind Sie zufrieden, knausern Sie nicht mit dem → Trinkgeld. Sie können sogar darum bitten, das Trinkgeld nicht zu gleichen Teilen zwischen Küche und Saal aufzuteilen, sondern das Personal im Saal zu begünstigen. Oder Sie geben dem Empfangschef für seine Equipe ein Extratrinkgeld. Zu den Kellnern zählt auch der → Sommelier. Er vermag manchmal das Unmögliche. Durch seine Weinempfehlungen kann aus dem Fest ein himmlisches werden. Ich kenne Restaurants, die ich gern dem Paradies als Kantine empfehlen würde. In der Schweiz gibt es neben den Kellnern die sogenannten Saaltöchterbedienungen. Einst, als die Zürcher Kronenhalle noch von Frau Zumsteg geführt wurde, war nicht das Geschnetzelte die Reise wert, man fuhr meilenweit für diese beschürzten Engel.

Wie ruft man einen Kellner. Am besten gar nicht. Man sucht den Blickkontakt, hebt vielleicht den Arm. Ich weiß: Es gibt Bedienungen, die sich blind stellen. Sie erreicht man – manchmal gehört selbst dazu unverschämtes Glück – über die Ohren. Also »Herr Ober!« oder ein lautes »Bitte« oder, weil man ja bei diesen Taub-Blinden immer das leise Gefühl hat, sie zu stören, ein »Verzeihen Sie!«. Nie: »Fräulein«.

Kinder

sind keine Erwachsenen. Stimmt. Niemand sollte seine Kinder zu gutem Benehmen drillen. Kinder lernen weniger durch Ge- und Verbote (→ Abendessen zu Hause) als durch das Vorbild der Eltern. Außerdem kann man sie spielerisch verführen. Ich erinnere mich an ein vielleicht zehnjähriges Mädchen, das nach der Suppe und jeweils einer halben Portion des Fisch- und des Fleischganges (→ Kinderteller) langsam quengelig wurde. Es hatte sich zuvor an dem Gespräch der Eltern und Freunde beteiligt, die immer wieder versuchten, das Kind mit einzubeziehen. Das Mädchen hatte sich bei den Kellnern bedankt, ohne Fehl das Fisch- und das Fleischbesteck, sogar den Saucenlöffel benutzt, aber nun währte ihm dieses Diner doch zu lang. Ein bisschen mürrisch saß es vor dem Teller mit den verschiedenen Sorbets, stocherte mit dem Dessertlöffel darin herum, bis der Vater ein Spiel begann. Geraten werden mussten die Früchte, die dem Eis den Geschmack gaben, und der Vater hatte Glück. Eine Kugel war wirklich schwer zu erraten. Doch endlich war auch die Passionsfrucht gefunden, nachdem der Vater die kleine Hilfestellung gab, »quelle passion de manger …« Das Mädchen lachte hell auf – und quengelte nicht mehr.
Schwellenangst – die Furcht, in der Halle eines Luxushotels nur einen Kaffee zu nehmen, ohne Smoking eine Opernpremiere zu besuchen – baut man am besten in der Kindheit ab. Meine Schwester und ich sind unseren Eltern noch heute dankbar, dass sie uns an Heiligabenden zum Mittagessen in der Stadt absetzten, wo wir allein in einem Hotelrestaurant aßen, dann den Kindergottesdienst besuchten und schließlich mit der S-Bahn und dem Taxi nach Hause fuhren. Natürlich klopfte mir als Achtjährigem das Herz sehr schnell, als ich für meine kleinere Schwester und mich zum ersten Mal be-

stellte, beim zweiten Mal war ich schon souverän; und beim dritten Mal ließ ich mir das Bäckchen der Forelle vorlegen ... Im ersten Jahr war es ein gutbürgerliches Hotel am Hamburger Hauptbahnhof, später wollten wir uns beweisen, dass wir auch »ganz fein« allein ausgehen konnten und wurden vor Luxushotels abgesetzt. Selbst wenn es nur bürgerlich geht: Dieser kleine Trick, zu Selbständigkeit, zu Benehmen zu verführen und zugleich einen Menschen zu bilden, der fähig ist, sich selbst zu bestimmen, selbst zu entscheiden, was sich schickt und was nicht, empfiehlt sich. Seien Sie also Vorbild, fordern Sie Ihre Kinder (heraus) und nehmen Sie sie ernst. Wer für seine Kleinen nur Pommes bestellt und ihnen erlaubt, sie mit den Händen zu essen, muss sich nicht wundern, dass sich die Kleinen missachtet fühlen und es ihnen später schwerfällt einzusehen, dass man nicht alles, was man mit den Fingern packen kann, auch mit den Fingern isst. Deshalb servieren Sie zum Kindergeburtstag nicht bloß Chips und Negerküsse, Berliner Ballen und Pommes mit Ketchup, sondern die Lieblingsspeisen der Kinder: auf Tellern mit Besteck und Servietten. Deshalb setzen Sie die Kinder auch bei Familienfeiern mit an den Tisch – und servieren ihnen von allem, was die Erwachsenen essen, nur in kleineren Portionen. Versteht sich, dass man bei solchen Essen bei der Menüwahl Rücksicht nimmt auf die Kinder (und die älteren, gebrechlichen Gäste; → Alter) und nicht gerade Artischocken und Hummer serviert. Wenn man es sich leisten kann, sollten Kinder spätestens vom Schulalter an auch im Gasthof und im Hotel ein eigenes Zimmer bekommen. Die Gründe für diese Ausgabe sind die genannten.

Was tun, wenn fremde Kinder in Restaurants, U-Bahnen oder Cafés quengeln? – Nichts! Wie reagieren, wenn aggressive Gören einen dumm anmachen? Sie höflich zurechtweisen und – bei Misserfolg dieser kleinen Erziehungshilfe – einfach nachgeben: So schnell wie möglich den Ort verlassen.

Eltern mit schlecht erzogenen Kindern gibt man nie Tipps. Weder fremden noch befreundeten oder verwandten. Das Verhalten der Kinder mag uns nerven, anekeln, stören. Allein: Wir sind nicht zuständig. → Diskretion verbietet ein Einschreiten. → Rücksicht gebietet gelassene Nachsicht. Also, bitte: auch kein unwirsches Kopfschütteln. → Abendessen zu Hause

Kinderteller

sind ein diskriminierendes Angebot ebenso wie der Seniorenteller. Sowohl Kinder als auch ältere Menschen haben ein Recht darauf, nicht vorgesetzt zu bekommen, was Köche in Autobahnraststätten oder in Gaststätten ihnen vorschreiben: Die einen bekommen das kleine Schweineschnitzel mit Pommes, die anderen ein zu Mampf weichgekochtes Hühnerragout. Lassen Sie Ihre Kinder von der Karte auswählen und bitten Sie den Kellner um eine halbe Portion. In guten Häusern ist dies überhaupt kein Problem, in einfacheren wird man Sie auf den Kinderteller aufmerksam machen. Bleiben Sie standhaft: Zahlen Sie eine große und verlangen Sie eine kleine Portion. Diese können Kinder meist leicht aufessen. Schaffen sie es nicht, drängeln Sie nicht, den Teller schön leer zu essen. Wer sagt, er sei satt, ist es meist. Wer die halbe Portion kaum anrührt, sollte aber auch kein Dessert bekommen. Auch hier gilt das Vorbild. Lässt das Kind jedoch etwas übrig, weil es so gern auch noch ein Dessert essen möchte, erlauben Sie es. Schließlich überlegen Sie sich ja auch genau, wie viel Sie vom Fleisch essen, wenn Sie wissen, dass zum Nachtisch ein Soufflé gereicht wird. → Seniorenteller

Kirchen

sind christliche Gotteshäuser. Besichtigt man Kirchen, so sollte man korrekt gekleidet sein. Männer tragen keine Shorts, Frauen keine kurzen Hosen, keine kurzen Röckchen, zeigen sich eher züchtig denn dekolltiert. Man stellt die Handys ab, leckt kein Eis, und man isst nicht in der Kirche. Man respektiert den Ort, der eben kein Museum ist, sondern ein heiliger Raum, für diejenigen, die ihn benutzen. Also sprechen Sie leise. Und gehen Sie nicht in Kirchen umher, wenn Gottesdienst gehalten wird. Tun Sie es, so können Sie – selbst wenn Sie niemand ermahnt – sicher sein, dass Sie sich grob danebenbenehmen! Auch der afrikanische Prinz Asfa-Wossen Asserate macht sich hierzu Gedanken: »Anständig bekleidet sein soll, wer eine Kirche betritt. Was anständig ist, unterliegt dem Zeitgeschmack; vielerorts ist man sich wenigstens noch dar-

über einig, dass Badekleidung nichts in der Kirche zu suchen hat. Die Kirchen sollten ermutigt werden, in dieser Hinsicht fest zu bleiben und den kurzen Hosen auch weiterhin den Eintritt zu verwehren, durchaus in ihrem eigensten Interesse: Für viele ist heute ein solches Hindernis die erste Begegnung mit dem Heiligen und damit ein unschätzbares Bildungserlebnis, das gerade dem aufgeklärten Proletariat nicht vorenthalten werden sollte.«
Ich möchte nicht polemisch sein, aber dass die lange Hose zu einem Bildungserlebnis verhilft ist ebenso fraglich wie der Begriff »aufgeklärtes Proletariat« misslich ist. → Respekt, → Museum, → Proll oder Prolo, → Prekariat

Klatsch

ist Tratsch. Indiskretes über Personen, die die Klatschenden kennen. Unter dem Siegel der Verschwiegenheit anvertraut – und garantiert weitverbreitet. Niemand wird den Klatsch abschaffen, schließlich ist er ein (manchmal sogar amüsantes) Gesellschaftsspiel. Eine Regel gilt es indes zu verinnerlichen: Reden Sie nie Schlechtes, Despektierliches über Nichtanwesende. Das ist feige und mies. Unwürdig jedem, der von sich meint, rücksichtsvoll und höflich zu sein. Was Giovanni Della Casa 1534 formuliert hat, gilt also: »Über andere soll man nicht schlecht sprechen. Zwar ist es offensichtlich, dass wir solchen Reden gerne zuhören, da wir einander Vorzüge und Ehren neiden. Schließlich meidet man doch den Stier, der stößt, und daher auch die Freundschaft der Nachreder, denn jeder denkt sich, dass, wer anderen Übles nachredet, dies auch von einem selbst tun wird.« Wenn Sie am Verhalten eines Bekannten, einer Freundin Kritik üben wollen, dann kritisieren Sie diejenigen unter vier Augen. In großer Runde sind solche Zurechtweisungen kein Klatsch, aber ein großer → Fauxpas. Sollten Sie erfahren, dass Sie bei irgendeiner Party, einem Fest, einem Essen Gesprächsstoff waren, ärgern Sie sich nicht, sondern denken an Oscar Wildes Ausspruch: »There is only one thing worse in the world than being talked about and that ist not being talked about.«
→ Diskretion, → Entschuldigungen

Klatschen

→ Zuschauer

Kleiner Finger

Er wird nie abgespreizt. Nicht, wenn man die Tasse hält; nicht, wenn man das Glas erhebt; und wenn man Messer und Gabel benutzt auch nicht. Manche halten dieses seltsame Muskeltraining für fein. Ist es aber nicht!

Kleingeburtstag

feierte bei uns zu Hause immer derjenige, der nicht Geburtstag hatte. Es gab also für den Sohn ein klitzekleines Präsent, wenn die Tochter groß beschenkt wurde – und umgekehrt. Ich musste mich nicht bloß mitfreuen, sondern durfte auch über eine allein mir zugedachte Überraschung froh sein. Gewiss müssen Kinder lernen, dass sie nicht immer im Mittelpunkt stehen und sie anderen etwas gönnen und sich mit ihren Geschwistern über deren Geschenke freuen sollen, während sie selber leer ausgehen, aber – keine Angst bei der Nachahmung! – diese winzige Aufmerksamkeit stiftet nicht zum Egoismus an. Sie schafft das Doppelvergnügen.

Kochen

macht Vergnügen, zumindest dann, wenn man nicht – wie viele geplagte Mütter – täglich schnipseln, parieren, panieren, frittieren, glacieren muss. Da dem so ist, haben nicht wenige Zeitgenossen, vor allen Männer, eine neue Art von → Party erfunden, den gemeinsamen Kochabend. Nichts ist gegen dieses durchaus innovative und amüsante Freizeitvergnügen einzuwenden. Allein, auch bei dieser Party gibt es Regeln. Es müssen Dinge geklärt werden davor, währenddessen und danach.

Fangen wir mit dem Danach an: Schon bevor die erste Karotte geschrubbelt ist, das erste Küchenglas eingeschenkt, sollten die Teilnehmer wissen: Wer wäscht ab? Wann soll in etwa Schluss sein mit dem Spektakelschmaus?
Worauf muss man währenddessen achten? Die Rollen sollten verteilt sein, das heißt, ein jeder, eine jede sollte wissen, was er/sie tun oder lassen soll. Und wer einmal eingeteilt ist, den Spargel zu schälen, das Gemüse zu schnitzen, die Johannisbeeren von den Strünken zu fieseln, sollte dem Saucenkocher nicht dreinreden. Und wer einmal zugestimmt hat, stundenlang Arborioreis zu rühren, bis daraus ein leckeres Risotto geworden ist, der sollte nicht neidisch der Freundin dreinreden, wenn sie dem Perlhuhn Trüffelscheiben unter die Haut schiebt.
Und vorher? Es muss absolut klar sein, was es zu essen und zu trinken gibt. Es muss entschieden sein, wer wann was einkauft und wer was bezahlt. Manchmal sind solche Kochpartys Einladungen. Ich mag es seit meiner Studentenzeit, wenn man teilt. Es ist völlig in Ordnung, das diejenigen, bei denen man Gastkoch ist, sich um die Getränke kümmern, aber was spricht dagegen, wenn die Gäste sich die Ausgaben für die Einkäufe einfach teilen? Ich lud oft zu solchen Essen ein und nannte die Bedingungen – eben diese! – conditions connues.
Darf man mäkeln? Nein, nur loben – oder schweigen. Da bin ich streng. Und, bitte, entschuldigen Sie sich nie für Ihre Kreationen, bevor sie nicht irgendjemand probiert hat – das ist nämlich unziemlich kokett.

Körpergeruch

ist wie Mundgeruch kein Thema. Drum hier nur ein Zitat des verliebten Don Juan, der ernüchtert feststellt: »Nichts Reell'res in der Welt als der Geruch – er zaubert uns im Augenblick ins Reich der Wirklichkeit.« (Grabbe, ›Don Juan und Faust‹) → Parfum

Körpersprache

Jeder verrät mit seinem Körper, seinen Blicken, seinen Lippen, den Armen und Händen seine Empfindungen und Gedanken. Oder seine Unfähigkeit zu beidem. Oft sagen die Augen Ja zum überzeugt vorgetragenen Nein. Wir senden unentwegt Zeichen. (Wir erkennen sie bei Schauspielern auf der Bühne sofort, und, sind wir geübt im Dechiffrieren von Körperzeichen, so wird uns die Interpretation einer Inszenierung leichter gelingen, als wenn wir dieses genaue Hinsehen nicht gelernt haben.) Da die ganze Welt eine Bühne ist und wir alle mehr oder minder gute Schauspieler, worauf Shakespeare schon verwiesen hat, spielen auch wir. Eben nicht bloß mit Worten. Dagegen lässt sich nicht vorgehen – und es gibt auch keine Gründe, sich dieses Spiel zu verbieten. Aber aufpassen sollten wir dennoch: Man muss nicht zur Decke schauen, wenn einem ein Mensch vorgestellt wird, den man – gelinde gesagt – nicht schätzt. Man zeigt sein Desinteresse an Menschen und Themen nicht, indem man bei der Begrüßung wegsieht oder eingeschnappt und schmollend den Blick starr auf den Teller richtet. Man muss sich nicht zwingen, gutgelaunt zu wirken, wenn man schlechtgelaunt ist. Doch als Gastgeber und Gast hat man zumindest so viel Rücksicht zu nehmen, dass man den anderen ein Vergnügen nicht vermiest. Kurz: Es kann nicht schaden, Gesten einzusetzen wie Worte. Bedacht und kontrolliert. Jemand, der den → Handkuss perfekt beherrscht und während dieser Übung schon das kalte Buffet mustert, macht etwas falsch.

Kondolieren

→ Anzeigen, → Beerdigung

Kondome

sollten alle in der Hand- oder Hosentasche, in der Nachttischschublade, hinterm Autospiegel oder unter der Matratze bereithalten, die nicht ganz sicher sind, dass sie nicht doch irgendwann Lust haben auf einen Quicky, ein Abenteuer, einen Seitensprung. Und wer kann schon sicher sein, dass nicht heut' oder morgen die Versuchung vor einem steht und man ihr erliegt. Ob schlichtes Modell oder in Pink, ob mit Bananen- oder Ananasgeschmack, erlaubt ist, was gefällt und schmeckt. Auch Damen sollten sich mit Kondomen ausrüsten, es gibt nämlich erstens vergessliche, zweitens unvorsichtige Lover und drittens jene Männer, die jahrelang abstinent gelebt haben und plötzlich vom Johannistrieb gepackt werden und deren Kondome deshalb das Verfallsdatum schon überschritten haben. Vorsorge ist Fürsorge. Und das Kondom schon lange kein Tabu mehr. Also packen wir es an – und reden wir drüber. → Sex, → Chat

Kontaktanzeigen

sind nichts Anstößiges. Jeder, der hofft, auf diese Weise sein Glück zu finden, kann eine solche Anzeige aufgeben. Niemand sollte darin mehr versprechen, als er halten kann: was Aussehen, Intelligenz und Sportlichkeit betrifft. Die Frau, die mit ihren Maßen protzt und beschreibt, wie scharf ihre Freunde sie finden; der Mann, der stolz verkündet, er sei »gut bestückt«, sie verraten mehr, als sie wollen: Sie suchen eines gewiss nicht, den Gesprächspartner. Niemandem kann man vorschreiben, wie sehr er sich in einer Kontaktanzeige entblößen soll oder besser nicht. Sexuelle Vorlieben muss man aber wohl nicht vor dem ersten Treffen bereits veröffentlicht haben. Es sei denn, die Fixierung auf eine gewisse Technik ist allein entscheidend für »the beginnning of a wonderful friendship«. (Wer mehr darüber wissen will, wer auch zu erfahren sucht, wie ein → Quicky am besten gelingt und nicht allein zurechtkommt mit dem schwierigen Problem, wer wem zuerst an Reißverschluss und Knöpfe geht, dem empfehle ich Inez von Eyks One-Night-Stand-Berater ›Zu dir oder zu mir?‹.)
Manche überregionale Tageszeitungen weigern sich, Kontaktanzeigen zu veröffentlichen, in denen Frauen Frauen, Männer Männer suchen. Sie können zu dieser Toleranz nicht gezwungen werden, weltfremd und verklemmt ist diese Verweigerung in jedem Fall.

Und wie die Anzeigen in der ›Frankfurter Rundschau‹ und der Berliner ›taz‹ beweisen, die solche Ansinnen nicht ablehnen, sind diese Kontaktanzeigen nicht ferkeliger als die der Heterosexuellen. Billiger, einfacher trifft man auf die Objekte seiner Begierden im Internet. → Chat

Konvention

Übereinkunft, Vertrag, geltende, von der Gesellschaft gebilligte Verhaltenweise. Die Konventionen als geltende Verhaltensregeln einer Gesellschaft ändern sich ständig. Wer die Benimmbücher, die Anstandsbücher vergangener Zeiten liest, bemerkt sehr rasch, wie viele Regeln überflüssig oder albern geworden sind. Was Graf Pilati 1910 zu dem Problem, wie man zwei Damen zu Tische führt, bemerkt, muss heute kein Herr mehr beherzigen: »Wenn ein Herr nach eigener Wahl, wie dies meist bei Buffets der Fall ist, zu Tisch engagiert und bemerkt, dass die Damen in der Überzahl sind, so wird er sich als aufmerksamer Salonmensch erweisen, wenn er zwei zu ihm an Alter und Würde passende Damen auffordert, der älteren und angeseheneren Dame seinen rechten und der anderen den linken Arm bietet. Sind beide Damen so jung oder so alt, dass es schwer zu entscheiden ist, welche die noch jüngere beziehungsweise die noch ältere ist, oder scheinen ihm beide Damen gesellschaftlich gleichwertig, so wird er betreffs der hochwichtigen Frage, wen er seines rechten und wen seines minder angesehenen linken Armes würdigt, entweder den Zufall oder irgendwelche Rücksichten entscheiden lassen, z. B. die Rücksicht, welche von beiden Damen er lieber heiraten möchte.«
Wer all diese Möglich- und Unmöglichkeiten bedenkt – und alle Gefahren, in alte oder junge Fettnäpfchen zu steigen, abgewogen hat –, geht wahrscheinlich leer aus. Rechts und links: keine Dame. Und das Buffet leer.
Unkonventionelle Kleidung hat sich längst durchgesetzt – und doch sollte man, zumal dann, wenn auf der Einladungskarte Kleidungswünsche geäußert sind, sich an diese halten. (→ Unkonventionalität) Unkonventionelles Verhalten – also ein Benehmen wi-

der die Übereinkunft – ist selten ein Erfolg. Wildfremde Menschen zu duzen, gilt nur in Wohngemeinschaften, in Fitness- und Wellnessclubs, unter Schülern und Studenten als Beweis von besonderem Vertrauen; Spaghetti zu schneiden ist kein geschickter Trick, und mit der verheirateten Hausfrau zu flirten, kein Spaß.
Ein ziemlich konventioneller Mann mag sich (vielleicht) als ein Langweiler erweisen. Ein ganz unkonventioneller Typ muss aber deshalb nicht, nur weil sein Outfit verrückt ist, der aufgeweckte Künstler sein. So wenig wie derjenige sich als unverdorbener, ehrlicher Naturbursch erweist, dessen Art zu essen eher steinzeitlichen Regeln gehorcht oder spätmittelalterlichen Gebräuchen, wenn er die angenagte Hühnerkeule in die Schüssel zurückwirft, was übrigens schon Erasmus von Rotterdam nicht gutheißen konnte: »Etlicher ist also gemuot, swenn er daz Bein genagen hat, daz erz wider in die schüzzel tuot; daz habet gar für missetat.«
Dennoch empfiehlt es sich, auch mit Konventionen zu spielen und die eine oder andere Verabredung, die bisher noch galt, zu brechen.
Was man ist, sei man durch Verträge, philosophiert Wagners Wotan. Recht hat er. Und doch gibt es Situationen, in denen man Konventionen aufkündigt – auch auf die Gefahr hin, in diesem Hause nicht noch einmal eingeladen zu werden. Verstöße gegen → Diskretion und → Toleranz rechtfertigen – so denke ich – jeden → Fauxpas. Wenngleich dies ein Verstoß gegen die Abmachung ist, dass jedem Gastgeber jeder → Gast erst einmal heilig, also vor jedem → Affront geschützt sein muss. Aber es gibt Augenblicke, wo es wichtiger ist, sein Bewusstsein von Wahrheit und seinen Verstand zu retten, auch um den Preis zu verletzen und die Konvention dazu.

Konversation

→ Geld, → Pausengespräche, → Politik

Kosenamen

sind hübsch und zeigen, dass selbst lange, schwierige Ehejahre die Verliebtheit der ersten Monate nicht haben vergessen machen können. Schön, wenn Ehepaare, Freundespaare auch noch im Alter beherzigen, dass sich liebt, wer sich neckt. In der Öffentlichkeit sollte man sich beim Vornamen nennen. Die Liebesnamen, die man einander gegeben hat, sind einem doch deshalb so teuer, weil sie ein gemeinsames Geheimnis sind – mögen auf der Welt auch Tausende sich angesprochen fühlen, sagt ein Mann Mausi oder eine Frau Bärchen. Das bedeutet: Man spricht sich auch nicht mit Honey, Liebling, Schnuckelchen an, wenn andere zuhören. Übrigens gilt dies für Zwanzig- wie für Achtzigjährige: Geheimnis bleibt Geheimnis. Die Verliebten müssen auch beim Verzicht auf den Kosenamen nicht fürchten, den anderen Gästen könnte ihre Beziehung, auf die sie stolz sind, entgehen. Sie werden sich gewiss verraten – zumindest durch ihre Blicke.

Krawattennadeln

→ Schmuck für Herren

Krebse

→ Besteck, → Tierliebe

Kuchengabel

Kleine Gabel für den Kuchen und die Torte, wird meist auf dem Teller serviert. Deckt man einen Kaffee-und-Kuchen-Tisch, legt man die Gabel entweder rechts des Tellers oder darüber.

Kuss

Heikles Thema. Welchen Liebenden verbietet man schon gern dieses Vergnügen. Sie dürfen sich, treffen sie sich bei einem Fest, umarmen und küssen – sozusagen zur Begrüßung. Danach sollten sie nicht mehr rumschmusen oder besser, können sie es nicht lassen, das Fest verlassen. (Sich ins Schlafzimmer der Gastgeber zu verdrücken, liegt zwar nahe, aber so ein Kurzschluss ist eigentlich ziemlich daneben, ebenso wie der → Quicky im Badezimmer – mag er in Filmen und im zeitgenössischen deutschen Drama auch schon vorgeführt worden sein.) Enge Freunde mögen sich zur Begrüßung umarmen und küssen – wobei dieser Kuss ebenso wenig die Wange treffen sollte wie der → Handkuss die Hand. Diese moderne Form des Bruderkusses ist mächtig in. München hat, anders als Hamburg, schon eine stadtbekannte Bussi-Bussi-Gesellschaft: Wer geküsst wird, gehört dazu. Aufnahmeprüfung entfällt. Für die Umarmung mit Luftkuss gelten die Regeln des Begrüßens: Die Dame fängt an, der ältere Herr, der Ranghöhere. Irgendwann küsst jeder jeden – eine schreckliche Vorstellung. Eine letzte nötige Kussregel: Zungenküsse tauscht man nur, wenn man allein ist: zu Hause, im Hotelzimmer, auf dem Segelboot, im Wald … Hier gilt das Schleckverbot wie beim Eis am Stiel. → Eiscreme

L

Lärm

lässt sich nicht immer vermeiden. Feste, Partys, Hausbälle sind keine Trappistentreffen. Plant man ein größeres Fest, sollte man zuvor die Nachbarn verständigen (→ Fest). Man versucht aber auch, wenn man sich allein betrinkt, nicht zu lärmen; und wer gern laute Musik hört, darf dies tagsüber gewiss (bis 22 Uhr), aber er muss nicht den Ehrgeiz haben, den Hinterhof und alle Stockwerke des Hauses zu beschallen. Es wäre dabei nicht ganz unhöflich, eine Mittagspause einzulegen (zwischen 13 und 15.30 Uhr). Das gilt auch für jede Form der Hausmusik. Wer je neben, unter, über einem Ehepaar gewohnt hat, dessen vier Sprösslinge alle das Privileg des privaten Musikunterrichts genossen, darf sich eines Platzes im Himmel beinahe schon sicher sein: Denn er hat gelitten. Falsche Töne auf der Blockflöte, das Gejammer auf einer Violine, das Gehämmere auf einem Pianoforte und erst recht die Übungen auf einem Schlagzeug sind für unfreiwillige Zuhörer immer (!) Vorhölle. Also bitte nicht länger als zwei Stunden pro Tag üben – und zwar pro Haushalt. (Und versagen Sie sich, zur Entschuldigung für die erduldeten Qualen, die Malträtierten zu einem Hauskonzert zu laden: Die Armen kennen jedes Stück und jede Stolpernote!) Wie lange man sommers auf der Terrasse, dem Balkon zu zweit, zu viert, zu sechst sitzen und plaudern darf, hängt ganz von den Nachbarn ab und von der Größe des Grundstücks. Verhält man sich leise, plaudert also in Zimmerlautstärke, darf man selbst im kleinen Hinterhof und im Garten der Doppelhaushälfte bis Mitternacht draußen bleiben. Bildernägel schlägt man übrigens nicht vor neun und nicht nach 19 Uhr in die Wand; so sollte man es auch halten, zersägt man das Klavier.

Lebenspartnerschaft

ist ein eheähnlicher Zustand zwischen zwei gleichgeschlechtlichen Partnern. Das Gesetz wurde in Deutschland am 16. Februar 2001 verkündet und erlaubt schwulen und lesbischen Paaren eine Partnerschaft, die der Ehe zwar nicht gleichgestellt ist, aber doch eine erhebliche Verbesserung gegenüber der zuvor gehandhabten Rechtlosigkeit gleichgeschlechtlicher Partnerschaften darstellt. Diese Paare können sich auf einen gemeinsamen Namen einigen, einen sogenannten Lebenspartnerschaftsnamen. Es kann also geschehen, dass Sie von Frau und Frau Lehmann eingeladen werden und von den Herren Schneider. Es gibt nichts zu beachten, was man nicht beachtet, ist man zu Gast bei einem heterosexuellen Paar. Es geht darum, Normalität zu leben. Dazu zählt auch, dass man durchaus im Telefonat mit einem Mann dessen »Mann« grüßen lässt. Bei Einladungen rate ich indes dazu die Vor- und Nachnamen der Formulierung Herr und Herr oder Frau und Frau vorzuziehen. → Schwule, → Singles

Leggings

→ Abendgarderobe

Leihen

Ich weiß, es gibt sehr pingelige Leute, die nur sehr ungern etwas ausleihen. Oft verweisen sie auf schlechte Erfahrungen: Bücher, Schallplatten, Gläser, Geschirr sahen sie entweder nie wieder, oder die Gegenstände wiesen nach dem Kurzaufenthalt im fremden Haushalt doch erhebliche Spuren eines intensiven und vielleicht nicht ganz sachgemäßen Gebrauchs auf. Wer seinen engen Freunden und

Verwandten das Auto, den Computer, das Buch, CDs, Gläser, Geschirr und Besteck überlässt, sollte eigentlich sicher sein dürfen, dass er alles in dem Zustand zurückbekommt, in dem er es überlassen hat – oder eine Neuanschaffung. (Weshalb derjenige, dem etwas geliehen wurde, mit den Leihgaben, die nicht wieder besorgt werden können: Antiquitäten und alte Bücher, besonders pfleglich und vorsichtig umgehen sollte.) Klar, dass man sich mit einer Aufmerksamkeit – Blumen oder einem Geschenk – bedankt. Es gibt übrigens Dinge, die man nicht ausleiht: Schmuck, Füllfederhalter, Gemälde, die Frau, den Mann, die Freundin, den Freund.

Lesben

sind Frauen, die Frauen lieben. Sie haben ihren Namen von der Insel Lesbos, auf der die Dichterin Sappho ungefähr 600 Jahre v. Chr. Frauen, Götter und die Liebe besang. Die bedeutende Lyrikerin versammelte im Kult der Aphrodite und der Musen auf Lesbos Freundinnen und Schülerinnen um sich. (Eine andere Bezeichnung für homosexuelle Frauen: Tribaden.) Lädt ein Damenpaar ein, das zusammenlebt, so verhält man sich, als wäre man von einem Ehepaar eingeladen. Vielleicht empfiehlt es sich, beiden eine Aufmerksamkeit mitzubringen. Man bedankt sich sowohl für die Einladung als auch für den Abend (das Frühstück, den Brunch) bei beiden, wenn sie gemeinsam eingeladen haben. Dasselbe gilt für Einladungen von zwei Männern, die zusammenleben. → Schwule, → Singles, → Chat, → Sex

Leser und Rezensent

»Reden wir jetzt aber auch von dem Betragen, von den Pflichten des Lesers gegen den Schriftsteller. Zuerst soll, so denke ich, jener nie vergessen, dass dieser sich nicht nach dem Geschmacke jedes Einzelnen richten kann. Was für dich in deiner Lage, in deiner Stimmung höchst interessant ist, das scheint einem andern vielleicht äußerst langweilig und unbedeutend, und wahrlich, der

Mann müsste ein Hexenmeister sein, der ein Buch verfassen könnte, in welchem jeder für seine paar Groschen fände, was er suchte. (…) Sei also nicht zu strenge, mein gelehrtes Leserlein, in Beurteilung eines sonst nicht schlecht geschriebenen Buchs, oder behalte wenigstens deine Meinung darüber in deinem Kopfe, in welchem oft viel leerer Raum ist, und verschreie das Buch nicht! Am wenigsten aber lass dich verleiten, den moralischen Charakter des Schriftstellers auf bloße Mutmaßung bei dieser Gelegenheit anzugreifen, ihm schädliche Absichten beizumessen, seinen Worten einen erzwungenen Sinn zu geben und seine Winke hämisch auszudeuten. Beurteile nicht ein Buch, wenn du nur einzelne Stellen daraus gelesen hast, und bete nicht das Lob und den Tadel unwissender, boshafter oder feiler Rezensenten nach.« (Adolph Freiherr von Knigge, ›Vom Umgang mit Menschen‹, Dritter Teil, X. Kapitel, Absatz 3)

Lieblingsspeisen

hat wohl jeder Mensch – und Lieblingsgetränke auch. Bei Kindergeburtstagen sollte die Mutter für das Festessen diese Vorliebe immer berücksichtigen! (→ Kinder) Und wer zu einem Essen einen Ehrengast bittet – und dessen Lieblingsspeise, Lieblingswein kennt –, gewinnt einen Freund (eine Freundin), wenn er serviert, was ganz gewiss eine Freude macht.

Lilien

→ Blumen

Linkshänder

werden benachteiligt, weil das Essen immer von links serviert wird, wobei das Vorlegebesteck immer dem Gast zugewandt ist, damit der Rechtshänder sich bequem nehmen kann. Für den Linkshänder ist diese Prozedur also unbequem. Auch mit den gedeckten → Gläsern und → Bestecken hat er ein wenig Mühe, denn er möchte die Messer links, die Gabeln rechts, das Weißweinglas links, das Wasserglas rechts. Da Höflichkeit Rücksicht ist, zeichnet sich die Hausfrau besonders aus, die für den Linkshänder umgekehrt deckt.

Lippenstift

Farbig oder bloß fettig, ist er für die meisten Frauen unentbehrlich und stets dabei – wie das Spieglein in der Hand, wer ist die Schönste im ganzen Land?, und das Puderdöschen. Sich bei Tisch zu schminken, halte ich für wenig höflich. Frauen sollten auch nicht Toilette machen, während sie zusammen mit den Männern den Champagner oder den Kaffee nehmen. Ein Herr verbietet Damen nichts, dennoch sei's gewagt: Bitte tun Sie's nicht. Suchen Sie den Waschraum auf – wir werden auch aufstehen, wenn Sie uns verlassen, und freudig ein zweites Mal, wenn Sie wiederkommen: Rouge auf den Lippen, Blässe auf den Wangen. Was sich im Restaurant nicht gehört und nicht im Esszimmer, verbietet sich natürlich auch im Flugzeug und in der Eisenbahn. (Die Herren sollten es mit dem Fettstift ebenso halten!)

Logiergäste

sind willkommen, wenn man ein Gästezimmer hat oder weder der Gastgeber noch der → Gast (in dieser Reihenfolge!) etwas dagegen hat, auf der Couch, dem Sessel, der Luftmatratze zu nächtigen. Der Gastgeber sorgt für Bettwäsche, Handtücher und das Frühstück. Selbstverständlich wird der Gastgeber (die Gastgeberin) zu den häuslichen Mahlzeiten bitten, falls er/sie nicht berufstätig ist und das Mittagessen ohnehin ausfällt. Ist der Besuch eingeladen, so sorgt man sich um sein Wohlbefinden, begleitet ihn zu Ausstellungen, besorgt Karten fürs Konzert, die Oper, das Schauspiel und macht ihn bei einem Essen mit den Freunden (und Verwandten)

bekannt. (Meist ist die Einladung zur Übernachtung ja ohnehin verbunden mit der zu einem → Fest, einem Geburtstag.) Bat der Logierbesuch um Herberge, muss man sich weniger kümmern, der Gast wird Verabredungen getroffen, sich Eintrittskarten bestellt haben. Der Gast sollte sein Zimmer selber aufräumen (schließlich wohnt er nicht in einem Hotel!), das Bad in dem sauberen Zustand verlassen, in dem er es vorgefunden hat. Er sollte nicht in den Kühlschrank gucken, nur telefonieren, wenn er zuvor darum gebeten hat, und vielleicht auch Anrufe nach Mozambique und Australien unterlassen. Und die Gastfreundschaft nicht über Gebühr strapazieren. Selbst Agnes Haerlin, die frühere Besitzerin des Hamburger Hotels Vierjahreszeiten, meinte, dass ein Fisch nach vier Tagen anfangen würde zu stinken – und ein Gast auch.
Man bedankt sich mit einem → Gastgeschenk (Blumen, Wein) bei der Ankunft, vergisst nicht die Mitbringsel für die Kinder und versucht, sollten die vier Tage überschritten werden, die Gastgeber einmal in ein Restaurant einzuladen oder zu einem Konzert, einer Theater- oder Opernaufführung zu bitten. Verfügt der Gastgeberhaushalt über Personal, so werden sich diese Hilfen um das Bett und die Wäsche kümmern. Ihnen darf man getrost ein Trinkgeld (im Kuvert) hinterlassen oder ein kleines Geschenk geben. → Besuche

Lounges

sind – meist exklusive, manchmal richtig luxuriös eingerichtete – Aufenthaltsräume, also Salons für Reisende in Flughäfen und Bahnhöfen. Zunehmend auch in Stadien. (Nicht zu vergleichen mit Wartehallen!) Inzwischen nennen sich auch manche schicken Bars Lounges. In die Bars kann ein jeder, ist er bereit, Geld auszugeben; in die anderen Lounges muss man sich einkaufen – durch vieles Fliegen, durch vieles Fahren –, oder man muss prominent sein. Dann darf man, hat man die Rezeptionistinnen passiert, seine Kärtchen vorgezeigt, in die Vielflieger-, die Business-, die Senator-, die First-Class-, die HON-, die VIP-Lounge. Je nach Status bekommt man Wasser, Kaffee und Kekse oder

→ Champagner, → Canapés und gar ein Badezimmer geboten. Überall gibt es Zeitungen und Steckdosen für die Laptops und Internetzugang. Nur ganz selten hört man an diesen Orten die sogenannte Lounge-Music, sie wird in Bars geboten und in Privathäusern – wunderbar in der Pariser Buddha Bar.
Wer je in einer VIP-Lounge war, weiß, dass sich viele dieser Menschen gar nicht benehmen oder schlecht. Das können Sie mit Ihrem guten Beispiel ändern. Tun Sie's. → Fliegen, → Höflichkeit, → Rücksicht

Lügen

Eine Lüge sei »die absichtlich geäußerte Unwahrheit«, erklärt das ›Damen-Conversations-Lexikon‹ von 1834. Und die Autoren fügen hinzu: »Über die sogenannte Notlüge frage jeder sein Herz, ein andres Gericht urteilt darüber nicht.« Sibyl Gräfin Schönfeldt hält wenig davon, überall und immer die Wahrheit zu sagen, und macht an einem Beispiel klar, was sie meint: Einer blassen Hausfrau zu sagen, ihr ginge es wohl nicht sonderlich gut, sei so ein Fall, wo die Wahrheit zu sagen, schade, nicht nütze und keineswegs ausdrücke, dass das Wohl der Dame einen bekümmere. Eine radikale Wahrheitsliebe hält Gräfin Schönfeldt deshalb für »ziemlich sinnlos, weil sie der Wahrheit nichts nützt. Und mit Aufrichtigkeit hat diese verheerende Wahrheitsliebe schon gar nichts zu tun, dazu steckt zu viel Schadenfreude, Skandallust hinter der scheinheiligen Fassade. Die Wahrheit und nichts als die nackte Wahrheit hat also ihre Grenze: am negativen Pol ihres Wertes. Wahrheitsfanatiker müssen erst lernen, dass der gute Ton mit Menschlichkeit zusammenhängt und mit Höflichkeit.« Giovanni Della Casa widmet ein ganzes Kapitel, das fünfzehnte, dem Thema »Höflichkeit als Lüge«: »Dabei ist zu berücksichtigen, dass es drei Gründe für die Artigkeiten und Höflichkeiten gibt: den Eigennutz, die Eitelkeit und die gesellschaftliche Pflicht. Jede Lüge aber, die im Eigennutz ihren Grund hat, ist Betrug, Sünde und Ehrlosigkeit, denn man kann nicht ehrenhaft lügen.« Schon zuvor hatte er das Lügen gegeißelt als das Nichtigste, was Menschen tun können. »Bedenke«, warnt er den

Leser, »dass dir viele Lügner begegnen werden, die weder zum eigenen Vorteil noch zum Schaden oder zur Schande Dritter lügen, sondern nur aus Lust an der Lüge. (…) Wieder andere lügen, um sich herauszustellen: Sie prahlen, behaupten Wunderdinge von sich und erklären sich zu Weltweisen. Man kann auch ohne Sprache lügen, also durch Verhaltensweisen und Taten.«

Ich bin kein Freund von Sprichworten, aber bei der Lüge müssen sie her: Es heißt, die Lügen hätten kurze Beine – kommen also nicht sehr weit. Und: »Wer einmal lügt, dem glaubt man nicht, und wenn er auch die Wahrheit spricht.« Die zweite Wahrheit über den Lügner ist zum Sprichwort geworden, hat zum Ursprung aber eine Dichtung. Mit diesem Richterspruch beendet ein Affe einen Prozess, in dem Wolf und Fuchs gegeneinander streiten. Und zwar in einer der Fabeln des Phaedrus (um 15 v. Chr. bis 50 n. Chr.). Dass eine Lüge weitere erfordert, will sie Bestand haben, darauf verweisen viele Dichter und Denker: Bei Luther folgen »allemal sieben«, im Sprichwort »schleppt« die eine »zehn andere nach sich«, und Alexander Pope meint, ein Lügner müsse »zwanzig weitere erfinden, um diese eine aufrechtzuerhalten«. Kurz: Zu lügen ist unanständig – dazu aufwendig und gefährlich. Wer nicht lügen will und die Wahrheit zu sagen für unangemessen hält, der schweige oder suche das Badezimmer auf, ganz gemäß dem englischen Diplomaten-Bonmot: »Never tell a lie, never tell the whole truth, never miss a chance to go to the bathroom.« So einfach ist das! Wer immer und überall glaubt, die Wahrheit müsse ans Licht, also auf die Lippen, wird sehr rasch zum ungeliebten Misanthropen (→ Offenheit). Bei Notlügen (→ Absagen) prüfe man sorgfältig, ob die Wahrheit zu sagen nicht vielleicht doch die bessere Lösung ist. Und man befrage sich, ob man nicht schon in die Falle getappt ist: »Ein Deutscher ist ein Mensch, der keine Lüge aussprechen kann, ohne sie selbst zu glauben.«

Ich halte Maxim Gorkis Weisheit aus seinem ›Nachtasyl‹ für trefflich geeignet, sich jede Lüge zu verbieten. Kennte sie jeder, niemand würde mehr lügen: »Die Lüge ist die Religion der Knechte und Herren, die Wahrheit ist die Gottheit der freien Menschen.«

M

Manschettenknöpfe

→ Schmuck für Herren

Mantel

1. Kleidungsstück.
2. Hülle für Hohlkörper (→ 1.).
3. Eigentliche Urkunde des Wertpapiers.
4. Rechtsform, z. B. GmbH.
5. Randstämme eines Waldes.
6. Körperteile der Weichtiere.

Zu 1. – denn nur das interessiert hier: Unbedingt erforderlich in Frühling, Herbst und Winter. Jeder Schnitt, jede Farbe, jede Länge erlaubt. Obligatorisch: Bodenlanger Mantel für die Dame zur Robe, schwarze Mäntel zur → Beerdigung, zu → Cut und → Stresemann nur Einreiher, zum → Frack möglichst Cape. Zwei kleine Tipps, die nicht befolgt werden müssen: Die Damenmäntel sollten nicht kürzer sein als die Kleider und Röcke darunter, und der helle Regenmantel über dem Frack ist nicht sehr kleidsam. → Mode

Menü

nennt man die → Speisenfolge eines Essens. (Im Englischen heißt *menu* → Speisekarte.) In vielen Restaurants wird das Menü neben der Auswahl à la carte angeboten. Menüs bestehen aus (zumeist) sorgfältig aufeinander abgestimmten Speisen, serviert in drei, vier, sechs, zehn Gängen. Falls Ihnen der eine oder andere Vorschlag nicht gefällt, zögern Sie nicht, den Kellner zu bitten, anderes sich einfallen zu lassen. Menüs bei Spitzenköchen zu bestellen, ist eine besonders gute Idee, denn Sie können sich so während nur eines Essens vergewissern, ob alle in der Küche die drei Sterne oder 19 Punkte verdienen: der Meister, der Fischkoch, die Kaltmamsell, die Gemüseputzer, der Patissier.

Außerdem sind Menüs immer preiswerter als die Bestellung der gleichen Speisen à la carte. Sollten Sie mittags zu zweit einkehren, beide keinen allzu großen Hunger haben, aber dennoch während Ihrer Reise nicht verzichten wollen auf ein Restaurant, das Umwege wert ist, bestellen Sie ein Menü für zwei. Wenn Sie dies höflich tun, wird kein Etablissement Ihren Wunsch ablehnen. Allenfalls kann es passieren, dass ein Gang nicht zu teilen ist – ein Hummerschwanz zum Beispiel –, aber gewiss wird man Ihnen dafür ein anderes Meerestier servieren. Überhaupt versuchen Sie den Kellner mit Höflichkeit und Charme zu allem zu bewegen, was Ihnen Freude macht und die Küche zu leisten vermag. Ich habe für meinen Vater, der für jedes Wiener Schnitzel meilenweit ging, schon in der Auberge de L'Ill dieses Gericht, das gewiss keinen Koch zu Hochleistungen animieren kann und im Elsass eine kleine Perversion darstellt, in ein Menü geschmuggelt. Und bei Essen à la carte teile ich mir grundsätzlich den Fischgang mit einer Freundin oder einem Freund am Tisch. Haben Sie keine Angst, für geizig gehalten zu werden. Solche Unterstellungen verbieten sich anständige Kellner, grundsätzlich.

Messerbänkchen

werden allmählich wieder geschätzt. Sie sind nicht dazu da, Besteck zu sparen nach dem Motto: Ein Messer schneidet alles, wozu drei? Sie dienen dazu, Messer (und Gabel) abzulegen, wenn man sich vom Gemüse, vom Fleisch nachnimmt. Fehlen die Bänkchen, so kreuzt man das Besteck auf dem Teller, es ist für die Bedienung Hinweis, dass man noch nicht zu Ende gegessen hat oder – bei leerem Teller – nochmals nachgereicht bekommen möchte. Wünscht man nicht mehr zu essen, so legt man das Besteck nebeneinander auf den Teller. Bestecke sollten aber während oder nach der Benutzung niemals auf den Tisch oder den Platzteller gelegt werden.

Missgeschick

ist kein → Fauxpas. Sondern ein sehr kleines Malheur: ein umgestoßenes Glas, der hingekleckerte Fleck auf der Tischdecke, das Fallenlassen des Blumenstraußes, das Stolpern über die Schwelle. (In Tschechows ›Kirschgarten‹ gibt es so einen Menschen, dem ständig jedes gute Benehmen misslingt – er wird gehänselt.) Die Frau/der Herr Missgeschick muss sich bei der Hausfrau gewiss entschuldigen, wenn sie/er ein Glas zerbricht, die Blumen zu Boden gleiten lässt (hingeworfen wird der Strauß schließlich nie), sie/er sich beim Eintreten dem Gastgeber vor die Füße wirft. Für einen Fleck muss sich niemand entschuldigen. Keiner muss es indes Jean Cocteau nachmachen, der bei einem offiziellen Diner die Tomatensuppe etwas ungeschickt gegessen, einen Fleck aufs weiße Tischtuch gesprenkelt und – die indignierten Blicke der anderen konstatierend – den Zeigefinger in das rote lauwarme Nass getunkt und einen zweiten Fleck, links vom anderen gemalt und bloß erklärt haben soll: »Wegen der Symmetrie.« Gäste übersehen solche Missgeschicke und machen sich nie darüber lustig! Die falsche Kleidung ist kein Missgeschick, sondern ein Fehler, der nicht passieren muss, hat man die Einladung richtig gelesen. Falls bei telefonischen Einladungen oder unklaren Formulierungen jemand Zweifel hegt, was angemessen ist, so erkundige er sich bei der Gastgeberin oder dem Gastgeber. Das ist keineswegs ein hilfloses Eingeständnis von geschmacklichem Unvermögen oder mangelnder Kenntnis der gesellschaftlichen Gepflogenheiten.

Mobbing

→ Intrige, → Lüge

Mode

Ein französisches Wort, im 17. Jahrhundert entstanden. Laut ›Brockhaus‹ ist Mode »im weiteren Sinn jede plötzlich auftauchende Nachahmung menschlicher Lebensäußerungen, die von einem engeren Kreis der Gesellschaft ausgehen« (→ Messerbänkchen, → Visitenkarte), »im engeren Sinn die vorübergehend herrschende und wechselnde Bekleidungsweise der Menschen« (→ Abendgarderobe, → Badeanzug, → Cocktailkleid, → Cut, → Frack, → Handschuhe, → Herrenhandtasche, → Hüte, → Parfum, → Regenschirm, → Sandale, → Schmuck, → Schuhe, → Shorts, → Smoking, → Socken, → Uniform, → Weste).
Die Mode wurde schon in den frühesten Manierenbüchern diskutiert. So schrieb Giovanni Della Casa in seinem ›Galateo. Traktat über die guten Sitten‹ schon 1554: »Personen von gutem Benehmen müssen also (…) beim Gehen, beim Stehen, beim Sitzen, bei jeder Handlung, bei der Haltung, bei Kleidern, beim Reden, beim Schweigen, beim Ausruhen und bei der Arbeit stets das richtige Maß einhalten. Der Mann darf sich daher nicht wie eine Frau kleiden, damit Kleidung und Geschlecht nicht disharmonieren. Manchmal sehe ich Männer, die haben die Haare und den Bart mit einem heißen Eisen so gelockt und Gesicht und Hals und Hände so sehr gepflegt, wie es nicht einmal zu Frauen, ja sogar zu Dirnen passen würde. (…) Deine Kleider sollen sich deinem Alter und deiner Herkunft anpassen, aus den genannten Gründen, weil wir nicht die Macht haben, die Moden nach unserem Sinn zu gestalten; die Zeit schafft sie, und die Zeit lässt sie untergehen.« Weshalb Della Casa rät, die Mode zu befolgen: »Jeder füge sich dem Üblichen.« Aber – und das ist auch 400 Jahre später noch gültig – er empfiehlt Mäßigung und kritische Selbsteinschätzung: »Wenn du zufällig lange Beine hast und die Hosen sollen kurz sein, so nimm halt die weniger kurzen, nicht die kürzesten. Und wenn jemand zu

dünne oder zu dicke Beine hat oder vielleicht krumme, so soll er sich keine Hosen von auffallenden Formen oder Farben anpassen lassen, um die anderen nicht auf seinen Schönheitsfehler aufmerksam zu machen. Die Kleidung darf nicht zu prunkvoll und nicht zu stark geschmückt sein, damit man nicht sagen kann, du tragest die Hosen von Ganymed oder die Weste von Cupido, vielmehr soll sie dir angemessen sein und gut stehen, damit es nicht aussieht, als habest du die Kleidung eines anderen an; und sie muss deinen Stand repräsentieren.«

In den 1804 in Wien erschienenen ›Regeln der Höflichkeit‹ wird der Mann – immer er! – davor gewarnt, den Moden allzu bereitwillig zu folgen: »Obgleich die herrschende Mode oft ein buntes Gewühl von Farben zusammen reihet, die ganz gegen das ehrwürdige in der Natur der Sache gegründete Gesetz seyn, so wird der Mann von solidem Charakter doch nie der Mode, bis in diesen elenden Geschmack unterthänig seyn.« Im frühen 19. Jahrhundert wurden avantgardistische Moden geradezu aggressiv abgelehnt; und Modenarren lächerlich gemacht. 1841 ahnte Josef Alois Moshammer bereits, dass die Abhängigkeit von Moden alsbald dazu führen wird, dass der Herr sich nicht mehr durch Kleider unterscheiden wird, sondern durch seine Sprache. Moshammer, der Ur-Higgins, erregt sich sehr: »Wie wünschenswerth in mancher Hinsicht eine gewisse Kleiderordnung wäre, wie wir sie einst allenthalben erblickten, wird jeder umso mehr fühlen, dass die Freiheit in Luxus und Mode schon allmählich in Zügellosigkeit ausartet, und vom Lohndiener bis zum Hofmann hinauf fast jeden Unterschied aufhebt. Freilich verräth sich innere Gemeinheit bald durch Haltung, Gang, Sprache etc.« Wie Moshammer verurteilen zu dieser Zeit alle Autoren von Manierenbüchern Modeexzesse und Luxus auch bei der Frau, die gleich noch dafür getadelt wird, das Geld des Mannes aus dem Fenster zu werfen.

Ende des 19. Jahrhunderts werden die Autoren, die den feinen Lebensstil der eleganten Welt bewundern, toleranter. Modische Accessoires werden erlaubt und Modelle von Modeschöpfern gepriesen. Wobei die Manierenbücher für die Vornehmen und Reichen die Mode als Spiel schätzen, die Autoren, die sich an ein eher kleinbürgerliches Publikum wenden, aber weiterhin ihre Vorbehalte äußern: Mode als Ausdruck weiblicher Flatterhaftigkeit. Hans-Joachim von Krampen versucht eine Gratwanderung zwischen diesen Leserschichten. Seine Maxime für jede Kleidung: »Du sollst nicht auffallen!«

Nach dem Ersten Weltkrieg, in der Zeit zunehmender Demokratisierung, kehren die Benimmautoren zu eher restriktiven Kleidungsvorschriften zurück: Das extravagante Spiel mit Stilen und Formen wird verpönt, Selbstbeschränkung, Bescheidenheit wird gepriesen. Auch während der Nazizeit – wobei in den dreißiger und vierziger Jahren in Deutschland vor allem deutsche Sauberkeit Mode war. Selbst nach dem Krieg, in den fünfziger Jahren, als die ersten Manierenbücher erschienen, änderte sich wenig. Walther von Kamptz-Borken schrieb 1951: »Einfachheit in der Kleidung ist immer das, was dem guten Ton eher entspricht als das Gegenteil, nämlich Protz und Pomp. (…) Was ist überhaupt Mode? Sie ist ein Diktat weniger Schneider, darauf ausgehend, ihren Profit zu machen.« Der Autor dankt dem lieben Gott, dass Männer sich von solchen Profitgeiern nicht verführen lassen (»Die Frage der Mode tritt in der Kleidung des Herrn Gott sei Dank etwas zurück.«), und fällt dann über die Frauen her: Beim Herrn seien die Modediktate und die Gefahr, dass sie darauf hörten, »weniger kritisch als beim anderen Geschlecht«. Aber Frauen gestattet der Autor dann schließlich doch noch »ein engeres und freundlicheres Verhältnis zur Mode«.

Spätestens in den sechziger Jahren befreiten sich die Jungen von allen Kleidungsvorschriften. Die 68er Revolution war nicht zuletzt ein Aufbegehren gegen die Mode- und Benimmdiktate jener Generation, die in Stresemann und Cut, Frack und Robe gute Miene zu Krieg, Völkermord und Judenvernichtung gemacht und mitgewirkt hatte an den Verbrechen. Seitdem geht alles. Eine fröhliche bunte Anarchie. Unisex für Mann und Frau. Mit den → Yuppies und den achtziger Jahren kehrte wieder eine gewisse Ordnung in die Restaurants, die privaten Abendgesellschaften, die Theater- und Opernhäuser zurück. Doch letztlich ist erlaubt, was beliebt – nicht der Allgemeinheit, sondern dem Individuum. Drum umgeht Gräfin Schönfeldt in ihrem ›Einmaleins des guten Tons‹, erstmals 1987 erschienen, jede grundsätzliche Modediskussion. Und sie verbietet sich jedem, der überrascht schon das verrückteste

Kleidungsstück auf einem Empfang oder Fest bewundert hat. In den neunziger Jahren des vergangenen Jahrhunderts, da Esoterik modern war, galt für die Kleidung der Spruch eines jungen Kabarettisten: »Woher komme ich? Wohin gehe ich? Und vor allem: Was ziehe ich dazu an?«
Also bleiben im 21. Jahrhundert nur einige Modemerksätze übrig: Es gibt kein Diktat der Mode! Man muss nicht jede Spielerei mitmachen! Schließlich, da haben die Autoren des von Carl Herloßsohn 1834 herausgegebenen ›Damen-Conversations-Lexikon‹ recht, wenngleich ihr Bild vielleicht ein wenig verstiegen groß ist, gleicht die Mode dem »Saturn, der seine eigenen Kinder verzehrt; sie lebt nur in der Gegenwart, sucht ihr aber mit rasender Eile zu entfliehen und greift mit verlangenden Armen in die Zukunft«.
Man ist nicht unmodisch oder modisch gekleidet, sondern angemessen oder unangemessen, gepflegt oder ungepflegt! Bei der Entscheidung, ob man ein sehr modisches – also oft sehr auffallend-unkonventionelles – Kleidungsstück ersteht oder besser nicht, sollte man dem Rat der Verkäufer und Verkäuferinnen weniger Glauben schenken als dem der Begleitung. Und der sehr selbstkritische Blick in den Spiegel sollte immer den Ausschlag geben. Wer jeder Mode folgt, ist ein Geck. (Dieses Wort existiert nur als Maskulinum. Was eines zumindest bedeutet: Frauen wird jede Modenarrheit erlaubt. Kluge Frauen erlauben sich nicht jede.) → High Potentials

Monokel

→ Stock

Museum

Ein Wort aus dem Griechischen. Museion bedeutet: das Heiligtum der Musen, welche die Schutzgöttinnen der Künste, der Kultur und der Wissenschaften waren. Eine Institution, die interessante Gegenstände aus Kultur, Wissenschaft, Medizin, Kulturgeschichte

aufbewahrt und zumindest einen Teil davon der Öffentlichkeit zugänglich macht. Die anerkannte Definition für Museum stammt vom International Council of Museums (ICOM): Ein Museum ist demnach »eine gemeinnützige, ständige, der Öffentlichkeit zugängliche Einrichtung im Dienste der Gesellschaft und ihrer Entwicklung, die zu Studien-, Bildungs- und Unterhaltungszwecken materielle Zeugnisse von Menschen und ihrer Umwelt beschafft, bewahrt, erforscht, bekanntmacht und ausstellt«.
In Museen spricht man leise, man fasst nichts an – es sei denn, das Exponat fordert dazu auf, wie im Deutschen Museum in München, wo der Besucher Experimente durchführen kann. Man darf in Museumräumen nichts essen, nichts trinken. (Das ist erlaubt nur in den Museumcafés.) Man respektiert die anderen Besucher, und das bedeutet auch, dass man nicht unziemlich lange vor einem Bild verharrt, denn andere möchten es vielleicht auch ansehen. → Achtung

Musik

Bevor es die Musikkonserven gab, war Musik Labsal, Liebeserklärung, Trost. Deshalb erklärt Orsino, Herzog von Illyrien in Shakespeares ›Was ihr wollt‹: »Wenn die Musik der Liebe Nahrung ist, / spielt weiter! Gebt mir volles Maß! dass so / die übersatte Lust erkrank und sterbe. – / Die Weise noch einmal!« Und Friedrich Nietzsche jubilierte: »Ohne Musik wäre das Leben ein Irrtum.«
Heute erklingt sie überall: im Taxi, im Flughafen, im Supermarkt; auf dem Anrufbeantworter und, vor allem, in → Lounges. Den Chauffeur kann man bitten, das Radio abzuschalten, die Stewardess ersuchen, das Tonband zu stoppen, wegen des Kaufs von vier Dosen Hundefutter den Geschäftsführer von Aldi zu überreden, fünf Minuten zu pausieren, halte ich allerdings für übertrieben. Keine Frage: Wir werden zu viel und zu oft mit harmlosen Stimmungsmachern berieselt. Trotzdem spricht die inflationäre Benutzung von Musikkonserven nicht gegen die Musik.
Es ist nichts dagegen einzuwenden, zum Empfang bei einem Abendessen gleichfalls mit Musik eine angenehme Atmosphäre

herzustellen, wobei ganz gewiss eine kleine Barocksymphonie sich eher eignet als ›Aida‹, die ›Eroica‹ oder Techno (Gesungenes stört immer!). Feiert man eine → Party, einen → Ball, ein → Gartenfest mit Tanz, ist auf Musik schwerlich zu verzichten. Musik auf Anrufbeantwortern ist eine (manchmal teure) Zumutung. Und alle Versuche, dem in der Warteschleife hängenden Anrufer die Zeit mit Vivaldi, Johann Strauß oder den Beatles zu verkürzen, misslingen. Diese Berieselung ist sinnvoll nur dann, wenn die Wartezeit mindestens so lange währt wie die Komposition. Hier zwei Empfehlungen: Eric Saties Rêverie nocturne No. 1 (gespielt von Pietro Galli): 1'21«; William Boyces dritter Satz Presto Allegro aus der 2. Symphonie in A (English String Orchestra): 1'31«; und Marilyn Monroes ›Bye Bye‹: 2'04«. → Festspiele, → Konzert, → Zuschauer

Muttertag

An diesem Feiertag scheiden sich die Geister. Umfragen haben Pro und Contra prozentual ermittelt, doch was hilft's uns? Liebt eine Mutter ihren Muttertag, besteht sie gar darauf, so sollte dieser zweite Sonntag im Mai nicht vergessen werden. Leben die Kinder noch zu Hause, dürfen sie zumindest den Frühstückstisch decken, Blumen schenken und beim Abwaschen helfen. Leben sie auswärts, schicken sie Blumen und gratulieren telefonisch. Selbst wer diesen Feiertag arg verachtet, bedankt sich bei seiner Mutter nicht griesgrämig, wünscht nicht mit einem ironischen Unterton Gesundheit. Schließlich soll der Anruf oder der Brief Freude bereiten und nicht eine sinnlose Diskussion entfachen. Ehemänner gratulieren ihrer Frau zum Muttertag nicht! Sie danken, helfen ganzjährig. Und Blumen schenken sie sowieso. → Quote

N

Nachbarn

»Es kann der Frömmste nicht in Frieden bleiben / Wenn es dem bösen Nachbarn nicht gefällt«, heißt es in Schillers ›Wilhelm Tell‹. Wer also vom Schicksal wirklich mit solchen Nachbarn geschlagen wurde, ist übel dran. Gegen Bosheit ist kein Kraut gewachsen – und Worte sind vergebens wie Blumengrüße. In diesem Fall kann man nur ausziehen oder sein Los akzeptieren. Sind die Nachbarn aber nicht böse, sondern nur lärmempfindlich, alt, krank – und reagieren sie darum aggressiv auf jede Beeinträchtigung ihrer Ruhe, ihres Wohlbefindens –, dann lässt sich etwas machen: Halten Sie die Ruhezeiten ein. Also keine laute Musik vor neun, zwischen 12 und 15 und nach 19 Uhr. Feiern Sie → Feste, dann laden Sie die Herrschaften hinzu oder bringen Sie zumindest Blumen, Pralinen, Flaschen vorbei. Bedanken Sie sich nach dem Fest entschuldigend für das erwiesene Verständnis. Fragen Sie – bei älteren Griesgramen stets eine sehr erfolgreiche Vor- und Nacharbeit, eine Investition für die Zukunft also –, ob Sie Besorgungen für sie erledigen können. Und zögern Sie nicht, in größeren Abständen einfach mal zu → Kaffee und Kuchen oder auf ein Glas Wein einzuladen. Luther waren gute Nachbarn so wichtig, dass er sie in die vierte Bitte des Vaterunsers einbezog. »Unser täglich Brot gib uns heute, gute Freunde, getreue Nachbarn.« Bei solchen kann man auch am Abend noch läuten, wenn einem zum Abendessen Mehl fehlt oder die Vanillestange; man kann sie bitten, im Urlaub die Post aus dem Briefkasten zu holen und die Pflanzen auf dem Balkon zu gießen. Man vergesse aber nicht, sich mit einem Geschenk, einem nützlichen(!) Urlaubsmitbringsel zu bedanken. Und das Wichtigste: Wer Nachbarn hat, ist Nachbar. Gleiche Rechte, gleiche Pflichten! Gleiches Vertrauen. Nachbarn müssen keine Freunde sein. Doch man muss sie hegen und pflegen beinahe wie diese. Nachlässigkeiten produzieren Nachlässigkeiten, wenn nicht gar Feindseligkeit. Beginnen Sie beim Einzug in die Wohnung damit zu zeigen, dass Sie willens sind, die Hausgemeinschaft und ihre Regeln – falls es welche gibt, wie Flurwischen, Mülltonnenrausstellen, Schneeschippen – zu respektieren. Stellen Sie sich den Familien und Singles auf Ihrem Stockwerk und dem darüber und darunter vor: Denn von dort kommt der Krach und der Protest gegen den ihren. Grüßen Sie im Hausflur, in der Waschküche und im Trockenboden. Ein Schuft, wer Ihnen dann gram ist, sollten Sie an Ihrem Geburtstag einmal bis drei Uhr morgens feiern. Wer sich dann beschwert, gehört zu den »bösen Nachbarn«. Lassen Sie Beschimpfungen über sich ergehen – und bleiben Sie höflich. Am besten, Sie studieren den Wohnungsanzeigenteil Ihrer Zeitung.

Naseputzen

Für alle, die es noch nicht wissen sollten: Wenn man niest, hält man sich ein Taschentuch vor die Nase. Sollte dieses nicht verfügbar sein, muss man die Hand nehmen, mit der man sich aber unmöglich die Nase putzen kann. Das heißt: Ein Taschentuch gehört in jede Hand-, Hosen-, Rock-, Sakkotasche. Nur bei Grippeepidemien darf es eines aus Papier sein, zu allen anderen Zeiten sollte man sich eines aus Stoff gönnen.

»Eine Unsitte ist es aber auch«, schreibt Della Casa, »nach dem Schneuzen das Taschentuch zu öffnen und hineinzuschauen, als müssten Perlen oder Rubine aus der Nase getröpfelt sein. Dies stößt so sehr ab, dass niemand uns geneigt wird, ja wäre jemand in uns verliebt, er würde sich sofort entlieben.« Wohl wahr.

Die Sitte, auf das Trottoir zu schneuzen oder zu spucken, ist weit verbreitet. Aber selbst wenn die halbe Menschheit es täte, tun Sie nicht mit!

Fürs Husten gilt das Nämliche wie fürs Schneuzen: Taschentuch oder Hand vor den Mund. Und bitte bleiben Sie Konzertsälen, Opernhäusern und Theatern fern, wenn Sie vergrippt sind. Ein verhustetes Konzert ist nicht nur für die Musiker eine Zumutung. Wer in die ›Bohème‹ geht, möchte sich nicht auf Thomas Manns ›Zauberberg‹ wiederfinden. Es reicht völlig, wenn Mimi leidet und Blut spuckt – hoffentlich in ein Taschentuch! Für den Husten helfen im Notfall Lutschbonbons, beim Niesen hilft nur eines: Nase zuhalten.

Netiquette

zusammengesetzt aus net – Netz und etiquette – Etikette. Regelt das Benehmen im Netz. → Chat

Nelken

→ Blumen

Netcop

→ Chat

Niesen

→ Naseputzen

Nouveau riche

Der Neureiche. Ein Mensch, der meist schneller zu Geld als zu Bildung und Manieren gekommen ist; eine Gesellschaftsschicht, die nach dem Zweiten Weltkrieg während des sogenannten Wirtschaftswunders Karriere gemacht hat. Während in den alten Bundesländern die Neureichen es in der zweiten Generation oft geschafft haben, nachzuholen, was die erste während des zu raschen Geldverdienens vernachlässigte, erkämpfen sich nicht wenige in den neuen Bundesländern immer noch diesen Status. Neureiche, die mit Pelzen und Konten, Karossen und Perlen protzen, erkennt man an ihren Unsicherheiten, verlassen sie das ihnen bekannte Terrain, also: die Baustelle, den Laden, die Fabrik. Sie können sich alles leisten, und doch werden sie naserümpfend bestaunt wie jene wildgewordene Kleinbürger, die in unserer Gesellschaft die vakante Position der → Parvenüs einnehmen. In den ehemaligen kommunistischen Gesellschaften, dort, wo Ende der achtziger und in den neunziger Jahren Goldgräbermentalität angesagt war und die Gesetze des Wilden Westens herrschten, ist der Neureiche an der Macht. Vor allem in Russland. Früher taten wir für sie alles: Wir lernten ihre Sprache – tschut tschut, ein bisschen. Wir sangen ihre Lieder – Ja ljublu tjebja, die Eugen-Onegin-Begehrensarie: Ich liebe Dich! Wo immer sie auftraten, spielten, rezitierten, musizierten: Wir reisten hin. Und wir luden sie ein, zu uns zu kommen, möglichst oft, möglichst lang. Es gab eine Zeit, da liebten wir sie, ihre Sprache, ihre Literatur, ihre Musik, ihr Theater. Heftig. Bedingungslos. Grenzenlos. Die Russen!

Das war vor fünfzehn Jahren. Jedes bundesrepublikanische Theater hatte damals zumindest ein Russen-Gastspiel im Programm, wenn nicht aus Moskau oder Petersburg, dann aus Tscheljabinsk oder Omsk; jede Hochschule ließ nichts unversucht, einen Studenten-Dozenten-Professoren-Austausch zu arrangieren; jeder Verleger versuchte, einen Russen zu entdecken; jeder Intellektuelle und jeder, der es sein wollte, gab sich russophil.

Und nun? Die Euphorie ist hin. Schlimmer: Wir mögen sie nicht mehr, die Russen. Wer ist schuld an unserem Sinnes- und Begehrenswandel? – Nein, nicht die Theatermacher, die Liedsänger, die Autoren, die Professoren und Studenten haben uns enttäuscht. Schuld ist auch nicht der Homo sowjeticus, der Apparatschik, der uns Dezennien lang schikanierte. Schuld sind die Neuen Russen. Die Reichen. Die Superreichen, Menschen ohne Moral, ohne Benehmen, ohne Geschmack. Sie finden sich überall dort ein und zuhauf, wo es schön ist, wo es Schönes zu kaufen gibt und jeder schön auffallen kann. Also in Mailand, London, Paris, London, Zürich und in München (nicht in Lübeck!); an der Côte d'Azur, in Sankt Moritz, Kitzbühl (nicht in Sils-Maria). Nicht, dass es nicht auch andere Russen gäbe, aber sie kommen nicht in den Westen – und wenn sie kommen, dann fallen sie nicht auf. Jedenfalls nicht unangenehm.

Unser Bild von den Russen wird geprägt von den Neureichen. Von jenen Krösussen, die wie die Millionärin und Autorin Oksane Robski sich alles kaufen: Villen, Autos, Juwelen und Menschen, ihnen zu dienen und andere zu töten. Von jenen Oligarchen, die sich nicht verunsichern lassen durch Mordserien, sich aber erregen über westliche Proteste und alle Kritik abtun mit dem Hinweis, dass Russland immer schon »ein instabiles Land« gewesen sei – »politisch wie wirtschaftlich«, so betont Oksana Robski, die mit ihrem Buch ›Babuschkas Töchter‹ auch einigen Erfolg in Deutschland hatte.

Ich hatte russische Freunde, dachte ich, deretwegen ich eine Wohnung in Moskau mietete, Russisch lernte (tschut tschut) und begann, junge Theaterwissenschaftler zu unterrichten. Diese Freunde waren – bevor sie durch regen Immobilienhandel zu Millionären wurden – schlechtbezahlte Professoren an der Lomonossow-Universität, sie waren freundlich, gastlich, gebildet; und sie besaßen Anstand. All das sind sie nicht mehr. Das Geld kam, der Anstand schwand. Niemand konnte ihnen beibringen, was sie sich (auch von mir) wünschten: »Wir sind Neureiche, kann denn uns niemand beibringen, dass man das nicht mehr merkt.«

Ich hatte dieses Paar als kultiviert kennengelernt und beide dafür geschätzt. Sie waren civilisé und benahmen sich, kaum zu Reichtum gekommen, unzivilisiert, grob – und das Schlimmste: Ihre Kultur interessiert sie nicht mehr.

Tschechow, Puschkin, Dostojewski; Tschaikowski, Mussorgski, Schostakowitsch – alte Hüte. Nichts, verglichen mit Louis Vuitton, Bulgari, Dior (nicht Hermès). Und deswegen stagniert das Kulturleben in der russischen Hauptstadt. Den Sprechtheatern geht es schlecht, dem Bolschoi-Theater, der Moskauer Oper und dem Marinskijtheater, der Petersburger Oper nur deshalb gut, weil Touristen sie besuchen. Den Universitäten geht es noch schlechter und den Studenten, die keine wohlhabenden Eltern haben, also die meisten, sie müssen die schlechtbezahltesten Jobs nebenher annehmen, um zu überleben und sich die für das Studium notwendigen Bücher zu kaufen. Als ich meine einstigen Freunde bat, sich einer besonders begabten Literaturwissenschaftlerin anzunehmen, ihr vielleicht ein kleines Appartement für weniger Geld als üblich zu überlassen, hielten sie mich für meschugge, für einen übergeschnappten Gutmenschen, der es ja – sieht man die Sache sich genau an – zu wenig gebracht hat. »Arbeiten soll sie – kann ja die Flure wischen in unseren vermieteten Häusern«, war ihr Vorschlag. Vergessen hatten sie ihre eigene Gastlichkeit aus früheren Tagen; abgelegt ihre Hilfsbereitschaft; ausgemerzt ihren Gemeinsinn: Sie sind Beispiel für das Neue Russland.

Wie den Niedergang aufhalten? – Künstler, Autoren, Studenten einladen! Russisch lernen! – Und die Neuen Russen nicht beachten! (Sie fernhalten, wie es manche Hoteliers bereits tun: Der Concierge einer noblen Hamburger Herberge vertraute mir an, dass man versuche, Zimmernachfragen von Russen abschlägig zu beantworten. »Wissen Sie, manche arabischen Gäste sind zu uns und unseren Mitarbeitern auch nicht sonderlich höflich und ihr Benehmen lässt zu wünschen übrig, aber sie haben eine Moral!«)

Was noch? Sich flüchten in die russische Vergangenheit, die zaristische und die sowjetische und die Gegenwartsautoren und -regisseure entdecken. Nicht klagen, dass die europäische Aufklärung in Russland nicht Fuß fasste, dieses Reich nie ein siècle des lumières erleben durfte, sondern Lermontows ›Held unserer Zeit‹ lesen; Glinkas ›Ruslan und Ljudmila‹ hören; Osip Mandelstams Gedichte rezitieren, auch jenes Poem, das so beginnt: »Wie fremd ist alles in der Zoten-Hauptstadt« und in dem der jüdische Dichter spricht vom »Räuber-Kreml«. Und überall und allen vorschwärmen von den Schätzen der russischen Kultur, der Literatur, der Sprache, von der Eremitage in Petersburg, dem Mchat in Moskau, wo Tschechows Stücke uraufgeführt wurden und noch zu sehen sind. Geschenke machen: Isaak Babels ›Geschichten aus Odessa‹ zum Beispiel, Wladimir Sorokins Romane und die Gedichtbände der Achmatowa. Und schließlich: in die

Oper gehen – nicht nur Tschaikowski lauschen, sondern sich verlieben in die Werke von Schostakowitsch, Katschaturian, Prokoffjew und, versteht sich, in Mussorgskijs große Oper ›Chowantschina‹. → Parvenü, → High Potentials, → Yuppie

O

Ober

→ Kellner

Obstmesser

und Obstgabel → Besteck

Öffentliche Verkehrsmittel

erfordern die allergrößte Höflichkeit. Auf engstem Raum zusammengepfercht, zur Egalität verdonnert, bedarf es der Rücksicht wie an kaum einem anderen Ort. Sie beginnt beim Allereinfachsten: Man respektiert selbst jene Fahr- und Fluggäste, die sich nicht benehmen. Man schaut also nicht die kuhle Wampe in Boxershort und zu engem T-Shirt entgeistert an, womöglich gar noch kopfschüttelnd. (Schon gar nicht die Fremden, die sich durch Hautfarbe oder Kleidung unterscheiden!) Man tritt auch dem nicht auf die Füße, der sich zuvor dasselbe erlaubt hatte – ohne sich zu entschuldigen: Revanche ist nicht erlaubt. (Und deshalb bedankt man sich für eine Einladung auch nicht mit der Verheißung, sich für den schönen Abend schon bald zu revanchieren!) Man steigt nicht in einen überfüllten Wagen mit dem – inzwischen so beliebten – Rucksack auf dem Rücken, sondern nimmt ihn in die Hand, dort demoliert er nämlich nicht Nasenbeine, sondern zerfetzt höchstens Strümpfe, was natürlich nur unwesentlich höflicher ist, weshalb man dieses Trumm am besten in die Arme schließt, was wieder Platz fordert … Man hält Regenschirme nicht wie gezückte Degen. Man stellt Koffer, Tüten, Taschen nicht auf Sitzplätzen ab, wenn man sieht, dass andere Fahrgäste stehen. Man liest die Zeitung nicht im Stehen, wenn sich um einen herum die Massen drängen. Der Mann bleibt höflich und lässt der Dame vor der Flugzeug- und Eisenbahntür den Vortritt – an U- und S-Bahnen ist das schwerlich durchzuhalten, will man nicht sehr viele Züge verpassen. (Bei Straßenbahn und Bus muss kein Mann auf diese Höflichkeit verzichten.) Im Flugzeug und im Bahnabteil grüßt man, bevor man sich setzt oder eintritt. Jeder Mann bietet – ist er nicht alt oder gebrechlich – jeder Frau seinen Sitzplatz an! Bei Flugzeugen ist dies nicht nötig, weil es keine Stehplätze gibt, sitzt man jedoch am Fenster und bemerkt, dass die Nachbarin, der Nachbar allzu gern hinaussehen würde, während man selber liest, so bietet man einen Tausch an. Selbst bei reservierten Plätzen in Zügen ist es indes keineswegs verboten, seinen Platz einer Dame anzubieten, die im Gang stehen muss. Es ist höfliche Pflicht, wenn die Frau älter oder schwanger ist! In den engen Flugzeuggängen rempelt man nicht, klemmt beim Verstauen des Handgepäcks nicht dem Menschen auf dem Gangplatz sein Hinterteil vors Gesicht; und den Flugkoffer auf einem Hut zu plazieren, ist ebenfalls nicht sonderlich nett. Man hört seinen Walkman nicht so laut, dass die Nachbarn zum Mithören gezwungen werden. Man schreit, grölt, randaliert nicht. Man isst und trinkt nicht in U-, S- und Straßenbahnen, denn so lang können die Reisen selbst im Ruhrgebiet nicht dauern, als dass man nicht die Ankunft abwarten oder die Abfahrt zwanzig Minuten aufschieben könnte, um noch irgendwo einen Imbiss zu nehmen.

Was darf man eigentlich? Alles andere oder: Wer genau weiß, dass siebenundsiebzig Fahrgäste es angemessen und keineswegs als störend empfinden, wenn man das Kind in der U-Bahn stillt, laut mitsingt, wenn die Beatles in die eigenen und einige fremde Ohren donnern: »All you need is love«, oder man sich ein gekochtes Ei pellt, die Tomate viertelt und ein Butterbrot mit dem Taschenmesser schmiert, der darf all das tun – meinetwegen auch gleichzeitig. Allein, eine Meinungsumfrage wird schwierig sein. Und die Frage: »Hey, stört euch das, wenn ich meine Kleine kurz mal nuckeln lass', die is' hungrig«, mag mancher Frau leicht über die Lippen gehen – von → Takt zeugt sie nicht. Wem all das passiert, was nicht passieren dürfte, der beschwere sich (höflich) nur im Extremfall – der laute Walkman im Flugzeug zum Beispiel ist ein Grund, sich zu Wort zu melden –, trage in all den anderen Situationen jede Belästigung und Unannehmlichkeit mit stoischer Ruhe, einem freundlichen Gesichtsausdruck und zähle die verbleibenden Stationen und Fahrstunden, -minuten, -sekunden. Bei langen Reisen empfiehlt sich das Buch, aus dem man nie aufblicken muss. Oder Schlaf. Denjenigen, die es an jeder Rücksicht fehlen lassen, zu erklären, was sich ziemt, empfehle ich nur überzeugten, optimistischen Menschheitsliebenden. Ich bewundere solche Welt- und Menschenverbesserer, die Public-Peace-Worker; ich selber werde in ähnlichen Fällen zum Misanthropen und zweifle an Protagoras: Der Mensch ist eben doch nicht das Maß aller Dinge!

Offenheit

Ich halte es bei dieser Eigenschaft eher mit Molière als mit Bismarck: Dieser meinte, die Offenheit verdiene »immer Anerkennung«, jener lässt seinen Philinte im ›Menschenfeind‹ philosophieren: »An manchem Ort wär' volle Offenheit / Nur lächerlich und schwerlich an der Zeit.« Menschen, die uns ins Vertrauen ziehen – und nichts anderes ist Offenheit –, mögen taktlos sein, weil sie uns mit Dingen behelligen, von denen wir besser nichts wüssten, aber gerade ihre Hoffnung, bei uns mit ihrer Freude, ihrem Kummer, ihrer Trauer oder auch nur ihrem Klatsch an der richtigen Stelle zu sein, verlangt, dass wir in den Fällen eins bis drei uns ihrer annehmen und das uns Anvertraute diskret verwahren. Es sei denn, wir würden mit einem Bonmot von Oscar Wilde um Indiskretion gebeten: »I will tell you, if you solemnly promise to tell everybody else.« Im vierten Fall sollte man rasch unterbrechen und höflich, doch bestimmt erklären, uns mit dem Tratsch in Ruhe zu lassen –

außer wir hören und erzählen selbst gern → Klatsch. Offenheit sollten Sie sich nur gegenüber Menschen erlauben, bei denen Sie sicher sind, auf Vertrauen, → Diskretion und Freundschaft zu stoßen. Also bei wenigen. Und selbst da gibt es Grenzen. Niemandem sollten wir mehr aufbürden, als er zu tragen vermag oder wir an seiner Stelle zu tragen gewillt wären.

P

Papagei

→ Aquarium

Parfum

»Man soll nicht nach Parfum duften, aber auch nicht stinken, damit der Edelmann nicht wie ein Mann von der Straße riecht, vor allem soll er nicht nach der Frau oder gar der Dirne dünsten. Andererseits glaube ich nicht, dass man in deinem Alter auf jede Duftnote verzichten muss.« (1554, Giovanni Della Casas Rat an einen Jüngling) – »Mit sorgfältig von Schweiß und üblen Dünsten gereinigtem Körper, reingewaschenem Gesicht und Händen, mit wohlgekämmtem oder -gebürstetem Haar, mit weißgewaschener Wäsche, von Staub und Flecken gesäuberten Kleidungsstücken, mit durch einfache Mittel gereinigten Zähnen, einem wohl ausgespülten Munde und natürlich duftendem Athem kann man ungescheut bei Hohen und Niedern in geschäftlichen wie geselligen Beziehungen erscheinen; es bedarf dazu keiner wohlriechenden Salben, Öle und Wasser, keiner starkduftenden Essenzen u. dgl.« (1837, Friedrich von Sydow, ›Neuer Sitten- und Höflichkeitsspiegel‹)
»Darf ich Parfum benutzen? O ja, nur tue des Guten dabei nicht zu viel. Es sind mehr Leute gegen das Parfümieren als dafür. (…) Als Herr mache nur in ganz bescheidenem Maße Gebrauch von duftenden Essenzen. Vermagst du ihm nicht ganz entsagen, so ist ein Tropfen aufs Taschentuch, in den Rockärmel oder auf das Hutfut-

ter vollständig genug. Ein Herr, der schon von weitem nach dem Parfümerieladen riecht, wird, außer bei sich selbst, wenig Bewunderung finden.« (1922, Konstanze von Franken, ›Handbuch des guten Tones und der feinen Sitten‹)

In den dreißiger und vierziger Jahren war das Parfum in Deutschland kein Thema: Mann und Frau hatten einfach und sauber zu sein. Reinlichkeit war Gebot. Nach der Befreiung war Parfum Damen erlaubt, Herren, die parfümiert erschienen, waren aber vielen anderen Männern nicht ganz geheuer. Heute gehört das Parfum (das Eau de Cologne, das Eau de Toilette, das Rasierwasser) ins Badezimmer von Mann und Frau wie Seife und Handtuch – und kein Manierenbuch verliert darüber noch ein Wort. (Das Parfum ersetzt aber keineswegs eine gründliche Körperpflege, man sollte sich also nicht den vorrevolutionären französischen Adelsluxus gönnen, auf alles zu verzichten, nur auf Parfum nicht.) Patrick Süskind hat seinen Parfümeur Jean-Baptiste Grenouille berühmt gemacht; und spätestens seit diesem Roman, 1985 erschienen, zweifelt wohl niemand mehr daran, dass man mit Düften Menschen verrückt machen kann und sich selbst attraktiv. »Wie duftet ihr hold! Seid ihr denn Blumen?«, schwärmt und fragt Wagners Parsifal und macht sich an die Mädels ran – bis Kundry erscheint und seinen Namen flötet. Er sinkt ihr in den Schoß und flieht erst erschreckt, als er sich vor der Sünde fürchtet, die er nicht begehen will. Entweder trug Kundry das falsche Parfum, oder Parsifal ist doch in Sekundenschnelle vom reinen Toren zum reinen Gralsritter mutiert. Wie auch immer: Düfte faszinierten die Menschen gewiss seit ihrer Schöpfung, auch wenn Adam noch nicht vermochte, aus den Schalen von Orange und Zitrone Öle herzustellen. Nach der Vertreibung aus dem Paradies war dann sogar der Apfel erlaubt; und in Ägypten begann man, Pflanzenöle zu destillieren und für kultische und medizinische Zwecke zu verwenden. Griechen und Römer bezogen Parfum aus Persien – persisches Rosenöl ließ auch Hugo von Hofmannsthal seinen Kavalier in die silberne Rose träufeln. Die Araber erfanden die alkoholischen Lösungen, die später nach Europa kamen.

Heute gibt es mindestens ebenso viele Parfümerien wie Banken und gewiss mehrere hundert verschiedene Marken von Duftwassern, in welcher Konzentration auch immer. Die meisten werden aus chemischen Substanzen hergestellt – von wegen Apfelöle. Sie haften tagelang, sind also sparsam im Gebrauch. Sie sind billiger – nicht preiswerter, denn diesen Komparativ gibt es nicht! – als die aus natürlichen Rohstoffen hergestellten. Das sind ihre zwei Vorteile, der eine Nachteil ist entscheidend, sie nicht zu benutzen: Die meisten dieser Synthetics sind aufdringlich, penetrant. Es gibt aber neben den wenigen traditionellen Parfümeuren, die alle mit natürlichen Zutaten arbeiten, auch einige Großhersteller, die nach den alten Rezepten und Methoden vorgehen, also wie M. Grenouille. Diese Düfte sollten Frau und Mann bevorzugen, wollen sie sich nicht Gästen, Kellnern, Straßenbahnschaffnern aufdrängen. Dabei ist es nicht mehr die Menge, die aus einem Duft einen Gestank macht, sondern der Duft selbst. Also die Beschränkung auf einen Tropfen nützt nichts. Wie sehr parfümierte Damen und Herren stören können, erlebt man, wenn man ihnen ausgeliefert ist: in Konzertsälen, Opernhäusern, Theatern und in Kinos. (In Letzteren riecht es aber eher nach Schweiß, Chips und Flips.) Eine weltberühmte Sängerin mit einer wunderbaren Stimme und einer offenbar mindestens ebenso sensiblen Nase verlangt, dass in dem Zimmer, das sie zu bewohnen gedenkt, eine Woche zuvor niemand mehr Parfum benutzt hat; und erscheint sie nach dem Konzert zu einem Essen, so hat sie die Gäste zuvor informieren lassen, welchen Duft sie nicht riechen möchte. Man mag diese Allüre spleenig nennen und übertrieben. Dennoch würde ich sie zuweilen gern beherrschen. Neben einem Kunst-Maiglöckchen zur Linken und einer Industrie-Hyazinthe zur Rechten kann keiner mehr einen Wein wahrnehmen, was umso ärgerlicher ist, je mehr Blume er hat. Der Genuss ist hin – und während man noch schmollt, passiert das Fürchterlichste, Maiglöckchen und Hyazinthe vereinigen sich! Keine Frage, die Damen sind rücksichtslos, also unhöflich. Der Herr wird es nicht werden. Er wird bei einem gesetzten Essen den Platz nicht tauschen; er wird sich eher auf die Lippen beißen als den Damen vorschlagen, sich doch kurz mal zu duschen und die Kleider zu wechseln. Spätestens nach solch einem Erlebnis sei es gewagt: Engen Freunden wird eine kleine Notiz zugespielt: Fahrenflight und Nightheit kann ich nicht riechen! Closession und Obé auch nicht. Und überhaupt stimme ich Konstanze von Franken zu: »Frohsinn, Geist, Liebenswürdigkeit umgeben dich mit einem Duft, den auch das teuerste Parfum nicht zu verbreiten vermag.«

Party

ist ein englisches Wort und bedeutete ursprünglich ein zwangloses häusliches Beisammensein in Gesellschaft. Von den fünfziger Jahren bis in die achtziger gab es Cocktailpartys, bei denen die Gastgeber Getränke und Häppchen, → Canapés reichten. Jetzt gibt es sie wohl nicht mehr oder eher im Geheimen. Zu meiner Studentenzeit gab es auch noch Bottle Partys. Jeder Gast brachte ein Getränk mit, oft ohne Absprachen mit dem Gastgeber, der die Salzstangen stellte – diese Partys endeten mit lahmer Zunge, wackligen Beinen und einem schweren Kopf am nächsten Tag.
Seit langem schon gibt es für Partys keine Regeln mehr. Und es gibt die absonderlichsten Spezialpartys. In alphabetischer Reihenfolge – ohne die Gewähr, alle erwähnt zu haben. Ich liste diese Sonderformen der Party nur deshalb auf, damit Sie wissen, worauf Sie sich womöglich einlassen oder zu welcher Party Sie selber einladen wollen. After Work Party, Beach Party, Key Party (absonderlich: Frauen bekommen jeweils ein Schloss, jeder Mann einen Schlüssel; wenn der Schlüssel passt …), Faschingsparty, Hen Party (Hennenparty – Junggesellinnenabschied), Kuschelparty (siehe Key Party, aber nur Kuscheln ist erlaubt, nix Petting, kein Sex), LAN-Party (Treffen mit Computern), Mottoparty (Paris, Orient, Russland, Knut, der Bär), Pool Party, Pyjama Party (nichts Schlimmes: die Gäste übernachten nach der Party bei den Gastgebern, hinter Schloss und Riegel); Flatrate Party (Saufen, Tanzen bis zum Umfallen – ungesund!), Schaumparty, Silvesterparty, SM-Party (Latex, Leder, Lycra, Schwarze Messen, nicht unsexuell), Swingerparty (Key Party ohne umständliche Schlüssel-Schloss-Übungen). Ich weiß, wie man sich auf einer Silvesterparty benimmt …
Was eine Party ist, hat Bob Hope schön definiert: Sie sei »eine Zusammenkunft von Leuten, die sich nichts zu sagen haben – und das

sehr ausgiebig tun«. Warum Sie manche Party schwänzen sollten und dadurch an Attraktivität gewinnen, erklärte Audrey Hepburn – und sie muss es wissen: »Niemand trägt auf einer Party so viel zur Unterhaltung bei wie diejenigen, die gar nicht da sind!«

Parvenü

Wir entgingen ihm nie und nirgendwo. Er war maskulin. Er hatte für seinen Aufstieg hart arbeiten müssen. Und war er endlich dort, wohin er hinstrebte, blieb ihm doch zeitlebens ein Makel. Denn er gehörte zwar irgendwann – war der Aufstieg erst einmal gelungen – zur Gesellschaft, doch er hatte sich den Zugang erschlichen. So sah es zumindest der Adel, dessen Bankerte, obgleich von der Erbfolge ausgeschlossen, trotzdem zur Familie zählten. Auch jene anderen seiner Klasse, die es zuvor geschafft hatten, wie zum Beispiel die Verdurins, schauten auf ihn herab. Wenn er klug war oder zumindest mutig, wählte er einen Beruf, der ihm den Aufstieg leichter machte; er ging zum Militär oder zum Klerus. Tartuffe war geboren; der Bürger als Edelmann gab Empfänge. Bei Molière begegnet er uns.
Er mochte ein exzellenter Unterhalter sein, gewitzt, gescheit, ein Mann von → Esprit, polyglott, ganz gehörte er nie zu jenen, die in die gesellschaftliche Oberschicht geboren waren. Wildes Snobs hatten darunter zu leiden. Der Hautgout, so nannte man das damals, blieb – durch Bildung oder Reichtum, besser noch durch beides – fein kaschiert. Arthur Schnitzler, Hugo von Hofmannsthal, Marcel Proust und auch Thomas Mann, sie haben solche Bürgersöhne porträtiert in all ihrer Pein. Wird er empfangen oder kommt die Visitenkarte zerknickt auf dem Silberteller zurück? Er: das war der Parvenü.
Weibliche Parvenüs existierten nicht. Frauen heirateten sich empor. Allein, ihre Herkunft blieb ein Makel: die Familie, der Mädchenname, das Mietshaus. Selten schafften sie es, den Aufstieg als natürlichen Schritt zu akzeptieren und zu verteidigen; gegen die Neider in ihrer Klasse und die Arroganz der neuen Umgebung. Weder Frau noch Mann muss heute weiter leiden.

Gibt es heute noch Parvenüs? Sicher ist: Die Frauen haben sich emanzipiert und managen den Sprint in die Gesellschaft ohne Trauschein. Was aber ist das für eine Gesellschaft? Wir müssen gar nicht Botho Strauß bemühen und sein wirklich gelungenes Bonmot von der »herunterdemokratisierten Gesellschaft« zitieren. Auch ohne Strauß sehen wir, dass das Oben nicht mehr durch standesgemäße Abstammung gesichert ist – und wer unten war, muss da nicht bleiben. Wenn in unserer Zeit vom »guten Stall« geredet wird, um eine gute Kinderstube zu beschreiben und die dazugehörige Erziehung in einem wohlhabenden Haushalt, dann können wohl kaum mehr Schlösser und Herrenhäuser als Orte der Unterweisung gemeint sein.

Die Industrialisierung und die Demokratisierung in Europa haben die Unterschiede zwar nicht eliminiert, aber es gibt keine Sicherheiten mehr, wer denn (und vor allem: warum?) »zur Gesellschaft« gehört. »Die Gesellschaft« ist untergegangen, nur der Terminus existiert noch. Und das heißt: Es muss sie noch geben, die Kreise, denen anzugehören sich einige anstrengen. Früher war diese Gruppe leicht zu erkennen: Es waren die → Salons des Adels, der Hof und manchmal auch die Räume von Künstlern. Rahel Varnhagen zum Beispiel führte ein großes Haus, Sarah Bernhardt gleichfalls. Heute bestimmen die Medien – das Fernsehen, die bunten Blätter, auch die Gesellschaftskolumnen in seriösen Zeitungen –, was Gesellschaft ist. Und seltsamerweise gehören die Empfänge beim Bundespräsidenten so wenig zu den begehrten Musts wie die wenigen noch intakten kulturellen Salons in einigen Großstädten. Die Gesellschaft zeichnet sich aus durch das Echo, das ihr Auftreten provoziert. Und deshalb funktioniert sie nicht ohne Geld, ohne Glamour.

Die Gesellschaft funktioniert nur mehr als Fiktion, zumindest in Deutschland. In Frankreich ist sie real. Hier siezen sich Ehepaare wie selbstverständlich. Hier, in der intakten, hierarchischen Gesellschaft, gibt es darum durchaus noch den Parvenü. Auch die klassischen Quereinsteiger, General und Kardinal, haben hier weiterhin Chancen. Nur in Frankreich kann ein Jude polnischer Herkunft Erzbischof werden und sich zur – immer noch nicht bloß durch Besitz, sondern durch Tradition ausgezeichneten –

Großbourgeoisie zählen. In Deutschland ist die Großbourgeoisie längst entmachtet. Mit dem Nationalsozialismus kam – ähnlich wie dies Zola in ›Les Rougon-Macquart. Histoire naturelle et sociale d'une famille sous le Second Empire‹ für die Zeit nach 1851 in Frankreich beschrieb – eine »geräuschvolle, anrüchige, plünderungslustige Boheme ans Ruder«, die in Schlüsselpositionen des Staates drängte und sich dort etablierte: in Politik und Wirtschaft. Nach dem Zusammenbruch und mit Beginn des Wiederaufbaus, mit dem sogenannten Wirtschaftswunder, wurden deshalb nicht die Kinder der während des Faschismus beinahe gänzlich ausgerotteten jüdischen Großbourgeoisie mächtig. Nein, der Selfmademan eroberte das Terrain, das bis dahin der Adel innehatte und die (jüdischen) Intellektuellen und Industriellen. Da die tradierten Werte – und dazu gehören Konventionen ebenso wie Familienstolz – wenig mehr wert waren, musste anderes zählen: Besitz. In einer eingeebneten Gesellschaft, die sich neue Definitionen schaffen wollte, neue Möglichkeiten der Ein- und Ausgrenzung, mussten neue Richtlinien her, die bestimmten, was denn nun die »feine« Gesellschaft ist. Dem Adjektiv Bedeutung zu verleihen, war nun vordringlichste Aufgabe. Man schuf sich Reservate: Hamburg 13 zum Beispiel oder München-Bogenhausen. Man entwarf neue Verhaltenscodices. Reichtum allein konnte nicht genügen, gutes Benehmen, wie es vor dem Krieg noch gepflogen wurde, gleichfalls nicht. Neue Hindernisse mussten her.

Da der Werte- wie der Traditionsverlust es aber unumgänglich machen, dort wieder anzufangen, wo Adel und intellektuelles Großbürgertum gestoppt oder vernichtet wurden; da das Wirtschaftswunder nur noch an die Macht des Geldes glaubte und der Gedanke einer gesellschaftlichen und kulturellen Elite einer Gleichmacherei Platz machte, schufen sich die neuen Herren und Damen, die bundesrepublikanischen Geldaristokraten, ihre eigenen Gesetze. In jeder Stadt andere. Und deshalb steht in Hamburg jemand außerhalb, der in München schon längst dazugehört. Wer aber kommt ans Ziel, heute, in der großen Bundesrepublik?

Der Parvenü ist tot! Es lebe der Blender! Ein im Nachkriegsdeutschland zu Geld und Ansehen gekommener wildgewordener Kleinbürger. Er ist kein Spießer. Er möchte le bourgeois gentilhomme sein.

Wir entgehen ihm nie und nirgendwo. Bei fast jedem Abendessen ist er schon da; in jeder Bar hockt er herum. Was heißt er?! Sie ist mit dabei. Die wildgewordene Kleinbürgerin und der wildgewordene Kleinbürger mimen Gesellschaft. Alles stimmt. Aber, leider, erkennt man sie/ihn doch. Sie verraten sich auf zwei verschiedene Weisen oder durch die Kombination beider. Entweder stimmt alles zu sehr. Oder es stimmt »fast« alles.

Keiner redet so eloquent über Kunst und Literatur. Ihre/seine Meinung ist klipp und klar. Nur: aus zweiter Hand. Diese Menschen kennen die Rezensionen von Büchern, Opern- oder Theateraufführungen und Ausstellungen. Selber gelesen, gesehen, gehört haben sie selten. Ihre Ansprüche an die Küche sind immens. Sie essen ja dort, wo es gut und teuer ist, nur fehlt ihnen jede Neugier, Entdeckungen zu machen. Sie gehen hin, wo »man« hingeht, sie trinken Chateaus, welcher Herkunft auch immer. Sie sind die perfekten Nachahmer, denn Kreativität ist ihnen fremd.

Sie funktionieren im Beruf – und in der Gesellschaft. Sie haben ihren Benimmführer im Kopf, auf der Zunge und in den Gliedmaßen. Den einen gelingen ihre Maschinenbewegungen und ihre Standardhöflichkeiten und der unverfänglich geistlose Smalltalk zu gut. Bei ihnen erkennt man das Gelernte, das keinen geplanten Regelverstoß zulässt, kein Spiel mit der Etikette. Die anderen schaffen es beinahe perfekt. Doch die fehlende Perfektion, die ja durchaus ihren Reiz haben könnte, wenn man die Perfektion beherrschte, sie wurmt sie. Also werden sie rot, wenn der Handkuss misslingt; und verabschieden sich, wenn sie – das größte Unglück – nicht mehr mitreden können, weil ihnen eine Rezension oder ein anderes Must entgangen ist.

Der neureiche → Angeber fürchtet sich vor nichts, außer vor Regelverletzungen. Da er ein Leben aus zweiter Hand lebt, phantasielos nachmacht, was gerade in Mode scheint, klebt er an Formen, die, so glaubt er, ihm den Verbleib in jener Gesellschaft sichern, die er für »die« Gesellschaft hält. Und damit unterscheidet er sich vom Parvenü. Der war imstande, den Konflikt von Schein und Sein aufzuheben. Ganz einfach, weil ihn ja nichts – außer der Familie

– von den anderen unterschied, er dem verarmten oder dem debilen Adel zuweilen sogar überlegen war, durch seinen Reichtum, seine Intelligenz. Der neue Typ aber lebt zwei Leben. Eines in der Familie und im Beruf; ein zweites außerhalb von Haus und Büro. Er kultiviert den Schein neben dem Sein. Verstellung tut not, ist beinahe überlebenswichtig für ihn. Da es aber kein richtiges Sein im Falschen gibt, wie wir wissen, ist dieser Mensch nie bei sich. Er lebt ein schizophrenes Leben. Er ist unglücklich in seiner Existenz, er muss es sein. Er muss die Kluft zwischen der Realität auf der einen und der eingebildeten Position, die einer Sekundärexistenz vergleichbar ist, kompensieren. Er leidet am Fehlen eines verbindlichen Lebensstils. Was tut er?

Er übertreibt. Er wird zum unkultivierten → Snob. Schon die Formulierung ist ein Widerspruch. Der wildgewordene Kleinbürger will – sieht oder hört man ihn in Gesellschaft – immer der Beste sein. Er kennt sich aus, verschwendet sein → Geld an die kostspieligsten Outfits (→ Eleganz, → Geschmack) und reist in Orte, die man besucht haben muss. Weder was er trägt noch was er isst, trinkt oder sieht, muss ihm gefallen: Sein Tun muss der Gesellschaft imponieren. Mehr braucht er nicht. Er gehört in Botho Strauß' ›Trilogie des Wiedersehens‹.

Und wie, bitte, verhalten sich die modernen Emporkömmlinge politisch? Angepasst, versteht sich. Liberal-sozialdemokratisch, liberal-christdemokratisch, liberal-christsozial, liberal-liberal. Grüne findet man nur selten unter ihnen, Republikaner ganz gewiss nicht, denn da Regelverletzungen die schlimmste aller gesellschaftlichen Übertretungen sind, fehlt dieser Gruppe auch ein eigenes politisches Image. Sie sind Mitmacher, Nachahmer auch hier.

Wir entgehen ihnen nicht. Und manchmal, wenn jemand unsere Umgangsformen lobt, unsere Kleidung für besonders elegant hält und unseren → Esprit schätzt, bekommen wir einen Schreck. Und reagieren: Wir verweigern den Handkuss, gehen an der rechten Seite der Dame, wir tragen bunte Sakkos und braune Schuhe am Abend; wir haben den Bestseller nicht gelesen (und erst recht nicht die Rezension), wir schwänzen Premieren. Wir verstoßen gegen einige → Konventionen – und sind gerettet.

→ Nouveau riche

Pausengespräche

sind unumgänglich, trifft man im Theater, in der Oper oder im Konzertsaal Bekannte. Was reden? Ich halte es – allem Spott zum Trotz – immer noch für besser, über das Wetter zu sprechen, als schon jetzt herumzunörgeln, da man ja nicht wissen kann, wie es weitergehen wird. (Wenn Sie indes zum zweiten Mal eine Aufführung besuchen, dann dürfen Sie schwärmen, dass alles doch ganz hinreißend ist – denn wer sieht sich schon ein zweites Mal etwas an, was ihm beim ersten Mal missfallen hat.) Ich warne vor diesen Pausenkritiken, obwohl ich es in meinem Beruf wirklich noch nie erlebt habe, dass sich eine in den ersten zwei Akten eher unglückselige Inszenierung nach der Pause entscheidend zu ihrem Vorteil verändert hätte. Das Problem ist ein anderes: Den Menschen, denen Sie in der Pause beim Sekt oder Kaffee begegnen, könnte eine Vorstellung sehr gefallen, die Sie nicht bloß langweilig finden, sondern, schlimmer noch: ärgerlich. Warum den anderen die Freude verderben? Das heißt umgekehrt, dass Sie niemanden, der von etwas begeistert ist, besserwisserisch zurechtweisen und – wie ein ungehobelter → Angeber mehr schulmeisterlich als weltgewandt – erzählen, wo und mit wem Sie die ›Traviata‹, die ›Walküre‹, den ›Sommernachtstraum‹ schon viel, viel besser gehört und gesehen haben: an der New Yorker Met, in Bayreuth und Weimar zum Beispiel. Formulieren Sie, befragt, ob Sie denn nicht begeistert sind, lieber die Unsicherheit, schon jetzt zu urteilen.
Ein Hinweis in eigener Sache sei gestattet: Kritiker freuen sich, wenn Zuschauer sie erkennen und ansprechen – denn sie sind (alle!) ziemlich eitel, sonst hätten sie diesen Beruf nicht gewählt –, aber Sie sollten Kritiker nie in der Pause fragen, was denn »die Fachfrau« (»der Fachmann«) meint: Es ist einfach zu früh; und außerdem verrät keiner gern seine Gedanken, die ja erst noch formuliert werden müssen und von denen er hofft, dass viele sie mit Vergnügen lesen werden.
Wer indes glaubt, dass die Gespräche über Hoch- und Tiefdrucksysteme langweilig sind, irrt gewaltig. Ich glaube, Wilde hat recht. Frauen (oder Männer), die den Sonnenschein hassen und vom Regen schwärmen, verraten nicht wenig über sich und ihre Seelenla-

ge. Also aufgepasst, wenn übers Wetter geredet wird. »Whenever people talk to me about the weather, I always feel quite certain that they mean something else.«

Personal

ist in den alten Manierenbüchern kein Stichwort, weil jene Herrschaften, die zu Hause Personal beschäftigten, sehr wohl wussten, was sie vom Chauffeur, der Köchin und allen anderen Hausangestellten erwarten durften und wie sie sich ihnen gegenüber zu verhalten hatten; die Dienstmädchen und Köchinnen wussten es auch, gab es doch im 19. Jahrhundert und noch zu Beginn des 20. genügend Lehrbücher »für Dienstmädchen in bürgerlichen und vornehmeren Häusern«. Heute fehlt das Kapitel Personal in den meisten Publikationen, weil es nur noch wenige Haushalte gibt, die sich Personal leisten können.

Was darf man von seiner Haushälterin, der Köchin, dem Chauffeur, dem Butler erwarten: → Diskretion vor allem. Über alles, was im Haushalt passiert, haben Angestellte gegenüber Dritten zu schweigen – Kindesmisshandlung, Vergewaltigungen, Mord und Tierquälerei sind indes anzuzeigen. Ebenso ist es ihnen untersagt, über die Gäste des Hauses – Namen und Verhalten – zu plaudern. (Wer vorsichtig ist, formuliert diese Selbstverständlichkeiten im Anstellungsvertrag.) Sie sollten nicht neugierig sein: also nicht lauschen, nicht durch Schlüssellöcher spechten, nicht Briefkuverts gegen das Licht halten und sie schon gar nicht öffnen, wenn sie nicht für sie bestimmt sind. Und auch nicht in herumliegenden Akten, Tagebüchern stöbern und angefangene Briefe lesen. Außerdem sollten sie ihr Metier beherrschen: Der Chauffeur muss zu chauffieren gelernt haben, sich durch erstklassige Manieren auszeichnen; die Köchin sollte ein Parfait von einem Sorbet unterscheiden können; Haushälterin und Butler werden sich um Wäsche, Silber, Geschirr, Besteck kümmern, Anrufe entgegennehmen, zu empfangen und zu servieren verstehen – und die Putzfrau beaufsichtigen. Angestellten, denen man mit Della Casas Grundkurs kommen muss, sollte man besser nicht engagieren. Der Florentiner

erklärt: »Taktvolle Diener, die zum Dienst bei Tisch gut ausgebildet sind, dürfen sich auf keinen Fall am Kopf oder anderswo kratzen, während ihr Herr die Mahlzeit einnimmt, noch sollen sie die Hände in die Nähe derjenigen Körperstellen bringen, welche man gemeinhin bedeckt. (…) Sie müssen sorgfältig gewaschen und sauber sein und dürfen nirgendwo Schmutzreste zeigen. Wer das Essen aufträgt oder Getränke nachschenkt, vermeide aufs Sorgfältigste zu spucken, zu husten oder zu niesen.«
Was kann das Personal erwarten? Eine angemessene Bezahlung! Und vom Logiergast, der länger in dem Hause zu Gast war, ein Trinkgeld (im Kuvert) oder ein kleines Geschenk. Gräfin Schönfeldt schlägt vor, dass Gastgeber bei allen großen Einladungen an der Garderobe eine kleine Silberschale bereitstellen, in die die Gäste für das Personal ein Trinkgeld legen können. Ich finde diesen Vorschlag nicht sonderlich gut, schließlich zahlen die Gäste, wenn man sie ins Restaurant bittet, ja auch nicht die Trinkgelder! (Hier gilt es auf eine Ausnahme hinzuweisen: In den USA bestehen widerspenstige Gäste, die man in ein Restaurnt eingeladen hat, ohne zuvor erklärt zu haben, dass man für alle zu zahlen beabsichtige, darauf, zumindest das Trinkgeld beizusteuern!) Viel besser ist es, wenn die Hausfrau oder der Hausherr sich mit kleinen Geschenken nach solch einem Großkampftag beim Personal bedankt!
Und die anderen Pflichten gegenüber dem Personal? Ebenfalls Diskretion, auch → Rücksicht und keinesfalls Hochmut und Herablassung! Und wer sein Personal schikaniert, verdient keines – er kann es sich bloß leisten. Schließlich: Häusliche Auseinandersetzungen sollten nicht in Anwesenheit des Personals ausgetragen werden. Ich hoffe, jetzt ist klar: Angestellte sind keine Leibeigenen!

Perücken

und Toupets, auch falsche Fuffis genannt, sind Fürchterlichkeiten. Männer sollten die Glatze vorziehen. Nennen sie noch einen dünnen Haarkranz ihr Eigen, dann mögen sie versucht sein, ihn auf Pferdeschwanzlänge aufzuforsten und die dünnen Fädchen hernach vom Genick und von den Ohren her auf der Blöße anzurichten wie Spaghettini al dente. Diese Übung sollten die Herren unterlassen, selbst mit Haarlack und -spray wird aus so einem Gebilde keine Frisur, und weht auch noch ein laues Lüftchen, so sehen sie rasch aus wie vom Winde verweht. Frauen, die ihrer Haarpracht verlustig gehen, wollen zu Recht nicht barhäuptig bleiben. Sie sollten aber, wenn sie es sich erlauben können, eine Perücke aus echtem Haar erstehen. Die Kunststoffmodelle sind Haarhauben bloß, ähneln Bademützen oder Kastanienmoussedesserts. (Perücken werden – bestätigt ein ärztliches Attest krankhaften Haarausfall – von den Krankenkassen bezahlt. Allerdings müssen die Patienten dann mit Nylon-, Woll-, Gummi- und Styroporlocken, -ponys, -schwänzen und -bubiköpfen vorliebnehmen.)

Pfeffer und Salz

gehören auf den Tisch – als Streuer und Mühle. Die überdimensionierten Pfeffermühlen sind imposant-hässlich. Und nur im Restaurant zu benutzen, denn der Kellner steht, man selber müsste aber aufstehen, um das Fleisch oder auch nur den Teller zu treffen – und schon dies wäre ein Glück. Ich kenne allerdings einige Haushalte, die Pfeffer und Salz nicht decken, weil die Hausfrau (oder der kochende Hausherr) der festen und meist zutreffenden, ein wenig hochmütigen Meinung ist, dass kein Gang noch zu verbessern ist. Falls dennoch, durch schlichte Überschätzung der eigenen Kochkunst, der Salz- oder Pfeffergehalt nicht stimmen sollte, muss der Gast um die Gewürze bitten. Und der Gastgeber serviert das Gewünschte – ohne Widerspruch.
Salz vertreibt im Orient böse Geister, in der christlichen Religion gründet es, in Gemeinschaft verspeist, feste Bündnisse (2. Chron. 13,5) und ist Symbol für den sittlichen Wert der Jünger (Matth. 5,13). Im katholischen Ritus wird Salz verwendet bei der Bereitung des Weih- und des Taufwassers – hier werden schließlich Bündnisse gestiftet. Pfeffer wird dagegen nirgendwo anders verwendet als in der Küche und in der Umgangssprache: Geh doch hin, wo der Pfeffer wächst – heißt: Hau doch ab nach Afrika, Ostindien, Java

oder Guinea. Kein gutgemeinter Wunsch. Salz und Brot kann man als Geschenk zu einer Housewarmingparty mitbringen. In manchen Ländern begrüßt man auch den Besucher mit Salz und Brot.

Picknick

Le pique-nique ist laut ›Larousse‹ ein Essen im Freien, auf dem Rasen. Manchmal verbunden mit einem Ausflug. Das bekannteste Picknick ist das »Déjeuner sur l'herbe« von Edouard Manet. Die luxuriösesten Picknicks gönnen sich die Gäste des Glyndebourne Festivals: Während der angemessen langen Opernpausen sitzen sie auf Cashmere Plaids, in Smoking und Abendkleid, gleich neben den Kuhweiden. (In den letzten Jahren versuchen einige Bayreuth-Besucher Ähnliches auf dem Grünen Hügel.) In den mitgebrachten geflochtenen oder ledernen Picknickkörben sind das Porzellangeschirr, das Besteck, die Gläser und die Tischwäsche verstaut; in Kühltaschen – die aber im Wagen zu bleiben haben und dort auch wieder verschwinden, nachdem angerichtet ist – die Speisen, die Champagner und Weine. So luxuriös muss es nicht zugehen, wenn Sie mit Freunden und Bekannten zum Picknick fahren oder radeln. Und auch nicht so nackt wie bei Manet. Wer sich aber bloß an der Würstelbude zwei Paar Wiener auf dem Pappteller kauft und zwei Dosen Cola und sich damit an ein Flussufer setzt, picknickt nicht – er isst bloß im Freien. Das bedeutet: Weder das Abendbrot auf dem Campingplatz noch der Besuch eines bayerischen Biergartens ist ein Picknick. Ein solches Essen, zu dem man durchaus einladen kann, bedarf der Planung und einer nicht ganz unaufwendigen Ausrüstung.
Zu einem Picknick gehört – unbedingt – die Wolldecke, denn man sitzt am Boden! Außerdem braucht man einen Picknickkoffer mit Geschirr, Bestecken, Gläsern, Tischtuch und Servietten, eine Speisenauswahl wie bei einem kalten Buffet und gekühlte Getränke. Picknicks sollte man am späten Nachmittag oder am frühen Abend planen. Sie waren stets sehr beliebt und sind – wenn man sich nicht gerade in einer mückenreichen Sumpfgegend niederlässt – auch heute noch eine sehr amüsante Möglichkeit,

Freunde zu treffen und zu verwöhnen. Aller Voraussicht nach wird niemals alles so sein, wie man es in geschlossenen Räumen gewohnt ist: die Wespen, die Ameisen, die weiche Butter, der lauwarme Weißwein ... Einer trägt dann doch die Boxershorts, eine andere die Leggings zur Sandale. Kleidervorschriften bei Picknicks sollte man trotzdem nicht machen. Da vertrauen wir dem Vorbildeinfluss: Die Leggings und die Shorts werden bemerken, dass sie nicht richtig angezogen sind, und beim nächsten Mal in Bermudas erscheinen. Picknicks kann man übrigens auch wie → Kochpartys organisieren, was allerdings genaue Absprachen voraussetzt. Die leeren Flaschen und allen anderen Abfall nimmt man wieder mit nach Hause. Der grüne Punkt bedeutet nämlich nicht: Entsorgung am besten im Grünen.

Piercing

in der Nase, in den Augenbrauen, auf der Lippe mögen ein neues Zeichen für Revolte sein – wie die grünen und blauen und gelben Haare, die Fliegerstiefel und die Fahrradketten als Gürtelersatz. Früher, zu Beatles-Zeiten, waren es die langen Haare, später der Schlabberlook und die Blumen der Flowerpower-People: »Be sure to wear some flowers in your hair.« Körperringe sind also Protest und Demonstration. Sie ästhetisch zu bewerten, ist darum ziemlich sinnlos. Ich finde sie nicht hübsch, aber jeder darf sich verunstalten, wie er mag. Im Gesicht sind sie nicht zu übersehen und sollen ja auch nicht übersehen werden, beim → Eislecken wird der Zungenring sichtbar – und uns graust. Aber so richtig schlecht wird mir, wenn ich die Ringe an sonstigen Körperteilen sehe. Müssen die Mädchen und Jungen, die Frauen und Männer wirklich an Stränden und in Badeanstalten zeigen, was sich alles durchbohren, piercen lässt: Bauchnabel, Brustwarzen, Geschlecht? Keine Frage, diese Pierclinge wollen provozieren und bestimmt nicht höflich sein. Wir sollen reagieren. Tun wir aber nicht, bleiben zuvorkommend, still, beschweren uns nicht über ihren rücksichtslosen, aggressiven Exhibitionismus, schauen weg und fragen uns eher amüsiert, wo Ringfrau und Ringmann sich noch löchern können. Einen Vorschlag hätte ich schon: Ringe in den Zähnen. Ich mag Castagnettenklang und kann dumme Sprüche nicht leiden. → Tattoo

Placement

→ Tischordnung

Platzteller

sind übergroße Teller, die bereits gedeckt sind, wenn die Gastgeber ihre Gäste zu Tisch bitten. Platzteller können aus Silber, Porzellan, Keramik oder Zinn sein. (Wer mag, kann vor allem das Silber mit einem kleinen runden Deckchen schützen und damit zugleich verhindern, dass es laut wird, wenn die anderen Teller daraufgestellt werden.) Platzteller werden abgedeckt vor dem Käsegang – in manchen Restaurants und Haushalten auch schon nach dem → Amuse gueule. Platzteller sind ein schöner Luxus, denn sie erfüllen nur einen Zweck: Niemand sitzt vor einem leeren Tischtuch. Wer also keine Platzteller hat, muss sich nicht grämen und nur auf eines achten: Lässt ein Gast – aus welchen Gründen auch immer – einen Gang aus, so sollte man ihm zumindest einen Teller gönnen. Dieser zeigt den anderen Gästen, dass die oder der Arme keineswegs vergessen wurde, sondern nicht zu essen wünscht, also auch niemand fragen sollte, welches Unwohlsein sie/ihn denn wohl peinige. Der leere Teller: ein Pausenzeichen.

Political correctness

Kommt wie Coca-Cola, Kaugummi und die No-cholesterol-Kampagne aus Amerika. Was Political correctness ist, lässt sich am besten an den Beispielen zeigen, wo sie fehlt. Das Vergehen geschieht entweder in der Sprache oder im Verhalten: Ein Neger ist kein Neger, sondern ein Farbiger afrikanischer Herkunft, das Wort Kümmeltürke müssen Sie aus Ihrem Wortschatz verbannen, was aus dem Negerkuss wird, weiß ich nicht … Jede rassistische Bemerkung ist also politically incorrect: Also, es geht nirgendwo zu wie auf der Judenschul; kein Mensch ist mehr ein Schwachsinniger, sondern – aber nur, wenn das ärztliche Attest vorliegt – ein an Downsyndrom leidender Mitbürger. Nationale Vorurteile – wie sie Gottsched, Lessing, Goethe formulierten – sind in unseren Zeiten politisch falsch und unzulässig. Ferkelige, frauen- oder fremdenfeindliche Witze sind gleichfalls politically incorrect. Genug der Beispiele.

Im Umgang ist alles noch ein bisschen schwieriger: Der Flirt ist, wenn man Pech hat, eine üble Anmache – und strafbar (→ Chat). Der Herr muss also sehr aufpassen, damit ihm auch nicht das kleinste Abwehrzeichen der Dame entgeht, denn die Einschätzung des Vergehens liegt allein bei der Angegangenen. Wer die Einladung einer Dame, nach einem Essen in ihrer Wohnung noch einen Drink zu nehmen – one for the road –, annimmt, sollte sich gleich bei den ersten verbalen Avancen oder körperlichen Zudringlichkeiten der Dame, die zu erwidern er Lust hat, schriftlich geben lassen, dass alles, was nun folgt, politically correct, also nicht bloß abgesprochen, sondern vertraglich geregelt ist. Der Klaps auf den Po ist eine sexuelle Belästigung der übelsten Art, mindestens so schlimm wie eine Umarmung. Wer auf einer amerikanischen Party aus Jux einer Dame einen Bonbon in den Ausschnitt wirft, kann Millionen Dollar Schmerzensgeld bezahlen, selbst dann, wenn im Dekolletee für ein Prickelpitt noch Platz war. (Prickelpitt: ein Brausepulver, mit dem in Günter Grass' ›Blechtrommel‹ allerlei Vergnügliches angerichtet wird.) Was den Frauen recht ist, ist (manchen) Männern angenehm: Schon stehen sie vor Gericht und verklagen ihre weiblichen Vorgesetzten der Anmache, der sexuellen Belästigung. Eine Chefin, die ihren Sekretär lobt: »Das war lieb von Ihnen, dass Sie mir Aspirin besorgt haben«, schmeichelt über Gebühr – und muss teuer blechen, wenn es dem Sekretär nur gelingt zu erklären, dass das kleine Wort »lieb« durchaus als Aufforderung zu verstehen war, noch lieber zu sein.

Political correctness ist das Gegenteil von → Höflichkeit. Denn während Höflichkeit ein Spiel mit Regeln ist und voraussetzt, dass

Männer und Frauen, Einheimische und Fremde, Schwarze und Weiße, Hetero- und Homosexuelle, Christen, Moslems und Juden sehr wohl – und zwar in jedem Augenblick – wissen, wo ihre Grenzen sind, und auch bemerken, wann Grenzüberschreitungen erlaubt sind oder Grenzen fallen, ist das Gebot der Political correctness ein durch Gesetze und strafrechtliche Maßnahmen geregelter Verkehr. Sensibilität braucht's dafür nicht, sondern Kontrakte. Da ganze Nationen das Gefühl dafür verloren haben, was sich gehört, was sich verbietet, regeln jetzt Gesetze den gesellschaftlichen Verkehr.

Keine Frage: die Political correctness hat uns einiges Gute beschert – zum Beispiel, dass Redner sich auch an die Frauen unter den Zuhörern wenden; dass in Briefanreden die Frau an erster Stelle steht; dass der Neger aus unserem Sprachgebrauch verschwunden ist und der Spaghettifresser; dass sich Männer in Büros nicht mehr trauen, mit Zoten die Kolleginnen zu verletzen. Aber all das lässt sich abstellen durch Höflichkeit. Andererseits wird unsere Kultur verarmen, wenn der Flirt verboten wird und jede körperliche Annäherung zuvor Brief und Siegel braucht. Kein Mann kann mehr wie Faust sich einschmeicheln: »Mein schönes Fräulein, darf ich wagen, meinen Arm und Geleit ihr anzutragen?« Er müsste diese Bitte schriftlich formulieren und um Unterzeichnung bitten. »Le flirt, c'est la querelle de l'amour«, befand Paul Bourget zu Beginn des Jahrhunderts – heute würde er dafür der Unverschämtheit geziehen. Wilders Filme müssten verboten, Genets Bücher verbrannt und Prousts ›Recherche‹ auf den Index gesetzt werden. Das wäre fürchterlich. Ich bleibe darum dabei: Political correctness beschränkt den Umgang der Menschen in einem erschreckenden Maße. → Offenheit lässt sie so wenig zu wie Chuzpe, → Charme und → Esprit. Sie ist der Umgangston und die Umgangsform der gepflegten, feigen Langweiler, jener vom Leben Vernachlässigten, wie Thomas Mann sie nannte: die Überlebensart der selbsternannten Moralapostel. Wer immer politically correct ist, muss ein Tartuffe sein und unglücklich. Meine These ist gewagt und politically absolutely incorrect. Dass zumindest Proust mir recht gibt, freut mich deshalb besonders: »Man wird moralisch, sobald man unglücklich ist.« (›Im Schatten junger Mädchenblüte‹) Wir also wollen glücklich sein und höflich, nicht heuchlerisch. Deshalb halten wir Gott auch weiterhin für einen Mann, obwohl die Diskussion um sein Geschlecht längst begonnen und im englischen York nach 600 Jahren erstmals eine Schauspielerin den Part des »Vater unser, der du bist im Himmel« übernommen hat.

Deshalb tut uns auch Herr H. sehr leid:

Die Stirn zerfurcht, der Blick trübe, sitzt Gefängnisdirektor H. an seinem Schreibtisch. Es gilt, einen Rundbrief an die wegen Mordes verurteilten, zwangsverwahrten Gäste seiner Herberge zu formulieren. Früher war das ganz einfach. Da begann er schlicht: »Liebe Häftlinge, ich möchte Sie über einige Neuerungen informieren. Derjenige, der zusätzliche Freigänge beantragen möchte, sollte …« All das – das weiß Herr H. – ist nicht mehr opportun – ein Brief des Justizministers hat ihn zur Korrektheit ermahnt. Entschlossen setzt er den Kugelschreiber aufs Papier und schreibt:

»Sehr geehrte Mörderinnen und Mörder, liebe MörderInnen, ich habe die Pflicht, Sie über einige Neuerungen zu informieren. Diejenige/derjenige, die/der an dem Werk-/Strickkurs unseres Etablissements teilzunehmen wünscht, muss sich bei der/dem für sie/ihn zuständigen KursleiterIn einen Monat zuvor schriftlich anmelden. Danach wird jede/jeder zu einem Gespräch gebeten. Und die Kursleiterin/der Kursleiter wird nach eingehender Prüfung der BewerberInnen entscheiden, wen sie/er aufnimmt. Diejenige/derjenige, die/der abgewiesen wurde, kann schriftlich Einspruch erheben. Die/der Abgewiesene kommt automatisch in den Bastelkurs für AnfängerInnen. Jede/jeder hat die Möglichkeit, sich hier durch besondere Leistungen für Intensivkurse zu profilieren. Die Essensrationen werden sich in Zukunft an den Leistungen der Häftlinginnen/Häftlinge richten. Der Presssack …« Oh nein, stöhnte Herr H. und strich die letzten beiden Worte. »Die/der Butter gibt es nur noch sonn- und feiertags, die/den Schinken gleichfalls, die/der Leberwurst und der/die Presssack stehen für die Wochentage zur Verfügung. Das/der/die Brot ist täglich zu haben, das/die/der Baguette nur sonntags.« Herr H. verzweifelte, denn er musste noch die neue Kirchenordnung anzeigen. Er konnte sich nicht drücken. Zittrig führte er den Schreiber übers Papier: »Kirchgänge sind von nun an nur am Sonntagvormittag erlaubt, wobei der Göttin-/der Gottesdienst für Frauen und Männer gesondert abgehalten wird: 10 Uhr Göttinfeier, 11 Uhr Gottfeier. Selbstverständlich können Häftlinge auch die Göttinfeier, Häftlinginnen auch die Gottfeier besuchen, wobei keine/kein Besucherin/Besucher auf schwesterlichen/brüderlichen Rat verzichten muss: Pfarrerin/Pfarrer werden sie trösten, desgleichen Mater und Pater.« – Geschafft. Jetzt nur noch die Unterschrift.

»Mit den besten Grüßen
IhrE DirektorIn Werner Maria H.«

PS: Einige Errungenschaften der weiblichen Emanzipation, von forschen Feministinnen erstritten, machen das Leben eher schwer. So richtig es ist, dass »das Insistieren auf der weiblichen Form auch in diesem Land das Bewusstsein für Differenzen geschärft« hat, wie Cora Stephan zu Recht bemerkt, die Übertreibung unseres Werner Maria H. macht deutlich, dass Political correctness auch übertrieben werden kann. Es muss möglich sein, sich an Bürgerinnen und Bürger zu wenden – und dann, schriftlich oder im Vortrag, bei der maskulinen Form zu bleiben. Immer wissend und respektierend, was die Feministinnen mit der Lösung des großen »I« eigentlich wollten und erreicht haben: »Das Beharren auf der weiblichen Form war ein Beharren auf dem Recht der anderen, anders zu sein und zu bleiben.« Zudem haben selbst die feministischen Sprachkritikerinnen eingesehen, dass diese neue Regelung »weniger zu einer neuen Umgangsweise geführt« hat, »zu Sensibilität, zu Anerkennung und Respekt«. Sie neigt, so Cora Stephan weiter, »zu dem, was Robert Hughes das Errichten von ›kulturellen Bollwerken‹ nennt. Denn das sprachliche Insistieren auf Differenz bedeutet nicht nur die Anerkennung des einen, des weiblichen Lagers, sondern ebenso die Ausgrenzung des anderen, des männlichen.« → Feminismus

Politik

ist selten ein amüsantes Thema, weder bei Empfängen noch gar bei Essen. Selbst dann nicht, wenn man Herrn Bismarck beipflichtet, der am 15. März 1884 im Deutschen Reichstag verkündete: »Die Politik ist keine Wissenschaft, wie viele der Herren Professoren sich einbilden, sondern eine Kunst.« Über Nero, Boabdil, den letzten Maurenkönig von Granada, und Richard III. können Sie sprechen. Über amtierende Politiker besser nicht. Es sei denn, Sie laden Politiker derselben (und Ihrer) Couleur ein. In den USA ist die Politik als Thema bei Gesellschaften tabu. Bei uns nicht. Es muss auch nicht tabuisiert werden. Doch was Giovanni Della Casa zu Stoffen wie »Wunden, Krankheiten, Todesfälle oder Pestausbrüche« bemerkt, gilt heute ebenso für die Politik: Er rät von Themen ab, »die nicht zum Zeitpunkt und zu den Zuhörern passen, mögen sie an und für sich, und zur rechten Zeit angesprochen, noch so gut und empfehlenswert sein«. Sie müssen also Ihre Gäste – und deren politische Präferenzen – schon sehr genau kennen, wenn Sie über Politik zu reden gedenken. Schwieriger wird es, wenn die Gäste untereinander zu politisieren und sich womöglich zu streiten beginnen. Dann heißt es schlichten, so diplomatisch wie möglich. Und manchmal – hoffentlich passiert Ihnen das nie – hilft nur die Aufforderung, entweder die Diskussion zu beenden oder das Haus zu verlassen.

Toleranz bedeutet nämlich letztlich, Intoleranz nicht zuzulassen. Was für die Politik gilt, erweist sich als gut auch für das Politisieren, das Reden über Politik. Man lasse es und beherzige Tocqueville, der wusste, worüber er sprach: Politik sei »ein Kampfplatz, auf dem das Ergebnis, das man erzielt, immer weit unter dem liegt, was man erreichen möchte«. Deshalb ist das Politisieren selten die Zeit wert, die dafür verschwendet wird. Politische Diskussionen, zu denen Sie natürlich auch einladen dürfen, kreisen allein um die Politik. Bei solchen Veranstaltungen gilt es nur eines zu beachten: Ihr Wohn- und Esszimmer, Ihr Salon oder Ihre Küche sind kein Wirtshaus. Das Sprücheklopfen nach Stammtischmanier verbiete ich. → Toleranz

Polterabend

→ Hochzeit

Portier

oder Pförtner. Laut ›Larousse‹ die »personne qui ouvre, ferme, et garde la porte d'une maison, d'un établissement, d'une usine etc.«. Bei Werks- und Fabrikeinfahrten trägt der Mann, der Schranken öffnet, Besucherscheine ausstellt und den Ankömmling telefonisch anmeldet, den deutschen Namen. Pförtner heißt er gleichfalls in Theatern, Kaufhäusern und Verlagen. Nur im Hotel nennen wir ihn Portier. Ihm begegnen wir zuallererst, denn er öffnet uns die Tür des Autos, sorgt sich um unser Gepäck. (Er trägt es aber nicht aufs Zimmer, sondern holt es bloß aus dem Kofferraum und überlässt die Schlepperei den Mitarbeitern des → Bellman.) Den Portier sollte man nicht verwechseln mit dem Concierge, der zwar laut ›Larousse‹ nichts anderes macht – »personne préposée à la garde d'un hôtel, d'une maison, d'un immeuble etc.«, in der Praxis aber andere Aufgaben wahrnimmt. Er besitzt im Hotel die Schlüsselgewalt, die ihm allmählich verlustig geht, weil die Gäste nicht mehr Schlüssel erhalten, sondern bloß noch einen kreditkartenkleinen Chip, den man nicht mehr abzugeben und deshalb auch nicht wieder beim Concierge abzuholen hat. Außerdem kümmert sich der Concierge um kleine Besorgungen für die Gäste, um ihre Post, ihre Zeitungen etc. In kleineren Häusern ist der Concierge der Portier und zugleich der Empfangschef, die Telefonzentrale und der Zimmerkellner. Das vereinfacht den Aufenthalt und macht ihn weniger kostspielig: Der Gast hat nur einen Gesprächspartner, dem er all seine Wünsche mitteilen kann; und er spart Trinkgeld. Aber da selbst der fleißigste, fixeste, zuvorkommendste Portier-Concierge-Telefonist-Empfangschef-Kellner im Normalfall gesegnet ist bloß mit einem Doppel von Augen, Ohren, Händen und Beinen, sollte man nicht allzu viel von ihm erwarten und vieles selbst erledigen (müssen).

Proll oder Prolo

Absolutely politically incorrect für Lümmel, ungehobelter Typ. Abgeleitet von Prolet, was als Bezeichnung von Mitbürgern nicht minder gehässig ist. Prolet, klar, kommt vom Proletarier, jenem römischen Bürger, der, weil ohne Vermögen, von Kriegsdienst und Steuern befreit war. Seit dem 19. Jahrhundert werden die besitzlosen Lohnarbeiter so genannt. Und zugleich im ›Kommunistischen Manifest‹ aufgewertet als klassenkämpferische Gruppe. Das Proletariat bildete nach marxistischer Auffassung die Kampftruppe für die soziale Revolution und die sich daran anschließende »Diktatur des Proletariats«. In der Malerei begegnen uns die Proletarier als entindividualisierte Menschen zwischen Fabrik, Schornstein, Treibrad, Eisenbahn und Schiff, zum Beispiel in Franz Wilhelm Seiwerts Bild ›Die Arbeitsmänner‹ (1925), das Uwe M. Schneede 1977 kommentierte: »Die Industrie verweist auf die künftig vom Proletariat schöpferisch zu nutzende Produktivkraft; die anonymisierten Figuren bekräftigen die Forderung nach Solidarität und Kollektivität, die als Basis einer neuen Gesellschaft verstanden werden.« Weltberühmt wurde Iwan Schadrs Plastik ›Der Pflasterstein – Waffe des Proletariats‹ aus dem Jahr 1927.

Das Theater eroberte der Proletarier in der zweiten Hälfte des 19. Jahrhunderts, als in den Arbeiter-Bildungs-Vereinen gespielt wurde. Arbeitertheater wurde zu einem agitatorischen Forum der Arbeiterbewegung. Unmittelbar nach der russischen Revolution wurde in Moskau das Proletkult-Theater gegründet. Eisenstein inszenierte Ostrowskij mit den Mitteln der Show und des Unterhaltungstheaters, andere folgten ihm und nutzten das Forum politisch, immer den letzten Satz aus Karl Marx' Manifest vor Augen und in Herz und Kopf: »Proletarier aller Länder, vereinigt euch!«

Der heutige Prolo – oder Proll – ist kein Pflastersteinwerfer, kein Laienschauspieler und kein besitzloser Klassenkämpfer. Er kommt jenem Typus Mensch, den Plautus im ›Miles gloriosus‹ beschreibt, sehr nahe: Er hat keine Manieren, kleidet sich nach der allerneuesten Mode, die ihn keineswegs sonderlich kleidet, er redet überall mit. Er kennt nicht Scham, nicht → Diskretion, nicht Anstand. Er spielt den Bescheidenen – und hat doch die größten → Ansprüche. Der Proll ist ein geschmackloser Aufschneider. Und deshalb gibt es den Proll in allen Schichten.

Es gibt vermögende, sogar gebildete Prolls, Führungsschichtprolls. Rücksichtsvolle, höfliche Prolls gibt es nicht.

Trotzdem: Dieses Schimpfwort verbietet sich in jeder Öffentlichkeit. Unter vier Augen ist dieses Wort erlaubt.
Verraten werden soll noch, wie Plautus über diesen Typ lästert: »›Mein Freund‹, so spricht der Proletarier, wenn er zu Tische geht. Wenn die Speisen aufgetragen sind, dann sagt er wohl: ›Wozu denn unsretwegen solchen Aufwand, Freund? – Du bist nicht recht gescheit, das langte ja für zehn!‹ So tadeln sie den Einkauf, fressen's aber doch.«
Seit einigen Jahren ist das Wort Proletariat out (nicht jedoch der Begriff Proll oder Prolo) und ein anderes in: das Prekariat, das auch als Präkariat daherkommen darf. Der italienische Politologe Alex Foti erklärt den Begriff schlüssig so: »Das Prekariat ist in der postindustriellen Gesellschaft das, was das Proletariat in der Industriegesellschaft war.«
Prekariat ist ein Begriff aus der Soziologie und bezeichnet »ungeschützt Arbeitende und Arbeitslose« – also eine neue soziale Schicht. Das Wort selbst ist ein Neologismus, abgeleitet aus dem Adjektiv prekär und analog zu Proletariat zum Substantiv gebildet. Also eine Gruppe, die in einer schwierigen, misslichen, bedenklichen Situation lebt. Sie ist keineswegs homogen; vielmehr gehören zu ihr kleine Selbständige und Angestellte auf Zeit, Praktikanten, chronisch Kranke, Alleinerziehende und Langzeitarbeitslose. Während man Proll oder Prolo sein kann und doch nicht arm, nicht in schwieriger finanzieller Lage leben muss – sondern sich durch Kleidung, Benehmen, Umgang in der Gesellschaft als Proll outet, sich also proll (Adjektiv) benimmt –, ist ein Angehöriger das Prekariats allein durch sein Leben ohne ausreichende Mittel definiert. Im Französischen heißen sie die »sans réserves«. Die Gruppe des Prekariats als die neue Unterschicht zu bezeichnen ist wohl nicht falsch. Dennoch möchte ich daran erinnern, dass es den Begriff schon vor den neunziger Jahren des vergangenen Jahrhunderts gab und sozial Verachtete meinte.

Prekariat

→ Proll oder Prolo

Puder

»Ein weißer, feiner Teint wird als Mann nicht von dir gefordert, im Gegenteil, eine kräftige, von Luft und Sonne gebräunte Gesichtsfarbe gibt dir etwas männlich Interessantes. (…) Eine zu weiße, feine Haut lässt dich leicht weibisch erscheinen, Unreinigkeiten der Haut entstellen dagegen das hübscheste Gesicht, und du tust gut, mit aller Mühe und Sorgfalt gegen sie anzukämpfen. Als Dame hast du dir dies doppelt angelegen sein zu lassen. In unserer sportliebenden Zeit braucht es dir keinen Kummer zu machen, wenn man deinem Gesicht ansieht, dass du es viel der freien Luft aussetzest, rein und gleichmäßig muss dein Teint aber sein. (…) Alles Schminken ist von Übel. Auch das Pudern vermeide für gewöhnlich; in Ausnahmefällen bediene dich seiner in ganz bescheidenem Maße. Nichts ist hässlicher als ein Gesicht, das Puder und Schminke zur Maske machen.« – So weit die Ratschläge von Konstanze von Franken in der 50. Auflage ihres Ende des 19. Jahrhunderts erschienenen ›Handbuchs des guten Tones und der feinen Sitten‹. Die Autorin wendet sich an ein (klein)bürgerliches Publikum, die vornehmeren Manierenbücher des 19. Jahrhunderts und zu Beginn des 20. Jahrhunderts erlauben mehr. Nathalie Bruck-Auffenberg schreibt in ihrem Band ›Die Frau comme il faut. Die vollkommene Frau‹ (4. Auflage 1911): »Vorhandene Schönheit zu pflegen, um sie so lange als möglich zu erhalten, ist die Pflicht jeder Frau; störende Erscheinungen zu beseitigen oder zu verhüllen, ist ihr gutes Recht. Nur das Prunken mit erborgten Reizen ist verwerflich.« Aber gegen die inszenierte Schönheit, gegen das Anmalen, das Färben von Haaren und Augenbrauen wenden sich auch diese Ratgeberinnen und Ratgeber. Gräfin Schönfeldt gibt überhaupt keine Tipps mehr. Die Égalité der demokratischen bundesrepublikanischen Gesellschaft erlaubt jede Liberté. Längst besuchen Männer Schönheitsfarmen, wo sie wie die Frauen Gurkenmasken auflegen und sich die Augenbrauen ausdünnen lassen. Frauen schminken sich die Lippen schwarz und färben sich die Haare blau. Wer könnte es wagen – und warum? –, ausgerechnet das Pudern für unnötig oder gar anstößig zu erklären. Dennoch: Männer werden gepudert, wenn sie sich vor Fernsehkameras setzen; und sie pudern sich selbst

wohl eher nicht. Frauen dürfen sich das Gesicht immer pudern – nur bitte nicht bei Tisch (→ Lippenstift). Sie dürfen sich blass quasten oder tupfen, dürfen Rouge und Brun auflegen. Nur auf eines sollten sie achten: die Übergänge. Sonnenfrohe Wangen und ein leichenblasser Hals passen nicht zusammen. Da wurde entweder an der einen Stelle übertrieben oder an der anderen gespart. Wir wollen auch beim Pudern Harmonie.
Noch ein Wort zur Bräune, der gesunden Gesichtsfarbe: Ich weiß, Sonnenstudios werden von vielen Damen und Herren geschätzt, aber abgesehen davon, dass diese Grill- und Bräunungsmethode wohl nicht ganz ungefährlich ist – kein Mitteleuropäer sollte versuchen, auszusehen wie ein Sioux oder Mulatte. Deren natürliche Hautfarbe ist schön, verbrannte Blässe ist es nicht. Und auch die Möhrenbräune, die manche Salben hervorrufen, macht Eindruck nur auf Hasen und Karnickel.

Pünktlichkeit,

die »Höflichkeit der Könige«, ist »eine Eigenschaft, ja eine Tugend, die nichtgekrönten Häuptern mindestens ebenso wohl ansteht und für jeden oft von großer Bedeutung ist. Eine Verspätung bei wichtigen Anlässen kann uns zum Verhängnis werden oder uns wenigstens in eine unangenehme Lage bringen. Pünktlichkeit ist in allem die Krone der Ordnung.« So weit Johann von Eltz zu Beginn des 20. Jahrhunderts.
Nichts hat sich in der Ein- und Wertschätzung der Pünktlichkeit geändert, wenngleich ich außer der Verspätung zum Vorstellungsgespräch, zur Prüfung und zur Hochzeit die Gefahr für ein Verhängnis eher gering einschätze. Das Schlimmste, was passieren kann: Man lässt Sie nicht vor der Pause in die Aufführung oder das Konzert (bei pausenlosen Inszenierungen können Sie also das Theater, die Oper sofort wieder verlassen), oder man lädt Sie nie wieder ein.
Zu Abendessen, deren Beginn auf der Einladung immer genau fixiert ist, erscheint man auf die Minute genau. Das heißt, man richtet es so ein, dass man vielleicht zu früh am Ort ankommt. (Vor

meiner Haustür warteten schon viele das Läuten der Kirchturmglocke ab – sogar im Regen. Und ich selbst habe schon einige kurze Spaziergänge hinter mir, aus Angst zu einer Verabredung zu spät zu kommen.) Diese Pünktlichkeit ist nicht Pedanterie, sondern Notwendigkeit, denn Gastgeber haben ja Vorbereitungen getroffen (ob zu Hause oder im Restaurant), die von der Pünktlichkeit der Gäste ausgehen: die Baguette, der Rehrücken im Ofen … Zum Frühstück (→ Brunch, → Déjeuner) muss man dann nicht pünktlich sein, wenn auf der Einladung zum Beispiel vermerkt ist: Von 12 Uhr an. Dennoch sollte man, falls man sein spätes Eintreffen nicht zuvor schon angekündigt und entschuldigt hat, spätestens eine halbe Stunde nach dem offiziellen Beginn erscheinen. Nur bei → Empfängen müssen Sie nicht pünktlich sein und dürfen bis zu einer Stunde überziehen.
Bei informellen Verabredungen in Cafés, Restaurants, Bars sollte der Herr sich immer zu früh einfinden und auf die Dame warten, die Gastgeber warten dort auf die Gäste, der Jüngere harrt des Älteren.
Eine kleine Bosheit gegenüber sehr eitlen und koketten – und deshalb meist unpünktlichen – Damen sei erlaubt. Ein Hinweis aus von Eltz' ›Goldenem Anstandsbuch‹ scheint mir zitierenswert: »Man sei pünktlich in allem. Hat man versprochen, jemanden abzuholen, so sei man genau zu der angegebenen Zeit da. Ebenso soll die Person, die abgeholt wird, mit ihrer Toilette und den anderen Vorbereitungen fertig sein.«

Q

Qualm

von Zigarren, Pfeifen und Zigaretten kann Nichtrauchern lästig sein. Stört er Sie – obwohl Sie der Bitte der Rauchenden um Erlaubnis zunächst zugestimmt haben –, dann fächeln Sie sich bitte nicht Luft zu oder hüsteln, husten, keuchen, sondern ersuchen Sie die Raucher höflich und schlicht, nach dieser Zigarre, Pfeife, Zigarette sich vielleicht keine weitere mehr anzuzünden. In Hotels können Sie um ein Nichtraucherzimmer bitten. Und dass Raucher, denen zufällig just so eines angeboten wurde, darin nicht tun, was verboten, versteht sich – schon gar nicht im Bad. Wollen sie nicht lassen vom Laster, müssen sie umziehen. → Rauchen

Quicky

Kopulation zwischen Tür und Angel. Rasch. Heftig. Spannend. Und nicht eben fein. Keine Revolte gegen den Muff und Mief des Ehebetts, sondern ein Kurzschluss im Hirn – mit fatalen Folgen, wie wir nicht bloß von Boris Becker wissen. Kann vermieden werden. → Kuss

Quote

mlat. Quota (pars) zu lat. Quotus ›der wievielte?‹ – so beginnt der Brockhaus-Artikel, in dem erklärt wird, dass die Quote der Anteil sei, der bei Aufteilung eines Ganzen auf den Einzelnen oder eine Einheit entfalle: »In der Statistik eine Beziehungszahl.« Deshalb gibt es Wettquoten, Einschaltquoten, Erwerbsquoten. Im politischen Diskurs und in Organisationen wird die Quote angeführt, wenn es darum geht, einer als diskriminiert geltenden Bevölkerungsgruppe zu größerer Präsenz zu verhelfen. Diskutiert wird die Frauenquote, die Altenquote, die Behindertenquote, die Gleichgeschlechtlichenquote, die Quoten von Jugendlichen, von Afroamerikanern, von Unausgebildeten etc.

Sind Sie Unternehmer, dann müssen Sie bei Anstellungen gewisse Quoten einhalten. Als Gastgeber müssen Sie das nicht. Weder das Verhältnis zwischen Damen und Herren muss ausgewogen sein, noch müssen Sie sich sorgen, wie viel homosexuelle Gäste auf heterosexuelle fallen. Einige Quoten indes bitte ich ernsthaft zu bedenken: Wie viele junge Mütter erträgt eine Runde? – Ist die Junge-Mutter-Quote zu hoch, kann man sicher sein, dass die Themen Kindergarten, Kinderkrankheiten, Kindererziehung das Zentrum werden. Ein Tisch mit zehn Rechtsanwälten und zwei Sängern – ist gleichfalls keine gute Idee, zu hohe Advokatenquote. Zehn junge Menschen und zwei Greise – zu hohe Teenie-Quote! Kurz: Achten Sie (ein wenig) also auf Ausgewogenheit beim Alter, bei den Berufen und Interessen. Achten Sie auf Harmonie!

R

Rassismus

→ Toleranz

Rauchen

ist ein Laster. Stimmt. Aber selbst Gerichte können nicht überall auf der Welt Frauen und Männern das Paffen verbieten. Und es sind nicht die Dümmsten, die – wohl wissend, dass Rauchen die Gesundheit gefährdet, wie alle Gesundheitsminister auf allen Zigarettenpackungen verkünden – trotzdem nicht lassen wollen von den schönen blauen Stunden.

Was hilft's, oft müssen sie's. Rauchverbote allüberall. Und wie verhält sich der Raucher an Orten, wo er noch darf? Klar, dass man immer, ausnahmslos fragt, ob man rauchen darf, wenn man in Gesellschaft anderer ist. Die Dame an der Rezeption ebenso wie den Taxifahrer (auch in einem Raucher-Taxi!), wie die Tischnachbarn bei einem gesetzten Essen. Auch dann, wenn man selbst der Gastgeber ist – ob zu Hause oder in einem Restaurant. In den meisten Haushalten herrscht längst Verbot.

Was also tun, wenn man als Raucher in einem Nicht-Raucher-Haushalt eingeladen ist? Nehmen die Gastgeber ihre Rolle wirklich ernst, beherzigen sie also den Spruch, dass der Gast fürchterliche Rechte genießt, so wird man nach der Frage rauchen dürfen. Wenn indes auf dem Rauchverbot bestanden wird, so bleibt einem nichts übrig, als es zu lassen. Und zwar vom Aperitif bis zum Digestif.

(Die Haushalte mit separatem Herrenzimmer oder Rauchsalon sind eher selten geworden.) Dem – eher unverschämten – Angebot, doch vielleicht auf dem Balkon oder im Garten seiner andere gefährdenden Lust zu frönen, sollte man höflich, aber ablehnend begegnen, ganz gleich ob im Sommer oder im Winter.
Ich habe Gardenpartys in Amerika erlebt, bei denen die Gastgeberin sich selbst im Grünen, unter freiem Himmel, das Rauchen verbat. Das ist ungastlich, übertrieben, hysterisch. Doch selbst in diesem Fall gilt es, den Wunsch zu respektieren. Darf man in einem Nichtraucher-Büro auf der Toilette rauchen? Wer sollte Ihnen dieses heimliche Vergnügen verbieten können – wenn Sie es nicht selber tun? Ich halte diese Übung für ziemlich eklig und rücksichtslos zugleich!
Darf man zwischen den Gängen eines Essens rauchen? Im Prinzip: nein. Denn der Rauch schmälert nicht nur das eigene Vergnügen an den Speisen und der (hoffentlich) komponierten Speisefolge, er verargt vor allem auch den anderen Gästen die Freude am Geschmack und den Düften der Gerichte. Falls Sie es aber ohne einen Pausenstengel nicht aushalten, falls Gastgeber und Gäste Ihren Wunsch (zumindest) respektieren, so dürfen Sie, was Sie lassen sollten.
Frauen, so schreibt die bisherige Etikette vor, sollten niemals auf der Straße rauchen, wohingegen Männern dieser Outdoor-Spaß zugestanden wird. Ich halte diese Ungleichbehandlung für albern und widersinnig. Schön sieht es allerdings weder bei Frauen noch bei Männern aus, wenn sie – die Einkaufs- oder Aktentasche in der einen, den Glimmstengel in der anderen Hand – rauchend dahineilen und zudem jeden gefährden, der ihnen zu nahe kommt. Wer will schon – passionierter Raucher oder kämpferischer Nichtraucher – im Vorübergehen ein Loch gebrannt bekommen in Kleid, Sakko oder Mantel?
Auf Parkbänken, keine Frage, dürfen Weiblein und Männlein rauchen, was die Lunge hinnimmt und aushält. Doch setzt sich jemand dazu, so bleibt Ihnen nichts anderes übrig, als zu erkunden, ob stört, was Sie tun. Und Sie haben zu reagieren. Wenn Sie Pech haben, heißt das: ausgeschmaucht.
Wohin mit der Kippe? Im Park bleibt einem wohl nichts anderes

übrig, als sie am Boden auszutreten und dann in einen Müllkorb zu werfen. In Restaurants und in Privathäusern gehört sie in die Aschenbecher. Sollten Gastgeber unaufmerksam zu wenige aufgestellt haben, muss man sich entweder um einen Aschenbecher kümmern oder aber verzichten. Nichts ist widerlicher als Zigaretten auf Tellern auszudrücken, in Eierbechern oder in liegengelassenen Baguettescheiben.

Für Zigarillos und Zigarren gilt dasselbe. Mit einer (zusätzlichen) Einschränkung: Sie zwischen den Gängen einer Mahlzeit zu rauchen, zeugt von wenig Geschmack und von noch weniger Höflichkeit.

Trotz allen Verständnisses für Nichtraucher, David Kalischs Parodie des Seumeschen Verses – »Wo man singt, da lass dich ruhig nieder / Böse Menschen haben keine Lieder« – gefällt mir nicht schlecht. In dem 1850 publizierten Volkskalender ›Kladderadatsch‹ reimte er: »Wo man raucht, da kannst du ruhig harren / Böse Menschen haben nie Zigarren.« Und Konstanze von Frankens Rat an alle Ehefrauen, die sich offensichtlich schon 1890 über ihre rauchenden Männer beschwerten, ist auch nicht übel, aber politically keineswegs korrekt, weswegen ich die Männer bitte, es mit ihren Frauen nicht anders zu machen: »Wenn du deinen Mann bei dir zu Hause haben willst, so lass ihn rauchen, wo und wie viel er will.«

→ Qualm

Rechnungen

Heikel, weil schlimme Kombination von Geld und Emanzipation. Trotzdem: Ich bleibe konservativ, halte am Bewährten fest und frische es ein bisschen auf, heißt doch konservieren nichts anderes als frischhalten. Also: Rechnungen in Restaurants und Hotels verlangt der Herr, die Dame bittet nur darum, wenn sie einlädt und diese Einladung vorher ausgesprochen hat. Der Herr sollte sie nicht daran hindern, denn heutzutage können Frauen mit Geld, Schecks und Creditcards umgehen! In allen anderen Fällen zahlt der Herr. Lädt er ein, dann geht die Rechnung die Frau nichts an – auch die Ehefrau nicht! Er prüft die Rechnung, legt das Geld auf den Teller

unter eine Serviette oder signiert die Rechnung und notiert die Zimmernummer (falls er im Restaurant des Hotels einlädt, in dem er wohnt) oder unterschreibt den Beleg der Kreditkarte. Es gibt Abende, an denen zuvor ausgemacht wurde, dass man sich die Rechnung teilt. In diesem Fall kann die Dame zu Beginn einen ihr angemessenen Betrag dem Herrn geben oder hinterher fragen, was sie denn dazulegen soll. (Die einzelnen Speisen und Getränke auf der Rechnung zu suchen und dann zu addieren, damit es so richtig gerecht zugeht, ist kleinlich. Und besonders peinlich und zeitraubend, wenn man in einer Gruppe isst.)
Zum Geschäftsessen lädt einer der Beteiligten ein, er wird am Ende auch die Zeche begleichen. Und die Rechnung (als Quittung) einstecken, um den Betrag von seiner Firma, seiner Kanzlei, seinem Verlag ersetzt zu bekommen oder ihn von der Steuer abzusetzen. Bei privaten Essen lässt die Dame/der Herr die Rechnung auf dem Tisch zurück. Freunde, Geliebte, Lover, Ehefrauen und Ehemänner setzt man nicht von der Steuer ab! Das tun nur Spesenritter, die sich Außergewöhnliches leisten und ihren Gästen solches nur bieten, wenn es ein anderer bezahlt oder der Staat mitfinanziert. Wer private Essen absetzt, begeht Betrug. Und er beweist – und das ist genauso schlimm! –, dass er seine Gäste, denen er mit dem Essen (oder gar einer Reise) eine Freude machen will, nicht sonderlich schätzt! Zumindest nur halb so viel, wie er vorgibt und ausgibt.
→ Spesen

Rechts und links

zu unterscheiden, fällt am schwersten, wenn man als Beifahrer die besten Tipps für den kürzesten und schnellsten Weg geben möchte. Auch bei der Beschreibung von Parteien und ihrer Programme helfen diese beiden Positionsangaben kaum noch weiter. Wie gut, dass sie nützlich sind im Umgang miteinander: Männer gehen immer links der Frau, Jüngere links des Älteren. Wenn der Gehsteig sehr schmal ist, der Verkehr auf der Straße rasant und es außerdem noch regnet, die Autos also rumspritzen, darf man die Position tauschen: Der Mann geht dann rechts, der Ältere auf der linken Seite des

Jüngeren. Das ist das amerikanische Höflichkeitsmodell, das darauf besteht, dass der Herr die Dame, der Jüngere den Älteren zu schützen habe. Rücksicht fordert manchmal den Seitenwechsel. Wenn der Herr Pech hat, die Dame einkaufen geht, an Schaufenstern haltmacht, muss er wie ein Wiesel aufpassen, dass er möglichst rasch die linke Seite wieder einnimmt. Und wehe es wird eng, und es fängt an zu regnen: Dann muss sogar der Rechtshänder den Schirm in die Linke nehmen. Alles klar? Die Tischdame sitzt übrigens bei jedem Wetter rechts ihres Tischherrn.

Rededuell

→ Duell

Reden

bei festlichen Essen sind etwas Wunderbares. In der Regel werden sie zwischen Hauptgang und Dessert gehalten. Und gibt es nur eine, so sollte man sich an diesen Zeitpunkt halten. Schon, weil danach in der Regel nur noch kalte Speisen – eben der Käse und/ oder der Nachtisch – serviert werden und Garzeiten keine Rolle mehr spielen. (Sollte ein Soufflé vorgesehen sein, muss man gut informiert sein, ob der Redner ein Aperçu oder eine Vorlesung zum Besten zu geben gedenkt.) Werden mehrere Reden gehalten, so müssen sie zwischen den Gängen plaziert werden, wobei die/der Gefeierte das letzte Wort hat.

Brillante Redner sind selten. Wer also nicht – von anderen! – weiß, dass er ebenso sprühend ist wie witzig, Charme und Esprit besitzt, der sollte sich eher zurückhalten. Es ist gewiss schwierig, eine Rede zu formulieren, die »süßer als Honig« die Lauschenden erfreut, wie es in Homers ›Ilias‹ heißt; ebenso gewiss ist aber, dass der Vortrag missglückt ist, zitiert nur einer bei Tisch den Questenberg aus Schillers ›Piccolomini‹: »Was ist der langen Rede kurzer Sinn?«

Graf Pilati hat also recht:

»Unter zwei guten Tischreden ist die kürzere gewöhnlich die bessere. Man verlangt nicht von jedem, dass er ein guter Redner ist, aber so viel Selbsterkenntnis, so viel Eigen- und Nächstenliebe darf man von jedem beanspruchen, dass er, als schlechter Redner, seine Sache – diese Qual für sich und für die anderen – wenigstens kurz macht.« Stimmt. Da halten wir's wieder einmal mit Shakespeare: »Brevity is the soul of wit.«

Selbst eine fulminante Tischrede sollte also niemals (niemals!) länger als fünfzehn Minuten währen; sie sollte möglichst intelligent und witzig sein. Lobhudeleien verbieten sich bei Hochzeitsansprachen wie bei Grabreden. Indiskretionen sind ein Graus, Namedropping, also das Nennen nur der Vornamen von berühmten (oder berüchtigten) Zeitgenossen eine Fürchterlichkeit. Da nur bei den kleinsten Feiern alle Gäste und die Gastgeber die Kindheits- und Jugenderinnerungen voneinander kennen dürften, verbieten sich allzu intime Anekdötchen in jedem Fall.

Mag die Rede auch noch so schlecht sein – und einem das beste Bonmot auf den Lippen liegen, bereit zum applaudierten Absprung –, eine Tischrede zu unterbrechen gehört sich nie! Schließlich will man selbst auch ausreden dürfen.

Die Kurzform der Rede ist der Toast. Ein Trinkspruch, der allerdings nicht minder intelligent sein sollte. In Russland wird er selbst bei Essen unter Freunden gepflogen. Und die meisten geben sich die größte Mühe, sowohl amüsant als auch geistreich zu sein – einigen gelingt es. In diesem Land wird zuweilen auch ein Gast bestimmt, der die Aufgabe hat, die Toasts zu organisieren und sie nach einer (seiner) Dramaturgie zu vergeben. Kein Wodka, kein Champagnertropfen ohne Toast. Das kann mächtig anstrengend werden: für Hirn, Zunge und Leber – denn das Glas wird nach jedem Spruch geleert.

Gegenüber diesen Bestellungstoasts halte ich den kurzen Trinkspruch – eine Hommage auf die Gastgeber, das Geburtstagskind, den Freund – für eine schöne Sitte. Obwohl mir Giovanni Della Casa heftig widerspricht: »Die Aufforderung zum Trinken – eine Sitte, die uns nicht ursprünglich ist, weshalb wir sie mit dem Fremdwort ›zutoasten‹ bezeichnen – muss streng gerügt werden.« In Großbritannien kommen die Toasts am Ende der »formal dinners« und »banquets«, und Elsie Burch Donald, die Herausgeberin von ›Debrett's Etiquette & Modern Manners‹, warnt: »Toasts vary enormously – and sometimes there is a short preamble before a toast, sometimes a whole speech, sometimes nothing at all. Never be the first to stand when a toast is made, because some are drunk sitting down.« Auch wenn einen die Füße noch tragen, für einen Toast steht niemand auf, weder derjenige, der spricht, noch jene, die zuhören und sich später zuprosten. (Der Redner allerdings muss aufstehen!)

»Prost« – ist keine Rede und kein Toast. Wenn Sie nichts zu sagen haben, dann schweigen Sie besser. Denn auch die ausgeliehenen Trinksprüche wirken albern, mögen sie von Schiller sein, von Goethe, John O'Keeffe oder de Montluc. Der Reihenfolge nach – wenn Sie es denn nicht lassen können – empfiehlt sich also: »Trink ihn aus, den Trank der Labe, und vergiss den großen Schmerz«. »Also, lasst uns trinken!«, »Fat, fair and forty were all the Tasts of the young men.« oder »Buvons, jamais nous ne boirons si jeunes.«

Regenschirme

sind immer lästig. In unseren Breiten, so sie funktionieren, aber von nicht unerheblichem Nutzen: Man wird weniger nass. Der Knirps ist besonders praktisch, handlich, hässlich. Er passt in jede größere Hand- und Aktentasche, beschützt indes nur die Person, die ihn trägt. Stockschirme sind in der Regel eleganter und größer. Männer sollten schwarze bevorzugen, sie passen einfach besser zu Anzügen und Mänteln. Wer in Jeans und Blazer spaziert, kann aber ebenso gut einen knallroten wählen, einen grünen, gelben. Allein, die mit den Sprüchen: »Sauwetter«, »Sonne, wo bleibst du?« gehören nur in Kinderhände. Frauen können nach Lust und Laune wählen und tragen. Da der Regenschirm nur in extremen Gefahrensituationen als Waffe – Degen, Harpune, Schlagstock – benutzt wird, sollte man ihn in allen übrigen Fällen so fassen, dass er weder verletzt noch zerstört. (→ Öffentliche Verkehrsmittel) Dies gilt es besonders bei jenen Modellen zu berücksichtigen, die man sich umschnallt wie eine Schärpe oder ein Gewehr! Und bei den übergroßen Golfschirmen, die jetzt auch in der Stadt Mode sind.

Wer in einer Passage flaniert oder unter Arkaden, kann übrigens den Schirm selbst dann schließen, wenn es schüttet. Der Herr bietet auch den Damen einen Platz unter seinem Schirm, die er nicht kennt und die mit ihm an einer Haltestelle warten. Das ist (erst einmal) keine Anmache, sondern Höflichkeit, weshalb keine Frau diese Geste ablehnen muss. Ich erinnere mich, welch überraschte, eigentlich unangemessen große Freude ich bei einem türkischen Ehepaar auslöste, als ich sie unter meinen Schirm bat. Sie war erklärbar weniger durch den Schutz, den ich ihnen vor dem Regen bot, als durch die Erfahrung, die sie in unserem Land mit vielen Deutschen gemacht haben. (→ Toleranz) Ein Mann führt die Dame immer mit dem Schirm zum Auto, Bus, Zug und steigt erst dann ein. Sonnenschirme sind ausschließlich älteren Damen vorbehalten und Männern, die diesen ähneln möchten.

Restaurant

Ein Etablissement, in dem man Essen serviert und Geld dafür verlangt. Je besser der Koch, je aufwendiger die Speisen, je luxuriöser die Ausstattung, das Geschirr, das Besteck, die Gläser, je zuvorkommender die Kellner, je üppiger das Angebot an Personal: desto höher wird die Rechnung ausfallen. Und zu Recht verweisen die Restaurant-Guides – der Michelin, der Gault-Millau, der Varta – darauf, dass man in Restaurants, die mit Sternen, Punkten und Kochmützen ausgezeichnet wurden, ein kleines Vermögen loswerden kann. Aber auch ohne Sternenehren sollte sich ein Restaurant von einem → Gasthof, einer Eckkneipe, einer zugigen Fastfood-Halle unterscheiden: in der Ausstattung, dem Service und der Qualität der Küche.
Vor dem Besuch eines Restaurants sollte man (besser) immer telefonisch einen Tisch reservieren. Normalerweise reicht es, dies einen Tag zuvor zu tun. Wer indes seinen Gästen und sich ein Fest bereiten und bei den Starköchen in Deutschland, Frankreich oder Italien speisen möchte, sollte sein Glück schon einen Monat vorher versuchen. Wenn er Pech hat, kommt er selbst dann zu spät! Hat er Glück, so bitten die meisten Restaurants entweder um eine schrift-

liche Bestätigung, eine E-Mail oder um die Nummer einer Kreditkarte. Diese Vorsichtsmaßnahme ist nötig geworden, weil es immer noch sehr arrogante, rücksichtslose Menschen geben soll, die eine Reservierung nicht annullieren, wenn sie verhindert sind zu kommen. Womit schon gesagt ist, dass die Reservierung für den Gast ebenso eine Verpflichtung darstellt wie für das Haus.

Das Restaurant, so heißt es, betritt der Mann vor der Frau. Wenn er aber ihr die Tür aufhält, ist das schwerlich zu schaffen, also geht sie voraus. Kein Empfangschef, kein Kellner und schon gar nicht die Frau des Kochs (und Restaurantbesitzers), die in französischen Lokalen zu begrüßen pflegt, wird sofort die Dame nach dem Namen fragen. Diese Reihenfolge des Eintretens ist also absolut korrekt und ungefährlich. Dame und Herr folgen nun dem Kellner, der sie an den reservierten Tisch führt. Manchmal wird vorgeschlagen, den → Aperitif in einer Halle, einer Bar, im Garten zu nehmen, was niemand ausschlagen sollte. Erstens ist ein Aperitif etwas sehr Angenehmes, zweitens kann man dort die weiteren Gäste erwarten – nie die Gastgeber, denn sie kommen immer früher als auf der Einladung angegeben! –, und drittens kann man dort mit der Lektüre der Speise- und Weinkarte beginnen und bereits bestellen. Der Kellner bittet erst dann zu Tisch, wenn alles gerichtet, Wasser auf dem Tisch, der Weißwein (ungeöffnet) im Kühler steht und das → Amuse gueule in der Küche bereitsteht. Der Gast findet jetzt alles vor wie zu Hause, wenn er zu einem gesetzten Abendessen geladen ist: Platzteller, Bestecke, Gläser, Butterteller, Brotkorb etc. Wählt man die Speisen erst bei Tisch, werden vielleicht noch einige Bestecke ausgetauscht, weggenommen, dazugelegt (Austerngabeln, Fingerschalen zum Beispiel). Ähnliches gilt für die Gläser, denn erst die Wahl des Getränkes entscheidet, was gedeckt werden muss. Normalerweise stehen auf dem Tisch: Wasser-, Weiß- und ein Rotweinglas. (Alte rote Burgunder und Bordeaux, Roséweine und Champagner wird der → Sommelier zumeist in den für sie vorgesehenen Gläsern servieren.)

Die Serviette entfaltet man sogleich. Der ultimative französische Benimmführer, der ›Bottin Mondain‹, rät davon jedoch ab, was ich nicht verheimlichen möchte. Die Autoren glauben, es sei besonders fein, von der Serviette nicht mehr zu benutzen als ein Drittel, also nur einen schmalen Damastvorleger auf dem Schoß auszubreiten. Ich halte diese überaus stilisierte Geste für unziemlich manieriert. Sie soll übrigens zeigen, dass man die Serviette nur dafür zu benutzen gedenkt, die Lippen vor jedem Schluck aus einem Glas zu säubern und sie keineswegs als Fleckenschutz benötigt. Manchmal, vor allem in England, Frankreich und Italien, auch auf Luxusschiffen, kann es einem auch passieren, dass der Kellner die Serviette behutsam, also ohne Berührung des Gästekörpers, was ja ziemlich ungehörig wäre, auf den Schoß gleiten lässt. (Oder sie dem Gast bei einem Krebsessen umbindet!) Man muss solche Höflichkeiten sich nicht verbitten, sie sind gewiss keine Anmache. Wer unsicher ist, aus welchem Glas zuerst getrunken wird, mit welchem Besteck begonnen wird, muss nur eine Regel kennen. Man beginnt mit den Besteckteilen ganz außen, isst sich also bei mehreren Gängen immer näher an den Teller heran. Dessertlöffel und -gabel liegen entweder von Beginn an über dem Platzteller, oder sie werden zum Nachtisch erst gebracht: rechts der Löffel, links die Gabel. Bei den Gläsern ist es noch einfacher, erstens weil der Sommelier oder der Kellner wohl das Getränk in das dafür vorgesehene Glas füllen wird, also wahrscheinlich zunächst ins Weißweinglas; zweitens beginnt man immer mit dem Glas rechts und trinkt sich nach links. Dort steht das Wasserglas (und dazwischen hoffentlich zumindest ein anderes für den Rotwein). Niemand sollte die Außenseiterposition des Wasserglases missverstehen: Es kommt nicht erst zum Schluss dran, sondern sollte während eines üppigen und mit Weinen begleiteten Essen möglichst oft geleert werden. Dem Gastgeber wird von jedem Wein zum Probieren ein Schluck eingeschenkt (und von jeder Flasche desselben Weins in ein neues Glas!). Er sollte daran riechen, das Glas ein wenig bewegen, damit der Wein Luft bekommt, und dann kosten. Schmeckt er nach Korken, so weist man darauf hin und bittet um eine andere Flasche, was überall respektiert werden wird, selbst wenn der Sommelier anderer Meinung sein sollte. Bedenken Sie bei allen → Beschwerden, dass Sie sich nicht schon deshalb als Gourmet und Weltmann auszeichnen, weil Sie selbstbewusst Weine und Speisen als ungenießbar zurückgehen lassen.

Weiß man mit einem Besteck wie der → Hummerzange oder dem

→ Saucenlöffel nicht umzugehen, so schaue man zuerst einmal, wie es die anderen machen; wenn die Nachahmung misslingt – das Hantieren mit dem Schneckenbesteck ist wirklich nicht so einfach –, dann scheue sich niemand, den Tischherrn, die Tischdame um Rat zu fragen. Es ist keine Schande, wenn man mit fünfzig Jahren zum ersten Mal einen Krebs isst, sondern bloß ein – wahrscheinlich nach dem Genuss als äußerst ärgerlich empfundenes – Versäumnis.

Selbstverständlich kann der Gastgeber seinen Gästen vor dem ersten Gang, der Suppe, dem Salat, der Gänseleber, zuprosten und mit sehr wenigen Worten seiner Freude Ausdruck verleihen und für das Kommen danken. Längere Toasts und → Reden hält man erst vor dem Nachtisch! Für den → Digestif und den Kaffee kann man sich wieder in die Halle, die Bar oder in den Garten zurückziehen – oder man bleibt bei Tisch sitzen. Keiner muss übrigens alle Gänge, die der Gastgeber vorgesehen hat, essen, denn wenn eine größere Gesellschaft geladen ist, wird gewiss ein zuvor ausgesuchtes Menü serviert werden. Man muss nicht zögern, zum Beispiel den Käse, der üblicherweise vor dem Dessert angeboten wird, abzulehnen. (Wird nicht ein schon präparierter Käseteller serviert, so wählen Sie nicht mehr als vier Stückchen von der Käseplatte – üblich sind drei.) Die Tafel wird von der Gastgeberin aufgehoben, und auch in der Bar ist sie es, die den Abend für beendet erklärt.

Die → Rechnung zahlt der Gastgeber bei kleineren Essen sofort, am höflichsten und angenehm diskret ist es, dafür den Tisch zu verlassen; bei Einladungen von mehr als zehn Personen in einem Restaurant des Heimatortes, bei einem Tage zuvor mit dem Koch besprochenen Essen, wird man die Summe am nächsten Tag überweisen. Die Höhe des → Trinkgeldes sollte man von den Leistungen der Küche und des Service abhängig machen, also mal mehr, mal weniger als zehn Prozent. Bei privaten Einladungen lässt man die Rechnung auf dem Tisch zurück. Freunde und Bekannte setzt man nicht von der Steuer ab. (→ Spesen) Das Essen im Restaurant unterscheidet sich also für den oder die Gastgeber nur in wenigen Details von Einladungen zum Mittag- oder Abendessen zu Hause: Sie haben bei einer Einladung ins Restaurant weniger Arbeit, wahrscheinlich mehr Personal, (vielleicht) die bessere Küche und gewiss die höheren Ausgaben. Die Gäste werden (im besten) Fall gar keinen Unterschied bemerken, aber ganz unwahrscheinlich ist es nicht, dass die Herren Winkler, Haeberlin, Witzigmann und ihre vielgepriesenen Kollegen ein wenig besser kochen, als es die Hobbyköchinnen und -köche vermögen. Aber darüber verliert kein Gast ein Wort. Er bedankt sich für die Einladung am nächsten Tag schriftlich und schickt der Gastgeberin (dem Gastgeber) einen Blumenstrauß.

Robe

1. Amtstracht für Richter, Staatsanwälte, Rechtsanwälte.
2. Kostbares, langes Abendkleid. → Abendgarderobe, → Handschuhe

Roomservice

bieten die meisten Hotels. Das heißt: Der Gast kann in seinem Zimmer oder seinem Garten, auf seiner Terrasse oder seinem Balkon sich Frühstück, Mittag- und Abendessen servieren lassen. (Keineswegs alle Hotels können aber mit einem Vierundzwanzigstundenservice aufwarten, denn schließlich müssen dafür mindestens drei komplette Küchenbrigaden bezahlt werden.) Wer nicht ein großes Zimmer oder eine Suite gemietet hat, sollte sich aber außer dem Frühstück nichts kommen lassen. Denn obwohl in den meisten Fällen – wie im Märchen – ein gedeckter Tisch hereingefahren wird und der Zimmerkellner den Wein öffnet und ihn probieren lassen wird: Es ist nicht sehr gemütlich, sich zwischen Schreibtisch und Badezimmertür zu zwängen, meist auf zu niedrigen Stühlen sitzend, den Blick bemüht vorbei am zerwühlten Bett. Wer den Roomservice benutzt als gehobenes Fastfood, kann auch unter diesen Umständen zufrieden werden. Spaß macht das Essen auf dem Zimmer aber erst, wenn es sich nicht unterscheidet von dem im Restaurant. Wenn es also an nichts fehlt – also auch nicht am Esstisch in einem separaten Zimmer. Dann allerdings fühlt man sich wirklich wie im Schlaraffenland! Doch aufgepasst: Paradise regained ist eines der teuersten Vergnügen!

Rosen

→ Blumen

Rücksicht

ist die wörtliche Übersetzung des lateinischen Wortes *respectus. So* nah diese beiden Begriffe im Deutschen auch sind – Respekt und Rücksicht unterscheiden sich dennoch. Respekt bedeutet → Achtung, Ehrerbietung; Rücksicht heißt Achtsamkeit, Aufmerksamkeit gegenüber den Interessen und Gefühlen anderer.
Ausgeprägter Egoismus, übersteigerte Eitelkeit sind Feinde der Rücksicht. Nur wer den anderen Menschen mit all seinen Fehlern, Spleens und Macken akzeptiert und auf der anderen Seite nicht das eigene Verhalten als das einzig richtige, vorbildliche ansieht und verteidigt, ist rücksichtsvoll. Rücksicht ist wie → Diskretion unabdingbarer Bestandteil von → Höflichkeit. Theodor Storm nannte sie die »Blüte edelsten Gemütes«.
Rücksicht bedeutet in des Wortes ursprünglicher Bedeutung: zurücksehen. Diese Rückschau beginnt bei den allerkleinsten Gesten der Höflichkeit. Wer eine Tür öffnet, um ein- oder auszutreten, sehe zurück, ob nicht jemand ihm folgt, dem er die Tür aufhalten kann. Eine Höflichkeit, die kaum noch gepflogen wird. Wer in einer Schlange ansteht, wende sich um, sich zu versichern, dass kein alter oder (junger) gebrechlicher Mensch hinter ihm wartet, dem er dann selbstverständlich den Vortritt lässt. Rücksicht heißt auch Rückschau auf die eigene Vergangenheit, den eigenen Erziehungs- und Bildungsweg. Dieser Blick bewahrt davor, über die Fehler junger, unerfahrener, ungebildeter Menschen zu spotten, zu richten. Rücksicht gehört zur → Toleranz, ohne die Höflichkeit nicht mehr ist als fehlerfreies Beherrschen von einmal erlernten Regeln. Rück-

sicht ist eine Entscheidung, die man einmal im Leben, möglichst frühzeitig, treffen muss.
Ein rücksichtsvoller Mensch bedenkt also stets, wer ihn eingeladen hat, und damit setzt er sich selbst Grenzen der Erwartung. Er entschuldigt, ohne ein Wort darüber zu verlieren, Pannen, Fehler, selbst ein arg schlichtes Mahl bei Menschen, von denen er weiß, dass ihre Gastfreundschaft mehr nicht zulässt. Er wird an Orten, wo sich Menschen versammeln, die weniger belesen als er selbst es zu sein glaubt, nicht protzen mit seiner Bildung. Wird bei einfachen Menschen nicht mit seinem Ruhm glänzen. Wird nicht zur Bauernhochzeit im Cut erscheinen; wird nicht der Haushälterin zu ihrem fünfzigsten Geburtstag das neueste Werk von Umberto Eco schenken; wird nicht zum Betriebsausflug mit einem teuren Rennrad aufkreuzen, sondern sich ein schlichtes Modell bei Freunden ausleihen. Wird nicht die Sekretärin mit ihrem Chef zum privaten Abendessen bitten, weil er nämlich ahnt, dass er beiden damit (in den meisten Fällen und von etwas verqueren Liebesbeziehungen einmal abgesehen) kein Vergnügen bereitet.
Rücksicht fordert ein waches Auge und einen wachen Sinn. Es gibt viele Gelegenheiten, Menschen absichtslos zu demütigen oder zu beleidigen. Angeber müssen also besonders aufpassen. Denn mit jedem neuen Missoni-Pullover, Armani-Kleid oder Maserati können sie Menschen beleidigen, für die solche Luxusgüter unerschwinglich sind. Karrieristen sind ebenfalls gefährdet, zur Gruppe der Rücksichtslosen zu zählen. So wichtig Erfolg ist, den jeder Mensch haben will, so vermessen und wenig integer ist es, alle Schwachen rücksichtslos aus dem Weg zu reden oder zu drängen (→ High Potentials). Mögen manche Sparvorschläge und -gesetze im Sozialbereich der europäischen Gesellschaften auch berechtigt sein, die Rücksicht auf die Schwachen, die Kranken, die Alten muss die Maßnahmen bestimmen. Was allerdings nicht heißt, dass jene, die sich benachteiligt fühlen, nun ihrerseits rücksichtslos reden und handeln dürfen. Armut und Krankheit sind kein Privileg für Unhöflichkeit. Und deshalb ist es eine Grobheit, überall auf seine (miese) Lage aufmerksam zu machen: mit der Kleidung, dem Benehmen und der Rede.
Rücksicht kann sich auch der Ärmste leisten; und der Reichste

muss sie verschenken – im Übermaß. Rücksichtslosigkeit verbietet sich immer. Selbst wenn Storm in dem Gedicht ›Für meine Söhne‹ sie zu gewissen Zeiten, gegenüber gewissen Menschen empfiehlt: »Blüte edelsten Gemütes / Ist die Rücksicht; doch zu Zeiten / sind erfrischend wie Gewitter / Goldne Rücksichtslosigkeiten.« In einem Brief findet sich dieselbe Formulierung nochmals: Storm war beglückt, dass Mörike in seinem Gedicht ›An Longus‹, einen selbstgefälligen Gecken, also einen → Snob, den er »einen Sehrmann« nannte, zurechtgewiesen hatte, und schrieb dem Freund: »Wie oft haben wir zu unserm eignen Schaden die goldne Rücksichtslosigkeit gegen dies verruchte Geschlecht in den unnützen Kampf geführt!« → Achtung, → Arroganz

S

Säfte

muss man bei jeder Einladung im Hause haben, aber keineswegs auf die abstrusesten Geschmäcker vorbereitet sein. Gepresste Kiwis, Pfirsiche und Stachelbeeren müssen Sie nicht im Angebot haben. Es reichen Orangen-, Apfel- und Tomatensäfte. Davon allerdings die erste Qualität – also nie die Lufthansa Economyausstattung. Sollte einer Ihrer Gäste spotten, sie hätten nichts Besonderes, so opfern Sie sich für etwas sehr Spezielles: »Blut«, wusste Goethes Mephisto, »ist ein ganz besonderer Saft.«

Salon

1. Empfangs- oder Gesellschaftszimmer.
2. Treffpunkt der vornehmen Gesellschaft, besonders an Empfangsabenden der geistreichen Frauen im 17., 18. und 19. Jahrhundert.
3. Geschäft: Friseur-, Mode-, Hut-, Spielsalon.

Zu 1.: Wer ein größeres Haus oder eine geräumige Wohnung besitzt, kann seinen Wohnraum – in dem allerdings nicht der Speisetisch stehen darf – getrost Salon nennen.
Zu 2: Berühmte Salons, in denen sich die Denker, Literaten und Künstler trafen, waren: das Hôtel de Rambouillet, wo die Marquise Cathérine de Vivonne (1588–1665) Schriftsteller, Künstler, Wissenschaftler und Adlige versammelte. In diesem Haus, das bald als das

wichtigste *Bureau d'esprit* galt, verkehrten *les précieuses,* die in theoretischen Schriften zur französischen Sprache, aber auch mit Dichtungen zu den Vorbereiterinnen des Stils der französischen Hochklassik wurden. Molière verspottete sie in seiner 1659 entstandenen Komödie ›Les précieuses ridicules‹. Außerdem: die Salons der Gräfin La Fayette, der Madame de Sévigné und der Mademoiselle de Lespinasse. Die Salons vertraten die Dichterkreise und die literarische Gesellschaft, da der Hof noch nicht das führende Kulturzentrum war. Deutsche Salons entstanden zur Zeit der Romantik und des Biedermeiers in Berlin. Den berühmtesten führte Rahel Varnhagen. Heute gibt es kaum noch literarische und künstlerische Salons. Zum einen, weil sich wohlhabende Aristokratinnen und Industriellengattinnen weniger um die Kunst als um gemeinnützige Hilfsorganisationen kümmern; zum andern, weil es für Intellektuelle und Künstler viele andere Gelegenheiten gibt, vorzulesen, zu diskutieren, zu streiten. Der subventionierte Kulturbetrieb übernahm diese Aufgabe. Heutige Salons sind kein Adelsvorrecht mehr. Wir sind also nicht mehr in Prousts ›Recherche‹, wo die bürgerliche Moral aus den Salons verbannt war. Der Proust-Forscher Philippe Michel-Thiriet bemerkt ganz richtig, dass das gesellschaftliche Prestige des Salons sich eher danach richtete, welche Leute von der Hausherrin ausgeschlossen wurden, als danach, welche empfangen wurden: »Deshalb wird die Tatsache, aus einem eleganten Salon ausgeschlossen zu sein, als die schlimmste aller Strafen empfunden.« Michel-Thiriet hat die »wichtigsten mondänen Szenen in den Salons« der ›Recherche‹ zusammengestellt: »Die Matinee bei Mme de Villeparisis, das Diner bei der Herzogin von Guermantes, die Soirée bei der Prinzessin von Guermantes, das Diner bei den Verdurins in La Raspelière, die musikalische Soirée bei den Verdurins in Paris und, in ›Die wiedergefundene Zeit‹, die Matinee bei der Prinzessin von Guermantes.«

Zu 3. Vergessen wurde der Hundesalon.

Sandalen

Oh, sie sind schön: die Sandalen der edlen Römer in ›Ben Hur‹. Auch Cleopatras zierlichen Fuß zierten sie trefflich. Nur leider:

Wir leben nicht mehr in Brutus' Rom, machen uns nicht in der Toga auf zum Kapitol; wir lassen uns nicht in Sänften tragen; lustwandeln nicht wie Alkibiades durch Athen und Antonius durch Alexandria. Drum weg damit!
Wahrscheinlich betrachten sich die heutigen Sandalenträger niemals im Spiegel. So ganz, meine ich, von oben bis unten. Sie müssten erschrecken. Vor allem die Männer. Was sähen sie? Aus den zwei kurzen Röhren ihrer Shorts wachsen meist stämmige, meist stachelbeerige Beine, die sich zum Knöchel verjüngen, wo dann – oh Graus! – zwei bunte Strümpfchen das Schuhwerk bereits ankündigen: die Sandale. Das Ganze sieht übrigens mit langen Hosen vielleicht ein bisschen appetitlicher aus, schöner gewiss nicht. Und auch Frauen kleidet dieses Sparmodell von Schuh übrigens nicht sonderlich. Mag sein, dass die einfachen Jesuslatschen und die durchgestylten Gesundheitswatschler leicht sind und luftig, aber jeder kommt darinnen daher, als wär er (oder sie) ein plattfüßiger Plumpsack.
In der Stadt sollte man sie nie tragen; auf dem Land, auf dem kurzen Gängchen vom Hotel zum Strand (und zurück) meinetwegen. Aber immer barfüßig! Sandale und Socke ist zumindest ein Übel zu viel.

Saubillig

→ Schnäppchenjäger, → Geiz

Saucenkelle

deckt die Hausfrau, wenn Braten, Gemüse, Kartoffeln und Sauce auf dem Tisch stehen und sich die Gäste selbst nehmen oder die Hausfrau ihnen vorlegt. Wird bedient, so benutzt der Kellner oder die Hausangestellte meist statt der Saucenkelle einen großen, tiefen Löffel.

Saucenlöffel

ist ein erst in den letzten Jahren schick gewordenes Instrument. Ich halte es für höchst praktisch, weil man damit nicht nur die Sauce löffeln und so ohne Kartoffel, Reis, Nudel schmecken kann, was sie wert ist, sondern weil sich mit dem flachen, nicht ganz unscharfen Löffel zudem Fischfilets und Meeresfrüchte schneiden lassen. Dieses Besteck ist gewiss kein Must, aber ein angenehmer Luxus.

Scheidungen

zeigt man in der Regel nicht an. Weder mit Karten noch mit Texten in Zeitungen, auch nicht per E-Mail. Das Paar, das getrennte, ruhige Wege dem gemeinsamen turbulenten, abschüssigen Pfad vorzieht, wird schon zuvor alle, die es angeht, informiert haben. (Allerdings spricht nichts dagegen, wenn die beiden auch schriftlich kundtun, dass sie sich getrennt, womöglich ihre Geburtsnamen wieder angenommen haben.)
Wie die zwei sich nach der Scheidung verhalten, hängt allein von ihnen ab, von ihrer Großzügigkeit, ihrer Haltung, ihrem Benehmen. Die Frage, die hier interessiert, ist: Lädt man Geschiedene auch weiterhin gemeinsam ein? Nein. Selbst Gräfin Schönfeldts Vorschlag, sie wie Einzelpersonen zu behandeln und auf keinen Fall nebeneinander zu plazieren, scheint mir ungezogen. Wer ein offenes Haus führt, wird Gelegenheiten genug finden, sie einzeln zu verschiedenen Anlässen zu bitten. Unanständig ist es, sich auf eine Seite zu schlagen und fortan die Frau oder den Mann zu vernachlässigen oder gar von den Gästelisten zu streichen. Was die Euripideische Medeia für die Frauen beklagt, darf heute weder sie noch die Männer treffen: »Die Scheidung bringt den Frauen Schmach.«
Wie sich verhalten, wenn die gemeinsamen Kinder heiraten? Ich denke, eine Scheidung ist nicht der Beginn eines hundertjährigen Kriegs. Also: Vater und Mutter richten gemeinsam die Hochzeit der Tochter aus. Sollte dieser natürliche Wunsch der

Tochter, so er es denn ist, nicht respektiert werden, sollte das Mädchen wählen.
Was für heterosexuelle Ehen und Scheidungen gilt, gilt auch für homosexuelle. Die Schwierigkeiten, sich zu verhalten, sind die nämlichen.

Schminken

»›Sie schminkt sich.‹ Etwas Verächtlich-Abweisendes klingt allemal aus dieser Feststellung. Es ist, als seien die Akten über ›sie‹, die sich da schminkt, geschlossen, als sei es nicht nötig, nach dieser Feststellung noch weitere Worte zu verlieren. Das offensichtlich künstliche Teintauffrischen umweht ein Odium wie von Minderwertigkeit. Liegt es daran, dass, wer Puder, wer Schminke braucht, etwas vertuschen will, seien es Runzeln, Falten, sei es die verlorengegangene Jugendfrische? (...) Ganz anders verhält es sich mit den falschen Zöpfchen, das die dünn gewordene Haarsträhne aufbessern half, mit dem Gebiss, das der lückenreichen Zahnreihe wieder Vollständigkeit gab. Wohlgemerkt, ich spreche nicht von dem unförmigen Haaraufbau, der unmöglich als ›echt‹ anzusprechen wäre, von so üppig unter breitrandigem Hut hervorquellender Lockenflut, dass sie auch den naivsten Beschauer nicht über ihren Ursprung als ›frisch vom Friseur bezogen‹ zu täuschen vermöchte. Das eine gilt für alle solchen Fälle als erstes Gesetz: Erlaubt an Falschheit ist nur, was man nicht als Falschheit erkennt – mit anderen Worten: Man darf sich nicht erwischen lassen.« Ganz schön keck, Herr von Krampen (in: ›Vom Herzens- und gesellschaftlichen Takt‹).
Tempi passati. Heute darf sich jede Frau schminken, versteht sich. Doch, was zu Beginn des Jahrhunderts galt, hat seine Gültigkeit nicht verloren: mit Maßen, dem Alter angemessen. Kein Tuschkasten ist ein Jungbrunnen, keine Puderdose Verjüngungsmittel. Je jünger man ist, desto weniger bedarf es der Schminke, bedeutet eben nicht im Umkehrschluss: je älter desto mehr. Vielleicht hatte Konstanze von Franken 1890 recht. Ihre Schminkmaxime

heißt: »Man ist am jüngsten, wenn man für so alt gilt, als man ist.« (→ Alter)
Ich bin der Falsche, Frauen Empfehlungen zu geben, und deshalb verweise ich, Lessing zitierend, die Ratsuchenden an das Theater. Maskenbildnerinnen und -bildner sind Künstler, die ihren Beruf gelernt haben und (in den meisten Fällen) beherrschen. In größeren Städten gibt es inzwischen schon Schminkkurse und Schminkschulen, die sicher weiterhelfen, wenn man unsicher ist, was sich schon, noch oder nicht mehr ziemt. Frauen sollten in Gegenwart von auffällig geschminkten Kolleginnen, Freundinnen, Bekannten und Unbekannten nicht über Schminke, Puder und Lippenstift diskutieren und ihren Unmut, vielleicht auch ihren Neid besänftigen, indem sie sich eines hübschen Spruchs der Konstanze von Franken erinnern: »Die Sucht, dich künstlich jünger oder schöner zu machen, straft sich von selbst durch die Mühe, ein solches Kunstwerk immer tadellos zu erhalten.«
Männer schminken sich nur, wenn sie Schauspieler sind, zu Kostüm- und Maskenfesten eingeladen sind, sich als eitle Gecken emanzipieren, als Transvestiten outen oder als Nachfahren des Proustschen Charlus sich bei jungen Männern interessant machen wollen. Letztere spielen dann Tod in Venedig – und werden Tadzio nie erobern. Wenn sich Männer die Haare, den Bart färben – gut; wenn sie sich die Brauen zupfen lassen – auch noch gut; wenn sie sich zur Dörrpflaume bräunen – meinetwegen. Sie sollen tun, was sie nicht lassen mögen. Doch bei allen noch so ehrgeizigen Verschönerungsmaßnahmen an Herrn von Krampen denken: Nicht erwischen lassen! Und irgendwann altersweise hinnehmen, dass Oscar Wilde wieder mal recht hat: »The soul is born old but grows young. That is the comedy of life. And the body is born young and grows old. That is life's tragedy.« → Friseure, → Lippenstift, → Perücke, → Puder

Schmuck für Damen

»Erlaubt ist, was gefällt«, sagt Tasso. »Erlaubt ist, was sich ziemt«, antwortet die Prinzessin. Nur dies gilt es zu beherzigen.

Schmuck für Herren

Ein Problem. Eine Frage des Typs und des Alters. Ohrringe sind wohl immer problematisch – und bei Sechzigjährigen eine Geschmackszote. An jeder Hand ein nicht auffallender, echter Ring ist wohl nicht eben wenig, aber weder tuntig noch angeberisch. Breite Halsketten, die aus dem geöffneten Hemd hervorbaumeln, schmücken Luden nur. Armreifen sind problematisch, aber oft schön. Der einzige Schmuck, den Herren unbesorgt am Arm tragen sollten und der untrüglich Auskunft gibt über Geschmack, familiären Background und finanzielle Verhältnisse, ist die Armbanduhr. Wobei die Gold-Rolex zur Halskette passt. Und die Patek Philippe und die Blancpain zu jenen Herren, die auf Krawattennadeln verzichten, weil sie absolut überflüssig sind, und stattdessen den allergrößten Wert legen auf schöne Manschettenknöpfe. Wer es sich leisten kann, der besitzt mehrere Modelle, Gold- und Silberausgaben. Talmi sollte man sich verbieten – schließlich gibt es auch sehr schöne Hemden ohne Doppelmanschette.
Frackknöpfe, zu verwenden natürlich auch für Smokinghemden, die statt der Knöpfe nur doppelte Löcher bieten – sind ein Luxus. Und neben der Uhr der gediegenste Schmuck für den Mann. Denn beide sind, obwohl a priori entbehrlich, in diesem Fall notwendig. Wer will schon mit offenem Hemd dastehen und das Rendezvous versäumen. Zum Frack ist die Taschenuhr Pflicht.

Schmusen

macht Spaß. Schmusen bestätigt Zuneigung und ist ein Geschenk, das, gern genommen, sofort erwidert wird. Schmusen lässt sich zu zweit zu Hause oder im Hotelzimmer, im Campingzelt, in der Segeljolle, meinetwegen auch im Auto. In der Bar, dem Café, dem Restaurant lässt man es. Selbst im Kino, wo es dunkel ist, sollte man sich nicht hinreißen lassen, denn Schmusen muss man nicht sehen, um es zu bemerken. Man hört's. Die

Amerikaner sagen's kurz: »No PDA, please!« (No Public Display of Affection). Unser Nein gründet auf dem Anfangsgebot allen guten Benehmens: der → Diskretion. → Kuss

Schnäppchenjäger

heißen jene Zeitgenossen, die nur kaufen, was heruntergesetzt, verbilligt ist. Sie glauben den blödesten Sprüchen – »Geiz ist geil!«; »Ich bin doch nicht blöd!« – und wollen alles »saubillig«. Diese Menschen rennen die Städte ab nach Restposten, Einzelteilen, Remittenden. Ihr Vergnügen müsste niemanden stören und könnte allen – außer den Geschäftsbesitzern, die sich naturgemäß freuen, Ladenhüter irgendwie doch noch loszuwerden – herzlich egal sein. Das Schlimme ist bloß: Schnäppchenjägerinnen und -jäger outen sich zu gern, reden über Preise und Erfolge. Wie Großwildjäger. Und das macht sie unziemlich unangenehm. Also, sollten Sie dieser Obsession verfallen sein: Kaufen Sie, was immer Sie mögen. Zehn Paar Socken für den Preis von zweien, eine Krawatte für drei, einen Büstenhalter für fünf und einen Hut für zehn Euro. Freuen Sie sich über Ihr Schnäppchen, aber halten Sie, bitte, in Gesellschaft den Mund. – Was tun, wenn man an so einen Menschen während eines Essens, eines Festes gerät? Zuhören, mäßig interessiert und bei der ersten Gelegenheit, die sich bietet ohne zu beleidigen, Reißaus nehmen. → Diskretion

Schnecken

→ Besteck, → Tierliebe

Schneuzen

→ Naseputzen

Schokoriegel

serviert man nicht. Auch bei einem Picknick nicht. Wer sie im Rucksack hat während einer Wanderung, in der Hosentasche bei einer Skitour, im Anorak beim Segeln, wird Erfolg haben.

Schranken

Bahnschranken sind hier nicht gemeint. Sondern jene, die eine Gesellschaftsschicht errichtet, um sich vor Eindringlingen zu schützen. Jene, die aufsteigen wollen, rennen, eingeschüchtert und darum schwellenängstlich, gegen geschlossene Schranken. So das Vorurteil. Schwellenangst war ein Lieblingswort der 68er, die alles für alle durchsetzen wollten. Seitdem ist es vollbracht: Arbeiterkinder studieren. Putzfrauen spazieren durchs Pariser Disneyland. Müllmänner fliegen auf die Malediven, um tauchend Schönheit zu entdecken. In Italien wird für die Deutschen deutsch gesprochen und »Mein Bester« aufgebrüht; im Moskauer Wienerwald gibt es deutsche Hühnchen; und an der Costa Brava ist der deutsche Bär los in den Diskotheken, bei Löwenbräu und Moseltröpfchen. Schranken – i wo! Und doch gibt es sie noch, die Schranken.

Es sind nicht länger finanzielle Hindernisse, denn längst verdient eine Haushälterin so viel wie ein Sachbearbeiter oder eine gute Sekretärin, ein Krankenpfleger so viel wie ein Volksschullehrer und eine junge Schauspielerin weniger als eine junge Verkäuferin. Finanzielle Schranken sind es also nicht, die jetzt noch Hindernisse darstellen. Und dass die Superreichen – Tenniscracks und Rennfahrer, Waschmittelhersteller und Schokoladenfabrikanten, Fußballspieler, die Erben großer Vermögen und die erfolgreichen Selfmademen der Wirtschaftswunderzeiten und ihre Filii – sich mehr und anderes leisten können als der Rest in der Republik, stört niemanden mehr. Was einige Zeitgenossen noch beunruhigt, ist, dass es Orte gibt, zu denen man zwar zugelassen ist, an denen man sich aber nicht wohlfühlt: große Festspiele zum Beispiel, ob in Bayreuth, Salzburg oder Glyndebourne; festliche Premieren; Einladungen, zu denen der Bundespräsident oder nur Herr Burda laden.

Die Diskussion um diese Schranken wird geführt mit Schlagworten: »hervorragender Stall«, »erste Familie«, »gute Kinderstube«. Die antiautoritär erzogenen Kinder der frühen siebziger Jahre, die jetzt Lehrer, Handwerker, Ärzte sind, durften einst die Sauce mit den Fingern essen, auf den Teppich kacken und dem Besuch den Schlips abschneiden und raten deshalb auch heute noch zum bewussten Regelbruch, zum schlechten Benehmen als Zeichen der Auflehnung. Behaupten, dass der Mensch seine Stellung allein seiner Herkunft verdanke. Cora Stephan polemisiert zu Recht gegen diese geistesschlichte Argumentation, verweist darauf, dass die eigene Leistung, die »Selbstschöpfung« beinahe jeden Aufstieg möglich mache: »Wir glauben heute (...) daran, dass jeder nach seiner Fasson selig werden kann, ganz unabhängig von seiner Herkunft – was auch nicht ganz stimmt. Dennoch ist die ›vertikale Mobilität‹, die Möglichkeit also des ›sozialen Aufstiegs‹, selten so groß gewesen wie heute – ganz abgesehen davon, dass in Zeiten der ›Erlebnisgesellschaft‹ die Selbstverwirklichungsqualität eines Arbeitsplatzes vielen wichtiger ist als das soziale Prestige, das sich mit ihm verbindet.« Cora Stephan folgert, dass es den »Käfig der Kinderstube« so wenig mehr gebe wie den »Käfig des ›Standes‹«.

Und doch gibt es diese Unzufriedenheit, nicht dazuzugehören. Gibt es die Verweigerung, anzuerkennen, dass Benehmen etwas die Gesellschaft Verbindendes ist. Dabei müsste allen klar sein: Der Respekt voreinander fordert → Toleranz und Hilfe, sichert gegenseitige Achtung. Und das heißt letztlich: Ohne gegenseitigen Respekt, also Ehrerbietung, (Hoch)achtung, → Rücksicht, → Diskretion – und das sind die obersten Maximen von (gutem) Benehmen – verfällt die Gesellschaft in Beziehungslosigkeit.

Trotzdem haben die Kritiker, die immer noch nicht die Alles-für-alle-Gesellschaft verwirklicht sehen, die gegenwärtige Situation nicht falsch betrachtet: Es gibt sie noch – die Schranken. Zwei. Die erste trägt den Namen Bildung. Wer sie nicht überwindet, indem er sich bilden lässt, kommt nicht dort an, wohin es andere zieht. Einen Arbeiter mit Volksschulabschluss kann man nur in den seltensten Fällen dazu überreden oder verführen, Proust zu lesen, Wagner zu hören und Giacometti zu betrachten. Die Bildung, die er nicht genossen hat, hindert ihn an diesem Zugang. Es ist nicht der Preis des Buches oder der Eintrittskarte. Taschenbücher kosten so viel wie eine Kinokarte, ein Billet fürs Schauspiel nicht mehr als zwei Kinobesuche, und selbst wer in einem der großen deutschen Opernhäuser dabei sein will, ist mit zwanzig Euro drinnen. Die Schranke »Kultur« nimmt nur, wer Freude daran hat, sie überwinden zu lernen. Literatur, Musik, Theater, Malerei und Plastik bereiten Vergnügen, weil man sich die Lust daran erarbeiten muss. Drum sind Senkungen der Eintrittspreise keine Verbesserung. Ein Hamburger Exempel aus dem vergangenen Jahrhundert verdeutlicht dies. Am 1. Mai war der Besuch aller städtischen Theater frei: Thalia Theater, Deutsches Schauspielhaus, Hamburgische Staatsoper. Die Karten waren an einem zentralen Ort in der Nähe des Hauptbahnhofs abzuholen. Die Häuser blieben halbleer, obwohl an diesem Abend nicht etwa ein B-Programm gegeben wurde. Diese Schranke wird bleiben. Es kann also nur darum gehen, zu erklären, dass sie eine jederzeit für alle überwindbare ist und nicht installiert wurde von den Reichen und Schönen, um unter sich zu sein.

Die zweite Schranke: Benehmen. Higgins singt in Loewes ›My Fair Lady‹: »Die Sprache macht den Menschen, die Herkunft macht es nicht.« Schon recht. Mit der Sprache beginnt's. (→ Charme) Mit den Manieren geht es weiter. Gutes Benehmen lässt sich erlernen. Und wer die Spielregeln beherrscht, die den Umgang in einer Gesellschaft vereinfachen, die durch gesellschaftliche Übereinkünfte Integration möglich machen, wird erkennen, dass nicht diese Schranken niedergerissen, sondern Unterschiede, Freiräume, andere Lebensformen respektiert werden müssen. Wenn alles erlaubt ist, wenn die Gesten der → Höflichkeit als Lüge verunglimpft werden, dann herrscht Rücksichtslosigkeit und Intoleranz. Dann wird eine Gesellschaft entstehen, in der jedes Individuum nur dem eigenen Vorteil lebt und agiert, vereinsamt im Kampf um den besseren gesellschaftlichen Platz. Demjenigen, der den Versuch unternommen hat, mit Anstand und den Gesten der Zuvorkommenheit sich seinen Mitmenschen zu nähern, dem wird letztlich an der eigenen Ver-

änderung deutlich werden, dass die »meisten Menschen unhöflich sind, weil sie unsicher sind«. (Cora Stephan)
Zwar wird nicht jeder, der gebildet und höflich ist, zum Bundespräsidenten eingeladen. Dafür bedarf es eines besonderen Vorzugs, des Ruhms. Und wer ist schon berühmt? »Ein Holz brennt, weil es Stoff dazu in sich hat, und ein Mensch wird berühmt, weil der Stoff dazu in ihm vorhanden. Suchen lässt sich der Ruhm nicht, und alles Jagen danach ist eitel. Es kann sich wohl jemand durch kluges Benehmen und allerlei künstliche Mittel eine Art von Namen machen. Fehlt aber dabei das innere Juwel, so ist es eitel und hält nicht auf den andern Tag«, erklärte Goethe dem Eckermann. Der Alte muss es gewusst haben.

Schuhe

Vielleicht finden Sie es albern, aber ich betrachte Menschen, denen ich in der U-Bahn, auf der Rolltreppe oder beim Anstehen in einem Geschäft begegne, stets von unten nach oben. (Wenn mir jemand vorgestellt wird, funktioniert diese Methode nicht; trotzdem versuche ich später, einen Blick zu werfen auf das Schuhwerk.) Das heißt: Der Schuh erklärt mir mehr über einen Menschen und dessen Geschmack als der Schmuck, die Krawatte. Denn – seltsam – das sogenannte »gepflegte Äußere« hört bei vielen beim Schuh auf. Dabei verrät er viel: Ungeputzt zeigt er, dass die Person – oben hui, unten pfui – nicht sehr ordentlich ist. Sind die Absätze schief, die Schnürsenkel abgerissen, so empfinde ich den Auftritt als ungepflegt. Bei keinem anderen Kleidungsstück sieht man so rasch – auf Anhieb –, ob der Träger Geschmack hat. Versteht sich, dass ich niemandem vorschreiben möchte, was er zu tragen hat. Nur dass der Lackschuh zum Smoking und zum Frack (→ Abendgarderobe) unerlässlich ist, muss geschrieben werden. Alles andere, also was jetzt folgt, sind Empfehlungen: Graue Schuhe für den Herren sind eine Scheußlichkeit; weiße hohe Stiefel für Damen eine gefährliche Verirrung – solche Modelle trägt nur Irma la Douce, und ihre Kolleginnen machen es ihr nach. Moonboots sind passend in Wintersportorten, Sandalen am Strand. Schuhe mit Gummisohlen sind die Winterreifen der Menschen, also zu verwenden im Herbst, Winter und Frühling, bei Regen, Schnee und Eisglätte. Das heißt, sind die Gehwege trocken, gibt es keine Ausrede, sie anzuziehen. Da muss der Schuh mit der Ledersohle her, der auch bei allen Abendveranstaltungen getragen werden sollte. Wenig macht einen Menschen ähnlich lächerlich wie das Quietschen einer Gummisohle auf dem Parkett. Je schlichter das Schuhwerk ist, desto schöner und leider auch teurer ist es. Das bedeutet umgekehrt, dass die fünffarbigen Patchworkkreationen auf Anhieb verraten, dass sie vom Grabbeltisch kommen. Eine meiner Freundinnen behauptet nach jedem sündhaft kostspieligen Schuhkauf, sie sei zu arm, um billig einzukaufen. Und sie hat recht: Investiert man am Anfang viel, so bleibt ein klassischer Schuh, eben nicht der modische Schnickschnack, jahrelang erhalten. Und bekommt Patina. Nur gepflegt muss er werden. Was ich von spitzen, hohen Cowboystiefeln halte, was von bunten Joggingschuhen, habe ich wahrscheinlich schon verraten: Die einen gehören in den Wilden Westen und die anderen in den Stadtpark. Und nur dorthin! → Schwellenangst → Schranken

Schwule

Keineswegs (mehr) beleidigende Bezeichnung für männliche Homosexuelle. Nennen sich auch gern englisch »gay«. Können heiraten und sich scheiden lassen. Werden aber rechtlich in Deutschland immer noch diskriminiert. → Bar, → Singles, → Ehe, → Scheidung, → Chat

Sektfrühstück

→ Brunch, → Déjeuner, → Empfang

Seniorenteller

Eine Unverschämtheit. → Kinderteller

Service

1. Zusammengehöriges Tischgeschirr, aus dem Französischen: service. → Geschirr.
2. Aufschlag beim Tennisspiel. Sie wissen schon. Net-Second Service-Advantage Advocati.
3. Die Bedienung und der Kundendienst, vom Lateinischen *servitium,* was so viel heißt wie Sklavendienst. Manchmal bedauert man, dass die Herkunftsbedeutung verlorengegangen ist. Gern wünschte ich mir die Zeiten zurück, da es noch opportun war, Sklaven zu halten (vorausgesetzt ich wäre der Herr, versteht sich), aber ich darf es nicht. Und deshalb sei dieser Wunsch schnell verdrängt, vergessen. Trotzdem: Erstaunlich ist es schon, dass wir Dienstleistungen, die gut zu bezahlen wir durchaus willens sind, heutzutage meist erbetteln müssen. Dass der Handwerker nur kommt, wenn wir über Tage gefleht, allen seinen Terminvorschlägen zugestimmt und uns bereit erklärt haben, dass nicht repariert, sondern gleich ausgetauscht wird: Der Lichtschalter defekt? – Kein Problem, neue elektrische Leitungen müssen her! Der Wasserhahn tropft? – Eine moderne Mischbatterie ist schon vorgesehen! Der Auspuff durchgerostet? – Leasen Sie doch einen Neuwagen!

In Restaurants und Hotels ist es schwieriger. Zwar hilft hier Flehen gleichfalls weiter, und Trinkgelder motivieren Ober und Portiers, Gepäckträger und die Damen am Empfang zu Höchstleistungen. Doch um einen ganzen Abend aufmerksam bedient und bekocht zu werden, müsste man die Küchenbrigade, den Oberkellner, den Sommelier und alle Servicekräfte bereits bei der Tischreservierung bedenken und sie bitten, sich einen ihnen angemessen erscheinenden Betrag von der Kreditkarte abzubuchen, weshalb man die Nummer derselben schon bei der ersten vorsichtigen Kontaktaufnahme bekanntgeben sollte. Bei einem Hotel, in dem man tagelang umsorgt sein möchte, empfiehlt sich der Kauf desselben, dann kann wenig schiefgehen. Wieder hat Goethe recht: Eckermann erklärt er, aus Erfahrung klug geworden: »Niemand dient einem anderen aus freien Stücken; weiß er aber, dass er damit sich selber dient, so tut er es gerne.«

Manchmal ist es zum Verzweifeln; und man glaubt, die ganze Welt

wird bevölkert von Wagnerschen Kundrys. Die singt nämlich, einigermaßen störrisch: »Ich helfe nie!«
Selbstbedienung – wie McDonald's sie preist, wie Hotels sie mit ihren Frühstücksbuffets verordnen – ist eine Alternative. Keine schöne allerdings. → Anspruch → Gasthof

Servieren

Das Auftragen und Nachlegen von Speisen. Hier nicht gemeint: der Aufschlag im Tennis. Daraus folgt: Ein As ist nicht, wer Knödel, Schwein und Broccoli bummbumm auf den Teller donnert! Sondern ein Servier-Ass ist die-/derjenige, die/der geräuschlos aufträgt – und zwar immer von links (Abdecken von rechts!). In manchen Restaurants ist es üblich, demjenigen, der von einem Gang nicht nimmt oder am Ende keinen Kaffee wünscht, einen leeren Teller zu servieren, damit er nicht auf die Tischdecke starrt und jeder gleich sieht, dass dieser Gast magen- oder zuckerkrank ist, einen zu hohen Cholesterinwert bekämpft oder gerade eine Diät macht. Ich finde diese Sitte schön und habe sie für meine häuslichen Einladungen übernommen. → Platzteller

Serviette

An ihr sollte nie gespart werden. Und sie muss bei gesetzten Essen – ob Frühstück, Mittag-, Abendessen oder Tee-, Kaffee-Einladung – immer aus Stoff sein. Ob bunt, ob gemustert, das bestimmt der Anlass, die Jahreszeit, das Geschirr. Weiße linnene Servietten sind immer richtig. Wollstoffe, die fusseln, sind grässlich. Manche Hausfrau macht es gern den Restaurants nach, faltet und knickt und rollt Servietten zu Pyramiden, Hüten, Schiffchen. Ich finde diese Übungen entbehrlich und nicht sehr appetitlich, muss doch das Tuch, das ich später zum Munde führe, schon ziemlich oft angefasst worden sein. Warum legt man sie nicht einfach gefaltet auf den Platzteller? Oder rechts neben das Messer?
Die Frage, ob man sie auf dem Schoß ganz entfaltet, ob man sie

sich um den Hals schnüren oder einen Zipfel ins Hemd oder ins Dekolletee stecken darf, beschäftigt manchen. Also: Die Serviette gehört auf den Schoß und nur dorthin. Allein beim Krebsessen kann man sich erlauben, sie nach oben zu rücken, notfalls bis zum Hals. Feine Franzosen falten die Serviette nicht auf, sondern benutzen nur ein Drittel, also einen schmalen Streif: ein kleines Zeichen dafür, dass sie sich der Serviette nur bedienen, um den Mund abzutupfen, bevor sie trinken, aber keinesfalls fürchten, die Erbsen könnten ihnen von der Gabel rutschen. Nach dem Essen faltet man die Serviette nicht wieder säuberlich zusammen, sondern legt sie links auf den Tisch, nicht zusammengeknüllt, aber auch nicht aufs Genaueste in den Urzustand versetzt.
Papierservietten biete man an bei Stehempfängen, Partys, Cocktails.

Setzen

→ Tischordnung

Sex

ist kein Thema. Es interessiert wirklich niemanden, wer es wie mit wem treibt, mögen die Gazetten auch Leser finden, denen diese Informationen viele Euros wert sind. Tampons und kleine Jungs, der Prince of Wales und Boy George sind also kein Tischgespräch. Und auch im Stehen sollte man sich etwas anderes einfallen lassen, um Freunde und Gäste zu unterhalten. Nicht aus Prüderie sei davon abgeraten, sondern aus → Diskretion. Wer über Sex redet – und dies nicht dort tut, wo man es tun muss, zum Beispiel auf einem Kongress über »Safer Sex«, beim Kauf eines Dildo, in der Sauna beim Gruppenvergnügen oder vor Gericht –, der kann gewiss nicht sicher sein, ob er die Distanz, auf die jeder Mensch ein Recht hat, nicht verletzt. (Allein in Amerika sind Sex und → Geld nicht nur erlaubtes, sondern bevorzugtes Tischgespräch.)

Sex ist kein Thema in Gesellschaft, also auch keine Lust, der man in der Öffentlichkeit frönen sollte. Fummeleien unter oder auf dem Tisch müssen, wenn's geht, vermieden werden. Wenn's nicht geht, so bleibt nur eine Möglichkeit: ab in den dunklen Garten, ins Gebüsch, in den Keller oder aufs Klo. Mit dem Taxi oder zu Fuß. Seit wir in Filmen und auf den Bühnen gesehen haben, wie's gemacht wird, ist der → Quicky letzter Ausweg und der Beginn keiner wunderbaren Freundschaft. Sollte dem Manne indes nicht geholfen werden, er allein unterm Busch liegen oder verzagt einsam vor dem Spiegel des Badezimmers harren, keine Schöne ihm dorthin folgen, wo erlaubt ist, was beliebt, dann mache er sich nichts draus. Es lockt, das ist sicher, irgendwann das schnelle Spiel mit fröhlichem Ausgang, denn »Unbefriedigte Lust welkt nie in dem Busen des Mannes!«, wusste noch der alte Goethe, kein Greis von Traurigkeit. Lüsterne Frauen gibt es nicht, ergo braucht's auch keinen Trost.

PS: Nicht die dümmsten Menschen meinten, dass wir die Wichtigkeit von Sex – außerehelichem oder ehelichem – überschätzten: Virginia Woolf zum Beispiel und Robert Walser. Der Schweizer berichtet in dem Prosastück ›Gespräche‹ von seinem ersten Besuch bei einer Prostituierten. Der Ich-Erzähler gesteht ein, dass er aus Pflichttrieb die Dirne aufgesucht habe, nicht aus Bedürfnis. Die Hure hingegen meint, er sei zu ihr gekommen aus Eitelkeit. »Von Genugtuung war gar keine Rede; sie bot mir dar, was ich nicht brauchte, gab mir, was ich nicht nahm, nichts in mir verlangte irgendetwas von ihr. Ich schämte mich über ihr zweckloses Gewähren ... Kann sich ein Befriedigter befriedigen gehen? Ich wurde geboren, um ohne Not zu sein, und da ich der Mädchen nicht bedurfte, dachte ich nach, wie's mir möglich wäre, mich trotzdem mit ihnen abzugeben.«

Also übertreiben wir nicht. Lassen wir uns nicht kirre machen von Zeitschriftenaufsätzen von → Quoten im Geschlechtsleben. Es gibt auch beim Sex Auswege – ganz einfache. Noch mal Robert Walser. In seinem Roman ›Der Räuber‹ schreibt er: »Eine geschlechtliche Qual oder Not spürte ich nie, denn es hat mir nie an den sehr einfachen Möglichkeiten gefehlt, mich jeweilen von Andrängungen zu befreien.« → Chat, → Quicky

Sexually correct

ist alles, was zwei (oder mehr) Menschen gemeinsam treiben, solange keine(r) von ihnen zu Techniken gezwungen wird, die ihm/ihr nicht behagen. (Das heißt: Nekrophilie ist so wenig erlaubt wie Sodomie, denn ein Toter kann sich schwerlich entscheiden, worauf er Lust hat; und ein Hase weiß es vielleicht, allein, er kann es nicht mitteilen.) Was pervers ist, entscheidet nicht das Gesetzbuch. Und was Menschen in ihren Schlafzimmern, Saunen und Swimmingpools machen, geht niemanden etwas an! Hier halte ich's mutig mit Herrn Wilde: »No crime is vulgar, but all vulgarity is crime.« (›Phrases and Philosophies for the Use of the Young‹) → Political correctness

Shorts

zu tragen, braucht es keinen Mut, aber schöne Beine. Giorgio Armani hat erklärt, dass Männer dafür kräftige Beine haben müssen, mit knackigen Waden. Er erlaubt auch den Anzug mit kurzen Hosen, allerdings müssen die Füße seiner Meinung nach dazu nackt in den Lederschuhen (keine → Sandalen!) stecken. Ich finde, dass dunkle Kniestrümpfe sich auch nicht schlecht machen. Boxershorts trägt man unter der Hose, sie sind also keine Shorts! Wer so rumläuft, muss sich nicht wundern, als geiler Exhibitionist zu gelten. Auch Frauen sollten darauf achten, dass die Beine halten, was die Shorts versprechen: knackig sollten sie sein, aber, bitte, nicht kräftig. Wer auch nur den leisesten Zweifel hegt, ob anderen gefällt, was ihr/ihm angenehm ist, sollte dieses Kleidungsstück meiden. Es ist *très voyant,* also: auffallend. Und deshalb schaut man eben nicht nur auf die kurze Hose, sondern auch auf den Hintern. Sorry, es ist so!

Siezen

Die englischsprachigen Menschen auf der Welt haben es einfach, sie benutzen das »You«: du und Sie in einem, und nur der Kontext entscheidet, was im jeweiligen Fall gemeint ist. Franzosen, Russen,

Italiener, Deutsche und viele andere haben es weniger leicht. Menschen, die älter als sechzehn Jahre sind, sollte man mit dem Sie ansprechen. → Duzen

Silvester

kann man Feste geben, Partys feiern, zum Hausball einladen. Ich finde es allerdings immer etwas anstrengend, den Silvesterabend bereits um acht Uhr zu beginnen, womöglich mit einem großen Essen. Die Menüfolge kann noch so gut komponiert sein, man wird unweigerlich müde und zur Unzeit schon beschwipst. Hier ein Vorschlag für ein anderes Silvesterfest. Nein, gemeint ist nicht Bleigießen, Monopoly-Spielen oder Tarot-Legen. Schon als Kind war für mich Silvester ein ganz besonderer Theater- oder Opernabend. Also gehe ich auch heute noch mit Freunden ins Theater oder in die Oper, zu ›Bunbury‹, ›Fledermaus‹, ›Tartuffe‹ oder ›Rosenkavalier‹. Danach bitte ich sie und auch einige, die die Aufführung nicht gesehen haben, zu einem Champagner mit Tanz. Da es ein wenig kostspielig ist, dreißig oder vierzig Gäste ausschließlich mit dem »König aller Weine« (›Fledermaus‹) bei Laune zu halten, bitte ich, zuvor – nicht erst am Abend – Champagner vorbeizubringen. Diesen Wunsch versteht jeder – und die besonders höflichen Gäste schicken zusätzlich Blumen, schließlich wissen sie, dass ein Buffet auszurichten ist und für Personal gesorgt werden muss. Diese Feste, die nie vor 23 Uhr beginnen, waren – bis jetzt – immer große Erfolge. Inzwischen werden sie nachgeahmt. Wogegen ich nichts habe, hätte ich sonst darüber geschrieben?

Singles

sind alleinlebende, unverheiratete Frauen und Männer. In Großstädten sind sie Legion. Es gibt nicht wenige Kritiker dieser Lebensform, weil Singles Wohnraum wegnähmen; nicht mit Kindersegen dafür sorgten, die leeren Rentenkassen (auch in Zukunft) zu füllen; mit ihrer Lebensform der Libertinage zu Ansehen verhülfen. Andererseits werden sie umworben, weil sie ihr Einkommen mit niemandem teilen und deshalb eine kaufkräftige Klientel bilden: Reiseveranstalter bieten Single-Tours an, Gay- und Lesbenreisen.

Vorbei die Zeiten, da die Alleinstehenden wie Mauerblümchen nur aus Mitleid geladen wurden und ihnen von den Autoren der Manierenbücher verboten wurde, Einladungen zu geben. Übrigens mit den absonderlichsten Begründungen. Karlheinz Graudenz meint noch 1979 – damals existierte diese Gruppe durchaus schon emanzipiert und geachtet –, dass Junggesellinnen und Junggesellen am besten bloß zum Tee oder zu »einem kleinen Faustimbiss« bitten sollten. »Will aber eine Junggesellin wirklich eine Einladung größeren Stils geben, nun, dann wird sie es eben so einrichten, als wäre sie verheiratet. Mit dem Unterschied, dass sie anstelle des nicht vorhandenen Personals ein paar gute Freundinnen bitten wird, ihr zur Hand zu gehen. Und diese Freundinnen werden, wenn sie vernünftig sind, nicht das Geringste dabei finden, einen Abend lang um des netten Zweckes willen eine Doppelrolle zu spielen. Und wer einer solchen Gesellschaft als Zuschauer beiwohnt, ohne die näheren Umstände zu kennen, wird das Fehlen eines Hausherrn nur an einer einzigen Kleinigkeit bemerken: dass nämlich die Gastgeberin zu Beginn der Tafel ihr Glas hebt und ihren Gästen zutrinkt. Denn das täte normalerweise der Hausherr. Junggesellen dagegen haben es etwas schwerer – schon weil sie von Hauswirtschaft nichts verstehen und Leckereien zwar mit Vergnügen essen, aber nur selten auch zubereiten können. Deshalb werden sie gut daran tun, sich rechtzeitig einer älteren mütterlichen Freundin, einer Tante oder eines anderen geeigneten weiblichen Wesens zu versichern, das ihnen als Ersatzhausfrau zur Seite steht. Der Gedanke, für diese Aufgabe eine geeignete junge Dame heranzuziehen, mag naheliegen. Noch näher aber liegen die Gründe, aus denen man ein derartiges Arrangement überdenken sollte! Dafür darf man alsdann aber die in Betracht gezogene hübsche Dame ohne weiteres einladen – mit anderen Gästen.« So weit – so schlecht, Herr Graudenz. Nichts stimmt (mehr). Erstens ist das fehlende Personal ja für Ehepaare keineswegs Grund, keine Essen zu geben. Zweitens können Singles fertige Speisen und Personal bestellen.

Drittens braucht sich weder die alleinstehende Frau noch der alleinstehende Herr seines Single-Daseins zu schämen – und deshalb muss sie niemand bemitleiden: Denn so schlimm ist es wahrlich nicht für eine Frau, ihren Gästen zuzuprosten. Und – viertens – können Männer, wenn sie denn kochen, es in den meisten Fällen sehr gut. Alfred Biolek ist nur das prominenteste Beispiel – er ist keineswegs ein singulärer (schwuler) Hausmann.
Abendessen bei zwei Singles – hetero- oder homosexuell – unterscheiden sich überhaupt nicht von Einladungen bei Ehepaaren. Weder was die Einladungen und die → Tischordnung angeht, noch das Verhalten der Gäste. Sie sagen zu, schicken (oder bringen) Blumen. Vorsichtshalber empfiehlt es sich, einem Gastgeber, den man nicht gut kennt, statt des Straußes eine Flasche Wein oder Champagner zu schenken (oder ein → Buch). Auch Singles sollten sich von den Gästen nicht helfen lassen: nicht beim Kochen, nicht beim Auftragen, nicht beim Abdecken. Diesen Wunsch, zu beweisen, dass man sehr wohl allein kann, was andere (vielleicht) nur im Familienpulk bewerkstelligen, sollten auch die Gäste respektieren. Jede Gastgeberin, jeder Gastgeber wählt sich diesen ein bisschen stressigen Part ja freiwillig und bewusst. Dass Homosexuelle in der Gesellschaft respektiert werden sollten, versteht sich. Ausgrenzung ist kein Fauxpas, sondern ein ernsthaftes Fehlverhalten, Zeichen von Intoleranz. Das gilt übrigens auch umgekehrt. Ein Abendessen in einem schwulen oder lesbischen Haushalt sollte nicht zu einer Demonstration werden nach dem Vorbild der Christopher-Street-Parade. Insider-Treffs, meinetwegen, aber ein Abendessen mit zehn bekennenden Lesben (oder Schwulen) und zwei Ehepaaren ist für die heterosexuelle Minderheit eine kleine Zumutung. Überhaupt verbietet es sich, seine Gäste nach deren sexuellen Vorlieben zu laden. Die gehen nämlich niemanden etwas an, selbst dann nicht, wenn homosexuelle Singles (und Paare) aus ihrem Leben kein Geheimnis machen.
Kurz: Alle Singles dürfen all das dürfen, was verheirateten Paaren erlaubt ist. Alles. Und wenn sie schlecht kochen, die Suppe kalt servieren und bei der Weinwahl nicht gerade große Kenntnis beweisen – tut nichts. Wie viele Ehepaare übernehmen sich mit Abendessen.

Das heißt auch, dass Singles allein essen gehen, Theater, Opern, Konzerte und Kinos besuchen. Und dass keiner sie anmacht. Unschicklich ist dieses Alleinvergnügen nie – vielleicht ein wenig traurig. Schon Walter Benjamin beklagte, dass allein zu essen hart mache. Genau deshalb haben Singles Freunde; und wenn sie diese Freundschaften pflegen, dann ersetzen sie – auch im Alter – durchaus die Familie. Singles mag man um ihre Freiheit beneiden, doch sie fordert Opfer. Das soziale Netz mag Singles auffangen, das familiäre Netz fehlt ihnen. → Chat, → Großfamilie

Smalltalk

Englisch: oberfläche Konversation, Geplauder. »He has no smalltalk« bedeutet also: Er kann nicht unverbindlich plaudern. Smalltalk ist keine Kunst, sondern eine Kunstfertigkeit, die gelernt sein will. Della Casa erklärt im XI. Kapitel seines ›Galateo‹ unter der Überschrift »Unziemliche Gesprächsthemen« sehr treffend – ex negativo –, was Smalltalk bedeutet: »Man sollte kein zu subtiles oder ausgefallenes Thema wählen, da sonst die meisten nur mit Mühe folgen können. Darüber hinaus wird von Themen abgeraten, die nicht zum Zeitpunkt und zu den Zuhörern passen, mögen sie an und für sich, und zur rechten Zeit angesprochen, noch so gut und empfehlenswert sein.« In ›Debrett's Etiquette & Modern Manners‹, 1981 herausgegeben von Elsie Burch Donald, wird King Charles II. paraphrasiert: »The first art of a good conversation is to put people at their ease« – und darauf verwiesen, dass jene, die Konversation zu machen verstehen und es üben, bald an Oscar Wildes Genie heranreichen werden. Dem Dichter wurde nachgesagt, dass er sich bei Einladungen stets die stillste Person aussuchte und sie in wenigen Minuten dazu brachte zu sprühen. Das bedeutet: Smalltalk kann beim Wetter beginnen, darf dort aber nicht zu lange verweilen. Smalltalk setzt da an, wo die → Vorstellung endet, weshalb es der Gastgeber oberste Pflicht ist, nicht nur den Namen zu nennen, sondern auch ein paar persönliche Worte über den neu hinzugekommenenen Gast zu verlieren.

Smoking

→ Abendgarderobe

SMS

ist die Abkürzung für short message service, also für Kurznachricht. Es ist ein Telekommunikationsdienst zur Übertragung von Textnachrichten, der zuerst für den GSM-Mobilfunk (also für die Handys) entwickelt wurde. 1992 war das Geburtsjahr der SMS, die in Österreich und der Schweiz als Neutrum gehandelt wird: das SMS. 2003 wurden in Europa über 16 Milliarden Kurzmitteilungen geschrieben und versandt – im Monat! Es existiert das Verb smsen (gesprochen: simsen). Diese Kurznachrichten sind praktisch und kostensparend. Sie eignen sich für Verabredungen unter engen Freunden(!), für Entschuldigungen bei kurzen Verspätungen. Sie sind absolut ungeeignet, sich von Freundinnen oder Freunden zu trennen – selbst wenn es irgendwelche Royals vormachen. Und man verwendet sie nicht im beruflichen und geschäftlichen Alltag. Allerdings finde ich, dass Liebesgrüße, kurze Erinnerungen, dass man einander mag, liebhat oder gar liebt, per SMS verschickt werden können. Um die Hand der Liebsten, des Liebsten, hält man nicht per SMS an.
PS: MMS ist der Multimedia Messaging Service – also SMS mit Ton und Bild.

Snob

ist kein Stichwort in ›Debrett's Etiquette & Modern Manners‹, was zum einen bedeuten kann, dass Snobs im United Kingdom kein Nachschlagewerk über gutes Benehmen nötig haben, zum anderen aber ist denkbar, dass der Snob kein Thema in einem Buch über Höflichkeit sein kann. Denn Snobs haben in der Regel zwar Manieren, aber höflich, tolerant, ehrlich, rücksichts- und taktvoll sind sie selten.

In Lexika finden wir ebenso wie in etymologischen Wörterbüchern einige Erklärungen. Das Wort leitet sich her vom lateinischen *sine nobilitate,* bezeichnete also wertfrei eine Person niederen Standes, ohne Adel. Zunächst umgangssprachlich benutzt für den Flickschuster, wurde der Begriff im 18. Jahrhundert in den Studentenkreisen der Universität von Cambridge ausgeweitet auf alle nicht zur Universität Gehörigen. Mitte des 19. Jahrhunderts tritt eine Begriffserweiterung ein: Der Snob wird durch William Makepeace Thackerays Roman ›Book of Snobs‹ (1848) zu einem Modewort für Geck und Protz, für den ungebildeten und geschmacklosen Menschen. Im Deutschen bezeichnet der Snob einen blasierten, anmaßenden Menschen, der vornehm tut, aber es nicht ist. Carl Sternheim hat ihn in seiner 1913 publizierten, 1914 in Berlin uraufgeführten dreiaktigen Komödie ›Der Snob‹ gezeichnet.

Sternheims Snob heißt Christian Maske. Er löst für die von ihm angestrebte Karriere, zu der auch die Einheirat in den Adel zählt, alle Bindungen. Er erkauft sich die Versicherung der Eltern, sich fortan von ihm fernzuhalten; er entlohnt seine bisherige Geliebte, die ihm erst Benehmen beigebracht hat, mit einer großzügig bemessenen Summe und schafft so – nach dem Bruch mit der von ihm verachteten Klasse seiner kleinbürgerlichen Herkunft – die Voraussetzungen für den Aufstieg in den Adel. Er heiratet Marianne, die Tochter des Grafen von Palen. Christian Maske ertrotzt sich Anerkennung, weil er die sogenannte vornehme Gesellschaft noch übertrifft an Arroganz und Distinguiertheit. Auf seine bürgerliche Herkunft angesprochen, antwortet Maske dem Grafen stolz: »Man hat unsereinem gegenüber nicht die Mittel, sich aus einem Buch über den Stall, aus dem er kommt, zu belehren. Tappt gegen dunkle Sache.« Christian Maskes Lügengespinst droht dann doch noch, ausgerechnet wegen seiner wiedererstarkenden Liebe zu seinen Eltern, zu zerreißen, aber die Heirat findet statt und – Ende gut, alles gut – Maskes Stall wird von Marianne und ihrem Vater akzeptiert.

Heute ist der Snob kein Modebegriff mehr. Und die Wortbedeutung hat sich verändert. Snobs sind zwar weiterhin anmaßende, eitle, protzige Gecken. Aber der Snob fällt weniger mit seinen andressierten, also unverstandenen, bloß imitierten guten Manieren

auf, als durch seine Kleidung. Der Snob von heute ist eher ein Dandy. Nachfahre von George Brummell und Oscar Wilde. Extravagant gekleidet und selbstverliebt. Aber leider weder so geistreich noch so amüsant, wie Wilde, Byron und Stendhal es waren. Letztere, vereint in einer romantisch-aristokratischen Protestbewegung, stritten gegen die vulgarisierende Einebnung des Dandytums, das sich entwickelte zu dem, was es jetzt ist: Das anmaßend geistesschlichte Verhalten einer Gruppe dünkelhaft Überheblicher.
Während Marcel Proust, ein Snob wie selten einer war, nach dem »gelebten Snobismus« zu einem »bewältigten Snobismus« findet, wie Emile Carassus in seiner Analyse bemerkt, geben sich die heutigen Snobs damit zufrieden, zu sein, was sie zu sein vorzugeben beabsichtigen. Das Überprüfen ihrer (Geistes-)Haltung fällt ihnen nicht nur schwer, es fällt ihnen gar nicht erst ein. Proust erkannte in ›Freuden und Tage‹, Madame Lenoir analysierend: »Ihr Snobismus beruht ausschließlich auf ihrer Phantasie und war im Übrigen alles, was ihre Phantasie hervorzubringen vermochte.«
Die Beobachtung von Snobs hilft also, das eigene Denken und Verhalten zu überprüfen und zu verändern – nur in den seltensten Fällen entstehen daraus Meisterwerke. Immer aber werden dabei zwei Erkenntnisse möglich: Sine nobilitate sind die meisten Menschen, zu Snobs müssen sie deshalb nicht werden. Und: Adel schützt vor Snobismus nicht! → Arroganz, → Eitelkeit, → High Potentials, → Proll oder Prolo

Socken

müssen nicht immer sein. Gegen allen Rat von Hautärzten halte ich den nackten Fuß in einem leichten, ungeschnürten Lederschuh im Sommer für durchaus möglich und schick. Nur am Tage allerdings; abends, selbst bei der größten Hitze, geht's ohne Socke nicht. Sie sollte in der Farbe mit dem Anzug und dem Schuh korrespondieren; aber auch bunte Ringelsocken sind inzwischen erlaubt, auch am Abend. Weiße Socken tragen allein Ärzte, Krankenpfleger und Tennisspieler. Feiner und zugleich praktischer als die kurze Socke ist der Kniestrumpf, denn bei ihm muss man nie aufpassen,

dass beim Überschlagen der Beine nicht doch zwischen Strumpf und Hose das nackte Bein zum Vorschein kommt. Das bisschen Fleisch geniert zwar weder seinen Besitzer noch bringt es irgendeine Frau in Wallungen oder Pein: Es sieht einfach nicht schön aus. Kniestrümpfe trägt man übrigens auch, wenn man es sich erlauben kann, zur halblangen Hose (→ Shorts), kombiniert mit einem Sakko. Diese Sommerkleidung ist, ich gebe es zu, ein wenig gewagt. Zudem ist sie wohl die einzige Kleidung für den Mann, bei der er sich ernsthaft fragen muss, ob seine Beine wirklich ein angenehmer Anblick sind, unbekleidet mehr hergeben als mit einer langen Hose verhüllt. Schwarze Seidensocken kann man immer tragen; zum Smoking und Frack – also zum Lackschuh – sind sie obligatorisch. Socken zu Sandalen sind ein Doppelgreuel.
Damen tragen – in der Stadt, beim Einkaufen, im Theater, in der Oper, im Restaurant, im Büro – immer Strümpfe. Auch bei 35 °C im Schatten. Am Tag, am Abend, in der Nacht!

Sommelier

Altprovenzalisch: *saumelier* = Führer von Lasttieren; altfranzösisch: Haus- und Hoflieferant; bis zum 19. Jahrhundert war der Sommelier Haus- und Hofverwalter; seit Anfang des 20. Jahrhunderts ist ein Sommelier Kellermeister und Weinkellner. Sommelier ist der schönste Beruf der Welt – neben dem Kritiker, dem Autor, dem Schauspieler, dem Regisseur, dem Koch, dem Pfarrer und dem Rabbiner. Jedenfalls für mich. Bis vor einigen Jahren ausschließlich von Herren beherrscht, haben sich jetzt in Frankreich und Deutschland auch Damen in dieser Männerdomäne durchgesetzt: die Sommelières.
Sommelier ist der Kellner, der sich um die Getränke kümmert – also um die Aperitifs, die Champagner, die Weine, die Digestifs und das Wasser. Er wird von einigen Gästen immer noch nicht akzeptiert und zu Rate gezogen, aus Angst wohl, von ihm überredet oder, schlimmer noch: genötigt zu werden, die ganz teuren Flaschen zu bestellen. Kein Sommelier, der auf sich hält, wird so etwas tun. Serge Dubs, seit Jahren der beste Wein-Geist in der weltbe-

rühmten Auberge de l'Ill, in den achtziger Jahren sogar Weltmeister der Sommeliers, erklärt, dass Sensibilität die wichtigste Gabe in diesem Beruf sei. Ein Sommelier müsse sich einfühlen können in die Psyche der Gäste, in die besondere Situation. Ein Sommelier gehe deshalb sehr vorsichtig vor, empfehle erst einmal die eher preiswerten Weine zu der jeweiligen Menüfolge. Äußere dann der Gast, dass es einen besonderen Grund zum Feiern gebe oder dass er große Bordeaux-Weine den kleinen Beaujolais vorziehe, dann sei die Situation geklärt und der Sommelier könne in andere Preis- und Qualitätskategorien vorstoßen. »Sie können noch so perfekt in ihrer Arbeit sein«, erklärt Serge Dubs, »viel von Essen und Trinken verstehen, aber wenn Sie einen Wein empfehlen, dürfen Sie nie vergessen, wem Sie ihn empfehlen. Ich will nicht sagen, dass man keinen Respekt vor dem Wein haben sollte, aber man muss noch mehr Respekt vor dem Menschen haben. Es ist schon schwierig genug, den richtigen Wein für das richtige Gericht zu finden, aber ungleich schwieriger ist es, dies für eine bestimmte Person zu tun. Oft haben Sie – das kommt erschwerend hinzu – nicht nur eine, sondern drei, vier Personen am Tisch. Da müssen Sie sehr sensibel sein, das heißt, es bedarf eigentlich eines sehr viel größeren Einfühlungsvermögens, als die Psychologie vermitteln kann. Die Psychologie ist vielleicht ein Anfang, aber dann hilft nur noch das Gefühl. Das ist immer so im Leben: Wenn Sie glücklich sein wollen, müssen Sie sehr viel Glück haben.«

Kein Sommelier von Rang zockt also einen Gast ab. Wer sich jedoch auf die Kenntnisse dieser Damen und Herren verlässt, das heißt: sich erst einmal auf sie einlässt, feiert Feste, wie es selten welche gibt. Denn die wenigsten Wein- und Champagner-Amateure haben so viel Erfahrung wie diese Profis. Sie finden Weine, denen man noch nicht begegnet ist, von deren Dasein man nicht einmal wusste. Sie kreieren Kombinationen, für die man sich selbst geschämt hätte. Zum Beispiel während eines sechsgängigen Menüs, zwischen Weiß- und Rotwein plötzlich einen alten Port zur heißen Gänsestopfleber. Und wer Dessertweine schätzt, der sollte in jedem Fall auf ihren Rat hören. Es gibt so viele wunderbare Weine neben dem Sauternes und der Gewürztraminer Spätlese, dass man nichts unprobiert lassen sollte.

Sonnenbrille

setzt man ab, wenn man sich mit jemandem unterhält. Immer. Ausnahmslos.

Souper

»Das Souper tötet die eine Hälfte der Pariser, das Diner die andere«, spottete Charles de Secondat, Baron de La Brède et de Montesquieu (1689–1755) in seinen ›Lettres persanes‹. Nicht schlecht – wenn auch nicht wahr.

Das Souper, so erklärt der ›Larousse‹, ist ein Abendessen nach einer Theater-, Opern- oder Ballettaufführung. Da in Paris die meisten Aufführungen erst um 21 Uhr beginnen, gibt es kaum ein Souper vor Mitternacht. Und wunderbar: Die Restaurants sind darauf vorbereitet. In Deutschland ist es beinahe unmöglich, zu einem Souper zu kommen, weshalb Theaterbesucher meist vor der Vorstellung essen – und während der Aufführung müde sind, weil alle Lebensgeister sich im Magen versammeln, die Verdauung zu befördern.

Soupers ohne vorherige Vergnügen – ob Boulez oder Shakespeare, ›Dornröschen‹ oder Madonna, Kino- oder Musicalbesuch – heißen auch Soupers, sind es aber nicht. Häusliche Soupers gelten zu Recht als für die Gastgeber gefährliche Einladungen, weil die Gäste länger bleiben dürfen als Restaurantchefs es ihnen erlauben würden. Aber selbst nach der enttäuschendsten Veranstaltung – ein Flop werden sie selten. Denn statt → Smalltalk lässt sich über Tänzerinnen, Schauspieler, Regisseure und Countertenöre diskutieren.

Wenn der Freund die Freundin, die Freundin die Freundin, der Freund den Freund, die Freundin den Freund zum Souper lädt und zuvor kein Theater-Kino-Opernbesuch geplant ist, sollten die Eingeladenen nicht vor neun, aber nicht nach neunuhrfünfzehn erscheinen. Denn auch in diesen Fällen ist das Essen gewiss als Krönung eines wunderbaren Abends geplant.

Spaghetti

schneidet man nie!

Spargel

In seinen ›Etikette-Plaudereien‹ (4. Auflage, 1910) beschäftigt sich Eustachius Graf Pilati von Thassul zu Daxberg mehrfach mit dem Thema Spargelessen: »Man darf den Spargel direkt mit der Hand zum Munde führen, muss sich eben nötigenfalls dann der Serviette zum Abtrocknen bedienen. Für den wahren Etikettemenschen kommt weniger in Frage, welches Esswerkzeug (ob die la main oder was anderes) er gebraucht, als vielmehr, wie er es gebraucht. Das Hineinmanövrieren langer Spargelstangen mit der Hand in den Mund sieht oft sehr unschön aus, besonders wenn es unter hörbarer Lippen- und Zungentätigkeit mit fiebrig aufgerissenen Augen vor sich geht; es empfiehlt sich dann wenigstens, mit der anderen Hand die Gabel oder ein Stück Brot zu nehmen und damit die ganz zum Munde geführte Spargelstange zu unterstützen. Namentlich in letzter Zeit findet man auch in den vornehmsten Kreisen, dass man den Spargel mit der Gabel – und wenn er nicht weich genug ist oder wegen der Fasern auch mit dem Messer – teilt und stückweise mit der Gabel zum Munde führt. (…) Wer den doch entschieden lobenswerten Willen hat, trockne Finger zu behalten oder lieber kleinere Stücke als halbe oder ganze Spargelstangen – sei es aus ästhetischen, sei es aus Gesundheitsrücksichten – zum Munde führt, der wird eben den Spargel teilen und mit der Gabel zum Munde führen. Also nie sklavisch eine Sache nachahmen, weil es fast alle so machen, wenn man einen verständigen Grund hat, von dem allgemein Üblichen abzuweichen. Das Anfassen des Spargels mit den Fingern ist wohl das allgemein Übliche aber schon so lange, dass es nicht mehr apart genug ist, um dadurch als Kenner der Formen besonders imponiren zu können.« Selbst 1910 gab es also schon das Spiel mit den Regeln, und Regelverletzungen waren erlaubt.

Heute isst man Spargel im Allgemeinen mit Messer und Gabel –

und hoffentlich ist er nicht so weich gekocht, dass man ihn mit der Gabel allein teilen kann. Manche Benimmratgeber schlagen vor, dünne und kleine Spargel mit Hilfe von Messer und Gabel zu knicken und als »U« aufzuspießen. Natürlich geht das. Nur beweist diese Art zum einen, dass das Gemüse zu lange Zeit im Wasser verbracht hat – Spargel sollte wie eine gute Pasta »al dente« sein, also in einem Zustand, der den Zähnen noch Widerstand abverlangt. Zum anderen zeigt der Esser, dass er auf die außergewöhnliche Form des Spargels nicht viel Wert legt. Und das ist schade. Spargel zu essen, ist sowohl für den, der isst, als auch für den, der dabei zuschaut, ein durchaus erotisches Vergnügen. Wird zu einem Spargelgericht eine mit Wasser gefüllte Fingerschale gedeckt, so weiß der Gast, dass der den Spargel in die Hand nehmen darf. Und dann sollte er es auch tun – so wie Graf Pilati es beschrieben hat, also die Stange mit der Gabel stützen, falls nötig.

Speisekarten

muss man zu Hause nicht schreiben. Tut man's aber, so ist diese Geste für die Gäste die größte Freude. Richtet man ein Fest in einem → Restaurant aus, so muss jeder Gast auf oder neben seinem Platzteller eine gedruckte oder handgeschriebene Karte finden mit der Speisenfolge und den Namen der dazu vorgesehenen Weine. Im Restaurant wird selbstverständlich jedem Gast eine Speisekarte gereicht. Manche sehr noble Etablissements haben für die Damen Karten ohne Preise. Was für kämpferische Feministen eine Beleidigung (→ Feminismus), für alle anderen Damen eine große Versuchung und für die Herren eine Warnung ist, mit dem Schlimmsten zu rechnen. In solchen Häusern heißt die Rechnung deshalb *la douloureuse* – die Schmerzensreiche. (Und keiner denkt dabei an Faustens Gretchen und Goethe!) In einfacheren Restaurants enthält die Speisekarte auch die Liste der Getränke, an vornehmeren Orten wird dem Tischherrn eine Weinkarte zur Einsicht angeboten.

In den letzten Jahren machten sich einige Köche – nicht einmal die schlechtesten – lächerlich mit einem affektierten Manierismus in den Formulierungen ihres Angebots: Da wurden Lammfilets im Tomatenbett avisiert; Hechtmousse an Kresseschaum; Lachs im Lauchmantel; Filetsteak unterm Grill gegart und in einem Brotfrack neben einer Schalottengarnitur versprochen. Das Bett war oft ein roter dicker Pampf; der Schaum ein Glitsch, das Püree ein Kleister und der Mantel ein Fassadenrohputz. Die Portionen waren herzlich klein, aber der Umgang mit Präpositionen verschwenderisch. Verwirren Sie die Formulierungen, misstrauen Sie der Herdplattenlyrik und der Schüsselpoesie, so fragen Sie doch einfach, was Sie erwarten dürfen von der »Überraschung aus See und Meer an drei Saucen«.

Manche Restaurants besitzen wahre Speisekarten-Kunstwerke – weshalb Verlage daraus schon Bücher machten. Wenn Sie höflich darum bitten, wird niemand Ihren Wunsch abschlagen, und Sie werden das Souvenir nach einem lukullischen Abend nach Hause tragen. Die Karte wird wie das → Amuse gueule, das Avant-Dessert (→ Speisenfolge) und die Kekse und Pralinen zum Kaffee nicht berechnet. So ist auch der teuerste Abend dann doch noch ein Schnäppchen. Ohne Jagd.

PS: Auch in deutschsprachigen Ländern finden wir häufig Karten, die mit französischem Vokabular protzen. Der Koch (oder Besitzer) gibt sich also polyglott und meint, er mache es besonders chic. Er irrt. Schon Graf Pilati kritisierte 1910 diese Versuche, den Lokalen »einen vornehmen Anstrich« zu geben, und warnt die Gäste: »Wer sich geniert, durch Fragen die Unkenntnis eines französischen Ausdrucks einzugestehen, dem geschieht es recht, wenn ihm, einem Feinde alles Sauren, der Kellner z. B. etwas fremdländisch benanntes Rollmopsartiges angeschleppt bringt. Oft dienen französische Ausdrücke zur Bemäntelung und Verschleierung wenig schmackhafter Speisen.«

Speisenfolge

Klar: Man kann auch Sattwerden von einem Fleischgang, serviert als üppige Portion mit einer reichlich bemessenen »Sättigungsbeilage«, wie in der DDR Kartoffel-, Nudel- und Reiszugaben hießen.

Aber die Freude am Essen – und sie unterscheidet sich von der Notwendigkeit, sich zu sättigen – wird größer, wenn das Mittagsmahl oder das abendliche → Diner aus mehreren Gängen besteht. Die Speisenfolge ist also bei allen gesetzten Essen, ob zu Hause oder in einem Restaurant, von einiger Wichtigkeit. Grundsätzlich empfiehlt es sich, am Mittag nicht mehr als vier Gänge zu servieren, sehen wir einmal von den Weihnachts- und Osterfeiertagen ab. Zum einen möchte wohl niemand zu einem guten Essen auf einen guten Wein verzichten, zum anderen möchte keiner schon am Nachmittag sich aufs Bett freuen (müssen).
Also bieten Sie leichte Speisen und leichte Weine an: einen → Aperitif (am Abend immer!), eine Vorspeise, einen Hauptgang, Käse, ein Dessert. Am Abend darf es üppiger sein. Nur Asketen – und das sind die wenigsten der Gourmets – halten sich an die Devise der Gesundheitsapostel: wie ein Kaiser zu frühstücken, wie ein König zu Mittag zu essen und wie ein Bettler das Abendbrot zu nehmen. Eine solche Reihenfolge mag ein längeres Leben garantieren – Spaß bereitet sie nur den Freunden von großen Frühstücksbuffets und → Brunches.
Und Oscar Wilde witzelte: »Only dull people are brillant at breakfast.« Am Abend haben die meisten Menschen mehr Zeit und Muße; am Abend denkt man vielleicht an die Arbeit des kommenden Tages, aber nicht an Termine nach dem Diner. Fünf (kleinere) Gänge halte ich für durchaus angemessen: Vorspeise, Fisch, Fleisch, Käse, Dessert. Ich reiche den Käse, wie in Frankreich üblich, vor der Süßspeise, obwohl der den Magen schließt. Meiner und die Mägen meiner Gäste waren bisher durchaus auch nach Chèvre, Brie de Maux und Munster noch aufnahmebereit.
Was Sie servieren oder auftischen lassen, ist abhängig von Ihrem Geschmack und Ihrem Geldbeutel. In jedem Fall sollten Sie wissen, was Ihre Gäste nicht mögen. Hat auch nur einer eine Hummerallergie, so verbietet sich ein Gericht mit diesem Meerestier. Sie sollten niemals einem Kränkelnden Extragerichte kochen und somit andere auf die Unpässlichkeiten eines Gastes aufmerksam machen. Zu bedenken ist weiter, dass sich nichts wiederholen sollte. Drei Gerichte in Sahnesauce sind eine abgeschmackte Faulheit der

Köchin/des Kochs, wie dreimal das gleiche Gemüse, die gleiche Beilage. Sie müssen sich durchaus etwas einfallen lassen. Abwechslung muss Ihr Ziel sein. Und Sie sollten der Jahreszeit entsprechend planen: Spargel im Januar ist albern, Brokkoli im Juli eine Zumutung, eingelegte Trüffel während der Trüffelsaison geizig. Eine Suppe serviert man nach einer kalten Vorspeise, als ersten Gang indes, wenn es nur warme Gerichte gibt. Manche französische Patissiers – das sind die Damen und Herren, die die süßen Nachspeisen kreieren – überraschen vor dem Dessert mit einem kleinen Avant-Dessert. Das ist der wahre Luxus. Wunderbar! Die ideale Speisenfolge sieht also so aus: Aperitif, Amuse gueule, kalte Vorspeise, Suppe, Fischgericht, Fleischgericht, Käse (wer mag: mit Trauben, Birnen und Nussbrot), Dessert, Kaffee mit Gebäck und Pralinen, Digestif.
In einigen Restaurants werden zwischen Fisch- und Fleischgang manchmal Sorbets gereicht. Ich halte dieses Angebot für entbehrlich. Zu Hause schon gar. Eine ehrgeizige Hausfrau, ein phantasiereicher Hausmann, lässt sich anderes einfallen. Zum Beispiel: einen sehr kleinen Gemüsegang. Champagner, → Sommelier, → Wein

Spesen

erhält jeder, der für seinen Arbeitgeber auf Reisen geht. Meist werden die Reisen und das Hotel voll bezahlt – und zusätzlich erhält man eine Spesenpauschale, vom Gesetzgeber festgelegt, weil abschreibbar. Sie reicht nie, es sei denn, man frühstückt bei McDonald's, nimmt das Mittagessen in einer Filiale des Wienerwald und das Abendessen bei Burger King. Also zahlt man drauf. Das ist die einfachste Lösung. Einigen aber auch die ärgerlichste.
Daneben gibt es die beliebten Essen auf Spesen: Arbeitsessen. Besonders beliebt in Frankreich, wo – für mich unverständlich und schon deshalb bewunderungswürdig – auch mittags Wein getrunken wird, obwohl der Arbeitstag trotz dieser Atzung (zumeist) nicht vorzeitig beendet wird. Arbeitsessen bekommt man ersetzt.

Weshalb die wahren Spesenritter erstens möglichst alle Termine zur Mittagszeit absolvieren und zweitens auch ihre privaten Einladungen abzusetzen versuchen. Zwar ist dieser Vorgang immer kriminell – ganz gleich ob man den Arbeitgeber betrügt oder die Steuer betuppt –, aber nur im ersten Fall hat die Aufdeckung des Betrugs Konsequenzen. Im zweiten Fall passieren die Steuererklärungen anstandslos die Beamten. Ich verstehe die Sparsamen, die auf Fettlebe nicht verzichten wollen. Mehr noch: Ich kann ihre Freude nach einem solchen Mahl mit der Freundin verstehen. Wenn ich jedoch Herren nach einem Tête-à-Tête dabei erwische, wie sie um eine Rechnung bitten, trübe ich ihre Freude, indem ich an Hildegard Knefs netten Schlager erinnere. Kokett sang sie in den siebziger Jahren: »Er setzt mich von der Steuer ab, sonst wär ich ungeheuer knapp, anstatt privat, leb ich vom Staat.« Anständig ist das nicht! Weder dem Staat gegenüber, also der Allgemeinheit. Noch der Frau gegenüber, also dem Individuum. Kurz: Man setzt weder Freunde von der Steuer ab noch Geliebte. Die schon gar nicht! → Rechnungen

Sport

Jetzt erwarten Sie: »No sports!« von Winston S. Churchill. Irrtum. Ich habe ein anderes Churchill-Zitat parat. Just the opposite: »Keine Stunde im Leben, die man mit Sport verbringt, ist verloren!« Und da sich Churchill nicht entscheiden wollte, tue ich es auch nicht. Joggen Sie, radeln, wandern Sie; ziehen Sie sich mit den Fingernägeln an Steilwänden hinauf, tauchen Sie zu Korallenbänken, segeln, rudern, schwimmen Sie. Hauen Sie mit einem Schläger auf einen Tennis- oder einen Golfball. Alles recht – und gesund. Selbst wenn es Ihnen keinen Spaß bereitet, was Sie machen, bedenken Sie: Es ist gesund oder: Übel vertreibt Übel. Doch ziehen Sie sich für Ihren Sport richtig an! Wandern in Tennisschuhen ist gefährlich, kein Mensch gewinnt im Golf mit einem Eishockeyschläger, und ein Degen ähnelt zwar einer Harpune, funktioniert aber ein wenig anders. Sollten Sie sich von einer Sportart verabschieden, tragen Sie die Kleidung nicht auf: Badehosen sind keine Shorts,

Joggingschuhe keine Pumps, Skianzüge selbst bei Kälte keine Winterkleidung. Ich bin ganz gewiss kein Perfektionist in Sachen Sportbekleidung, fahre auf Langlaufloipen in Pullover und Schal, was weder sonderlich sportiv noch besonders geschickt ist, weil ich garantiert schon deshalb langsamer bin als alle anderen in ihren Wurstpellen, aber wer in der Stadt herumläuft, als wäre er am Strand, auf der Piste, dem Putting green oder im Segelboot, ist gewiss falsch gekleidet.

Stäbchen

benutzt man zum Verzehr chinesischer, japanischer und einiger thailändischer Speisen. Wobei sich die japanischen Stäbchen von den anderswo gebräuchlichen unterscheiden, sie laufen spitz zu. Mit Stäbchen zu essen, lernt sich leicht und macht großen Spaß. Wer wissen will, ob er diese Übung beherrscht, versucht, eine Erbse, eine Streichholzschachtel und einen Zucchino zwischen die Hölzer zu zwängen und sie bis zum Mund zu führen. Nacheinander! Wem diese drei Exerzitien gelingen, der darf nach Hongkong reisen. Stäbchen sind aus Jade, aus Holz, manchmal versilbert. Die schönsten kommen aus Frankreich; Christofle fertigt sie. Doch die hölzernen tun's leicht!

Stammtisch

Ein Ort, an dem regelmäßig dieselben Menschen zusammenkommen. In dörflichen Gasthäusern treffen sich meist am Sonntagvormittag, nach der Kirche, vor dem Mittagessen, die Männer zum Bier und Kartenspiel. Auch in den Städten existieren Stammtische – für Anhänger von Fußballmannschaften, Tennisklubs und Parteien. Die feinere Ausgabe des Stammtischs heißt → Jour fixe. Meist einmal im Monat finden sich Gleichgesinnte – Opernfreunde, Kinokritiker, Rechtsanwälte – in einer Bar oder einem Restaurant zusammen. Und reden, scherzen, trinken. Auch Bier. Karten spielen sie nicht.

Steward

Der Kellner auf einem Schiff oder in einem Flugzeug. Dem »Kellner der Lüfte« – diese Bezeichnung stammt nicht von mir – gibt man kein Trinkgeld, den Ober der Meere (ist von mir) besticht man schon beim ersten Treffen. → Service

Stock

mit Silber-, Elfenbein- oder Hornknauf benutzen gebrechliche Damen und Herren. Nur sie! Wenn die Puderdose, das Cognacfläschchen und der Degen darin versteckt sind, umso besser für sie. Wer aufrecht stehen und gehen kann, braucht keinen Stock. Und wer jung ist, sollte sich nicht verführen lassen, selbst durch die schönsten Modelle nicht. (Ich weiß, wovon ich rede: Ich besitze vier und schäme mich ihrer zuweilen.) Der junge Mann darf ihn nur mit sich führen, wenn er sich lächerlich machen möchte oder in der Johannes-Heesters-Nachfolge für die Operettenvorstellungen in Coburg, Flensburg oder Freiburg entdeckt werden will. Der Spazierstock ist heute so abgeschmackt und manieriert wie das Monokel. Über dieses bemerkte Graf Pilati bereits 1910: »Das Monokel wird man natürlich beim Vorstellen fallen lassen, schon um durch die Art des Fallenlassens und des Wiedereinklemmens seine erhabene Kunst, den glänzenden Erfolg langwieriger Übungen – ausgeführt vor dem Spiegel im stillen Kämmerlein – zeigen zu können. Im Allgemeinen glaube ich entschieden, dass man das Monokel nicht aus Bedürfnis trägt, sondern nur in dem Glauben, dadurch vornehmer und distinguierter auszusehen. (…) Übrigens ist mir aufgefallen, dass Monokelträger durch ihr sonstiges Äußere meist einen sehr eleganten vornehmen Eindruck machen, ich glaube aber, dass dies nicht wegen, sondern trotz des Monokels der Fall ist.«

Ähnliches gilt heute für den Stock. Er gehört ins Museum oder in einen Sammlerschrank, aber weder in Opernfoyers noch auf Vernissagen. Allerdings sei vor dem Sammeln gewarnt. Freud-Leser könnten angesichts einer Vielzahl phallischer Kostbarkeiten

Falsches denken. Das gilt für Damenstöckchen übrigens ebenso wie für Herrenkrücken.

Suppenlöffel

→ Besteck

Synagoge

nennt man ein jüdisches Versammlungs- und Gotteshaus für Gebet, Schriftstudium und Unterweisung. Die hebräische Bezeichnung für Synagoge ist »eda« oder »Beth Knesset« (Haus der Versammlung). Sie ist unterteilt in den Gebetsraum mit dem Thoraschrein und den eher kleineren Räumen, die dem Studium dienen. Diese Lehrräume nennt man Beth Midrasch, also das Haus der Lehre. Mit zehn männlichen Betern, dem Minjan, kann sich – im orthodoxen Judentum – eine Gemeinde konstituieren. In liberalen Gemeinden sind die Frauen gleichberechtigt, sitzen auch nicht getrennt von den Männern wie in orthodoxen Gemeinden. Besichtigt man eine Synagoge oder besucht man einen jüdischen Friedhof, so müssen Männer entweder eine Kippa tragen oder einen Hut. Haben Sie beides nicht dabei, versuchen Sie es mit einem Taschentuch. Nur barhäuptig, das geht auf keinen Fall! Respektieren Sie den Ort, unterhalten Sie sich – wenn überhaupt – im Flüsterton. → Respekt, → Museum

T

Tageszimmer

Eine Einrichtung in ersten Hotels. Man mietet sich – zum Beispiel bei den Salzburger Festspielen oder bei einer Stippvisite während einer größeren Reise – ein Zimmer von 13 bis 19 Uhr, um sich auszuruhen, zu baden und umzuziehen, weil man danach weiter- oder zurückreisen will. Die Hoteliers berechnen meist den halben Übernachtungspreis. In Italien bietet das Hotel diurno Tageszimmer an. Ähnliche Angebote findet man an allen großen, vielfrequentierten Flughäfen. Stundenhotels offerieren, wie der Begriff schon deutlich macht, keine Tageszimmer und werden auch nicht zum Ausruhen aufgesucht. Wir erinnern uns an Brecht: »Johnny, mach rasch, denn hier geht's um Sekunden.«

Take out

Das fertige Essen zum Mitnehmen: also die McNuggets, die Hotdogs, die Hähnchenkeulen, die Pizzen. Auch die vorgekochten Speisen feiner Delikatessenläden: Dallmayr und Käfer in München, das Kadewe in Berlin, Fauchon und Hédiard in Paris, die Delis in New York und San Francisco bieten solche fertigen Köstlichkeiten. Hamburger? Halber Hummer? Sushi? Honigmelone mit Schinken? Eine Frage des Geschmacks und des Geldes. Es gibt keinen vernünftigen Grund, auf diese schnelle Küche zu verzichten. Nur eines muss klar sein: Auf der Straße isst man weder ein Wiener Würstchen noch eine gefüllte Zucchiniblüte. Ich weiß, die feinen Stehimbisse, wo man sich auf eine Nudel, einen Lachs, einen Salat trifft, sind in – vor allem in Hamburger Passagen, dennoch: Ich halte sehr wenig von diesem luxuriösen Essenfassen im Stehen, während um einen herum Passanten wieseln. Brillat-Savarins Bonmot »Sage mir, was du isst, und ich sage dir, wer du bist« muss also um ein »wo« und ein »wie« bereichert werden! → Fastfood

Takt

»Es ist viel schwieriger zu erkennen, dass jemand in Angelegenheiten des Taktes als in bloßen Höflichkeitsfragen Fehler macht, und zwar in dem Maße schwieriger, in dem man leichter fühlt als versteht.« Ersetzen wir in diesem Zitat von Giovanni Della Casa die »Höflichkeitsfragen« durch »Fragen der Etikette«, so haben wir den Unterschied erklärt zwischen gutem Benehmen auf der einen, Höflichkeit und Takt auf der anderen Seite.

Doch bevor erläutert werden soll, welche Rolle der Takt in dem großen Spiel, das wir → Höflichkeit nennen, einnimmt, ein Blick ins Lexikon. Takt kommt vom lateinischen *tactus* und heißt Schlag. Takt bezeichnet erstens den »regelmäßigen Wechsel von Betonung und Nichtbetonung«. Zweitens ist Takt Synonym für »Zartgefühl, Gefühl für das Richtige, besonders Vermeidung von allem, was verletzen könnte«. Und drittens, in der Musik, »die Einteilung eines Töneablaufs in eine regelmäßig wechselnde Folge betonter (schwerer) und unbetonter (leichter) gleichlanger Zeiteinheiten (Taktteile) und ihre Zusammenfassung in Gruppen von gleichlanger Dauer«.

Der Takt der Musik, also eine Zeiteinteilung und eine rhythmische Ordnung, kann auch nützen für den gesellschaftlichen Umgang. Obwohl das Taktgefühl, also die Sensibilität für Personen und Situationen, sich nicht verändert, erfordert doch jede Begegnung, jede Gesellschaft einen anderen Takt. Zur Beerdigung erklingt (in der Regel) keine Melodie im Dreivierteltakt, dem Walzer-Zeitmaß; zur Verlobung kein geradetaktiger Marsch; und mit einem Tango im 2/4-, 4/8- oder 8/8-Takt eröffnet man nicht den Tanz nach einem Abendessen anlässlich einer Goldenen Hochzeit. Ähnliches gilt für unser Verhalten. Takt ist ein der Umgebung und dem Anlass angemessenes Verhalten: in Kleidung, Rede und Form. Della Casa beschreibt Taktlosigkeit zu Recht als eine Nichtbeachtung des »rechten Maßes: Zeit, Raum, Handlung und Person passen nicht zusammen«.

Das bedeutet, dass der Takt, so wie die → Rücksicht, die allergrößte Sensibilität erfordert. Was in der einen Gesellschaft taktvoll ist, kann in einer anderen eine grobe Unhöflichkeit sein. Ich habe bei anderen Gelegenheiten schon darauf verwiesen, wie wichtig es ist, immer – und nicht nur bei Einladungen – darauf zu achten, niemanden zu verletzen. Selbst wenn wir es nur selten mit Mimöschen zu tun haben, wir beleidigen, missachten, verunsichern wahrscheinlich unsere Mitmenschen weit häufiger, als es uns bewusst ist. Selbst die allerbesten Manieren können, demonstrativ vorgeführt, verletzen, wenn sie in den gesellschaftlichen Kontext nicht passen: Seine Haushälterin (und ihre weiblichen Gäste) anlässlich der Taufe ihres Kindes mit einem Handkuss zu begrüßen, ist eine Taktlosigkeit; zu einem Abendessen in großer Garderobe zu erscheinen, obwohl man weiß, dass die Gastgeber eher bescheiden leben, ist eine weitere; Menschen, die klassische Musik nicht schätzen, zu einem Hauskonzert zu bitten, ist gleichfalls daneben; und ganz schlimm ist es, über Dinge zu sprechen, die auch für nur einen Gast unangenehm sein könnten.

Takt ist – wie Musikalität – eine angeborene Fähigkeit. Sie lässt sich nicht erlernen. Doch wer sensibel, durch Erfahrungen aufmerksam und hellhörig geworden, in jeder Situation den richtigen Ton, den gehörigen Rhythmus, eine Melodie sucht, wird Takt finden. Selbst ohne Takt-Gen! Wird bescheiden und eher schüchtern, mal mit → Charme, mal mit → Chuzpe den Takt erspüren, der natürlich ist und angemessen. Wird sich weniger ernst nehmen als den anderen Menschen und sich deshalb ihm angenehm machen. Wehalb extrem Eitle selten Takt besitzen, → Angeber nie. Takt verlangt es, in einer außergewöhnlichen Lage sich auch gegen jedes gute Benehmen zu verhalten, das ja durch Erziehung (und Übung) zu erwerben ist. Der Taktvolle wird underdressed in einem einfachen Haushalt erscheinen; nicht über die Ästhetik postmoderner

Kirchenarchitektur reden, wenn die Hausangestellte Hochzeit feiert; und sich beim Austernessen nicht durch besondere Raffinesse im Umgang mit dem Meeresglibber auszeichnen, wenn er sieht, dass die anderen am Tisch die allergrößten Schwierigkeiten haben mit Austerngabel, Fingerschale und Zitronenscheibe.

»Natürliches Taktgefühl zu besitzen und sich davon leiten zu lassen ist tausendmal besser, als sich in seinem Verhalten überall stumpfsinnig und sklavisch nach feststehenden Anstandsregeln zu richten. Es gibt Fälle, wo ich gerade dadurch feines Taktgefühl verraten werde, dass ich etwas tue, was sonst etikettenwidrig wäre«, schreibt Graf Pilati. Und er nennt ein Beispiel: »Nehmen wir an, ich bekomme als Gast einer alten ehrwürdigen Dame ein Stück Torte vorgesetzt und zu seiner Vertilgung als einziges Instrument ein Messer – hoffentlich ist es stumpf! –, so werde ich eben, wenn dies auch im Allgemeinen der Etikette zuwider ist, entweder mit den Fingern oder (entsetzlich!) sogar mit dem Messer die Torte zum Munde führen, Letzteres, wenn das Zeug fürs Anfassen mit den Fingern mir zu blübbrig oder klebrig ist. Das ist viel vornehmer und taktvoller, als eine alte Dame belehren zu wollen und – etwa noch mit süffisanter Miene – ihr vorzuhalten ›ich darf wohl hierzu um eine Gabel oder wenigstens einen Löffel bitten!‹«

Eine solche Situation beweist, ob man sich nur zu benehmen weiß oder wirklich höflich ist. Takt lässt sich nicht drillen, nicht erzwingen, er gründet in Menschenachtung und – auch dies, ein großes Wort! – in Demut. Was für die Verse gilt, besitzt Wert auch für den Umgang: »Der Takt kommt aus der poetischen Stimmung, wie unbewusst«, vertraute Goethe während eines Gesprächs über die Poesie Eckermann an: »Wollte man darüber denken, wenn man ein Gedicht macht, man würde verrückt und brächte nichts Gescheites zustande.«

Nicht das Hirn diktiert dem Menschen Takt, sondern das Herz. Takt erfordert darum weder Intelligenz noch Lebenserfahrung. Die Brüder Grimm haben in ihrem kurzen Märchen ›Der alte Großvater und der Enkel‹ einfach und schön erzählt vom kindlichen Takt.

»Es war einmal ein steinalter Mann, dem waren die Augen trüb geworden, die Ohren taub, und die Knie zitterten ihm. Wenn er nun bei Tische saß und den Löffel kaum halten konnte, schüttete er Suppe auf das Tischtuch, und es floss ihm auch etwas wieder aus dem Mund. Sein Sohn und dessen Frau ekelten sich davor, und deswegen musste sich der alte Großvater endlich hinter den Ofen in die Ecke setzen, und sie gaben ihm sein Essen in ein irdenes Schüsselchen und noch dazu nicht einmal satt; da sah er betrübt nach dem Tisch, und die Augen wurden ihm nass. Einmal auch konnten seine zitterigen Hände das Schüsselchen nicht festhalten, es fiel zur Erde und zerbrach. Die junge Frau schalt, er sagte aber nichts und seufzte nur. Da kaufte sie ihm ein hölzernes Schüsselchen für ein paar Heller, daraus musste er nun essen. Wie sie da so sitzen, so trägt der kleine Enkel von vier Jahren auf der Erde kleine Brettlein zusammen. ›Was machst du da?‹, fragte der Vater. ›Ich mache ein Tröglein‹, antwortete das Kind, ›daraus sollen Vater und Mutter essen, wenn ich groß bin.‹ Da sahen sich Mann und Frau eine Weile an, fingen endlich an zu weinen, holten alsofort den alten Großvater an den Tisch und ließen ihn von nun an immer mitessen, sagten auch nichts, wenn er ein wenig verschüttete.«

Tanzen,

auch Hüpfen, Schütteln, Hopsen, Schwofen genannt. In der Disco fordert der Herr die Dame wohl nicht mehr auf. Man macht sich an während des Körpertrainings. Durch einen → Flirt werden aus Eintänzerinnen und Solisten Zweiergruppen. Aus Passanten Paare. Für kurze Zeit, zumindest. Bei häuslichen → Festen mit Tanz, bei Bällen, zu denen Gastgeber laden, man also nicht mit einer Eintrittskarte zugelassen wird, gilt immer noch, dass der erste Tanz mit der Tischdame oder jener Frau getanzt werden sollte, mit der man erschienen ist. Zum zweiten Tanz wird die Gastgeberin, die Hausfrau gebeten. In Tanzkursen wird (noch) gelehrt, dass der Herr, der auffordert, die Begleiter der Damen zuvor um Erlaubnis bittet. Das ist nett, aber da eine Frau weder durch eine Liaison noch durch Verlobung oder Heirat in den Besitz des Mannes übergeht, halte ich diese Übung für ziemlich taktlos. Jede Frau darf wohl selbst bestimmen, was sich schickt. In einer geschlossenen Gesellschaft, in der alle einander bekanntgemacht worden sind, dürfen Damen sich nie verweigern, also keine Körbe vergeben, es sei denn, sie haben den Tanz schon einem anderen Herren versprochen oder mögen die Samba nun wirklich nicht. Tanzen sie danach doch eine – dann darf der Mann mit dem Korb zu Recht beleidigt sein, und die Dame hat schlechtes Benehmen bewiesen. Gräfin Schönfeldt weist darauf hin, dass »Dauerpaare die ganze Veranstaltung etwas sinnlos« machen, »die ja als Gesellschaft für viele geplant ist«. Richtig, auch ohne »etwas«.

Damenwahl ist erlaubt – und die Korbvorschriften gelten jetzt für die Herren. Abklatschen, also das Weglocken einer Dame während eines Tanzes, halte ich für lustig – und ungezogen! Darf man sich nur dann erlauben, wenn man Tänzerin und Tänzer sehr gut kennt und beide necken möchte.

Klar, dass Tänze dazu verführen, sich dem Objekt der Begierde zu nähern, was bei Tisch ja eher schwierig ist. Wem die Nähe zu nah ist, sollte reagieren: mit Körperzeichen und, wenn gar nichts mehr hilft, mit Worten. Und vielleicht sollte man selbst beim größten Einverständnis darüber, dass der Tanz nur die Balz mit anderen Mitteln ist, überlegen, wann das erotische Wiegen und Biegen, Herzen und Kosen, Knäueln und Knoten für die anderen Tanzenden und Zusehenden obszön wird – und das Fest verlassen, treibt man es wirklich zu heiß. Zu Hause, im Hotelzimmer darf man zu Tango und Walzer, Twist und Paso Doble auch Bodenturnen. Es bleibt dabei: »Schmachtende Liebe vermeidet den Tanz«, wie es in einem Goethe-Lied heißt.

Ganz schlechte Tänzer sollten die Standard- und die lateinamerikanischen Tänze nicht wagen und sich lieber neben den Damen zu Poprhythmen schütteln. Dabei treten sie, wenn sie nicht ganz ungeschickt sind, niemandem auf die Füße. Damen, die nicht tanzen können, sollten sich führen lassen – wenn sie an einen guten Tänzer geraten. Treffen zwei Anfänger aufeinander, bemerkend, dass sie die fünf Minuten nur überleben mit zerquetschten Zehen und blauen Flecken, sollten sie einverständig, einsichtig vor größeren Verletzungen amüsiert aufgeben, sich trösten: »Die Musik spielt schlecht …« und sitzend warten, bis wieder Hully-Gully angesagt ist: Freistil.

Dass man zu Tisch in einer Polonaise zieht, ist eine ausgestorbene Sitte. Gut so.
Wer auf (Faschings-)Bälle geht, in Smoking, Frack und großer Abendrobe, sollte tanzen können. Was Goethe über den roten Mädchenschuh schreibt, möchten wir auch für den Herrenlackschuh anmerken: »Glaube mir gar und ganz, / Mädchen, lass deine Bein' in Ruh! / Es gehört mehr zum Tanz / Als der rote Schuh.« Auf solchen Bällen sind Körbe erlaubt!

Tattoo

nennt man auf Tahiti eine Tätowierung; und dort heißt sie eigentlich tatau. Irgendwann, so darf vermutet werden, kannte jede Volksgemeinschaft der Erde die Sitte des Tätowierens. Die ältesten Belege für diesen Brauch, ein Bild oder einen Text in die Haut zu stechen – mit Tinte oder anderen Farbpigmenten –, stammen aus dem südamerikanischen Raum und aus Europa. So trug die Gletschermumie Ötzi mehrere aus Holzkohle bestehende Zeichen, die vor mehr als 5000 Jahren mit Nadeln unter die Haut gebracht worden waren. Tätowierungen galten und gelten als Mitgliedzeichen, als rituelles oder sakrales Symbol; sie sind also Ausdrucksmittel der Abgrenzung und der Zugehörigkeit. Zugleich dienen sie heute denjenigen, die sie mögen, als Schmuck, als Protesthaltung und, auch dies, als Verstärkung der sexuellen Reize. Den Juden und den Christen müsste das Tätowieren eigentlich verboten sein, denn im 3. Buch Moses ist zu lesen: »Geätzte Schrift sollt ihr an euch nicht machen.«! Aber diese Vorschrift bezieht sich wohl nur auf das Tragen heidnischer Symbole. Also ist die Tätowierung erlaubt? Ja. Doch ich finde sie abgeschmackt, zumindest dann, wenn Tattoos für alle sichtbar sind – auch wenn diejenige oder derjenige nicht nackt durch die Gegend läuft. Ein dekolletiertes Abendkleid und eine Tätowierung auf dem Busen oder dem Rücken – nein, mir mag es nicht gefallen; auch eine Männerhand mit grüner Schlange finde ich nicht cool. Nicht überraschend, dass solche Tattoo-Damen und Tattoo-Herren in gewissen Gesellschaften ausgegrenzt werden. Ich ver-

stehe das Missvergnügen, aber solch eine missbilligende Reaktion gehört sich dennoch nicht. Denn, wie auch immer man diese Bemalungen findet, die Zeiten sind vorbei, da Tattoos Stigma von Häftlingen und Matrosen waren. Seit den neunziger Jahren des 20. Jahrhunderts sind sie beunruhigend beliebt, vor allem bei Jugendlichen. Zumal die sogenannten Henna-Tattoos, die nicht in die Haut gestochen, sondern aufgemalt werden, nach einigen Wochen verschwinden. Ich könnte jetzt schreiben über Steißbeintatöwierungen, die momentan in sind, und über Tattoos in männlichen und weiblichen Schamgegenden. Ich lasse es. Wer mehr wissen will, abonniere ›Tattoo-Spirit – Das Magazin mit den besten Tätowierungen Deutschlands‹ oder suche im Internet.
→ Piercing

Taxi

Wieder hilft uns das etymologische Wörterbuch weiter: »Taxi n. ›Mietauto‹ (zwanziger Jahre des 20. Jahrhunderts). Übernahme von frz. engl. taxi, Kürzungen aus frz. taximètre, engl. taxicab, taximeter cab. Darauf geht die im Deutschen geprägte Bildung Taxameter ›Fahrpreismesser, -anzeiger‹ (Mitte 19. Jahrhundert), mit dem Grundwort -meter ›Messgerät‹ zu mlat. taxa (bis in die dreißiger Jahre) zurück. Auf Taxi folgt kurz darauf die (in Endung und Genus an Droschke angeglichene) Nebenform Taxe f.« Ob das Taxi oder die Taxe: dieses Auto mietet man mit Chauffeur. Vom Limousinenservice unterscheidet es sich durch das Taxameter, das den Fahrpreis angibt, während man für eine Limousine mit Chauffeur den Preis vorher bestimmt, also nicht die Uhr ständig weiterrattert, Kilometer um Kilometer und selbst im Stehen nicht aufhört, Kasse zu machen.

Taxis lässt man im Restaurant rufen; vor den meisten Hotels stehen sie und werden vom Portier herbeigewinkt oder -gepfiffen. Während es überall auf der Welt die einfachste Übung ist, Taxis einfach anzuhalten, versammeln sich Taxier (die Damen und Herren Taxifahrer) in Deutschland an sogenannten Standplätzen, wo sie warten, lesen, Karten spielen, bis sie per Telefon gerufen werden oder die Fahrgäste – immer der Reihe nach – einsteigen. Wer in Deutschland winkt, wird meist übersehen, schon gar, wenn er wie jener Germanist aus Taiwan mit Goethe einen Wagen ergattern will: Mit »Verweile doch!« geht gar nichts. Woanders ist das einfacher, dafür gibt es andere Probleme. Während in Deutschland, Österreich und der Schweiz Taxifahrer verpflichtet sind, Sie überall hinzufahren und sei es nur einhundert Meter, können die Kollegen in Frankreich, Großbritannien und Nordamerika so ein Ansinnen ablehnen, und darum müssen Sie dort vor dem Einsteigen schon verraten, wo die Reise hingehen soll. In Deutschland kann man zu viert einsteigen, in Frankreich, wo der Sitz neben dem Fahrer nie vergeben wird, akzeptiert der Fahrer maximal drei Personen auf dem Rücksitz. (Eine Arbeitsbeschaffungsmaßnahme.) In Athen sammeln Taxier die Winkenden auf. Da funktioniert das Taxi wie ein Bus; das Taxameter läuft, und der Fahrer bestimmt für jeden Gast den zu zahlenden Anteil. Beschummelt wird man nicht.

Die Taxifahrt ist ein → Service, den Sie in Städten wie Zürich oder Moskau sehr teuer bezahlen. Also dürfen Sie auch etwas verlangen: zum Beispiel das Abstellen des Radios und das Tragen eines Hemdes und einer langen Hose, selbst im Hochsommer. Sehen Sie einen Fahrer in Bermudashorts und Unterhemd, steigen Sie – falls Sie nicht auf behaarte Männerbrüste stehen oder auf Frauen in tiefdekolletierten engen Ringelhemdchen – nicht ein, sondern suchen Sie sich aus, mit wem Sie die nächste halbe Stunde verbringen wollen. Das ist überall erlaubt. Haben Sie den Eindruck, dass der Fahrer Umwege nimmt, obwohl Sie nicht um eine Stadtrundfahrt gebeten haben, geben Sie ihm höflich zu verstehen, dass Sie eine kürzere Route kennen und schätzen. Was tun, wenn ein Fahrer schon um sechs Uhr morgens plaudern will? Sehr kurz antworten. Ist er unsensibel und versteht dieses Zeichen nicht, bitten Sie ihn um Ruhe. Ich halte nichts von Pauschaltrinkgeldern. Bei einer extrem kurzen Strecke sollte man freigebig sein und bei extrem zuvorkommenden Chauffeusen und Chauffeuren gleichfalls. Benimmt sich jemand ganz daneben, dann lassen Sie sich auf Cent, Centime oder Rappen herausgeben.

Telegramme

gibt es nicht mehr. Schade! Sehr schade! → E-Mail, → Briefe

Telefonieren

Es war einmal: Nie vor zehn Uhr, es sei denn, man weiß, dass der Gesprächspartner schon ab sechs Uhr herumspringt. Nie nach 19 Uhr, es sei denn, man weiß, dass der Gesprächspartner niemals zu Abend isst und nie vor Mitternacht sich schlafen legt. (Man täusche sich nicht: Solche Exemplare sind selten!) Die Mittagszeit zwischen 12 und 16 Uhr ist ebenfalls tabu. (Bei Behörden darf man's früher probieren, muss die Mittagsruhe nicht respektieren und kann sich nach 16 Uhr die Mühe sparen.)
Diese Regelung galt kurze Zeit sogar für die Benutzung von Handys. Vorbei! Es gilt die Devise: zu jeder Zeit erreichbar sein! Also darf man auch zu jeder Zeit anrufen. Muss es aber nicht. Man kann es auch machen wie: Es war einmal …
Immer noch sollte indes gelten: Der Anrufer nennt immer seinen Namen, der Angerufene auch. Besonders Höfliche nennen auch ihren Vornamen. Aber es ist keineswegs unhöflich, sich mit der Telefonnummer zu melden oder – ist man eine sogenannte »öffentliche Person«, also irgendwie berühmt oder bekannt – mit einem netten »Ja bitte?«. Nicht anders verhält man sich, erwischt man einen Anrufbeantworter, wobei die Information, die man darauf hinterlässt, kurz und deutlich formuliert sein sollte. Der Text, den der Besitzer einer solchen Aufzeichnungsmaschine seinen Anrufern zumutet, sollte gleichfalls die Länge einer Kurzgeschichte nicht überschreiten und nicht mit einer Ouvertüre beginnen. → Musik
Benutzen Sie das Telefon – auch das portable – so wenig wie möglich; schreiben Sie, mailen Sie! Noch ist es nicht so fürchterlich, wie Cora Stephan diagnostizieren möchte, dass nämlich »das Telefon heute die absolute Priorität gegenüber allen anderen mit physischer Präsenz verbundenen Kommunikationen« genieße, aber, wenn wir nur mehr telefonieren, mailen, werden wir

rasch verlernen, wie man sich mit Menschen ins Benehmen setzt, sich benimmt und gesellschaftlichen Umgang pflegt, der den anderen respektiert und nicht nur die Abgrenzung vom anderen demonstriert.

Tempel

nennt man rituelle Versammlungsorte. Es gab sie bei den Juden, den Griechen, den Römern, den ersten Christen; es gibt sie bei den Buddhisten, den Hinduisten, den Shinto. Besichtigt man Tempel, in denen noch Gottesdienste gehalten werden, so respektiere man alle möglichen Regeln und halte sich an das, was die Einheimischen raten. → Kirchen, → Respekt, → Museum

Tenue

Französisch; bedeutet unter anderem:

1. Führung, auch Leitung des Haushalts, der Bücher, einer Schule;
2. Betragen, Benehmen, Anstand, Manieren, Haltung;
3. Niveau einer Zeitung, Zeitschrift;
4. Körperhaltung;
5. Kleidung, Anzug, Uniform.

Punkt eins interessiert so wenig wie Punkt drei. Auf Punkt zwei wird eingegangen unter den Stichworten → Anstand, → Benehmen, → Haltung, → Höflichkeit, → Konvention. Und zu Punkt vier ist ausführlich die Rede in den Artikeln zu → Abendgarderobe, → Smoking, → Cocktailkleid, → Uniform.
Kundtun möchte ich hier noch, dass das Wort im Deutschen aktuell nur benutzt wird mit einem Adjektiv: die Grande Tenue, die große Tenue. Gemeint ist, etwas großspurig und sehr manieriert, die Abendkleidung für sehr festliche Anlässe. Den Aufschrei: »Meine Güte, meine Liebe – welch' eine Tenue«, hört man nur auf Tuntenbällen und wenn die Herren Damen zum Tanz bitten. Da gehört dieser Satz hin, womit bewiesen ist, dass

man von der großen Tenue ernsthaft nicht mehr reden sollte. → Schule

Theaterbesuch

Der Besuch von Schauspiel- und Opernhäusern sowie von Konzertsälen unterscheidet sich noch immer vom Kinobesuch. Schon deshalb, weil man in der Regel die Eintrittskarte im Voraus ersteht, sich also auf den Morgen (Matinee) oder den Abend Vorbereitet. Niemand muss sich mehr schmuck machen. In allen Etablissements sind Jeans, Pullover und Straßenkleid längst erlaubt. Vorbei die Zeiten, da die Logenschließer in der Wiener Oper fragten, ob man sich kein Sakko leisten könne. Und doch: Selbst wenn sich gegen die Abendgarderobe durchaus einwenden lässt, dass keine Aufführung schlechter wird, weil man ihr in Bermudas oder Sandalen beiwohnt, kein drittklassiges Konzert zum Ereignis hochzuhieven ist, weil man im Smoking lauscht: Es gibt keinen ersichtlichen Grund, jenen Zuschauern den Abend zu vermiesen, für die der Theaterbesuch (noch) ein Fest ist. Selbst dann, wenn Regisseure wüten oder tricksen.

Dass sich Menschen für ein Kulturereignis umziehen, festlich an- und auch verkleiden, sollten selbst jene nicht belächeln, die regelmäßig Aufführungen besuchen. Ich habe es nie verstanden, warum Kritiker, für die, zugegeben, der Premierenabend ein Arbeitstermin ist, dort zumeist erscheinen, als gingen sie an die Hobelbank oder hinter die Käsetheke der Kaufhalle. Wenn Höflichkeit Rücksicht ist, dann gebietet sie denen, die in der Vorfreude auf einen außergewöhnlichen Abend sich herrichten, die Stunden nicht zu vermasseln. Das heißt nicht, dass man zu jeder Vorstellung im Smoking oder im dunklen Anzug, im Abend- oder Cocktailkleid erscheinen muss, doch eine gewisse Sorgfalt bei der Auswahl der Kleidung sollte erkennbar sein.

Was muss man noch wissen? In die Reihe geht man, den Blick und nicht den Po auf die Aufstehenden gerichtet. Man grüßt die Menschen, die neben einem sitzen, schließlich verbringt man Stunden miteinander körperlich ziemlich nah. Das Programmheft lässt man nicht fallen, und fürchtet man einzuschlafen, dann setzt man sich darauf oder legt es unter den Sitz. Man kaut keinen Kaugummi; man wickelt während der Vorstellung keine Bonbons aus. Man unterhält sich nicht, während auf der Bühne gespielt, gesungen oder gesprochen wird, auch nicht während der Ouvertüre. Man applaudiert nicht in Arien und nicht zwischen den Sätzen von Sonaten, Quartetten, Symphonien. (→ Zuschauer)

Darf man Künstler ausbuhen? Oh ja – aber nicht wegen eines missratenen Tones. Und selbst nach der fadesten Aufführung, nach der rigorosesten Dekonstruktion eines Textes, die einem so gar nicht behagt hat, sollte man sich vor der allzu raschen Ablehnung hüten. Und genau bedenken, wen man mit seinen Buh-Rufen prügeln will. Den Regisseur? Die Schauspieler, Sänger, Tänzer? Den Dirigenten? Manchmal ist harsche Ablehnung nichts anderes als Ignoranz, Denkfaulheit und Dummheit. Darf man eine Aufführung mit Zwischenrufen stören? Oh nein – denn das eigene Missvergnügen müssen die anderen Zuschauer keineswegs teilen; warum sollte man ihnen die Aufmerksamkeit erschweren? Darf man in der Pause gehen? Natürlich. Nur Kritiker dürfen es nicht.

Tiere

gehören nicht ins Bett und nicht an den Tisch. Der Herr, der mit seinem Schimpansen in einem französischen Restaurant speiste, wird zwar allen, die zugesehen haben, wie der Mensch das Tier mit dem Löffel fütterte, in Erinnerung bleiben, allein: in keiner guten. In vielen Restaurants ist es erlaubt, Hunde mitzubringen. Nur wer absolut sicher ist, dass seine Gurke, sein Balzac, seine Nelke oder sein Tristan weder bettelt noch bellt, sondern bloß unterm Tisch pennt, sollte von diesem Recht Gebrauch machen.

Das gilt auch für häusliche Einladungen. Die Mieze, die dem Gast auf den Schoß hüpft, um einen besseren Blick auf den Teller zu haben, erfreut nur Katzennarren und weckt bei anderen eher Mordgelüste; der Papagei, der die Baguettekrümel von der Tischdecke pickt, spart der Gastgeberin zwar einige Arbeit, erregt bei mir vor allem Übelkeit; und Meerschweinchen, Ratten und Mäuse sollte man überhaupt von Gästen fernhalten.

Tierliebe

Sie mögen Krebse, Hummer, Gänsestopfleber und Froschschenkel? Schämen Sie sich nicht! Ich weiß, jeder anständige Tierschützer hält Sie (und mich) für einen arglistigen Quäler, der, um seine niederen Gelüste zu befriedigen, nicht einmal vor Mord zurückschreckt. Und sie haben ja recht, die braven Mahner. Wir Gourmets werfen die leckeren kleinen Meereskriecher bei lebendigem Leibe in siedendes Wasser. Wir stecken die Muscheln ins heiße Bratrohr, damit sie den Widerstand endlich aufgeben und aus ihren zuvor festverschlossenen Schalen lugen. Wir finden es nicht allzu fürchterlich, wenn Frösche amputiert und Gänse genudelt werden. (Nur die bedrohten Schildkröten wollen wir schonen.)

Natürlich ist das alles nicht sonderlich nett von uns. Aber zeugt Erschießen und Schlachten von großer Tierliebe? Wahrscheinlich macht es Rehen auch nicht sonderlichen Spaß, von einer Kugel getroffen zu werden. Hühner freuen sich so wenig über ihren Tod wie Lämmer, Schweine, Rinder. Und Forellen trifft der Schlag aufs Hirn überraschend und knüppelhart. Wer je in einem Schlachthaus war, müsste eigentlich sofort Vegetarier werden – und es bleiben (lebenslang). Wer beim Stopfen einer Gans zusehen konnte, müsste sich – falls es seine Finanzen zulassen und sein Cholesterinspiegel – von nichts anderem mehr ernähren. Quietschvergnügt sah ich in einem auvergnatischen Bauernhof eine Gänseschar zum Essenfassen marschieren. Erwartungsfroh, glücksuchend ließen sie sich den Maisbrei von einer Bäuerin durch einen mit Schmalz veredelten Trichter einflößen.

Also: Warum sich kasteien? Wir müssen nicht verzichten. Doch wir sollten achtgeben, dass wir vor dem Töten nicht quälen. Das gilt für Großtiertransporte ebenso wie für das schlichte Abbrühen. Einen Hummer in lauwarmes Wasser plumpsen zu lassen, ist gemein! (Gerade weil er dann besser schmeckt, wenn er länger leidet.) Einen Frosch durch die Luft zu wirbeln, bis man bloß die Beinchen noch in den Händen hält, ist fies! Hühner in Legebatterien zu sperren, ist widerlich! Wir sollten drum beim Einkauf darauf achten, woher das Ei, das Fleisch, der Fisch kommt. Und in der häuslichen Küche den Tieren einen schnellen Tod bereiten. Dass er – bei aller Vor- und Fürsorge – den uns ausgelieferten Tieren keine Lust ist (sieht man von den eher seltenen Fällen masochistischer Krebse und liebeskranker, zum Selbstmord längst entschlossener Frösche einmal ab), versteht sich. Allein: Wissen wir denn, wie einer Mohrrübe zumute ist, wenn sie erst gerupft, dann geschält, in kleine Scheibchen zerstückelt und schließlich in heißer Butter angebraten wird?

Tischabräumen

Manche Damen sind sehr zuvorkommend. Sie bieten bei gesetzten Abendessen ohne Bedienung den Gastgebern gern an, doch beim Abräumen helfen zu dürfen. Akzeptieren Sie dieses Ansinnen nie! Schließlich möchten Sie, dass sich Ihre Gäste wohlfühlen. Das können sie aber schwerlich, wenn sie, mit Hausarbeiten beschäftigt, sich nicht unterhalten können, sondern die Kellnerinnen ersetzen. Falls Sie der Gast sind, unterlassen Sie doch diese eher rhetorische Frage, schließlich beinhaltet sie auch, dass Ihnen das Essen nicht schnell genug serviert wird und Sie die Hausfrau oder den Hausmann für schlicht überfordert halten. Ihre Liebenswürdigkeit könnte also ziemlich missverstanden werden.

Tischdame

ist jene Dame, die dem Herrn bei einem (festlichen) Essen Nachbarin zur Rechten ist. Bei offiziellen Essen wird die Tischdame vom Tischherrn zur Tafel geführt. Diese Führung entfällt bei weniger offiziellen Anlässen, ich meine aber, dass man selbst bei kleineren Einladungen darauf achten sollte, dass sich die Gäste zu

Paaren (verschiedenen Geschlechts) finden können. Keine Frage, dass der Tischdame die Aufmerksamkeit des Tischherrn gelten muss, was das Gespräch und alle anderen Aufmerksamkeiten angeht.

Tischdecke

Es gibt monströse Modelle, die scheußlichsten Farbkombinationen und Materialien, die schon beim bloßen Ansehen Hautjucken provozieren. Bei der Tischwäsche (→ Servietten) empfiehlt sich das schlichte Understatement: weiß, aus Damast oder Leinen. (Also: niemals Wolle, niemals Kunststoff!) Decken Sie einen Tisch auf dem Land oder im Garten, können Sie Farben und Muster wagen. Je bunter die Wäsche, desto einfacher muss das Dekor des Geschirrs sein. Eine Ausnahme ist erlaubt, und sie wird von ersten Restaurants gern genutzt: Tischwäsche und Porzellan ziert das nämliche Muster.

Tischdecken

→ Besteck, → Geschirr, → Gläser, → Serviette, → Tischdecke, → Tischschmuck

Tischherr

ist, wer eine Dame, seine Tischdame, zu seiner Rechten sitzen hat. Der Tischherr hat seine Dame zu Tisch zu führen, den ersten Tanz mit ihr (oder der Gastgeberin) zu drehen und sich aufopfernd um sie zu kümmern. Hat sie Wünsche an das Personal, so hat er sie weiterzugeben. Möchte sie aufstehen, hat er sich zu erheben. Und verlangt sie nach einem anderen Tischherrn, so hat er beim ersten, für den Gastgeber nicht beleidigenden Moment zu gehen: also vor dem Kaffee. Allerdings: Eine Dame, die so etwas sagt, ist keine. Der letzte Fall ist also ein Exempel bloß.

Tischkarten

sollte man bei Essen für mehr als acht Personen oberhalb des Platztellers stellen. Sie müssen mit der Hand geschrieben werden. Ob man die Titel anführt oder nicht, muss jeder Gastgeber bei jedem Essen neu entscheiden. Es gibt Professores und Doktores, die auf die akademische Auszeichnung übersteigerten Wert legen. Sie sollte man nicht verstimmen. Dasselbe gilt für Adelstitel. Selbst wenn Sie einen Großteil Ihrer Gäste duzen, auf die Tischkarte gehören Vor- und Zuname, schließlich dient sie auch und zuvörderst dazu, die Gäste zu informieren, wer neben ihnen sitzt.

Tischordnung

Walther von Kamptz-Borken, der in den fünfziger Jahren sein Buch ›Der gute Ton von heute‹ herausbrachte, hat recht: »Der Vorbereitung der Platzordnung kann von den Gastgebern nicht genug Sorgfalt gewidmet werden.« Zu bedenken ist nicht nur, wen man in unmittelbarer Nähe der Gastgeber plaziert, zu überlegen ist auch, jedem Gast einen ihm angenehmen, unterhaltsamen Nachbar zuteil werden zu lassen. Gefunden werden müssen die idealen Tischherren für die Damen – und umgekehrt. Gewiss lädt niemand absichtlich unhöfliche Dummköpfe ein, aber es kann nichts schaden, sich Plutarchs Warnung stets zu erinnern. »Ein lästiger und ungezogener Tischgenosse zerstört alle Lust«, schrieb er in Paragraph 2 seiner Schrift ›Gastmahl der sieben Weisen‹.
Zunächst einmal ist es günstig, ebenso viele Damen wie Herren zu einem gesetzten Essen zu laden, das macht die Sitzordnung schon einmal einfacher. In Deutschland sitzt der ranghöchste, der wichtigste männliche Gast links der Hausfrau, so dass sie seine → Tischdame ist. Die ranghöchste, die wichtigste, die verehrungswürdigste Dame sitzt rechts des Gastgebers oder Hausherrn. In anderen Ländern sitzt sie dort auch, aber der männliche Ehrengast wird rechts der Hausherrin gesetzt, so dass diese eigentlich zwei → Tischherren hat und der Herr zu ihrer Rechten zudem zwei Tischdamen umsorgen muss. Das klingt komplizierter als es ist. Außerdem hat diese

Tischordnung, die ich bevorzuge, zwei Vorteile. Zum einen entgeht man der Gefahr, ausländische Gäste zu verstören. Zum anderen erleichtert sie das Servieren, denn wenn das Personal in zwei Gruppen aufträgt, so wird zur gleichen Zeit bei der ersten Dame und dem ersten Herrn begonnen, die jeweils rechts der Gastgeber sitzen.

Diese Sitzordnung gilt, ganz gleich ob das Gastgeberpaar an einer langen Tafel einander an den Stirnseiten oder in der Mitte gegenübersitzt. Das Getrenntsitzen birgt gegenüber der trauten Gastgeberzweisamkeit eine Annehmlichkeit. Für die Gäste! Da die Nähe zu der Dame des Hauses oder zum Hausherrn die Wertschätzung ausdrückt, die Ferne also – das lässt sich schwerlich beschönigen – dagegen eher bekundet, dass man an diesem Abend weniger wichtig, wenngleich, versteht sich, herzlich willkommen ist, sitzt man fern der Hausfrau doch schon wieder dem Hausherrn näher – oder umgekehrt. Haben indes die Gastgeber gemeinsam in der Mitte Platz genommen, einander gegenüber, müssen sich die Gäste an den Enden ziemlich verlassen fühlen.

Bereitet es schon einiges Kopfzerbrechen, die Menschen einzuschätzen, sie ihrem Alter, ihrer Verdienste, ihrer sozialen Stellung angemessen zu plazieren, so wird es erst richtig kompliziert, will man auch noch jene zusammensetzen, die sich – vielleicht, hoffentlich! – miteinander gut unterhalten. Wobei Ehepaare, Freundespaare, Geschwister immer getrennt werden sollten.

Es empfiehlt sich, Tischordnungen sofort nach Erhalt der Zusagen zu puzzeln. Schon deshalb, weil es manchmal nötig sein wird, eher kurzfristig Freunde dazuzubitten, um trotz einiger Absagen eine geglückte Tafelrunde zu arrangieren. (Diese Freunde werden es einem nicht verübeln, wenn man sie erst zehn Tage vor dem Essen zu sich oder ins Restaurant bittet.) Laden zwei Damen oder zwei Herren zu Tisch, so ändert das an den Gepflogenheiten nichts.

Bei mehr als acht Gästen sollte man Tischkärtchen schreiben, damit jeder seinen Platz findet. Bei mehr als fünfzig vom Hotel oder Restaurant einen Sitzplan aushängen lassen. (Wird man beim Bundespräsidenten eingeladen, so erhält man beim Entree einen Lageplan, auf dem der eigene Platz eingezeichnet ist.)

Die Herren setzen sich erst, wenn ihre Tischdamen und die gastge-

bende Hausfrau Platz genommen haben. Ist die Tischgesellschaft eher klein und gibt es nur eine Bedienung oder serviert die Gastgeberin oder der Gastgeber selbst, so wird erst den Damen serviert, dann den Herren und zuletzt den Gastgebern.
Darf man zu essen beginnen, wenn noch nicht allen serviert worden ist? Nein. Selbst dann nicht, wenn der Rehrücken kalt wird. Nur wenn das Essen an verschiedenen Tischen aufgetragen wird, ist es möglich, tischweise zu beginnen. Und »Guten Appetit« wünscht bitte niemand.

Tischreden

→ Reden

Tischschmuck

Wieder ist Understatement angesagt: ein Blumengesteck und Leuchter, die entweder so niedrig oder so hoch sind, dass sie den Blickkontakt der Gäste nicht behindern. Konfetti auf der Faschingstafel – meinetwegen; ein Tischfeuerwerk an Silvester – wer's mag. Gabriele Henkel hat gezeigt, wie man Tische decken kann. Allein, wenn die Tischinstallation schon ein Kunstwerk ist, dann bedarf es in der Küche Genies, um die Aufmerksamkeit von dem Überflüssig-Schönen hinüberzuretten auf das Essentiell-Wohlschmeckende. Also doch: Blumen und Kerzen. Denn schönes Geschirr ist ja auch schon Tafelschmuck!

Tischsitten im Ausland

Nein: Hier erfahren Sie nicht, wie Sie Termitenklöße in Äthiopien zu essen haben und Rentierschnitzel in einem grönländischen Iglu. Wer kommt da schon hin. Doch selbst in den westeuropäischen Ländern unterscheiden sich Tischsitten, Essenszeiten und der Umgang mit dem Personal. Die einfachste Regel: Benehmen Sie sich erst einmal wie zu Hause – also ausgezeichnet. Suchen Sie sich in einem Restaurant nicht selbst einen Tisch aus, sondern warten Sie, bis man Sie setzt – das gilt für Madrid, Paris, Kopenhagen, Buenos Aires, Hongkong und Kairo, New York. Pfeifen Sie den Kellner nicht herbei, was nicht nur in Brasilien eine Beleidigung ist – wo man die Bedienung mit einem halblauten »Psssss« an seinen Tisch ruft. Engländer und Amerikaner legen die Hand, die sie nicht benutzen, weil sie ihr Gemüse und ihre Beilagen nur mit der Gabel zum Mund führen, auf den Schoß; Franzosen feiern beim Verzehr der Austern-, Muschel-, Seeigel-, Hummerplatten Hinrichtungen, knicken Beine ab, brechen Scheren auf und schmieren sich auf das Schwarzbrot die Krebsinnereien, die sie zuvor zu einer Mousse gemanscht haben, Chinesen führen die Schale mit der Suppe unter die Unterlippe und schlürfen, so laut und genüsslich, dass wir statt ihrer schamrot werden könnten. Werden wir aber nicht: Wir wissen, dass dies Geschmatze hier kein Fauxpas ist. In Portugal und Spanien wirft man Olivenkerne, Papierservietten, Zigarettenkippen in jeder Bar auf den Boden. So schön es ist, wenn Sie in China, Hongkong und Japan mit Stäbchen essen und ihren Freunden, Geschäftspartnern mit den eigenen (!) Stäbchen vorlegen und zum Zeichen des Dankes mit dem Zeige- und Mittelfinger der rechten Hand geräuschlos auf den Tisch klopfen – so falsch wäre es, alle fremden Tischsitten zu kopieren, schon gar dann, wenn man sie nicht beherrscht.

Es gibt Länder, wo man sich die Schuhe auszieht – tun Sie's auch; es gibt Orte – Beduinenzelte zum Beispiel –, wo man am Boden, auf Teppichen Platz nimmt, verlangen Sie bitte keinen Sessel. Es gibt Hotelhallen und Restaurants, wo Jeans verboten, Sakkos und Krawatten gefordert werden. Machen Sie keinen kleinen Aufstand, verweisen Sie nicht darauf, dass Ihr Armani-Cashmere-Pullover zehnmal so teuer ist wie der Anzug, den Sie an einem anderen Herrn entdecken, der schon sein Gazpacho löffelt, jene kalte spanische Gemüsesuppe, wegen derer Sie gekommen sind. → Höflichkeit heißt auch, sich fremden Gepflogenheiten unterzuordnen.

In der Regel können Sie wenig falsch machen, wenn Sie sich rücksichtsvoll, diskret und aufmerksam benehmen. Und denken Sie daran, dass wahre Höflichkeit auch Bescheidenheit fordert: Verlangen Sie nie (!) ein zweites Besteck, wenn Sie sehen, dass Gastgeber und Gäste alle vier Gänge mit nur einem Messer und nur einer Gabel bestreiten. Versuchen Sie nicht durchzusetzen, was Sie etwas hochmütig als Ihr Recht ansehen. Und spielen Sie nie den reichen Mann aus dem goldenen Westen, der für sein Geld auch ein Mokkalöffelchen in der Hafenkneipe verlangen kann und eine Stoffserviette in der Garküche. Bescheidenheit ist nirgendwo verkehrt. Und unangemessen nur dort, wo Ambiente und Preise signalisieren, dass an diesem Ort geboten wird, was Sie verlangen können: einen Service wie in Hamburgs »Vierjahreszeiten«, einen Weinkeller wie in Bordeaux' ersten Häusern, eine Küche wie bei den europäischen Drei-Sterne-Köchen. Sie werden merken: Es gibt nur wenige Orte auf der Welt, wo Sie sich aufplustern können. Und selbst dort – in Pekings »Maxim«, in Moskaus »Metropol«, in Singapurs »Raffles« und in Bangkoks »Oriental« – sollten Sie es lassen. Bitte. Wer befürchtet, sich falsch zu benehmen, also nicht der Landessitte gemäß, sollte sich zuvor einen Reiseführer kaufen. Diese Bücher geben in der Regel Auskunft über wichtige Eigenheiten. Wer dennoch nicht ein noch aus weiß beim Picknick in der Oase oder dem Galadiner bei der Queen, halte sich an ein japanisches Sprichwort, das sowohl von Heinrich Heine als auch von Ludwig Börne zitiert wird: »Die Sitten der Völker sind verschieden, aber gute Handlungen werden überall als solche anerkannt.«

Titel

werden im Allgemeinen genannt bei Vorstellungen und in der Anrede bei geschäftlichen Briefen. Ich habe mir angewöhnt, sie bei privaten Festen nicht zu erwähnen. Da jeder Mensch Anspruch auf Höflichkeit, Achtung, Respekt und Rücksicht hat, da aus einem Langweiler kein brillanter Unterhalter wird, nur weil man weiß, dass er den Professor vor dem Namen führt, sind akademische Titel von geringem Informationswert. Viel wichtiger ist, bei Vorstellungen einige Worte über die Person und ihre Beschäftigung zu verlieren. Allerdings gibt es Zeitgenossen, die sehr stolz sind auf ihre erarbeiteten Titel – in solchen Fällen muss man niemanden brüskieren. Also: »Darf ich Ihnen Herrn Professor Dr. Rettich vorstellen« oder »Frau Magister Rapunzel«. Adelstitel sollten bei Vorstellungen genannt werden, nicht weil der Gastgeber so stolz ist, Prinzen und Gräfinnen zu seinen Freunden zu zählen, sondern um lästigen Fragen auszuweichen: »Ist Frau Preußen wirklich …?«

Toast

→ Tischreden

Toleranz

wird im etymologischen Wörterbuch beschrieben als Duldung, Duldsamkeit (im 16. Jahrhundert), später als Rücksichtnahme, Großzügigkeit, Aufgeschlossenheit; zu Beginn des 19. Jahrhunderts gewann der Begriff schließlich einen weiteren – technischen – Inhalt hinzu: »zulässige Abweichung vom Nennwert«. Und das Lexikon erklärt: »Seit dem Aufklärungszeitalter wird die Toleranz als soziale Tugend aus der Achtung vor dem Recht des Gewissens abgeleitet. Aus der Erfahrung, dass der zum Irrtum neigende Mensch mit den ebenso fehlbaren anderen Menschen zusammenleben muss, wurde dem Staat die Pflicht zugesprochen, die Toleranz zu sichern. Sie reicht aber immer nur so weit, als die zu tolerierende Meinung oder Haltung nicht die Menschenrechte verletzt.«

Voltaire und Lessing kämpften für die Toleranz. Voltaire jubelte: »Was ist auf Erden das Beste? Toleranz. (…) Gott bewahre mir diesen Geist der Toleranz, diese so ehrwürdige Tugend, die den Seelen ist, was den Körpern die Erlaubnis zu essen. Das natürliche Gesetz erlaubt einem jeden zu glauben, was er will, sowie sich zu nähren, womit er will. Ein Arzt hat nicht das Recht, diejenigen von seinen Untertanen hängen zu lassen, die nicht so denken wie er. Allein er ist berechtigt, Empörungen unter ihnen zu verhindern. Und wenn er weise ist, wird es ihm leichtfallen, allen Aberglauben mit der Wurzel auszurotten.«

Lessing schuf einem solchen Weisen, dem Juden Nathan, in seinem dramatischen Gedicht einen Ehrenplatz in der Weltliteratur. Nach der Hitler-Diktatur und dem Holocaust wurde ›Nathan der Weise‹ das Wiedergutmachungsstück auf den deutschen Bühnen. Die Deutschen besannen sich ihrer besseren Vergangenheit. Lessing kämpfte gewiss für die Tolerierung von Religionszugehörigkeiten, aber er stritt vor allem energisch für das Gesetz der Vernunft, damit Voltaire folgend, für den die Vernunft, obwohl dem Glauben unterworfen, doch »gegen den Aberglauben kämpfen« müsse. In seinem Fragment ›Von Duldung der Dreisten‹ tritt Lessing ein für diese Religion der Vernunft: »Dass aber die Intoleranz und Verfolgung in der ganzen Christenheit, gleichsam durch eine gemeinschaftliche Verabredung, hauptsächlich, und fast allein, wider die vernünftige Religion gerichtet ist, das macht die Unbilligkeit noch größer, und gereicht dem Christentume, besonders den Protestanten, zum unauslöschlichen Schandflecken. Denn die katholischen Mächte und Geistlichen dulden in ihren Ländern, wo das Papsttum herrscht, ohne Unterschied keine einzige fremde Religion; ein jeder Einwohner und Bürger soll und muss sich zu dem katholischen Glauben bekennen, oder das Land räumen. Die Protestanten sind gemeiniglich für die Toleranz, und verstatten sonst allen Sekten in und außer der Christenheit ein freies Bekenntnis und einen öffentlichen Gottesdienst unter sich, ohne davon Unruhe im Staate zu befürchten oder im Geringsten zu erfahren. (...) Aber diejenigen allein, deren Religion einigermaßen nach der gesunden Vernunft schmeckt, also Arianer und Socianer, oder die gar keine Offenbarung erkennen und bloß vernünftig denken und leben wollen, die sind es, welche in der ganzen Christenheit sich nirgend einer bürgerlichen Toleranz zu getrösten haben, sondern allenthalben ausgestoßen, verbannet, gehasset und verfolgt werden. So leidet man denn im ganzen Christentume lieber so manchen ungöttlichen Aberglauben, so manchen albernen Irrglauben und eitlen Ceremonienstand, so manchen Wahn und phantasievolle Eingebung, ja lieber die abgesagten Feinde des Christlichen Namens, als eine vernünftige Religion.«

Toleranz ist Vernunft; Toleranz ist mehr als Duldung, muss Anerkennung werden, jener Menschen, die anderes glauben, anderen sexuellen Vorlieben, anderen politischen Zielen sich verpflichtet haben als man selbst. Duldung ist zu wenig: »Toleranz«, schreibt Goethe – in seinen ›Maximen und Reflexionen‹ – »sollte eigentlich nur eine vorübergehende Gesinnung sein; sie muss zur Anerkennung führen. Dulden heißt beleidigen.« Die Toleranz hat Grenzen nur dort, wo das Verhalten und Denken gegen die Menschenrechte verstößt.

»Qu'est-ce que la tolerance?«, fragt Montaigne – »Was ist Toleranz?« – und antwortet: »Das Erbe der Humanität, der Menschlichkeit. Wir bestehen alle aus Schwächen und Fehlern. Vergeben wir uns gegenseitig unsere Dummheiten, das ist das erste Naturgesetz.« Wiewohl wir diese gegenseitige Achtung (ohne Vorbehalte) erstreben müssen, gibt es auch das Paradoxon der Toleranz, auf das Karl Popper hingewiesen hat: Die absolute Toleranz, auch jene gegen die Intoleranten, führt zur Vernichtung der Toleranten und der Toleranz. Das heißt: eine tolerante Gesellschaft muss sich gegen jegliche Angriffe wehren. Die Toleranz hat also Grenzen, die verteidigt werden müssen. Täglich. Unser Verhalten muss Vorbild sein. Nicht nur Völker müssen sich – gemäß der Charta of the United Nations – dazu bekennen und sie leben: »To practice tolerance and live together in peace with one another as good neighbors« – jeder Einzelne kann helfen, dass wir wenigstens als »vorübergehende Gesinnung« die Toleranz verwirklichen.

Es sind die kleinen Zeichen schon, die zeigen, wes Geistes, wes Vernunftes Kind wir sind: Wir respektieren bei Einladungen die hohen jüdischen, christlichen und moslemischen Feiertage und die Speisegesetze, denen sich unsere Freunde und Bekannten verpflichtet fühlen. Wir laden die Frau mit ihrer Freundin ein, den Freund mit seinem Freund; wir setzen den Abgeordneten der CSU neben einen Grünen. Wir akzeptieren nicht – nein: wir achten – selbst die absonderlichsten Spleens, wenn diese nicht andere verletzen und beleidigen. Wir vertrauen der Vernunft, und das heißt auch, dass immer »jeder denken darf, was er denken möchte, und sagt, was er denkt«, wie Spinoza formuliert – vorausgesetzt Staat, Demokratie und die Achtung des Menschen, auf die jeder ein Recht hat, werden nicht verletzt.

Gräfin Schönfeldt schreibt, es sei ein Vorteil »der sogenannten Studentenrevolte«, dass seitdem in unserer Gesellschaft für vieles Platz sei und »die Nackten und die Bekleideten toleriert« würden – »zumindest sollte man das tun«. Der gute Ton ist eine Kakophonie, wenn er nur Wirkung macht und nicht ein Zusammenklang ist von Form und Inhalt: »Zeige dich mit einem gewissen bescheidenen Bewusstsein innerer Würde und vor allen Dingen mit dem auf deiner Stirne strahlenden Bewusstsein der Wahrheit und Redlichkeit! Zeige Vernunft und Kenntnisse, wo du Veranlassung hast! Strebe nach Vollkommenheit, aber nicht nach dem Scheine der Vollkommenheit und Unfehlbarkeit«, lauten die Maximen des Freiherrn von Knigge im ersten Kapitel seines Buches ›Über den Umgang mit Menschen‹.

Toleranz ist wie → Diskretion Bestandteil der → Höflichkeit. Und deshalb mag sich ein Rassist noch so formvollendet benehmen, gerade sein erlerntes gutes Benehmen konterkariert sein Denken, macht ihn unerträglich.

Tolerante, höfliche, gebildete Menschen zusammenzuführen, ist also kein kleines Glück. Pierre Bayle (1647–1706) beschrieb die in Gemeinschaft gelebte Toleranz als ein wahres Elysium. Toleranz als Utopie: »Die Toleranz bringt uns zurück ins Goldene Zeitalter. Es erklingt ein Konzert und eine Harmonie aus mehreren Stimmen und Instrumenten, aus verschiedenen Tönen und Noten. Mindestens so angenehm wie das nur einer Stimme.«

Das letzte Wort dieses Artikels sollen Nathan und der Lessingsche Tempelherr haben. Unter Palmen treffen sie einander. »Ich weiß, wie gute Menschen denken, weiß / Dass alle Länder gute Menschen tragen«, sagt der Jude. »Mit Unterschied, doch hoffentlich?«, entgegnet der junge Christ. Und bekommt zur Antwort dies: »Ja wohl; / An Farb', an Kleidung, an Gestalt verschieden. (…) Mit diesem Unterschied ist's nicht weit her. / Der große Mann braucht überall viel Boden; / Und mehrere, zu nah gepflanzt, zerschlagen / Sich nur die Äste. Mittelgut, wie wir, Findt sich hingegen überall in Menge. / Nur muss der eine nicht den andern mäkeln. / Nur muss der Knorr den Knuppen hübsch vertragen. / Nur muss ein Gipfelchen sich nicht vermessen, / Dass es allein der Erde nicht entschossen. (…) Wir haben beide / Uns unser Volk nicht auserlesen. Sind / Wir unser Volk? Was heißt denn Volk? / Sind Christ und Jude eher Christ und Jude, / Als Mensch? Ah! wenn ich einen mehr in Euch / Gefunden hätte, dem es genügt, ein Mensch / Zu heißen.«

Toupet

→ Perücken

Trennerei, umweltfreundliche,

hat sich in Deutschland durchgesetzt. Wer also vorbildlich sein will, wirft die braunen Flaschen in den Container für braune Flaschen und die grünen in den für grüne und die durchsichtigen in den für durchsichtige; er steckt die Zeitungen und die sorgsam zusammengeknickten Kartons in den Papiercontainer; er wirft Konservendosen (leere) in den Container für Metallabfälle und die (ausgewaschenen!) Joghurtbecher in den für Kunststoffe. Und Gemüse und Obstabfälle in die Biotonne. Daneben gibt es ein System mit blauen, roten, gelben und braunen Tonnen – es funktioniert irgendwie ähnlich.
Es gibt exzessive Trenner, fleißige Trenner und Trennmuffel. Letztere trennen gar nicht. Das gehört sich nicht, ist umweltfeindlich und schadet dem Kreislauf von Produktion und Recycling, weshalb in manchen Bundesländern Müllschnüffler, Mülldetektive unterwegs sind und in die Tonnen und Container schauen, ermahnen, tadeln und schließlich Bußgelder verhängen. Man kann beim Trennen und Nichttrennen mächtig übertreiben. Und damit der Umwelt schaden: Müll erst abzuwaschen, bevor man ihn wegwirft, halte ich für wenig sinnvoll – schon wegen des Wasserverbrauchs, von den Spülmitteln zu schweigen. Was hat dieser Artikel in diesem Handbuch zu suchen? – Er ist nötig. Denn die Trennerei und das Reden über sie kann zu Konflikten führen: in der Familie, im Büro, selbst bei Einladungen. Sie sollten dieses Thema meiden, und wenn es denn schon da ist und sich nicht leicht und lautlos entsorgen lässt, den exzessiven, den suchtgefährdeten Allestrennern

immer recht geben und ja nicht ironisch werden. Also nicht fragen, ob gebrauchte Streichhölzer in den Sperrmüll gehören!

Treppe

→ Kavalier

Trinken

»Wo wir trinken, wo wir lieben, / Da ist reiche, freie Welt«, dichtete Goethe. Er wusste, wovon er schrieb: Er liebte, er trank. Ein Abendessen ohne Wein ist für mich eher traurig, aber zuweilen gönne ich nicht nur mir etwas Gutes, sondern verwöhne meine Leber – und verzichte. Diese alkohollose Zeit bringt es dann mit sich, dass ich chinesische Gerichte serviere, zu denen Wasser und Tee am besten schmecken. Vermessen wär's, Vorschriften zu machen, was wer wann zu trinken hat.
Einige Bemerkungen zum Vorgang des Trinkens sind indes vielleicht nötig: Man schlürft nie, kein Getränk und keine Suppen. Wobei Suppentassen nur dann zum Mund geführt werden, wenn sie – wie eine Tee-, eine Kaffeetasse – bloß einen Henkel haben; aus denen mit den zweien darf man nur löffeln. Für jede Höflichkeit gibt es eine Erklärung, die über das fordernde »Tut man nicht!« hinausgeht. Bei den Doppelhenkeltassen ist der Grund für das Verbot leicht erklärt: Diese Tassen sind größer als die anderen, und wer sie zum Mund führt, versteckt das ganze Gesicht hinter Porzellan oder Keramik. Kein schöner Anblick dies – höchstens eine Freude für alle anderen Gäste am Tisch, die nun wissen, was sie sich zu fragen nicht trauten: Limoges? Königlich Kopenhagen? Meißen?
Man trinkt kein Glas sofort aus. Das »Ex«-Trinken ist ein ziemlich mieser Sport und ist angemessen nur bei Wasser, Limonade, Milch – während anstrengender Wandertouren, Skiabfahrten und Tennismatches. (In diesen Fällen, Notfällen, darf sogar zur Flasche gegriffen werden.)
Klar, dass Wein aus Wein-, Bier aus Bier-, Wasser aus Wassergläsern

getrunken wird, aber ein Wasserglas taugt auch für Bier, ein Weinglas für Wasser. So schön ein perfekt gedeckter Tisch ist, so falsch wäre es, Freunde und Bekannte nicht zu Tisch zu bitten, weil es einem an den passenden Gläsern fehlt. Ich habe mit meinen Moskauer Studenten russischen Sekt aus Teetassen getrunken – und es wurde ein Fest.
Das Glas wird am Stiel gefasst – und der kleine Finger nie dabei abgespreizt. Es gibt Puristen, die es nicht leiden können, wenn Menschen den Glaskelch berühren – zum einen, weil beim Anstoßen dann ein Missklang entsteht, zum anderen, weil Fingerabdrücke darauf bleiben könnten. Der erste Einwand zählt, weshalb beim Klingklangklong man wirklich das Glas beim Stiel fassen sollte, der zweite ist albern.
Überall – wie jetzt üblich – mit einer Wasserflasche aufzukreuzen, damit man auf seine 2-Liter-Ration kommt, halte ich für übertrieben! So schnell verdurstet man nicht.

Trinkgeld

Ich weiß es: In den meisten Reiseführern und Benimmbüchern werden Sie mit Prozentzahlen traktiert. Bei mir nicht. In Ländern, in denen der Service nicht im Preis inbegriffen ist, müssen Sie tief in die Tasche greifen, ob Ihnen die Bedienung gefallen hat oder nicht. In den Vereinigten Staaten von Amerika kann es Ihnen sogar passieren, dass der Ober, unzufrieden mit Ihrem Aufschlag, sie höflich fragt, ob er etwas falsch gemacht hat. Also seien Sie großzügig.
Keiner verbietet Ihnen Großzügigkeit in Europa, aber hier können Sie wirklich die Leistung mit einer zusätzlichen Geldbelohnung honorieren. Bei jedem Service: beim Taxifahrer, beim Friseur, im Restaurant, im Hotel. Sie können nichts geben oder ein kleines Vermögen.
Da Verkäuferinnen und Verkäufer ebenso Servicekräfte sind, erlauben Sie sich ruhig auch einmal beim Metzger oder dem Gemüsehändler, auf dem Markt oder im Delikatessengeschäft Großzügigkeit. Die Angestellten müssen Hühner nicht entbeinen, Seezungen

nicht filetieren oder Ihnen sogar abraten von Lebensmitteln, die nicht mehr ganz frisch sind! Wenn sie es tun, verschenken sie Arbeitszeit und Vertrauen.
Wer sehr knickrig ist, kann sich mit einem Satz von Herbert Ihering für seinen → Geiz entschuldigen und sich damit gleichzeitig als Kämpfer für die soziale Gerechtigkeit ausgeben, wenngleich ich berechtigte Zweifel hege, dass das politische Engagement den Beschenkten mehr Freude bereitet als eine Münze oder ein Geldschein. In ›Der Zweck im Recht‹ schreibt Ihering: »Ich leugne allerdings nicht, dass es Voraussetzungen geben kann, wo die Billigkeit das Geben eines Trinkgeldes erheischt, allein, abgesehen von diesen seltenen Fällen und die regelmäßige Gestalt der Sache ins Auge gefasst, kann ich dem Trinkgeld so wenig eine soziale Berechtigung zugestehen, dass ich sie vielmehr für eine sozial völlig verwerfliche Einrichtung halte, eine Plage für denjenigen, der sie empfängt.«

Trinkspruch

nie versuchen, wenn man trunken ist! → Reden

Trollerei

→ Chat

U

Umgangsformen

Gräfin Schönfeldt beschränkt sich auf das Stichwort »Umgangsformen bei Essen und Trinken« und erklärt, dass man sich Kaviar mit einem »Horn-, Bein- oder Stahllöffel, der nicht anläuft, auf den Vorspeisenteller« häuft und wie man Krebse isst. Unter »Umgang mit Menschen« zitiert sie kurz Knigge. Das möchte ich auch tun. Lang. Denn was der Freiherr im ersten Kapitel seines Buches – überschrieben: »Allgemeine Bemerkungen und Vorschriften über den Umgang mit Menschen« – formuliert, hat Gültigkeit bis heute. Im zweiten Absatz dieses Eingangsessays schreibt er: »Strebe nach Vollkommenheit, aber nicht nach dem Scheine der Vollkommenheit und Unfehlbarkeit! Die Menschen beurteilen dich nach dem Maßstabe deiner Prätensionen, und sie sind noch billig, wenn sie nur das tun, wenn sie dir nicht Prätensionen aufbürden. Dann heißt es, wenn du auch nur des kleinsten Fehlers dich schuldig machst: ›Einem solchen Manne ist das gar nicht zu verzeihn‹; und da die Schwachen sich ohnehin ein Fest daraus machen, an einem Menschen, der sich verdunkelt, Mängel zu entdecken, so wird dir ein einziger Fehltritt höher angerechnet als andern ein ganzes Register von Bosheiten und Pinseleien.« Des Weiteren fordert er, »nicht gar zu sehr ein Sklave der Meinungen andrer« zu sein. »Sei selbständig! Was kümmert dich am Ende das Urteil der ganzen Welt, wenn du tust, was du sollst? Und was ist deine ganze Garderobe von äußern Tugenden wert, wenn du diesen Flitterputz nur über ein schwaches, niedriges Herz hängst, um in Gesellschaften damit Staat zu machen?« Was folgt, sind wichtige Ermahnungen:

zu Diskretion, Bescheidenheit, geistvoller Rede, Mitleid, Pünktlich- und Ordentlichkeit, Charme, Witz, Achtung, Anstand.
»Alle Regeln«, so schließt Knigge sein erstes, das allgemeine Kapitel, »zielen dahin, den Umgang leicht, angenehm zu machen und das gesellige Leben zu erleichtern.« Und die Höflichkeit, der angemessene, eben rücksichtsvolle Umgang mit den Menschen erfordert es deshalb auch, niemanden zu drängen, sich »nach unsern Sitten« zu richten, »denn da jedes Menschen Glückseligkeit in seinen Begriffen von Glückseligkeit beruht, so ist es grausam, jemanden zwingen zu wollen, wider seinen Willen glücklich zu sein«.
Viel früher schon stellte Giovanni Della Casa fest: »Gutes Benehmen ist eine Tugend oder ähnelt ihr sehr. (…) Umgangsformen und die Angemessenheit der Sitten im Verhalten und Reden nützen denen, die sie besitzen, nicht weniger als Großherzigkeit und Mut. (…) Wem es darauf ankommt, im Umgang mit den Menschen anerkannt zu sein, der meide die Untugenden, vor allem die schlimmen wie Wollust, Geiz, Grausamkeit und so weiter; einige gelten als niedrig wie die Nasch- und die Trunksucht, andere als hässlich wie die Sinnenlust, wieder andere als verbrecherisch wie die Mordlust.« Der Umgang mit Menschen – und dies sei mir zu wiederholen erlaubt – ist wichtiger, viel wichtiger als der richtige Umgang mit Bestecken, Gläsern, Servietten, Hummern und Spargeln. Diesen kann man spontan lernen, sich abgucken, sich antrainieren – leicht; jener will gedacht, gelebt, erlebt und jeder Zeit angewandt werden. Es ist kein Zufall, dass Knigge die → Toleranz zum angemessenen Umgang zählt. Denn ohne diese kann sich niemand höflich benehmen – mag er den → Handkuss auch beherrschen und den → Smalltalk.

Umweltfreundlich

ist mittlerweile angeblich fast alles. Wunderbar! Das Briefpapier und der Joghurtbecher, das Spülmittel und die Einkaufstüte: Garanten für das zweite Paradies. Der grüne Punkt prangt auf allem – und beweist eines nur: Der Hersteller hat für die Entsorgung bezahlt – ob sie wirklich geleistet wird, wer weiß es? Umwelt-

freundlich heißt: leicht zu entsorgen. Natürlich wage ich nicht, dagegen zu sein. Auch ich trenne meinen Müll. Auch ich lehne Verpackungsorgien ab. Und das Ozonloch sorgt mich. Doch es gibt Grenzen: Graues Toilettenpapier – »Ich war eine Zeitung! « – mag ich so wenig wie recycelte Schreibbögen. Wein statt in die Flasche in einen Pappkarton abgefüllt, ist eine Zumutung – für den Wein. Jutetaschen finde ich ziemlich spießig und Hanfpullover kratzig. Ich weiß, alles nicht korrekt. Korrekt in meiner Lebensführung ist anderes und deshalb hier die Empfehlungen, how to be extremly but not absolutely umweltfreundlich: keine Papierservietten, keine Konservendosen, sondern frisches Gemüse und Obst, kein Pappgeschirr, keine Plastikflaschen, keine Kunstblumen. Fahrradfahren, Segeln, Skilanglauf. Gel ins Haar und kein Spray, Schuhcreme statt Imprägnierflüssigkeit aus der Düse. Holzspanner, Holzbügel. Keine Socke, kein Hemd, keine Hose aus Kunststoffen. Kurz: Es kann viel Freude machen, umweltfreundlich zu leben. Es ist nur ein bisschen teurer. Dafür spart man an anderem: Kein eigenes Auto, sondern Straßen-, U-Bahn und Zug. Und bloß in kein Flugzeug einsteigen: Ozonschicht!
Da ich kein Tartuffe bin, bekenne ich mich schuldig: Ich fahre Auto, und ich fliege. Der Wagen hat KAT, und einen grünen Punkt habe ich auch draufgemalt. Für die Flieger denke ich mir noch was aus .... → Trennerei

Uniform

ist bei offiziellen Empfängen, Essen, Banketts, Festspiel-Premieren erlaubt. Statt Cut, Smoking, Frack. In Bayern und Österreich ist zuweilen auch die (Fest-)Tracht zugelassen.

Unkonventionalität

Konventionen sind Übereinkünfte. Unkonventionalität also der Verstoß dagegen. Er verbietet sich eigentlich. Und doch darf man ihn sich manchmal erlauben. Gewiss ist es unkonventionell, im

roten Sakko zu einer Beerdigung zu erscheinen und ein Gebinde mit einer roten Rübe niederzulegen, einer Braut als Geschenk eine rote Rose zu überreichen oder zu einem festlichen Abendessen in Jeans anzukommen. Alle drei Beispiele könnten mit schlechtem Benehmen oder mit schlechtem Geschmack abgetan werden. Aber es kann durchaus auch Erklärungen für diese drei Fälle der Unkonventionalität geben. Mehr noch: Der Verstoß kann jedes Mal eine außergewöhnlich höfliche Aufmerksamkeit sein. Der Verstorbenen Lieblingsfarbe war Tomatenrot und ihre Lieblingsspeise Borschtsch. Die Braut war einst des Gastes große Liebe, aus der längst eine wunderbare Freundschaft geworden ist, ohne dass beide je vergessen hätten, wie alles begann: mit einer roten Rose. Die Jeans ist ein Zeichen: Die Gastgeberin hatte irgendwann einmal bemerkt, dass er im Smoking ja durchaus repräsentabel aussähe, aber richtig toll eigentlich nur in Jeans. Als Gast und Beobachter solcher Szenen sollte man also nicht zu rasch urteilen, verurteilen. Vielleicht versteht man nur ein Zeichen nicht, ist vielleicht ausgeschlossen aus einer Geschichte, die nicht die eigene ist.
Stilisierte Unkonventionalität, also das absichtsvolle Zerstören von Übereinkünften, die denen, die sie getroffen haben, den Abend, den Tag, das Leben verleiden, ist schlimmer als ein → Affront. Sie ist eine Beleidigung.

Urlaub

ist, glaubt man den Werbetextern der großen Reiseveranstalter, die schönste Zeit des Jahres. Etymologisch bedeutet Urlaub schon im Mittelhochdeutschen die Erlaubnis, sich zu entfernen, gewährt von einem Höherstehenden. Deshalb ist Wagners Amfortas empört, dass Gawan den Gral verlassen hat – »ohn' Urlaub«. Der Höherstehende ist heute der Arbeitgeber und Urlaub die arbeitsfreie Zeit. (Und deshalb sprechen jene, die glauben, kein Höherstehender habe ihnen irgendeine Erlaubnis zu erteilen, statt vom Urlaub von den Ferien.) Wer im Urlaub nicht verreist, wird in Deutschland als bedauernswert armer Wicht betrachtet. Deshalb reist eine ganze Nation zumindest vierzehn Tage dorthin, wo die Sonne scheint, packt die Badehosen ein und die Bikinis und freut sich auf die Freiheit. Eine Freiheit, die für manche gleichbedeutend ist mit einem Verhalten, das sie sich daheim nicht leisten dürfen. Freiheit, so gelebt, ist eine Perversion. Schließlich, da hat Goethe wieder einmal recht, ist Freiheit überall und zu jeder Zeit »nichts als die Möglichkeit, unter allen Bedingungen das Vernünftige zu tun«. Doch abgesehen von den wenigen Menschen, die Studienreisen machen – griechische Tempel ansehen und ägyptische Mumien, die Schlösser an der Loire und die Eremitage in Sankt Petersburg –, und den anderen, die wandern, Sport treiben, lesen, sich erquicken an Konzerten und Theaterfestivals, sucht der deutsche Tourist das Unvernünftige im Urlaub.

Wer sich zu Hause nicht benimmt, wird es gewiss im Urlaub nicht anders halten. Wer hier zuvorkommend und diskret ist, wird nicht in Thailand zum Grobian – und wenn er's wird, dann war sein hiesiges Benehmen nur Ergebnis eines Dressurakts, nicht → Höflichkeit. Nichts ist fürchterlicher, als in einem armen Land mit deutscher Großmannssucht aufzutreten. Fast genauso schlimm und unanständig ist es, von Menschen fremder Kulturen zu verlangen, so zu denken und zu kochen, wie man's von Muttern gewohnt ist. Wer überall McDonald's und Cola will, kann überall hinfahren – das wusste und schätzte als einer der ersten Andy Warhol. Wer überall Schweinsbraten, Apfelschorle, Löwenbräu und Tchibo will, sollte in deutschen Landen bleiben, am besten auf dem eigenen Balkon. Wenn es uns in der Fremde nicht gefällt, so können wir die Fremde deshalb nicht nach unserer Vorstellung umgestalten, bis sie zur Unkenntlichkeit verändert uns Nähe vorgaukelt. Der Weg in den Urlaub, in die Ferien muss ein anderer sein: Wir müssen uns einlassen auf die anderen, das heißt, auch deren Sitten respektieren – und wir werden uns dort wohlfühlen, eben weil es ein anderes Leben ist: »Die Fremde hat ein fremdes Leben«, schrieb Goethe an Herder 1786, »und wir können es uns nicht zu Eigen machen, wenn es uns gleich als Gästen gefällt.«

Wohin wir auch fahren, wir sind Gast. Aber anders als bei einer Einladung, hat uns niemand gebeten zu kommen. Wir kaufen uns – in den meisten Fällen – Gastrecht. Und deshalb müssen wir wissen, dass unsere Rechte beschränkt sind. Wir können nur erwarten, was zu zahlen wir bereit sind. Der falsche → Anspruch ist der Beginn eines vermasselten Urlaubs. Wer Bed and Breakfast bucht, kann keinen vierundzwanzigstündigen Zimmerservice verlangen. Wer billig reist, darf keinen Luxus erwarten. Doch es gibt Geschenke: Wer sich an fremden Orten den Sitten gemäß benimmt, sich höflich den einheimischen Menschen nähert, wird Freuden genießen, die ihn überraschen werden. → Tischsitten im Ausland

V

Valentinstag

Immer am 14. Februar. Der Tag, an dem man des heiligen Valentins gedenkt, eines Märtyrers. Ob er römischer Priester war oder Bischof von Interamna (Terni), gleichviel: Er hat gelitten. Valentin, was so viel heißt wie der Kräftige, ist ausgerechnet der Patron der ganz Schwachen: Er soll die Fallsüchtigen schützen. In Deutschland galt der Valentinstag lange Zeit als Unglückstag, während er in England, Belgien, Nordfrankreich und Nordamerika mit kleinen Festen und kleinen gegenseitigen Geschenken gefeiert wurde. Am Valentinstag wurden durch Los Paare bestimmt – sie: eine Valentine, er: ein Valentin –, die dann das Jahr über geneckt wurden, ein Liebesverhältnis zu haben. In Deutschland neckt sich niemand, man kauft und schenkt Blumen. Der Liebsten, den Lieben. Aufpassen, den Strauß nicht fallen lassen! Der Valentinstag ist also der Weltblumenhändlertag.

Vatertag

Immer am Himmelfahrtstag. Pendant zum → Muttertag. Es gibt Männer, die einen Ausflug ins Grüne machen und sich währenddessen so lange betrinken, bis die Nase rot und das Gesicht aschgrau ist. Deshalb heißt diese Tour Fahrt ins Blaue. Damit alle Männer, die auf den jährlichen Ausflipper Lust haben, daran teilnehmen können, ist Vaterschaft so wenig Teilnahmebedingung wie Ehestand. Besser hieße also der Vatertag Männertag. Frauen nehmen an diesen eintägigen Abenteuerreisen nicht teil. Sie warten zu Hause auf die Rückkehr der Männer – gelassen oder bewaffnet.

Verabschieden

Wenn die Gastgeberin oder der Gastgeber um vier Uhr morgens die Fenster aufreißt, wissen Sie sicher, dass es bereits Zeit *war* zu gehen. Also warten Sie nicht auf dieses Zeichen, das – ich gebe es zu – allerdings weit leichter zu dechiffrieren ist als andere: Der Blick auf die Uhr muss nichts bedeuten, der dritte Espresso auch nicht. Obwohl der Gast auf alle Rechte Anspruch hat – also im Extremfall auch das Frühstück nach einem Fest sich wünschen darf –, sollte er nicht alle Rechte in Anspruch nehmen. Ich kann es keinem Gastgeber verdenken, der ein Fest zu früher Stunde höflich beendet. Gräfin Schönfeldt kommentiert: »Wenn es nicht mehr selbstverständlich ist, dass gesellschaftliche Regeln eingehalten werden, so braucht es auch nicht selbstverständlich zu sein, dass Gastgeber aus schierer Wohlerzogenheit ihre Nachtruhe opfern.« Bei einer Einladung zum Abendessen sollte man sich spätestens gegen ein Uhr morgens verabschieden. Eigentlich, doch es gibt Ausnahmefälle. Manche Hausfrau misst den Erfolg ihrer Einladung an der Verweildauer ihrer Gäste – und damit ihr Abend erst gar kein Flop werden kann, serviert sie das Dessert nicht vor zwei Uhr in der Früh'. Das ist eine Zumutung; und doch wäre es eine grobe Unhöflichkeit, vor dem letzten Gang das Haus zu verlassen.
Es gibt sogar ein paar Regeln: Nie gehen, bevor nicht der Ehrengast gegangen ist. Selbst wenn eine Gesellschaft sehr groß ist und es eher störend denn höflich wäre, sich bei jedem zu verabschieden, den Gastgebern hat man zu danken – man verduftet nicht einfach. Sind auf den Einladungskarten – zu Empfängen, Cocktails, Brunches – Zeiten notiert, Beginn und Ende, so hat man sich daran zu halten.

Verlobung

»Ist nicht unter den Tugenden die Treue mit ihrem blauen Himmelsauge, ihrem weißen Hauskleide, dem milden, seelenvollen Antlitze, in ihrem ruhig dahingleitenden, das eine Ziel festhaltenden Gange die lieblichste, traulichste, die beglückendste Tugend? Und sie ist es, welche dem süßen Versprechen, von der Liebe dem Herzen entlockt, das Siegel der Weihe aufdrückt, welches den Eidschwur des Edlen, den Handschlag des Mannes leitet an ihrem goldenen Faden; sie ist es, welche auf das Haupt der Liebenden den Brautkranz setzt und der Verlobten als eigentliche Königin vorsteht. Nach den geltenden Gesetzen besteht die Verlobung in dem freiwilligen, durch Handgelöbnis begleiteten Versprechen zweier Personen verschiedenen Geschlechts zur Eingehung der Ehe. Die dabei obwaltenden Gebräuche waren und sind nach Maßgabe der Zeit und des Volkes sehr verschieden.« Stimmt. Und für die Treue, die der Autor des ›Damen-Conversations-Lexikon‹ lyrisch feiert, gilt dasselbe. Sie ist nicht mehr so recht in Mode. Wenn die Verlobung ernst genommen und gefeiert werden soll, dann kommt der Bräutigam nicht drum herum, bei den Brauteltern um die Hand der ersehnten Erwählten anzuhalten. Gräfin Schönfeldt empfiehlt dafür »die sonntägliche Empfangsstunde zwischen 11 Uhr 30 und 12 Uhr 30« und macht Kleidervorschriften. Sie geht davon aus, dass die Brauteltern den Bräutigam bei dieser Gelegenheit zum ersten Mal zu Gesicht bekommen und deshalb der Antrag für den armen Jungen zugleich zu einer dem Rigorosum nicht unähnlichen Frage- und Prüfungsveranstaltung wird. Ich glaube, dass die meisten Eltern schon zuvor wissen, mit wem ihre Kinder umgehen, und zuvor schon gewarnt haben wie Lohengrin seine Elsa, sollte die Wahl der Tochter auf den ihrer Meinung nach Falschen gefallen sein, also mit der Frage: »Mit wem verkehrst du da?« Falls nun wirklich die Eltern der Braut den Bräutigam nicht kennen, so muss er sich den Examina stellen. Sollten die Eltern des Bräutigams die Braut gleichfalls nie zuvor gesehen und gesprochen haben, so bedarf es auch in diesem Fall eines Vorstellungsgesprächs. Danach gilt es, die Elternpaare miteinander bekanntzumachen. Wer wen einlädt, ob nicht vielleicht die Kinder zu solch einer Familienzusam-

menführung bitten, soll hier nicht geklärt werden. Da mögen die Betroffenen entscheiden und nur darauf Rücksicht nehmen, dass Ort, Zeit und Umgebung Mutter, Vater, Schwiegervater und Schwiegermutter nicht beleidigen oder zu einem ihnen unangemessenen Benehmen zwingen.
Ob man, wenn die Zeugnisse der Eltern verteilt, die Versetzung in den Ehestand nicht gefährdet ist, → Anzeigen verschickt oder nicht, ist eine sehr persönliche Entscheidung. Grundsätzlich können die Eltern und die Kinder die Verlobung entweder gemeinsam anzeigen oder jeweils allein, jeder auf einer eigenen Karte. Wenn die Kinder ihren Schritt als selbständig gefassten demonstrieren wollen, dann verschicken nur sie die Anzeigen – und die Eltern halten sich diskret (und nicht beleidigt) zurück. Wer so eine Anzeige erhält, gratuliert handschriftlich.
Und dann wird gefeiert. Entweder in kleinem Kreis mit den Familien und den engsten Freunden oder auf einem größeren → Empfang, zu dem schriftlich und mündlich eingeladen werden kann. Manche Autoren meinen, die/der Eingeladene brauche nicht ausdrücklich zusagen; ich glaube, diese kleine Höflichkeit sollte man nicht unterlassen. Die Gäste erscheinen, wenn keine Kleidervorschriften gemacht wurden, festlich. Und kommen mit Blumen und Geschenken, die das Paar stehend entgegennimmt. Haben die zukünftigen Eheleute rechtzeitig eine kleine → Geschenkliste herumgeschickt (die größere kommt zur Hochzeit), so können die Gratulanten sicher sein, das Richtige mitgebracht zu haben; wenn nicht, wird's schwierig. Achten Sie aber darauf, dass Nippes nur die wenigsten freut; und seien Sie nicht zu egozentrisch bei Ihrer Wahl.
Danach sollte entweder ein Mittag- oder ein Abendessen im Kreise der Familie den Verlobungstag beschließen. Dem Toast des Brautvaters nach dem Fleischgang muss ein Dankeswort des Bräutigams folgen. Ob sich die Familien jetzt kollektiv oder einzeln das Du anbieten, ist eine Frage des Geschmacks. Ich halte die kollektive Form für eine Barbarei und finde es durchaus nicht unziemlich, wenn sich die Angehörigen der beiden Familien auch weiterhin siezen.
Die Verlobten sollten sich gemeinsam schriftlich für die Ge-

schenke bedanken. Vierzehn Tage sollten Zeit genug sein für diese Höflichkeit.

Visitenkarten

»Anfrage: ›Ein Herr X. macht mit seiner Frau und Tochter bei einem Ehepaar Besuch. Was für Visitenkarten werden da abgegeben? Sollen die Karten von Herren und Damen in demselben Stile sein?‹ – Damen machen den Herren im Allgemeinen keine Besuche«, antwortet Graf Pilati 1910, »also Frau und Fräulein werden nur je eine Karte für die Hausfrau abgeben, Herr X. dagegen zwei Karten für die Hausfrau und den Hausherrn. Für die Hausfrau können auch Herr und Frau X. eine gemeinsame Karte abgeben. Auf solchen gemeinsamen Visitenkarten ist es schick und – zumal bei häufig vorkommenden Familiennamen – auch praktisch, den Vornamen des Mannes aufzuführen, also z. B. ›Herr und Frau Rudolf Müller‹. Natürlich ist, zumal hier in Berlin, dem Herrn und der Frau Rudolf Müller zu empfehlen, auch ihre Wohnung auf der Visitenkarte anzugeben.«
Was lernen wir daraus? Visitenkarten sind – der Name sagt's – zuerst einmal Besuchskarten. Dafür jedoch werden sie heute nur in den seltensten Fällen noch benutzt. Sie sind Geschäftskarten oder Karten, die man zu Geschenken, Blumen und anderen Sendungen dazulegt. Um es gleich zu schreiben: Die Abkürzungssprache, die Gräfin Schönfeldt vorschreibt, missfällt mir sehr. Und ich halte es für extrem unhöflich, einen Strauß zu senden und auf der Visitenkarte in die untere linke Ecke nur ein p.f. zu zwängen: pour féliciter, ein Glückwunsch. Ein ganzer Satz hat auf der Karte durchaus Platz!
Die Formate von Visitenkarten hier zu diskutieren scheint mir – nicht bloß aus Platzmangel – reichlich überflüssig. Es mag korrekt sein, ein Format zwischen 10 × 6 cm und 7,5 × 5,4 cm zu wählen (immer mit Umschlägen!), allein, jeder, der dieses Buch liest, wird genug Geschmack besitzen, die für ihn richtige Größe, das angemessene Material und eine dezente Farbe zu wählen. Ich bleibe bei Pilati, und was für Berlin gilt, hat Gültigkeit in jeder deutschen

Großstadt: »Überhaupt lässt sich wohl schwer sagen, welche Visitenkartenform modern ist. Man mache einmal in den Schaufenstern Unter den Linden Studien. Da findet man neben der kleinen zierlichen Karte des ›Graf Stanislaus Jaromir Tschidin-Tschidilinski von Tschidinowskaja‹ eine drei Mal so große Karte mit der Aufschrift ›August Lehmann‹ in dicken Riesenbuchstaben. Herr August Lehmann braucht deshalb noch kein Protz zu sein. Die Deutlichkeit der Schrift auf seiner Visitenkarte entspricht vielleicht seinem ehrlichen, klaren, ziel- und selbstbewussten Wesen, auch Größe des Formats bevorzugt er, weil er seine Visitenkarte auch zu schriftlichen Mitteilungen verwendet. Wer für irgendeine Äußerlichkeit einen logischen, praktischen Grund hat, steht jedenfalls höher, als derjenige, der etwas stumpfsinnig nachäfft, ohne zu wissen, weshalb und warum.«
Also auf eine Visitenkarte gehört: der Name mit den akademischen Titeln in der Mitte, rechts unten die Adresse, links gegenüber die Telefonnummer (mit nationaler Vorwahl). Auf einer Karte ohne Adresse, die ja nicht geschäftlich genutzt wird, lässt man auch die Titel weg. Besitzt man indes nicht zwei verschiedene Karten, dann streicht man für Privatzwecke die Titel durch – und bei Verwandten und Freunden, die man duzt, auch den Nachnamen. → Briefpapier

Vorstellung

nennt man jede Theater-, Opern- und Ballettaufführung. Und auch eine Filmvorführung heißt Vorstellung. Hier interessiert uns anderes: Wer stellt wen wem vor? Der Jüngere wird dem Älteren vorgestellt, der Herr der Dame, der Unbedeutende dem Bedeutenden. Bei Einladungen stellt der Hausherr seiner Frau jene Gäste vor, die sie noch nicht kennt. Kommen Gäste in einer Gästegruppe, so ist es Aufgabe der Gastgeber, die Neuen vorzustellen. Auch hier sollte man sich an die Rangfolge halten, wenn die Gesellschaft allerdings sehr groß ist, kann man auch schlicht der Reihe nach bekanntmachen. Bei Cocktailpartys und Empfängen ist es keineswegs unhöflich, wenn man jenen Gast, dem man den Neuankömmling vorgestellt hat, bittet, diesen mit den anderen Gästen bekanntzumachen. Mir scheint es von besonderer Wichtigkeit, dass bei Vorstellungen nicht nur der Name genannt wird, sondern einige erklärende Worte fallen. Frau Kraut arbeitet gerade an ihrer Dissertation über das Menschenbild bei Max Beckmann, Herr Rübe hat gerade eine Biographie über Martin Luther publiziert. Veranstaltungen ohne diese Vorstellungsarien misslingen stets. Denn dann plaudern nur diejenigen miteinander, die sich schon länger kennen, und nicht selten ärgert man sich, dass Menschen eingeladen waren, die man zu gern gesprochen, deren Anwesenheit einem aber niemand kundgetan hatte. Wird man von einem Hausmädchen an der Haustür empfangen, dann sollte man im Empfangsraum zuerst das Gastgeberpaar begrüßen, das danach die Vorstellung übernimmt. Auch wenn man Personal hat, ist es korrekt, wenn einer der Gastgeber (meist also der Hausherr) sich in der Nähe der Tür aufhält. An anderer Stelle schon bemerkt: Herren stehen immer auf, wenn sie begrüßen – bei Damen und Herren. Damen müssen sich nur dann erheben, wenn eine sehr alte Dame ihnen vorgestellt wird oder der Ehrengast, der besondere Verehrung verdient.

W

Wasser

gehört auf jeden gedeckten Tisch. Wenn man nicht gerade Besitzer einer Quelle ist, muss man die Quelle in der Flasche kaufen. Sparen Sie nie am Wasser, denn es gibt schlimme Sprudel. Und wer erstklassige Weine anbietet, sollte sich beim Mineralwasser nicht lumpen lassen. Wen die Flasche auf dem Tisch stört, kann das Wasser – wie es in einigen ersten französischen Häusern Sitte ist – in einem Krug servieren.

Wein

»Jeder Wein hat seine individuellen Eigenschaften vom Rebstock her, seinen Charakter bekommt er aber erst vom Winzer. Jeder Winzer, egal, ob er ein, zwei, drei oder vier Weine macht, hat seine Seele im Wein, seine Gewohnheiten und sein Leben. Egal, ob es sich um einen jungen oder älteren Wein handelt, er trägt die Handschrift des Winzers. Das ist keine Phantasterei, das ist die pure Wahrheit«, erklärt Serge Dubs, seit 1983 Premier → Sommelier de France und Weinkellner in Haeberlins Auberge de L'Ill in Illhaeusern. Und er fügt an: »Wenn Sie einen Riesling aus Riquewihr oder Bergheim versuchen, sind sie sehr verschieden. Wenn Sie aber drei oder vier Rieslinge vom selben Ort und vom selben Winzer trinken, ist ein jeder von ihnen auch unterschiedlich, aber sie haben eine Gemeinsamkeit: den Familienton. Das ist das Gleiche, wie wenn Sie mehrere Bilder eines Malers anschauen.«

Dubs, der nicht davor zurückschreckte, einmal zu Gemälden und Zeichnungen den passenden Wein auszusuchen, siedelt die Arbeit des Winzers selbstverständlich bei den Künsten an. Recht hat er. Gute, gar große Weine sind Kunstwerke. Und Winzer Künstler. Der Anbau, der Ausbau, die Pflege, die Ernte, der Gärprozess und die Lagerung sind Arbeiten, die Wissen, Kennerschaft, Talent – und Liebe verlangen. Drum sind gute Weine teuer. Wer glaubt, für wenig Geld eine auch nur leidlich akzeptable Bouteille kaufen zu können, irrt. Es steckt zu viel Arbeit im Prozess des Weinherstellens, als dass ein niedriger Preis zu erreichen wäre. Was billiger ist, muss Fabrikware sein, nicht umsorgt, sondern rasch hergestellt mit allen technischen und chemischen Mitteln.

Wein, so denke ich, gehört zu jedem Abendessen und natürlich auch zu festlichen Mittagessen, wenngleich ich eher davon abrate, denn an Arbeit ist nach so einem Mahl kaum mehr zu denken. Welche Weine zu welchen Speisen passen, muss jeder selbst entscheiden. Natürlich ist die Grundregel, Weißweine zu den Vorspeisen, zu Fisch und weißem Fleisch zu reichen, Rotweine zu allen anderen Fleischspeisen und zum Käse, nicht falsch. Aber ein ärmlicher Rat dennoch. Denn es gibt Käse, die wunderbar zu einem Weißwein passen, Fischgerichte, die ihren ganzen Geschmacksreichtum erst entwickeln, begleitet man sie mit einem Rotwein. Manchmal ist ein Port die richtige Wahl zu einer Innerei, ein roter Champagner die ideale Begleitung zu einem Wildgericht. Spielen Sie, variieren Sie – aber vergessen Sie nicht, dass nur gute Weine ein Vergnügen sind. Schon gar, wenn Sie während des Essens Weine wechseln. Und halten Sie's bei Ihrer Auswahl bitte nicht mit Johannes 2,10: »Wenn die Gäste trunken sind, kommt der schlechtere Wein.« Zum Nachtisch liebe ich Dessertweine, die von einigen meiner Freunde zunächst verachtet wurden. Aber meist waren sie nach dem ersten Versuch schon begeistert. Es ist wie mit dem Essen: Was der Bauer nicht kennt, trinkt er nicht. Also verführen Sie Ihre Gäste zu Ihren Weinen. Trauen Sie sich was! So viele Weine es gibt, so viele Vorurteile werden ihnen entgegengebracht. Übernehmen Sie diese nicht und probieren Sie. Man wird ein Weinkenner, das ist das Schöne, nur durch Erfahrung.

Noch eine Bemerkung zu Roséweinen. Es gibt derer sehr gute, der

Tavel ist wahrscheinlich der beste. Er eignet sich im Sommer für ein ganzes Menü – doch nur zu dieser Jahreszeit und nur, wenn es nicht regnet, und nur, wenn die Sonne scheint und der Himmel blau oder der Mond die Sonne reflektiert und die Sterne funkeln.
Weißweine dekantiert man nicht – sie bleiben also in der Flasche und gehören nicht in eine Karaffe, obwohl ich es durchaus schon erlebt habe, dass große weiße Burgunder, um ihnen Luft und damit Geschmacksentfaltung zu gönnen, umgegossen wurden. Alte rote Burgunder- und Bordeauxweine, auch große Riojas werden dekantiert, vor dem Essen. Der Wein soll atmen können, und das Depot – Ablagerungen des Weines – bleibt somit in der Flasche. Wer einfache Landweine in Karaffen serviert, schämt sich meist seiner Wahl. Auf jeden Fall sollte der Gastgeber vor jeder neugeöffneten Flasche probieren, bevor den Gästen serviert wird!
Noch eine letzte Bemerkung – ich kann sie nicht für mich behalten. Vergessen Sie nie, dass Wein nicht nur vom Charakter des Winzers zeugt, sondern auch von dem Ihren. (→ Geiz) Schon die Griechen der Antike wussten: »Der Wein ist ein Spiegel der Menschen.«

Weißwürste

sind eine bayerische Besonderheit. Für manche der Gipfel an Delikatesse, für andere das Tal der Geschmacklosigkeit. Die Weißwurst ist weiß, und unter der dünnen Haut steckt ein gewürztes Brät: grau-weiß-grün. Grundsätzlich unterscheidet die Weißwurst sich nicht von Wienern, Pfälzern, Regensburgern: reinkommt, was der Metzger nicht mehr so recht loswird. (Nur die vornehme Weißwurst gibt sich zu erkennen: Sie besteht aus Truthahnfleisch.) »Weißwürst'«, so heißt ein bayerisches Sprichwort, »dürfen das Mittagsläuten nicht erleben«, müssen also vor zwölf Uhr gegessen werden, als zweites Frühstück. Sie müssen zum Verzehr ihrer Haut entledigt werden, denn die ist nun wirklich garantiert unbekömmlich. Dafür kann man sie in zwei Hälften längs auseinanderschneiden und das feste Brät mit Hilfe des Messers rausrollen; oder quer in der Mitte teilen, bei beiden Hälften die Haut längs einschneiden, mit der Gabel festhalten und das Wurstinnere herausschälen. Man kann auch Scheibchen abschneiden und jedes einzeln enthäuten, was weit mehr Arbeit bereitet und bei Bayern als preußisch-manieriert gilt. Weißwurst-Fetischisten »zutzeln« die Wurst, das heißt: Sie schneiden das weiße Dings in der Mitte durch, haben also zwei gleiche Enden und saugen dann das Innere heraus. Eine Übung, die zwar originär, aber wenig originell ist. Die Weißwurst bestellt man keinesfalls paarweise, sondern nennt dem Ober stets die Anzahl der Einzelwürste. Dazu gehört sich süßer Senf, eine Brezel (bayerisch: Brezn) und ein Weißbier. Wehe, Sie verlangen es mit Schuss – dann ist schon nach der Bestellung für Sie Schluss. Sie können sicher sein, dass Sie nur mit Abscheu bedient werden. Aber machen Sie sich nichts draus. Sie haben kein kulinarisches Fest versäumt, wenn Sie ein Leben ohne Weißwurst lebten. Die einzig erlaubte Lektüre zur Weißwurst sind Bücher von Thoma, Valentin und Achternbusch.

Weste

Dieses Kleidungsstück ist in den letzten Jahren zu neuen Ehren gekommen. Während es zuvor grau oder schwarz – nadelstreifig oder nicht – von älteren soignierten Herren immer zum passenden Anzug getragen, also im Dreierpack gekauft wurde, ist es jetzt ein Einzelteil – auch für die Jugend. Mit der Weste lassen sich fade Anzüge aufpeppen, Hemden verstecken. Es gibt sie schrill und auffallend, was weder elegant noch diskret ist, und dezent einfarbig oder gestreift, aus Seide, Wolle, Cashmere. Und es werden wundervolle Remakes aus dem 16., 17. und 18. Jahrhundert angeboten. Aus Stoffen, deren Muster auf den Druckstöcken gefertigt werden, die in französischen Museen ausgestellt sind. Eine Pariser Dame fertigt sie, näht sie und überzieht selbst die Knöpfe so, dass das Muster wieder aufgenommen wird. Den Namen dieser Dame verrate ich nicht – aus Eitelkeit, versteht sich. Und nicht die Adresse des kleinen, feinen Ladens. Aber wenn Sie in der Nähe der Comédie française sich aufhalten, sind Sie diesem Westen-Dorado schon sehr, sehr nahe. Welche Weste man auch wählt, selbst im Sommer zur Jeans und zum T-Shirt empfiehlt sie sich, denn wer im Hemd dasteht, steht im Hemd da. Schon deshalb war die Wiederentdeckung der Weste überfällig. Weil es in der Mode kaum noch Unterschiede zwischen Männern und Frauen gibt, diese tragen Herrenanzüge, jene Röcke, da der Unisex auch beim Parfum sich durchgesetzt hat, verwundert es nicht, dass auch Damen Westen tragen. Herrenwesten!

Weiße Weste trägt der Herr nur zum → Frack – aber getreu der Bismarckschen Devise soll der Mann natürlich ein ganzes Leben eine weiße Weste behalten, also ein Saubermann bleiben, aller → Ehren wert. Mit der Weste versteckt man nicht das Herz, wie Wilhelm Busch höhnte, sondern man zeigt seinen → Geschmack. Oder, auch das kann passieren, dass man keinen hat.

Widmungen

schreibt man nur in Bücher, die man selbst geschrieben hat. In andere legt man eine Karte.

Witze,

so erklärt Giovanni Della Casa in seinem ›Traktat über die guten Sitten‹ (1554), »sollen den Biss eines Schafes haben, nicht den eines Hundes. Hätten sie den Biss eines Hundes, wären es keine Witzworte mehr, sondern Flegeleien. (…) Überdies gefällt ein Witz, ob nun bissig oder nicht, nur dann den Zuhörern und stößt sie nicht ab, wenn er leichtfüßig und feinsinnig ist. (…) Da Witze auf Vieldeutigkeiten beruhen und mehrdeutig zu sprechen schwierig und kunstvoll ist, sollte man es nur vor Menschen von rascher Auffassungsgabe und Scharfsinn versuchen, nicht aber vor begriffsstutzigen und schwerfälligen Personen. Auch durchschnittlich Intelligente geben nicht immer gute Witzeerzähler ab, ja, nicht einmal Giovanni Boccaccio gelingen seine Witze immer. (…) Nicht wer witzig sein will, sollte Witze erzählen, sondern wer es kann.« Gut ausgeteilt. Wer es also mit Boccaccio aufnehmen will, versuche es, die anderen versagen sich besser jeden Versuch, auch dann, wenn ihr Lieblingswitz ihnen selbst die Tränen in die Augen treibt. Und niemand möge sich herausfordern lassen, eine spitze Pointe mit einer schalen Schote zu parieren. Also: Zunge weg von Witzen. Della Casa empfiehlt, aus Höflichkeit selbst über einen misslungenen zu lachen, »aus Rücksicht auf den Erzähler«. Ich halte diesen Fall für eine der wenigen Ausnahmen: Hier muss niemand rücksichtsvoll sein. Was das Vergnügen des Witzeerzählers angeht, so sollte es ganz klein sein, da hat Della Casa wieder recht: »Auch solltest du nicht über deine eigenen Witze lachen, da dies nach Selbstlob aussieht. Wer zuhört, nicht wer erzählt, darf lachen.« → Zoten gehören ins Pissoir. → Chuzpe

Y

Yuppie

Ein Akronym, das für Young urban professional steht. Existiert nur in der maskulinen Form. Auch eine Frau ist folglich ein – nicht eine – Yuppie. Yuppies sind Menschen zwischen dreißig und vierzig Jahren mit hohem Einkommen. Meist als → Single lebend und nicht ungebildet, legt der Yuppie Wert auf gute Manieren, feinen Lebensstil und Designerkleidung. Er hat zumindest eine abgeschlossene Lehre hinter sich, meist die des Bankgewerbes, oder ein abgeschlossenes Studium, bevorzugt Betriebswirtschaft oder Jura. Auch der Boom der Computerbranche und der New Economy in den neunziger Jahren erzeugte Yuppies. Was darauf hinweist, dass der Yuppie früh bereits, schon bevor er zu dieser Spezies der Ehrgeizigen und Erfolgreichen zählt, auf Kohle und Karriere steht. Der Yuppie trägt Missoni, Joop!, Sander, Hermès, Armani, Comme des Garçons, Church's, er lässt sich bei Vidal Sassoon frisieren und sitzt zu Hause auf Rietveld-Sesseln. Er trinkt Malt, Champagner, trifft Verabredungen in Bars oder den Hallen der besten Hotels (→ Lounge) und kennt die ersten Restaurants und Diskotheken am Platze. Den Yuppie erkennt man also leicht. Yuppie ist ein Modewort der achtziger Jahre, aber eine ähnlich motivierte Gruppe der Aufsteiger gab es zu allen Zeiten. (→ Parvenü) Und es gibt sie in allen Ländern. In Frankreich erkennt man Yuppies, wie überall, vor allem an ihren Klamotten. Sie sind – so nennen es die Yuppiespötter – entweder très bcbg oder super NAP. Die vier Buchstaben signalisieren: *bon chick, bon genre,* woraus Bösewichte *beau cul, belle gueule* gemacht haben, schlicht: schöner Arsch, schöne Fresse.

Hinter den drei Versalien verstecken sich die Pariser Nobelvororte Neuilly, Auteuil und Passy.

Tun sich zwei Yuppies oder auch nur zwei weniger ehrgeizige, arbeitende und verdienende Singles (gleichen oder verschiedenen Geschlechts) zusammen, so wird aus ihnen ein Paar Dinks. Vorausgesetzt, sie setzen keine Kinder in die Welt – was für Homosexuelle keine Kunst, für Heterosexuelle indes eine größere Aufgabe ist –, bleiben sie Dinks forever und umworben von Reiseveranstaltern und allen Herstellern von Luxusgütern, denn sie haben ein *double income and no kids.*

Wer Yuppies und Dinks verunglipft, ist meist nur neidisch. Was als besonders dumm gelten muss, weil Yuppie oder Dink zu werden, von niemandem mehr verlangt als Disziplin und das richtige Händchen bei der Wahl des Partners. → High Potentials, → Schwule

Z

Zahnstocher

stehen auf den Tischen von Gasthöfen und Kantinen. Neben der Maggiflasche, dem Salz- und Pfefferstreuer, meist hübsch vereint in einem geflochtenen Korb. Zahnstocher mögen nach manchem Essen durchaus erwünscht sein. Man gebraucht sie aber nie, wenn man von irgendjemandem beobachtet werden kann. (Das heißt: Man zieht sich mit dem Gerät auf die Toilette zurück.) Auf den Tisch zu Hause gehören Zahnstocher so wenig wie die Maggiflasche; und wer eines von beiden in einem Restaurant gedeckt vorfindet, kann sicher sein, dass dieses Essen im besten Fall sättigt. Es gibt metallene, ausklappbare kleine Zahnstocher, die man mit sich führen kann. Doch selbst wenn sie aus Silber gefertigt sind, gezeigt werden dürfen sie nicht.

Im 16. Jahrhundert war der Zahnstocher so wichtig wie der Löffel, man trug ihn bei sich. Aber schon Giovanni Della Casa schrieb vor, wie damit umzugehen sei: »Wenn man sich vom Tisch erhebt, soll man den Zahnstocher nicht im Munde wegtragen wie ein Vogel, der ein Nest bauen will, oder ihn übers Ohr klemmen wie ein Barbier. Das ist kein gutes Benehmen. Wer sich den Zahnstocher um den Hals bindet, verhält sich zweifellos falsch, denn es bietet bei einem Edelmann einen seltsamen Anblick und erinnert obendrein an die umherziehenden Zahnzieher. Zudem beweist es, dass der Betreffende für den Dienst am Gaumen allzeit bereit und gerüstet ist, so dass ich nicht zu sagen wüsste, warum er sich nicht gleich einen Löffel um den Hals henkt.«

Zigaretten

→ Qualm, → Rauchen

Zoten

gibt man nie zum Besten. Wenn Männer sie sich auf dem Pissoir erzählen, soll das niemanden stören. Wenn Sie mögen, lachen Sie mit. Und wenn Sie glauben, dass auch andere darüber lachen können, dann trauen Sie sich. Aber überlegen Sie gut, wer zuhört. Wenn Sie schnell denken, wissen Sie rasch, wenn Sie langsam denken, brauchen Sie länger: Man erzählt sie nicht.
Zoten sind übrigens auch alle Erzählungen von Männern, wie sie die Nächte mit ihren Geliebten zugebracht, und von Frauen, die von ihren heißen Abenteuern ausführlich berichten.

Zucker

gehört in einer Zuckerschale auf den Tisch zum Kaffee, Mokka oder Espresso und zum Fünf-Uhr-Tee. Zuckerwürfel (mit Zuckerzange) sind ein kleiner Luxus – der beim Espresso allerdings fehl am Platz ist; Kandis und brauner Zucker zum Tee ein großer Luxus. Selbstverständlich müssen aufmerksame Gastgeber für kalorienbewusste und zuckerkranke Gäste auch Zuckerersatz im Hause haben.

Zuschauer

sind alle, die bei einer Vorstellung zugegen sind. (Auch Konzertbesucher, die zum Hören sich eingefunden haben, sind Zuschauer, denn sie nehmen ja – sind sie nicht blind – mit den Augen wahr, wie die Künstler gekleidet sind, wie sie dirigieren, fuchteln, singen, fideln, trompeten.) Zuschauer sollten sich immer bewusst sein, dass sie wegen der Kunst, die geboten wird, gekommen sind und nicht, um von anderen Zuschauern bewundert zu werden. Spätes Auftreten im Konzertsaal, im Theater- und Opernparkett, das Aufsehen erregen soll, verbietet sich. Eliette von Karajan konnte sich ihr geistergleiches Erscheinen kurz vorm Verlöschen der Lichter im Festspielhaus von Salzburg gerade noch erlauben (wenngleich auch sie diesen Aplomb besser unterlassen hätte), Starschneider, Starfriseuse und Moderatorinnen sollten sich weniger wichtig nehmen. Hier gilt ein Spruch von Ovid: »Spectatum veniut, veniut spectentur ut ipsae.« (Zum Sehen kommen sie hin, hin kommen sie, dass man sie sehe.) Wer nicht ganz genau weiß, wann Applaus erlaubt ist, also die Musikstücke keineswegs sehr gut kennt, sollte auf die Reaktion des Publikums warten. Wer in Bayreuth nach dem ersten ›Parsifal‹-Akt klatscht, wird auch heute noch niedergezischt, weil wirklichen Wagnerianern der erste Aufzug als Gottesdienst gilt. Auch bei Konzerten in Gotteshäusern sollte nicht geklatscht werden. Nie – da bin ich streng! Auftrittsapplaus in Opernvorstellungen ist eine Unsitte. Ich bewundere heute noch die Dame, die vor Jahren im Palais Garnier, der ehemaligen Pariser Oper, mit einem einzigen Wort die hysterischen Klatscher bändigte, die Herrn Pavarotti in der ›Tosca‹ begrüßen wollten. Die Dame rief: »Paysans!« – »Bauern!« (In Deutschland würde gegen so eine Verunglimpfung eines ehrsamen Berufes wahrscheinlich der Bauernverbandspräsident protestieren.) Wie also in Deutschland solche Opern-Rowdys bändigen?

Normalerweise genügt es, seine Freude mit Beifall und Bravo-, sein Missfallen mit Buh-Rufen kundzutun. Aber alles lässt sich steigern: Blumengebinde können geworfen werden – und landen meist im Orchestergraben; es kann – wie in Bayreuth bei den legendären Chéreau-Aufführungen – mit Rasseln und Trillerpfeifen protestiert werden. Fein ist letztere Reaktion niemals. Und eines soll hinzugefügt sein: Was auch immer einen Zuschauer stören mag, zunächst einmal hat er den Künstlern zu danken, da kann seine Eintrittskarte noch so teuer gewesen sein. Denn eines ist sicher: Keiner ist absichtlich schlecht, einfallslos, dumm. Kein Sänger gern indisponiert. Und im Zweifel für den Angeklagten, heißt für den Zuschauer: gemach und Vorsicht vor dem allzu raschen Urteil. Denn ein Regisseur, der seine Arbeit ernst nimmt, hat Monate gearbeitet, und es bedarf entweder immenser Kenntnisse oder immenser Selbstüberschätzung, Sekunden nach einer Aufführung gültig zu werten. Also: nicht Daumen runter und die Trillerpfeife geschnullert, sondern Handfläche auf Handfläche schlagen! → Abendgarderobe, → Theaterbesuch

Literaturverzeichnis

Adorno, Theodor W.: Minima Moralia, Reflexionen aus dem beschädigten Leben. Frankfurt a. M. 1982

Asserate, Asfa-Wossen: Manieren. Frankfurt a. M. 2003.

Bedford, Duke of: Book of Snobs. London 1965

Bruck-Auffenberg, Nathalie: Die Frau comme il faut. Die vollkommene Frau. 4. Aufl. Berlin 1911

Castiglione, Baldassare: Il libro del Cortegiano (dt. Der Hofmann). München 1986

Chasot, Friedrich-Karl von: Knigge & mehr. 2. Aufl. Berlin 1992

Cato, Dionysius: Catonis disticha de moribus (dt. Der deutsche Cato). Paris 1538

Cicero, Marcus Tullius: De officiis (dt. Von den Pflichten). 3. Aufl. Bamberg 1984

Comte-Sponville, André: Petit traité des grandes vertus (dt. Kleine Abhandlung über die großen Tugenden). Paris 1995

Della Casa, Giovanni: Il Galateo (dt. Der Galateo. Traktat über die guten Sitten). 1558. Hrsg. und übersetzt von Michael Rumpf. Heidelberg 1988

Elias, Norbert: Über den Prozeß der Zivilisation, 2 Bde. 18. Aufl. Frankfurt 1993/4

Elsie Burch Donald (Hrsg.): Debrett's Etiquette & Modern Manners. London/Sydney 1981

Eltz, Johann von: Das goldene Anstandsbuch. Ein Wegweiser für die gute Lebensart zu Hause, in Gesellschaft und im öffentlichen Leben. 5. Aufl. Essen 1908

Erasmus von Rotterdam: De civilitate morum puerilium (dt. Vom richtigen Verhalten der Knaben), in: Desiderii Erasmi Rotterdami. Paris 1664

Franken, Konstanze von: Handbuch des guten Tones und der feinen Sitte. Leipzig 1890 (47. Auflage 1922)

Goethe, Johann Wolfgang von: Regeln für Schauspieler. Die Weilburger Goethe-Funde. Neues aus Theater u. Schauspielkunst. Blätter aus dem Nachlass Pius Alexander Wolffs. Eingel. und hrsg. v. Hans-Georg Böhme. Emsdetten 1950

Graudenz, Karlheinz: Die gute Umgangsform. 5. Aufl. München 1979

Herloßsohn, Carl: Damen-Conversations-Lexikon (10 Bände), 1834–1836; 2. Aufl. der Neuausgabe Berlin 1989

Kamptz-Borken, Dr. Walther von: Der gute Ton von heute. Gesellschaftlicher Ratgeber für alle Lebenslagen. 5. Aufl. Freilassing 1956

Kant, Immanuel: Beobachtungen über das Gefühl des Schönen und Erhabenen. Riga 1771

Kant, Immanuel: Metaphysik der Sitten. Königsberg 1797

Kant, Immanuel: Idee zu einer allgemeinen Geschichte in weltbürgerlicher Absicht. Königsberg/Leipzig 1798

Knigge, Adolph Freiherr von: Über den Umgang mit Menschen. Drei Theile in einem Band. Wien 1831 u. Frankfurt a. M. 1977

Koebner, Franz-Wolfgang: Der Gentleman. Ein Herrenbrevier. 2. Aufl. Berlin 1920

Krampen, Hans-Joachim von: Vom Herzens- und gesellschaftlichen Takt. Berlin 1910

Kronoff, Frida von: Lebensart. Ein Wegweiser des gemeinen Takts für Haus und Welt. Reutlingen o. J.

Moshammer, Joseph Alois: Schule des Anstandes, der Höflichkeit und feinen Sitte. St. Pölten 1841

Noska, Egon: Guter Ton und gute Sitte. 8. Aufl. Berlin o. J.

Pappritz, Erica, und Graudenz, Karlheinz: Das Buch der Etikette. 6. Aufl. München 1963

Pappritz, Erica, und Graudenz, Karlheinz: Etikette neu. 12. Aufl. München 1991

Petrus [Alphonsi]: Disciplina clericalis (dt. Verhaltensregeln für den Klerus). Paris 1824

Pilati von Thassul zu Daxenberg, Eustachius Graf: Etikette-Plaudereien. 4. Aufl. Berlin 1910

Plessner, Helmuth: Grenzen der Gemeinschaft. Eine Kritik des sozialen Radikalismus. Bonn 1924

Richter, Bert: Belehrendes und erbauliches Lexikon der Sittsamkeit von A bis Z. Gütersloh/Berlin/München/Wien 1974

Rousseau, Jean-Jacques: Émile ou de l'Éducation. Amsterdam 1762

Schönfeldt, Sibyl Gräfin: Einmaleins des guten Tons. Reinbek/München 1991

Stephan, Cora: Neue deutsche Etikette. Berlin 1995

Suttner, Margarethe von: Die elegante Frau. Ein Damen-Brevier. Berlin 1914

Sydow, Friedrich von: Neuer Sitten- und Höflichkeitsspiegel. Nordhausen 1837

Troubridge, Lady: The Book of Etiquette. 7. Aufl. Kingswood 1940

Thurber, James: Thurbers Gästebuch – Ein Leitfaden für Gäste und Gastgeber. Zürich 1956

Georg Büchmann

Der große Büchmann

Geflügelte Worte von Aristoteles bis Zappa

Ob nachdenklich oder heiter, ob literarisch oder umgangssprachlich: Georg Büchmanns Geflügelte Worte bieten eine wahre Fundgrube für alle, die Sprichwörter und Redewendungen schätzen und für bestimmte Situationen das passende Zitat suchen. Die erheblich erweiterte Neuausgabe spannt den Bogen von der Antike bis in die Gegenwart – von Aristoteles bis Frank Zappa.

Knaur Taschenbuch Verlag